Jedem sein Budget

Dago Schilbach

Jedem sein Budget

Die revolutionäre Alternative
für unser krankes Gesundheitssystem

Verlag Wissenschaft & Praxis

Bibliografische Information der Deutschen Nationalbibliothek

Die Deutsche Nationalbibliothek verzeichnet diese Publikation in der Deutschen Nationalbibliografie; detaillierte bibliografische Daten sind im Internet über http://dnb.dnb.de abrufbar.

ISBN 978-3-89673-678-9

© Verlag Wissenschaft & Praxis
Dr. Brauner GmbH 2014
D-75447 Sternenfels, Nußbaumweg 6
Tel. +49 7045 93 00 93 Fax +49 7045 93 00 94
verlagwp@t-online.de www.verlagwp.de

© Einbandfotos: Dago Schilbach, zoonar.de – Melanie Viola
Druck und Bindung: Media-Print Informationstechnologie GmbH, Paderborn

Inhaltsverzeichnis

Danksagung

All den vielen Gesprächspartnern, seien es enge Freunde, Bekannte, Verwandte, Kolleg(inn)en und auch viele meiner Patienten, die durch ihre teils sehr konstruktiven Stellungnahmen zu diesem Buch beigetragen haben, möchte ich an dieser Stelle recht herzlich danken. Nicht nur einmal haben sie meine Ansicht des *„Jedem sein Budget"* ins Wanken gebracht. Letztendlich resultierte die hier zu lesende Fassung.

Ein besonderer Dank gebührt auch meinem Verleger, den ich allerdings erst überreden musste, dieses Werk anzunehmen. Schließlich war auch er vom Inhalt dieses Buches überzeugt und hat mich in der Realisierung fantastisch begleitet.
Ich hoffe, Ihre Resonanz, lieber Leser, wird ihn und mich in dieser Entscheidung bestätigen.

Mein allergrößter Dank und eine ganz große Bitte um Entschuldigung gebührt allerdings meiner Frau und meinen beiden Kindern, die die idealistischen Anwandlungen ihres Ehemanns und Vaters zu ertragen hatten, der ihnen über viele Monate, Abende für Abende, Wochenenden für Wochenenden und auch während gemeinsamer Urlaube durch Literaturrecherchen und Manuskriptschreiben gemeinsame Zeit raubte, und das alles neben einem zeitlich schon recht auslastenden Praxisalltag eines Schmerztherapeuten.

Umso mehr hoffe ich deshalb auf rege Leserschaft, die meine dargelegte Überzeugung bitte kritisch vor ihrem eigenen Verhalten und Denken reflektieren möge.

Um Äußerungen und Darlegungen eines Menschen verstehen und nachvollziehen zu können, ist es wichtig zu wissen, aus welcher Warte, aus welcher Position er spricht und welche Beweggründe er dafür hat.

1. Warum dieses Buch entstand

Eines Sonntagmorgens hörte ich im Radio ein Interview mit Herrn Prof. Dr. Günter Faltin. Prof. Faltin zählt zu den wichtigsten Managementdenkern Deutschlands. Er ist Professor an der Freien Universität Berlin und hat dort den Arbeitsbereich Entrepreneurship aufgebaut (Kurzbeschreibung: Forschungsbereich für Unternehmensgründung). In dem Interview ging es um sein 2008 erschienenes Buch „Kopf schlägt Kapital". Unter anderem wurde er gefragt, woran man denn merken könne, dass eine Idee, ein Konzept, in einem soweit gereift sei, dass man damit an die Öffentlichkeit gehen könnte. – Seine spontane Antwort war:

„An Ihrem Hintern, denn dann sind Sie so unruhig, dass Sie nicht mehr still sitzen können."

Genau *dieses* Gefühl hatte ich seit Ende des Jahres 2010. Seit dieser Zeit ließ mich der Verdruss über mein aktuelles, systemimperatives berufliches Tun, ja Tun-Müssen, viel nachdenken. Durch mannigfaltige Recherchen und viele diesbezüglich geführter Gespräche entwickelte sich in mir ein nicht aufhören wollendes Unverständnis über das deutsche Gesundheitswesen, speziell das ambulante. Das Resultat möchte ich hoffentlich vielen interessierten Lesern mit diesem Buch nahebringen.

Es wird Ihnen dienlich sein, zunächst etwas über meinen Werdegang zu erfahren.

Zur Position des Autors

Ich bin Jahrgang 1957 und nach, man nennt es wohl „geradliniger Aus-bildung", zu einem der zurzeit etwa 140.000 niedergelassenen „Kassen-ärzte" in Deutschland geworden.

…………….. !! ???

Entschuldigen Sie bitte den Gedankeneinschub, ich musste gerade noch einmal darüber nachdenken, was ich da eigentlich getan habe.

Nach meiner Approbation 1983 arbeitete ich zunächst in Assistenten- und oberärztlicher Tätigkeit an Krankenhäusern als Anästhesist und Intensiv-mediziner bis zum Jahre 1993.

Zur Erläuterung:

Anästhesisten, im Volksmund auch Narkoseärzte genannt, sind diejeni-gen, die Patienten zu Operationen in den Tiefschlaf versetzen und Inten-sivmediziner führen medizinische Maximalversorgung auf Intensivstatio-nen durch. Insbesondere Letztere tragen dazu bei, dass auch das Leben der chronisch Kränksten, schwerst Traumatisierten, organschwächsten und ältesten Mitbürger möglichst noch eine, wenn auch oft nur zeitlich sehr begrenzte Verlängerung erfährt.

Anfang 1993, es war die Ära des damaligen *Oberbefehlshabers* im Ge-sundheitswesen, Horst Lorenz Seehofer, entschied dieser – natürlich im Konsens mit „Sachverständigen" und nach „reiflicher Überlegung", ins-besondere mit den Vertretern der gesetzlichen Krankenkassen, dass es sogenannte „Niederlassungssperren" für Kassenärzte aller Fachrichtun-gen geben sollte, da es angeblich genug von ihnen gäbe und sie unter anderem maßgeblich die Kosten des Gesundheitswesens in die Höhe treiben. Im Klartext hieß das und heißt das noch heute: Es dürfen sich keine zusätzlichen Ärzte mehr in eigener Praxis niederlassen.

Ich hatte und habe eigentlich viel Freude an und in meinem Beruf, und mein Ziel war damals, die leitende Position in einer anästhesiologischen Klinik eines Krankenhauses zu übernehmen. Da ich jedoch nicht habili-tiert bin und es *nur* zu einem *„Dr. med."* gebracht habe, hätte ich es wahrscheinlich nur bis in ein kleines „Waldkrankenhaus" geschafft. Denn die größeren Krankenhäuser legen für Chefarztpositionen vor allem Wert auf die *ehrenhaft* erworbenen akademischen Buchstaben *„Prof. Dr. med."* vor dem jeweiligen Namen, der Repräsentation nach außen wegen. – In einem kleinen Krankenhaus hätte ich jedoch genau *das* weiterhin mitmachen müssen, was einen alleinverdienenden Familienvater am meisten belastet, nämlich wegen chronischen Personalmangels aufgrund von Sparmaßnahmen im Gesundheitswesen auch als Chefarzt Nacht- und Wochenenddienste „zu schieben". – Da auf der anderen Seite die „politische Zwacke" dieser „Niederlassungssperre" drohte, zu dem Zeitpunkt (wie auch heute noch) niemand genau wusste, nach welchen Kriterien diese Sperre greifen sollte und somit die Gefahr bestand, dass auch meine Fachrichtung, die Anästhesiologie, unmittelbar betroffen sein könnte, war eine schnelle Entscheidung gefordert.

Da ich viele gute und freundschaftliche Kontakte zu damals ebenfalls niederlassungswilligen Operateuren vieler Fachrichtungen hatte, quasi dem „Nährboden der Anästhesisten", erschien mir der Weg in die eigene Niederlassung als der richtige. Und so eröffnete ich am 1. Juli 1993 „meine eigene Praxis für Ambulante Anästhesie".

Anfangs war mehrfach geplant, mit mehreren Kollegen ein „operatives Zentrum" zu errichten, also das klassische Krankenhausvorbild im Kleinen zu kopieren, das man jahrelang „genossen" hatte. Der gesundheitspolitische Trend ging und geht ja auch heute immer noch in diese Richtung: so viel wie möglich in den „preisgünstigeren" ambulanten Sektor zu verlagern, statt den teureren Krankenhausaufenthalt zu finanzieren. Doch diese Vorhaben scheiterten immer wieder – im Nachhinein Gott sei Dank.

Fast zehn weitere Jahre arbeitete ich also als freiberuflicher, mobiler Anästhesist in diversen, ambulant operierenden Praxen der Fachrichtungen: Chirurgie, Gynäkologie, Urologie, Orthopädie, Mund-Kiefer-Gesichtschirurgie und bei vielen Zahnärzten. – Der Unterschied zum Ambulanten Operationszentrum war: Ich hatte weder große Investitionskosten für Räumlichkeiten abzutragen noch Personalkosten außer für eine Anästhesieschwester.

Als ich mich nach etwa 20 Berufsjahren nach neuen Herausforderungen sehnte und mich bei Menschen vor allem und immer wieder das Zusammenspiel von der *sogenannten Psyche* und dem *Soma* (Körper) faszinierte, begann mich etwa im Jahre 2002 die Schmerztherapie in ihren Bann zu ziehen. In kaum einem anderen Bereich sind die Facetten fast aller anderen Fachrichtungen so präsent und psychosomatische Zusammenhänge so vorherrschend für empfundene Beschwerden.

Also absolvierte ich das „gesundheitspolitische Pflichtprogramm", bestehend aus schmerztherapeutischer Ausbildung, Prüfungen vor Ärztekammer und Kassenärztlicher Vereinigung zum „Speziellen Schmerztherapeuten". Damit erlangte ich die juristische Voraussetzung dafür, durch die Betreuung chronisch schmerzgepeinigter Menschen auch Salär für den Lebensunterhalt meiner Familie zu generieren.

[Anmerkung des Autors: Das offizielle Attribut „Spezieller Schmerztherapeut" lässt in meinen Augen *keinerlei* Aussage über fachliche Qualifikation, Einfühlungsvermögen und Patientenführung zu, auch wenn diese ganzen „QM-Fanatiker" (QM = Qualitätsmanagement) nur auf diese, auf Papier fixierten „Qualifikationen" achten, danach beurteilen und – noch schlimmer – danach richten.]

Im November 2006 eröffnete ich dann in eigenen Praxisräumen in Mönchengladbach-Rheydt eine *Schmerztherapeutische Schwerpunktpraxis*, die ich bis zum heutigen Tag immer noch betreibe. – Im Vergleich zur reinen Anästhesie ein „betriebswirtschaftlicher Kopfschuss", wie ich mittlerweile zugeben muss, jedoch eine große geldwerte Unabhängigkeit, lässt man die politische Entwicklung zunächst außer Acht.

Die Beweggründe des Autors

Nun bin ich ein Mensch, der gerne Zustände, Entwicklungen und Begebenheiten in unserem täglichen Leben hinterfragt und versucht, deren natürliche Hintergründe zu entschlüsseln.

Sie kennen vielleicht die Redewendungen *„Betriebsblindheit"* oder *„man sieht vor lauter Bäumen den Wald nicht mehr"*. Genau *das* sind Beschreibungen für viele unserer täglichen, teils viel zu kompliziert durchgeführten Verrichtungen, Anweisungen und Überlegungen, die den oft simplen Hintergrund der Zusammenhänge außer Acht lassen und uns Monsterwerke von Regelungen, Gesetzen und Anstrengungen auf die Beine stellen ließen und lassen, obwohl der Weg wesentlich einfacher zu begehen wäre. Oft, wenn nicht gar meist, ist unser emotionales Wesen der Grund dafür. Doch Emotionen sind etwas, was die Evolution zwar in uns zur Entwicklung hat kommen lassen und damit sicher auch irgendwo seinen evolutionären Zweck erfüllt, uns aber vielfach sehr im Wege steht.

Ich möchte in diesem Buch ein alternatives Gesundheitssystem vorschlagen. Mir ist bewusst, dass es bei *nur vordergründiger* Betrachtung bei den meisten deutschen Bürgern wahrscheinlich auf Widerstand, wenn nicht gar krasse Ablehnung stoßen wird. Grund wird sein, dass es hier unter anderem um *Geld* geht, das heutzutage „gefühlt" erstrebenswerteste Gut. Denn jeder, aber auch ausnahmslos jeder in dieser Gesellschaft, reflektiert einen *finanziellen „worst case"* zunächst auf sich persönlich. Ich habe mit sehr, sehr vielen Menschen, darunter Patienten, Freunden und Bekannten die Grundidee, den Grundtenor und notwendige Weichenstellungen hin zur Umsetzung meines alternativen Gesundheitssystems in teils langen Gesprächen diskutiert. Von allen, die vom *derzeitigen* System überwiegend profitieren, entgegnete mir eiskalter Gegenwind. Nur bei denen, die kaum Vorteile davon haben, hörte ich Zustimmung. Da ich mutmaße, dass in unserer Republik derzeit wesentlich mehr vom System profitieren als darunter leiden, habe ich eine Zustimmung wahrscheinlich von vornherein verspielt. Das ist mir durchaus bewusst. Aber ich bin kein Politiker, der, um an seine gewünschte Position vorzurücken, möglichst *das* verkünden, versprechen und aufzeigen muss, was der Mehrheit der Bevölkerung angenehm erscheint. Denn *Mehrheit* heißt das Zauberwort bei allen Wahlen, das Politiker für das Erreichen ihrer Ziele benötigen. Und die Entscheidung einer Wahl durch *Mehrheit* ist noch lange nicht gleichbedeutend mit zukünftig besserer Politik, wie uns die Geschichte lehrt. Die Verbesserung eines Zustandes, einer Verhältnismäßigkeit oder von Abläufen wird häufig erst durch Umwege erreicht, die anfangs unangenehm und einschneidend sein können. Aber gerade solche Unannehm-

lichkeiten, die Verbesserungen vielleicht erst für die Nachfahren versprechen und somit gänzlich uneigennützige Opfer erfordern, sind ein *„no
go"*. – Das geht gar nicht! Man will schließlich *selbst* von seiner Leistung
profitieren! – Soweit schon mal zum Egoismus und dazu, wie sozial sich
Menschen verhalten.

Bereits in Artikeln von vor über zehn Jahren las ich das damals revolutionäre Wort *„Bürgerversicherung"*. Die Jahre vergingen, Grundlegendes
hat sich meines Erachtens nicht geändert. Nur die Unzufriedenheit mit
dem aktuellen Gesundheitssystem wächst.
Ich bin der festen Überzeugung, dass eine Änderung unserer Gesundheitspolitik in der in diesem Buch dargelegten Weise eine humanere gesundheitliche Versorgung der gesamten Bevölkerung sichert, ohne geldli-
che Mehreinnahmen zu beanspruchen.

Zur Untermauerung meines *„Jedem sein Budget"* ist es meines Erachtens
notwendig, weit auszuholen und zunächst den Menschen als evolutionäres Wesen *grundsätzlich* zu beschreiben, um der politisch derzeit prakti-
zierten, betriebsblinden Kurzsichtigkeit zu entkommen. So stelle ich zunächst das *„Naturprodukt Mensch"* in seinem ständigen Streben nach
dem „Höheren, Besseren, Schnelleren, Weiteren und heutzutage vor allem Reicheren" dar. Schon aus diesem menschlichen Grundverhalten ist
abzuleiten, dass, wenn ich *Sie* von meiner Meinung überzeugen möchte,
Sie einen persönlichen Vorteil darin erkennen müssen. Ob mir genau *das*
in diesem Buch gelingen wird, kann ich nur hoffen.
Den größten und mächtigsten Einfluss auf die basalen Instinkte und die
menschliche Relativität scheinen vor allem, sich häufig wiederholende
Werbekampagnen zu haben, verbreitet über unsere diversen Medien, wie
Rundfunk, Fernsehen, Internet, Zeitschriften, Bücher. So erreichen sie
binnen kürzester Zeit Millionen manipulierbarer Menschengehirne. Regionale und einmalige Vortragsreden stehen dagegen stiefmütterlich im
Schatten, sofern sie nicht zusätzlich über die vorgenannten Medien Ver-
breitung finden. In diesem Sinne hoffe ich, dass dieses Buch viele Menschen in unserem Land erreichen wird, damit sie sich eine Meinung zur
beschriebenen Thematik bilden. Ich erwarte keine Zustimmung für meine

Ansicht, aber möchte zumindest erreichen, dass eingesehen wird, dass das derzeitige Gesundheitssystem *so* nicht weiter existieren kann und darf.

Ich möchte die Intention dieses Buch als meine persönliche Meinung verstanden wissen und habe es mit gleichem Ansinnen geschrieben, wie es der zeitgenössische Philosoph Professor Habermas im Rahmen seiner Verleihung des Heinrich Heine Preises im Dezember 2012 in einem Interview ausdrückte:

> *„Intellektuelle können im besten Fall einen gewissen Einfluss ausüben. Macht haben sie nicht. Macht ist an Positionen gebunden, aufgrund deren man einen kompakten Willen gegen andere durchsetzen kann. Hingegen hängt der diffuse Einfluss von Intellektuellen nicht von einer Ermächtigung ab, sondern von der Überzeugungskraft ihrer Worte und auch von der Ausstrahlungskraft der Medien, über die sich die Worte verbreiten"* (1).

Viele Autoren und Wissenschaftler haben mich mit ihren Ausführungen und Veröffentlichungen nicht nur zu der hier im Speziellen erörterten Thematik in ihren Bann gezogen und zum Schreiben dieses Buches inspiriert. – Ein Literaturverzeichnis ist mithin zwingender Bestandteil eines Sachbuches. Mir kam jedoch zu Ohren, dass außer vielleicht darauf spezialisierte Anwaltskanzleien, die mit Aufdeckung von Copyright-Schutzverletzungen ihr *großes Geld* verdienen möchten, nicht unbedingt viele Leser diese Literatur sichten. Hier muss ich mich zu meiner Schande mit einschließen. Überdies hat die elektronische Literatur, sprich, *das Internet,* das geschriebene Wort mittlerweile stark verdrängt. Deshalb bin ich in diesem Buch so vorgegangen, dass ich im *natürlich* vorhandenen Literaturverzeichnis neben den „elektronischen Nachschlagstellen" und speziellen Zitaten zuweilen auf Gesamtwerke der von mir hochgeschätzten Autoren und Wissenschaftler verweise. – Für den Interessierten wird es sich sicherlich lohnen, diese zu lesen, zumal Sie dann meine Entlehnungen im Kontext sehen. Nur in Ausschnitten Zitiertes könnte ja schon mal den Denkansatz des Autors verfälschen. Ich hoffe, diese Fehler sind mir in diesem Buch nicht unterlaufen, ansonsten bitte ich um Verzeihung.

Kennen Sie das? – Als Kinder haben wir des Öfteren versucht, im Sandkasten oder an einem Strand eine kleine Wasseransammlung durch Anhäufen eines ringförmigen Walls aus Sand zusammenzuhalten. – Das hat natürlich nie, beziehungsweise nur für ganz kurze Zeit geklappt. Das Wasser bahnte sich binnen kürzester Zeit immer einen Weg durch die wegschwimmenden Sandkörnchen. – Ein Sisyphusspiel.

Dieses Modell könnten Sie, lieber Leser, fast eins zu eins übertragen auf das, was wir heute einen in Gesetze gegossenen, sozialdemokratischen Staat nennen. Das Volk vergleiche ich mit dem Wasser, die Gesetze sind der Wall als Ganzes, und die Hundertausende Sandkörnchen, aus denen der Wall besteht, repräsentieren jene Menschen und Institutionen, die helfen sollen, das Wasser entgegen seinem natürlichen Fließbestreben im Inneren des Walls zu halten.

Am Samstag, den 23. Februar 2013 erschien in der Tageszeitung „Rheinische Post" der Artikel: „Armutsflüchtlinge: Minister fordert Städte zu schärferen Kontrollen auf" (2). Hierin beklagt der damalige Bundesinnenminister Hans-Peter Friedrich das unlautere Erschleichen von Geld aus den deutschen Sozialkassen durch Bürger neuer EU-Länder, denen er Missbrauch unter der Vorgabe von Armutsflucht unterstellt. – Glauben Sie, dass „Kontrollen" das unterbinden könnten? – Ich meine, hier eines der vielen Beispiele für die Insuffizienz des „Sandwalls" angeführt zu haben. Etwas pikant wird dieser Artikel noch dadurch, dass er unmittelbar unter einem großen Bild und Kommentar des „millionenschweren" Bundesligafußballers *Marco Reus* (Borussia Dortmund) abgedruckt ist. Armut und Kontrolle gegen millionenschwer …

Der Vergleich unserer sozialdemokratischen Staatsführung mit dem *„Sandkastenspiel"* lässt sich meines Erachtens auch auf jeden Teilbereich der Staatspolitik übertragen, so auch auf den, dessen Funktionieren oder auch *nicht* Funktionieren ich in diesem Buch anhand vieler realer Beispiele vorstellen und kritisieren möchte: *unser aktuelles Gesundheitssystem.*

Ich werde in diesem Buch nicht nur meine persönliche Kritik am deutschen Gesundheitssystem darlegen, sondern auch eine gewagte Alternative unterbreiten, die ich versuche, gegen das heute existierende System zu reflektieren. Mit diesem Alternativvorschlag möchte ich *nicht* das evolutionär sehr weit entwickelte soziale Verhalten im Menschen konterkarieren, sondern vor allem den Geist dafür schärfen, den Bogen der ausufernden Gesetzeserlassungen zukünftig nicht zu überspannen. Insbesondere beim Verfassen dieses Buches und vieler endloser Diskussionen über dieses Thema mit vielen Menschen sind mir die Schwierigkeiten einer endgültigen Regelung dieses sehr komplexen Systems deutlich geworden. – Die wichtigste Grundlage für meine Ausführungen sind meine nunmehr 30 Berufsjahre, in denen ich viele Menschen, deren Geschichten, Ansichten und Verhaltensweisen kennenlernen und so über subtile Beobachtungen ein Fundament zur kritischen Betrachtung dieses Systems aufbauen konnte.

Um Ihnen, lieber Leser, meinen Reflexionshintergrund etwas zu verdeutlichen, ist es unabdingbar, das anvisierte Ziel einer Systemänderung im Gesundheitswesen zunächst etwas beiseite zu stellen und mit Ihnen einen kleinen Exkurs in die Evolutionswissenschaften zu starten, gepaart mit philosophischen Betrachtungen derselben und der Darstellung des Menschen als „Relativwesen". In genau diesem Kontext möchte ich Ihnen das oben zitierte „Wasser" etwas näher beschreiben, womit ich die Menschen im Allgemeinen vergleiche, deren natürliches Streben (Fließen), deren bewusstes (also mit Vorsatz) und unbewusstes (autonomes) Agieren in unserer Gesellschaft.

Mein großes und eigentlich fundamentalstes Anliegen ist dann, Ihnen die Wichtigkeit des „Vernetzten Denkens in (bio-)kybernetischen Systemen", zu denen auch unser Gesellschafts- und Gesundheitssystem zu rechnen sind, verständlich zu machen. – Bereits an dieser Stelle möchte ich dem von mir hoch geschätzten Herrn Prof. Dr. Frederic Vester (1925–2003), deutscher Biochemiker, Umweltexperte und populärwissenschaftlicher Autor, einen sehr positiven Nachruf aussprechen, der sich mit dieser Wissenschaft, auch in vielen Veröffentlichungen, intensiv auseinandergesetzt hat. Unter Berufung auf die Kybernetik, bzw. Biokybernetik hat Prof. Vester *systemisches* („*vernetztes*") *Denken* propagiert, ein Ansatz, in dem die Eigenschaften eines Systems als ein vernetztes Wirkungsgefüge gesehen werden. Die einzelnen Faktoren verstärken oder schwächen andere Größen des Systems (Rückkopplung) (3).

Anschließend möchte ich Ihnen das Handeln der Menschen, egal welchem Lager sie angehören, vor dem Hintergrund des bürokratischen Monsterwerks der Gesundheitsgesetzgebung, wo das Geld der eigentlich Regierende zu sein scheint, darlegen und die unüberwindliche Schnittstelle zwischen „Freier Wirtschaft" und „sozialem Handeln" aufzeigen. Sie werden erkennen, dass der Vergleich dieser Gesundheitsgesetzgebung mit einem nicht sehr wehrhaften „Sandwall" sehr trefflich erscheint. – Aber wie sich die sozialdemokratisch Denkenden ja selbst schon einräumten: *„Der Weg ist das Ziel"* und der dauerhaft abdichtende Wall eher eine Utopie! (4). Für all die unterschiedlichen Individuen in unserem Staat die beste und sozialverträglichste Gesetzgebung zu schaffen, *das* ist die hohe Kunst der Diplomatie.

Wenn die meisten nur Unzufriedenheit bekunden, sollte man überlegen, etwas zu ändern; und wenn „Reförmchen" diesen Missmut nicht zu beseitigen scheinen, sollte man auch den Mut zu grundlegenden Änderungen aufbringen.

Wer glaubt, in diesem Buch *„das Jammern eines Arztes auf hohem Niveau"* zu lesen, wird enttäuscht sein. Das ist nicht die Intention dieses Werkes!

Über Einbeziehung solcher Begriffe wie „sozial", „Moral", „Ethik", „Verantwortung" werde ich versuchen, Sie, lieber Leser, aus realen Rückblicken auf meine tägliche Arbeit mit einzubeziehen in praktische Alltagsfragen und Entscheidungen, die sich Ärzte als Menschen oft stellen müssen. – Diese realen Geschichten sind, und das betone ich hier ausdrücklich, keine Einzelfälle, sondern repräsentieren unser tägliches, ärztliches Tun. Ich werde Ihnen so manche, sicherlich auch teils unangenehme Fragen stellen, die ich Sie bitte, für sich einmal ehrlich zu beantworten.

An dieser einleitenden Stelle schon eine persönliche Erkenntnis: Die Betrachtung der Geschichte und der Evolution haben mir gezeigt: Pioniere und Mutationen verändern die Welt. In der nicht von Menschen beeinflussten Natur kommen solche „Pionierereignisse" immer wieder vor, und die Natur filtert nach biokybernetischen Regeln dann das Positive heraus. Im Gegensatz zur Natur werden jedoch in sozialdemokratischen Systemen „im Rahmen demokratischer Abstimmungen" leider auch positive Denkansätze häufig wieder eliminiert.

Im Hinblick und, wie ich finde, sehr zutreffend auf die von Menschen geschaffenen Vorschriften, die insbesondere in Anwendung der Gesundheitsgesetzgebung ein primär ökologisches System regeln und stabilisieren sollen, hat Frederic Vester einmal geschrieben:

> *„Bei unseren Eingriffen brauchen wir (...) keine Sorge um die Natur zu haben, umso mehr dafür aber um uns, um die Spezies Mensch; denn die Natur hat (...) schon manche ‚unpassende' Art eliminiert" (3 S. 74).*

Auf keinen Fall als Kritik gegen die sich angesprochen Fühlenden, sondern vielmehr zur Erläuterung für den Leser, sei noch gesagt, dass ich *nicht* zur Zunft der Hochschul- oder Institutsprofessoren zähle, die neben ihrer Lehre überwiegend forschend, mit unendlichen Datenbanken und vielen Informationszulieferern im Hintergrund arbeiten können und deren darauf angewendete Zeit auch noch vergütete Arbeitszeit ist. Insofern bitte ich zu entschuldigen, dass Sie hier nicht ein 500-Seiten-Opus vorfinden, gespickt mit ebenso vielen Literaturhinweisen. Ich habe dieses Buch in meiner Freizeit geschrieben, alle Literatur alleine gesichtet und, mit (hoffentlich) gesundem Menschenverstand, etwas zu Papier gebracht, was ich für richtig halte. Und ich kann mir kaum vorstellen, dass legislative Menschen in diesem Staat, nämlich unsere Politiker, in vielen Dingen nicht ähnlich denken, sondern äußere Zwänge, seien sie nun in der „nicht immer ganz glücklichen Geschichte unseres Staates" zu suchen oder in aktuell „wirtschaftlichen Mächten", sie dazu bewegen, das Gesundheitsgesetzeswerk so zu gestalten, wie es derzeit leider ist.

Mein großes Ziel in diesem Buch ist es, authentisch zu sein, keine manipulierte Meinung zu tradieren. Dies ist aus der Erkenntnis entsprungen, dass der Beruf des Arztes leider ein stark manipulierter ist, seitens der

Industrie, der Krankenkassen, der Politik, der Patienten, medienvorgegebener (un-)persönlicher Wünsche und dem eigenen Streben nach Geld und Einfluss.

Deshalb an dieser Stelle mein Appell an die Regierenden: Habt Mut, ehrlich zu sein, gegebenenfalls auch etwas *grundlegend* zu ändern, habt Pioniergeist. Nur so werdet ihr in den Geschichtsbüchern nicht nur als graue, kaum in Erscheinung tretende Rhetoriker-Massenware, erwähnt werden.

Zum Fokussieren auf das Kernthema zunächst einige Tatsachen:

Tatsachen

1. Die Weltbevölkerung betrug im Jahr 1900 etwa 1,65 Milliarden Menschen, im Jahre 2000 waren es bereits 6,12 Milliarden, aktuell (2013) sind wir bei über 7 Milliarden, und wenn sich keine menschenvernichtenden, mit Nuklearwaffen geführten Weltkriege, enorme Umweltkatastrophen oder Pandemien ereignen, werden es im Jahre 2050 über 9 Milliarden und schon 2100 über 10 Milliarden sein. Das sind Menschenmengen, die nach heutigem Entwicklungsstand kaum mehr ernährt und medizinisch versorgt werden können. Vgl. (5), (6), (7), (8 S. 201).

2. Unsere medizinischen Errungenschaften tragen wesentlich dazu bei, dass chronisch kranke, alte und schwache Mitbürger länger chronisch krank, alt und schwach bleiben. Natürliche Feinde außer uns selbst, die darauf im kybernetischen Sinne regelnd Einfluss hätten, gibt es nicht. Vgl. (3 S. 145, 345 ff.), (9).

3. Der demographische Wandel in Deutschland führt unaufhaltsam dazu, dass *immer weniger* arbeitsfähige Menschen *immer mehr* arbeitsunfähige wirtschaftlich und sozial mittragen müssen (9).

4. Das deutsche Gesundheitssystem ist zur Zeit eines der teuersten auf der Welt (im Verhältnis zum Brutto-Inlands-Produkt rangiert es nach den USA, den Niederlanden und Frankreich an vierter Stelle (Quelle: OECD-Gesundheitsdaten 2011) (10).

Ich möchte an dieser Stelle deutlich zum Ausdruck bringen, dass es sich hier um *Tatsachen* handelt, nicht um Wiedergabe (m)einer Meinung!

Wer aus dieser Auflistung nun spontan den Schluss zieht, dass man Kranke, Alte und Schwache *aktiv* dezimieren müsse, wie es der Förster mit Tieren in seinem Revier macht, der überlege sich bitte zunächst einmal, wie und warum *sein Geist* gerade auf diese Schlussfolgerung kommt.

Wer diese Schlussfolgerung gezogen hat, hier *aktiv* eingreifen zu müssen, den würde ich als Egoisten im negativen Sinne, als Selbstsüchtigen, in hohem Maße Unsozialen, als Kapitalisten und vor allem „unnatürlich" denkenden Menschen im Sinne von „abgekoppelt von der Natur" bezeichnen. Menschen dieser Denkweise muss man einreihen in die geschichtlichen Katastrophen von Herrschaften unter solchen Individuen wie Hitler, Stalin oder Mao Tse-tung.

Ich möchte damit das *aktive* Korrigieren einer Erdübervölkerung auf das Schärfste verurteilen. Auf der anderen Seite finde ich aber das weiterhin aktive Fördern und Zuspitzen dieser Tatsachen als nicht minder verurteilenswert, denn es führt über die drastische Zunahme von Hungersnöten, Zunahme von unter Schmerzen, körperlichen Gebrechen und Armut leidenden Menschen in eine „erstickende" Zukunft mit enormer wirtschaftlicher Belastung für die Solidargemeinschaft.

Eine persönliche Sichtweise

Um für mich und vor allem um für mein berufliches Engagement mehr Licht in das Dunkel des sehr wichtigen, *ganzheitlichen* Erfassens des Menschen zu bekommen, bediene und bediente ich mich oft und gerne den Erkenntnissen der modernen Gehirnforschung. – Nein, nicht in praktischer Ausführung, sondern im Aufsaugen von diesbezüglich vielerlei Anschauungsmaterial, vornehmlich der veröffentlichten Literatur.

Und wenn man da so nachliest, kommt man als Naturwissenschaftler unweigerlich zu der Erkenntnis, dass unser Körper und auch unser Gehirn primär aus nicht denkenden, elektrisch kommunizierenden Teilchen besteht. Das sind im Wesentlichen die Atome Kohlenstoff (C), Wasserstoff (H), Sauerstoff (O), Stickstoff (N), Phosphor (P), Schwefel (S), Calcium (Ca), Natrium (Na), Kalium (K), Chlor (Cl) und Magnesium (Mg). Vgl. (11). Und alles, was der Mensch auf der Welt tut, muss letztlich immer seinen Ursprung in den Interaktionen *dieser* „Stoffe" haben. Bei der Ergründung menschlicher Verhaltensweisen, Empfindungen und Erscheinungen landet man wohl deshalb immer in der „naturwissenschaftlichen Tiefe" der Mikrobiologie, hier insbesondere der Neurobiologie, bis hin zur Elementarteilchenphysik, gepaart aber auch mit philosophischen Betrachtungen. Insbesondere Letztere markieren meines Erachtens den Grenzstand unserer naturwissenschaftlichen Erkenntnisse, denn in der Philosophie wird mehr gefragt als geantwortet.

Viele Menschen, die ab diesem Punkt der Naturwissenschaft nicht mehr folgen wollen oder können, ersetzen, besser gesagt „vervollständigen" sie durch Glaube an „Überirdisches", z. B. an Götter. Vor allem in der Antike waren *(unsichtbare) Götter* Ausführende der unerklärlichen Dinge auf dieser Welt. Für jede Sparte gab es einen speziellen Gott oder eine Göttin. So herrschten in der griechischen Mythologie allen vorstehend Zeus, der oberste olympische Gott, Gott des Himmels, des Lichtes und des Blitzes; Prometheus, Schöpfer der Menschen und Tiere; Triton, Gott des Meeres; Chronos, Gott der Zeit, um hier nur einige zu nennen (12).

Die rasante Entwicklung der Naturwissenschaften entzauberte diesen Götterglauben immer mehr. Bis zum heutigen Tag gibt die Naturwissenschaft jedoch immer noch keine endgültige und schlüssige Erklärung für die Entstehung unseres Universums und damit unserer selbst, selbst wenn solch große Naturwissenschaftler wie der Astrophysiker Stephen Hawking dies verkünden. Vgl. (13). Insofern bleibt für Gottgläubige nach wie vor ein (Rückzugs-)Raum zumindest für einen Schöpfer, einen Gott, der sich dafür verantwortlich zeichnen soll. Der in der Bibel unter: Johannes 20, 28–31 und Jeremia 29, 13–14 stehende Satz: *„Seelig sind, die nicht sehen und doch glauben"* beschreibt in meinen Augen diesen Rückzugsraum sehr treffend.

Sollte es diesen *Schöpfer* nun in der Tat geben, werden aber auch seine Verfechter während ihres irdischen Daseins erfahren und akzeptieren müssen, dass jeder Tag, den Gott schuf, *nur* naturwissenschaftlichen Gesetzmäßigkeiten gehorcht. Und sollten die *Gläubigen* sich darauf berufen, dass dieser Schöpfer die *Zehn Gebote* nur als Maßgabe für unser *soziales Miteinander* erließ, uns dann auf Erden aber allein „wurschteln" lässt, um unsere irdischen Verfehlungen erst im *Jenseits* zu bestrafen, dann kommt doch die Frage auf, warum sich, rückblickend auf die Geschichte, gerade *die Gruppe der Gläubigen* so frevelhaft verhielt (Inquisition, Glaubenskriege, Entrechtung der Frauen etc.) (14 S. 49 ff.) und ihre Gebote, zum Beispiel *„Du sollst nicht töten"* (15 S. 2. Moses 20.13), nicht lebte. Allein die Entschuldigung: *„Der Geist ist willig, aber das Fleisch ist schwach"* (15 S. Matthäus 26.41) nimmt sich hier doch recht billig aus.

Wenn Sie in den Medien, vor allem im *modernen Internet*, recherchieren, stoßen Sie immer wieder auf Artikel, in denen sich die beiden Sichtweisen, Religion und Naturwissenschaft, gegenseitig vehement negieren. Die eine stellt die „Schöpfung" unreflektiert als den Beginn alles Irdischen dar (16), die andere macht einen Schöpfer ganz entbehrlich (13). Und so hören wir immer wieder vom Schlagabtausch zwischen Atheisten (Gottungläubigen) und Theisten (Gottgläubigen), wobei auch unter Letzteren bekannte Naturwissenschaftler zu finden sind. Vgl. (17).

Trotzdem möchte ich den Verfassern und Anhängern beider Anschauungen nicht widersprechen. Sie werden in jeweils ihrer Weltanschauung hoffentlich *den* Halt in ihrem Leben finden, den sie benötigen. In einem bin ich mir jedoch sicher: Beide Sichtweisen kann man, wenn man ehrlich gegen sein menschliches Bewusstsein ist, *ab einem gewissen Punkt nicht* mehr nebeneinander vertreten. Für eine wird man sich bei der Betrachtung und persönlichen Planung seines Lebens, insbesondere „Ablebens", zu guter Letzt entscheiden müssen. Diese Erkenntnis zog ich aus Gesprächen mit Menschen, die der festen Meinung waren, eine naturwissenschaftliche Überzeugung parallel zu einem tief empfundenen, religiösen Glauben „leben" zu können. Alle kapitulierten auf mein Nachfragen an *dem* Punkt ihrer „Parallelschaltung", wo sowohl Naturwissenschaft als auch erst recht die Religion keine für unsere Menschengehirne mehr nachvollziehbare Antwort offerierten – nämlich auf die Frage nach unserer Herkunft, unserer Entstehung. An *diesem* Punkt bevorzugt der „religiöse Naturwissenschaftler" dann *doch nur noch* die Sicht des „einfachen

Glaubens" und nicht weiteren Nachfragens, das aber den reinen Naturwissenschaftler weiterhin antreibt.

Bitte haben Sie, lieber Leser, Verständnis dafür, dass ich mich mehr auf
die Seite der Naturwissenschaft geschlagen habe, jedoch mit einem wesentlichen Unterschied sowohl zu Atheisten als auch Theisten:
Ich halte nichts von ehrfürchtigem „*Schöpfer- oder Gottes-Geglaube*",
ebenso bin ich aber auch nicht überzeugt von *schwarzen Löchern, Singu-
laritäten, M-Theorie mit seinen „Multiversen" und der Urknalltheorie* als
Erklärung für die Entstehung unseres Universums und damit letztendlich
unserer Existenz. Beide Ansichten sind in meinen Augen Hirngespinste
und Konstrukte, mit denen wir subjektiven Wesen versuchen, uns objek-
tivierbar zu machen. Ein Subjekt (der Mensch) kann aber nie gleichzeitig
Objekt sein. „*Beide Theorien*" versuchen Erklärungen für etwas zu geben, das meines Erachtens unser geistiges Vorstellungsvermögen derzeit
übersteigt. Dabei können den kosmologischen Anschauungen aufgrund
ihrer hochwissenschaftlichen mathematischen und physikalischen Grund-
lagen nur noch die Intelligentesten folgen, den religiösen dagegen auch
die Unintelligentesten. Das mag man auch daran festmachen können, dass
es in der Zeit, als dieser Gottesglaube aufkam, die heutigen naturwissenschaftlichen Erkenntnisse noch gar nicht gab.
Auch wenn es jetzt vermessen klingt, aber ich empfinde bezüglich beider
Ansichten wie das Kind, das in dem Märchen „*Des Kaisers neue Kleider*" mit seiner unbefangenen und naiven Sichtweise die angeblich so
prächtigen Kleider des Königs nicht sehen konnte, weil es sie einfach
nicht gab. („Des Kaisers neue Kleider" – Märchen des dänischen Schrift-
stellers Hans Christian Andersen, erschienen am 7. April 1837).
Ich wage zu behaupten, dass es für uns Menschen nie möglich sein wird,
den Grund und die Art und Weise der Entstehung unseres Universums
und damit unserer selbst zu erklären. Insofern kann ich unsere Theisten
verstehen, die vor solcher *Unfassbarkeit und Ungeheuerlichkeit* des
Kosmos in der Weise kapitulieren, dass sie, ohne weitere Neugier, weiterhin an einen Gott glauben. Die konsequenten Naturwissenschaftler
hingegen geben sich mit dieser Ansicht nicht geschlagen, sondern kon-

struieren – Schöpfung und Weltwunder negierend – weiterhin an erklä-
renden Gesetzmäßigkeiten unseres Ursprungs.

Ich persönlich gebe mich, im Gegensatz sowohl zu Theisten als auch zu
Atheisten, mit dem „*Sein*" zufrieden! Ich will meine Entstehung weder
religiös erklärt, noch naturwissenschaftlich bewiesen haben. Trotzdem
brenne ich danach, für meine irdischen Sinne weiterhin nachvollziehbare
Erkenntnisse über uns und unsere Welt zu erfahren. Nachvollziehbarkeit
erkennt mein Gehirn jedoch nur in naturwissenschaftlichen Erkenntnissen. Denn hier herrschen Bewegung und Relativität, die nun mal Grundlage für unser Erdendasein sind. Gottesglaube ist für mich hingegen ein
recht adynamer und geradezu „*Gott ergebener*" Zustand, in dem Neugier
sogar verboten wird („Du sollst Dir kein Bildnis machen …") und auch
erfrischender Pioniergeist nicht gerade auf der Tagesordnung steht.

2. Der Mensch denkt, die Evolution lenkt

Evolution ist ein Begriff, der das stetige Entstehen neuer und abgewandelter Organismen in sich auftuende ökologische Freiräume beschreibt, analog dem im Vorwort beschriebenen Phänomen, dass sich Wasser gemäß seiner Schwerkraft ständig dorthin ausbreitet, wo es räumlich Platz findet. Evolution hat somit *kein* definiertes Ziel.

Die Evolution ist über die Dimension „Zeit" der unerbittliche Motor für die Wandlungen in unserer Art und vor allem in unseren mentalen Fähigkeiten. Unser menschliches Gehirn ist wahrlich ein kompliziert und hoch entwickeltes Organ mit solch aktuellen Kreationen wie Emotion, Kultur, Moral, Wissen, deren genauen Ansiedlungsort insbesondere Gehirnforscher in diesem etwa 100 Milliarden Nervenzellen umfassenden Organ bisher vergeblich zu lokalisieren versuchen.

Sind unsere geistigen Errungenschaften nun Anzeichen für einen baldigen Kollaps dieses fast unüberschaubar hoch entwickelten, oder müssen wir besser sagen sich „fehl-entwickelnden" biologischen Konstrukts? Werden wir in einem für die Evolution recht kurzen Zeitraum zu den eliminierten Organismen dieses Planeten gehören oder werden wir irgendwann aussehen wie die bereits jetzt von uns in Comicfilmen und -zeitschriften dargestellten gehirn- und kopflastigen Figuren mit allumfassendem Wissen und noch nicht geahnten Fähigkeiten?

Zurzeit deutet alles darauf hin, dass die Dauer unserer Überlebenswahrscheinlichkeit auf diesem Planeten die der Dinosaurier bei Weitem nicht erreichen wird. Letztere lebten über 135 Millionen Jahre auf der Erde (18). Hinweise für die menschliche Existenz zeugen gerade einmal von 200.000 Jahren (19).

Spätestens seit Darwin wissen wir, dass wir vom Tier abstammen. Darwin hat mit seinem 1859 erschienenen Buch „On the Origin of Species" erstmals ausführlich die Theorie der *Evolution* durch natürliche Selektion dargestellt. Vgl. (20) u. (21). Viel kritisiert ist sie nach einigen „Nachbesserungen" aufgrund weiterer naturwissenschaftlicher Erkenntnisse, insbesondere der Mendelschen Gesetze, zur heutigen „Synthetischen Evolutionstheorie" gereift. Grundprinzip der Evolution war und ist aber unumstößlich die „natürliche Selektion". Das bedeutet, dass die bestmöglich an die aktuelle Umweltsituation angepassten Individuen die besten Voraussetzungen haben, zu überleben und sich fortzupflanzen. Der in Anlehnung an Darwins Evolutionstheorie durch den britischen Sozialphilosophen Herbert Spencer im Jahr 1864 geprägte Begriff vom „survival of the fittest" (Überleben der Besten) wird heute allerdings von den Evolutionsbiologen vermieden, *da er die aktuelle Vorstellung von der Evolution nicht angemessen beschreibt"* (22). Trotzdem bleibt dessen Kernaussage nach wie vor unangefochten.

Die evolutionsbiologischen Erkenntnisse gelten nun für Mensch *und* Tier, sofern man diese beiden Spezies in bestimmten Hinsichten überhaupt unterscheiden möchte. Seit Menschengedenken besteht unter dem Aspekt des sozialen Umgangs miteinander jedoch ein gravierender Unterschied zwischen beiden. Menschen zeigen im Gegensatz zu Tieren häufiger die Tendenz, sich schlecht in ein Sozialgefüge einordnen zu lassen.

Tiere scheinen sich über diese Problematik keine Gedanken zu machen, obwohl auch sie überwiegend in Sozialverbänden leben. Hier existiert einfach nur das Recht des Stärkeren. Sehr selten, und dann vor allem zu Brunftzeiten, gibt es Auseinandersetzungen innerhalb einer Art. Ansonsten herrscht eine Hack- oder Rangordnung, gibt es einen Leitwolf, gibt es α-Tiere und fertig ist das Sozialgefüge. Keine Familienfehden, kein Mord und Totschlag aus Eifersucht oder Habgier, keine Völkermorde, keine weltumspannenden Kriege. Wer sich nicht einfügt wird bedingungslos in seine Rangposition verwiesen oder eliminiert.

Den Sinn, den die Natur damit verfolgt, ist Kraft und Zeit kostende Streitigkeiten zwischen den Mitgliedern einer Gruppe – beispielsweise um die Verteilung von Futter oder Wasser – auf ein Minimum zu beschränken. Ranghohe Tiere sind zugleich in aller Regel besonders kräftig und haben oft größere Fortpflanzungschancen als ihre rangniederen Artgenossen. Auch dies ist langfristig ein Vorteil für den Fortbestand der Gruppe. Zugleich erfüllen ranghohe Individuen oft als Leittiere bestimmte „Pflichten", beispielsweise bei der Beobachtung und der Abwehr von Gefahrenquellen, beim Führen einer Gruppe zu Futterstellen und Tränken und gelegentlich selbst beim Schlichten von Streitigkeiten zwischen rangniederen Tieren (23).

Auch beim Menschen ist diese evolutionsgegebene Anlage in Vielem gut zu erkennen. Betrachten wir zum Beispiel eine durchschnittliche Familienkonstellation. Hier ordnen sich Kinder ihren Eltern in der Regel unter, im Gegenzug sorgen Letztere dafür, dass die Nachkommen in jeder Hinsicht versorgt und beschützt sind. Auch in solch differenzierten Konstruktionen, wie beispielsweise unserem Gesundheitssystem, ist das so: Die Gesunden (die „Stärkeren", die „Eltern") versorgen die Kranken (die „Schwächeren", die „Kinder"), zumindest finanziell.

Trotzdem scheint bei uns Menschen, als der angeblichen „Krönung der Schöpfung", das Miteinander oft ein sehr großes Problem darzustellen. Hier gibt es genau diese Familienfehden, Übervorteilungen, Betrug, Totschlag, Völkermorde, weltumspannenden Kriege, die wir im Tierreich nur in Ausnahmen antreffen. – Warum ist das so?

Hierzu möchte ich Ihnen in den folgenden Kapiteln „das Funktionieren des Menschen", vor allem seines Geistes, etwas näher beschreiben:

Evolutionsbiologische und neurophysiologische Hintergründe

Bis etwa zum dritten Lebensmonat entwickelt sich das menschliche Gehirn durch zellteilungsbedingte Anhäufung zu einem Organ aus etwa 100 Milliarden Nervenzellen. Während unseres weiteren Lebens nimmt deren Zellzahl nicht mehr nennenswert zu. Den restlichen Körper des Menschen könnten wir nun als *die* biologische Masse bezeichnen, durch und mit der unser Gehirn mit der Umwelt kommuniziert. Ganz wichtig ist anzumerken, dass auch dieser Körper, der das Gehirn beherbergt, zu dieser Umwelt zu rechnen ist. Er ist durchsetzt mit unzähligen Ausläufern unseres Gehirns, den Nervenbahnen und Sinneszellen. Diese Ausläufer fasst man als „peripheres Nervensystem" (PNS) zusammen. Mittels Letzterem registriert und empfindet unser Gehirn die Umwelt und reagiert darüber auch auf sie. Es ist also ein Organ, das ständig „Inputs" aus der Umwelt empfängt und „Outputs" in die Umwelt entsendet (24 S. 4 ff.). Es registriert zum Beispiel als „Input", ob es hell ist, dunkel, laut, leise, warm, kalt, ob ich mir den Arm gebrochen habe, unter Wasser keine Luft mehr bekomme, mein Blutzuckerspiegel sinkt, mein Blutdruck steigt, welche Aufgaben mir in Schule oder Beruf gestellt werden und so weiter. Diese ganzen vorgenannten „Inputs" werden unserem zentralen Nervensystem, zu dem neben unserem Gehirn auch das Rückenmark zählt, über die vorgenannten Nervenbahnen und Sinneszellen auf chemischem und elektrischem Weg zugeführt, dort gewissermaßen ausgewertet und generieren in der Regel situationsgerechte „Outputs". Das können körperliche Fluchtbewegungen sein, der Befehl zum Auftauchen aus dem Wasser, um wieder atmen zu können, Generierung von Hormonausschüttungen, Lösungsvorschläge für die uns im Leben gestellten Aufgaben und unzählige andere mehr.

Ein einfaches Beispiel:

Sie fassen aus Versehen auf eine zu heiße Herdplatte. Der Input: ein elektrisches Signal via Nervenbahn zu Rückenmark und Gehirn; die dortige „Auswertung" ergibt: zu heiß, die Hand droht Schaden zu nehmen; der Output: elektrische Signale via Nervenbahnen an die Armmuskulatur; Resultat: Die Hand wird von der Herdplatte weggezogen.

In dieser beschriebenen Weise empfängt unser Zentralnervensystem (ZNS) ständig unzählige Informationen aus Umwelt und Körper und versucht ihn nach einem intern vorgegebenen „Wohlfühlbereich" einzuregeln, vornehmlich, dass er keinen Schaden erleidet. Unser ZNS „wacht" zum Beispiel über Körpertemperatur, Blutzuckerspiegel, Elektrolythaushalt, Blutdruck, Schlafrhythmus, Licht- und Lärmpegel und auch unser emotionales Empfinden.

Nicht alles, was an „Umweltreizen" unseren *Wohlfühlbereich* stört, kann unser Gehirn zu unserer Zufriedenheit regeln. Das ist vor allem dann der Fall, wenn Umweltbedingungen dessen Kompensationsmöglichkeiten überschreiten. Hier sind dann vor allem Folgen zu nennen, die wir heutzutage mit Depression, Burn-out oder psychischer Erschöpfung umschreiben. Oder aber die zur Einregulierung des Wohlfühlbereichs notwendigen und den Gehirnbefehlen nachgeschalteten Körperorgane sind in ihrer Funktion nicht ausreichend, eingeschränkt und/oder gehorchen den Gehirnbefehlen nicht mehr optimal. Das kann zum Beispiel dann der Fall sein, wenn sie von Erkrankungen oder Traumata betroffen waren oder durch altersbedingte Funktionseinbußen. Beispiele hierzu sind zunehmende Skelettmuskelschwäche, „Alterszucker" (Diabetes mellitus), Herzschwäche, Nierenschäden, Hautverbrennungen und so weiter.

Unser Gehirn ist kein statisches Gebilde. Es „lebt" und ist somit strukturellen und funktionellen Veränderungen unterworfen. Insofern sind „Outputs" die unser Gehirn jeweils generiert, von seiner *momentanen* Beschaffenheit und *Empfindungs- und Wohlfühlsituation* abhängig. Für die strukturelle Beschaffenheit sind neben dem grundsätzlich anatomischen Aufbau vor allem die „kommunizierenden Verknüpfungen" zwischen den einzelnen Gehirnnervenzellen ausschlaggebend. Man nennt sie Synapsen. Sie gibt es in unzähliger Menge nicht nur im ZNS, sondern auch im PNS. Hier werden die elektrischen Nervenimpulse mittels chemischer Stoffe, den sogenannten *Neurotransmittern,* auf eine nächste Nervenzelle weitergeleitet, analog der Übergabe eines Staffelstabes bei den Leichtathleten.
Die überwiegende Zahl der Gehirnnervenzellen und deren Art und Weise wie sie sich verknüpfen, ist schon genetisch determiniert, bildet sich bereits in den ersten Lebensmonaten aus und nimmt im weiteren Leben vergleichsweise nur noch wenig zu. Das impliziert, dass sich die Menschen in ihren Gehirnfunktionen und daraus resultierenden organischen Reaktionsabläufen so sehr ähnlich sind, also in vielfacher Hinsicht stereotyp reagieren. Auch geben noch weitere Erbanlagen dem Gehirn von vorne herein „Programme" mit auf den Weg, die nachher Ähnlichkeiten zu Vater und/oder Mutter erkennen lassen. Zum Beispiel gehirnmäßig gesteuerte typische Körperhaltungen und Bewegungsabläufe, intellektuelle Fähigkeiten und so weiter. So soll beispielsweise auch Intelligenz zu 50–80 % vererbbar sein. Vgl. (25) u. (26 S. 230 ff.).

Aber insbesondere die als *Gehirnleistung* beschriebenen Fähigkeiten, also „Denken" und „Lernen", aber auch „Vergessen", resultieren neben genetischen Vorgaben aus *Neu-Verknüpfungen*, die sowohl in genetisch vorgegebenen Prägephasen, vornehmlich in frühkindlicher Zeit [vgl. (27 S. 118 f.)], als auch durch repetitive oder sehr stark empfundene „Inputs" entstehen. Vgl. (28). Beispiele hierzu wären: die Bindung an die Mutter oder eine andere Bezugsperson, das Lernen von Gedichten oder des Einmaleins in der Schule oder punktuelle traumatische Lebensereignisse. Vor allem die Erinnerungen oder Prägungen an lebensnotwendige oder -bedrohliche Dinge werden von unserm Gehirn in der Regel nie mehr (ganz) vergessen. Insbesondere essentielle Prägebezüge können später, also außerhalb des dafür genetisch vorgegebenen Zeitfensters, auch nicht mehr dazugelernt werden.

Ein kleines Experiment aus dem Tierreich mag das verdeutlichen:

Katzen wurden die ersten sechs Wochen ihres Lebens in einer Umgebung mit entweder nur waagerechten oder senkrechten Linien aufgezogen. Diese Katzen waren im späteren Leben „blind" gegenüber Wahrnehmungen der umgekehrten Richtung. Sie haben die jeweils gegenteilige Erscheinung in einer dafür vorgesehenen Prägephase nicht erfahren und somit als Neuronenverknüpfung nicht abspeichern können. Auch in späteren Lebensjahren wurde dieses Defizit nicht mehr kompensiert (28 S. 40 f.).

Im PNS gibt es nun Nervenzellen, die Signale aus dem Körper *zum* ZNS „funken", also für den *Input* zuständig sind und Nervenbahnen, die Signale *vom* ZNS in unseren Körper senden, somit den *Output* realisieren. Die Schnittstelle, an der die für den *Input* zuständigen Nervenbahnen ihre Umweltsignale aufnehmen, könnte man gewissermaßen als „Einfüllstutzen" für die die Evolution vorantreibende Kraft bezeichnen.

Wir ordnen die Nervenbahnen in unserem Körper nach heutigem Wissensstand grob folgenden drei Kategorien zu:

1. den motorischen Nerven. Das sind die „Gehirnausläufer", die zu den Muskeln laufen, damit sie Ihren Körper zum Beispiel durch Signale Ihres Willens in Bewegung setzen können. Sie sind reine Output-Nerven,

2. den sensiblen Nerven. Das sind diejenigen, die Ihrem Gehirn Umweltreize (also auch Körperzustände!) vermitteln. Es sind unter anderem die Nervenzellen Ihrer sogenannten fünf Sinne: Hören, Se-

hen, Fühlen, Schmecken, Riechen. Sie senden nur Inputs zum ZNS und

3. den autonomen oder vegetativen Nerven. Das sind Nervenbahnen, die gewissermaßen autark agieren und für Sie unbewusst Signale aus Ihrem Körper empfangen, aber auch unbewusst Signale in Ihren Körper senden. Sie sind zum Beispiel dafür verantwortlich, dass die Verdauungssäfte fließen, wenn Sie an einem Buffet stehen, dass Ihr Blutdruck steigt, wenn Sie unter Stress geraten, dass Ihre Körperkerntemperatur konstant gehalten wird, dass Sie „Gänsehaut" bekommen, wenn Sie frieren, dass Ihre Hände kälter und schweißiger werden, wenn Sie in einer Prüfung stehen, dass Sie beginnen zu schwitzen, wenn es Ihnen zu warm ist, und vieles, vieles mehr.

Bekannter dürfte Ihnen der efferente, also der die Output-Signale in den Körper sendende Anteil dieser „vegetativen Nerven" unter den Begriffen „Sympathikus" und „Parasympathikus" sein.

Gerade diese 3. Nervengruppe möchte ich Ihnen an folgendem Beispiel aus dem alltäglichen Leben noch etwas näherbringen:

Sie treffen beim Versuch, mit einem Hammer einen Nagel in die Wand zu schlagen – natürlich aus Versehen – Ihren linken Daumen. Dort wird durch den kurzfristig *ungewohnt* hohen Druck auf das (Daumen-)Gewebe in einer „Sinneszelle", die der oben genannten 2. Kategorie angehört, ein elektrischer Impuls ausgelöst, der dann über deren Nervenbahnausläufer zunächst Ihr Rückenmark erreicht und von dort über weitere Nervenzellen bis in Ihr Gehirn gelangt. Im Gehirn angekommen, wird Ihnen dann ein Schmerzempfinden bewusst!

Die Ihnen sicherlich allen bekannten und normalen Reaktionen auf diesen „Hammerschlag auf den Daumen" sind: den Hammer fallen zu lassen, aufzuschreien, zu schimpfen und auf den schmerzhaften Daumen zu pusten. All diese Reaktionen werden über die „motorischen Nerven" (siehe oben „Nervengruppe 1") vermittelt, nachdem Ihr ZNS dazu Befehl gegeben hat. – Ihr Körper „reagiert" auf den *Input*. – Diese „Bewegungsreaktionen" (Pusten, Schreien, Schimpfen) können wir schon mal als *Output* bezeichnen.

Zudem entfaltet der eintreffende Nervenimpuls aber noch mannigfaltige andere Reaktionen, je nachdem bis *„zu welchen Gehirnregionen"* er noch gelangt: Zum Beispiel wird Ihr Puls schneller, der Blutdruck geht kurzfristig in die Höhe, die Blutgefäße in der schmerzhaften Hand ziehen sich zusammen und noch andere mehr. All diese letztgenannten Reaktionen werden für Sie unbewusst gesteuert und zwar über „autonome/vegetative Nerven" (siehe „Nervengruppe 3"). All das geschieht ebenfalls erst, *nachdem* Ihr ZNS durch „Interpretation" des *Inputs* dazu Befehl gegeben hat. Auch diese Reaktionen sind dem *Output* Ihres zentralen Nervensystems zuzurechnen.

Sie erkennen den Unterschied: Aufschreien, Schimpfen und auf den Daumenpusten sind Dinge, die Ihnen *bewusst* werden, wohingegen Sie vom Puls- und Blutdruckanstieg und vom Zusammenziehen Ihrer Blutgefäße *keine* Kenntnis erlangen. Sie ereignen sich für Sie *unbewusst*.

Nun empfindet nicht jeder Mensch ein physikalisches Ereignis wie die des „Hammerschlags auf den Daumen" gleich: Der eine *brüllt* als Reaktion die halbe Stadt zusammen, der andere belässt es bei einem leisen Aufstöhnen und Auf-den-Daumen-Pusten. – Das Schmerzempfinden hängt vielfach davon ab, wie man persönlich gerade „drauf ist", wie man im Umgang mit körperlichen Schmerzempfindungen erzogen wurde, welchen kulturellen Hintergrund man hat und so weiter.

Es scheint also noch ein erlerntes Empfindungs- beziehungsweise Bewertungsprogramm für *Inputs* in unserem Gehirn zu existieren, das nicht nach dem „Alles-oder-Nichts-Gesetz" funktioniert, sondern abstufende, für uns unbewusste Bewertungen der hereinkommenden Impulse macht und dementsprechend auch abgestufte Reaktionen, also *Outputs,* generiert.

Insbesondere von diesen *unbewusst* in uns ablaufenden Prozessen soll das nächste Kapitel berichten.

Bewusstsein und Unterbewusstsein

Ein sehr interessantes Wissensgebiet, das ich vor allem und täglich in meinem Berufsleben als Reflexionsbasis für die Einordnung und Behandlung von Schmerzpatienten benötige, ist die Psychosomatik. Sie beschreibt die Auswirkungen der psychischen Verfassung auf die Empfindungen unseres Körpers. Komplementär zur Psychosomatik gibt es noch die Somatopsychologie, welche umgekehrt die Auswirkungen von körperlichen Erkrankungen auf emotionale und kognitive Prozesse untersucht. – Beide Disziplinen spielen meines Erachtens eine, wenn nicht gar *die wesentliche* Rolle bei *chronisch* schmerzgepeinigten Patienten. Aber nicht nur Schmerzen, auch alle anderen Empfindungen wandeln sich je nach mentaler Verfassung. Vgl. (27).

Hierzu ein Beispiel:

Variante A: Ein Kind stürzt auf seinem Nachhauseweg von der Schule auf dem Bürgersteig und schlägt sich dabei seine Knie blutig. Nach dem ersten kurzen Aufschrei und Verdauen des Schreckens geht es weiter. Zu Hause angekommen, empfängt es die Mutter, die entsetzt auf die blutverschmierten Knie schaut. – „Mama, ist überhaupt nicht schlimm, tut überhaupt nicht weh, schau mal, ich habe eine *Eins* in Mathe!" ist der freudestrahlende Ausruf der Tochter und holt sofort das Klassenarbeitsheft aus dem Ranzen, um es der Mutter zu zeigen. – Die Schmerzen und Wunden werden kaum beachtet.

Variante B: Gleiches Kind, gleicher Sturz, gleiche Verletzung, doch diesmal ist in der Schultasche keine Eins, sondern eine *Fünf* in Mathe. Das Kind kommt nach Hause, auch diesmal sieht seine Mutter natürlich zuerst die Knie und erschreckt sich. Diesmal stimmt das Kind aber sofort in den Aufschrei und Schrecken der Mutter mit ein, die Knie stehen diesmal im Mittelpunkt der Begrüßung, um natürlich so viel Mitleid wie möglich zu provozieren, damit die Standpauke für die *Fünf* möglichst nicht so streng ausfällt.

Sie erkennen, eine *Eins* in Mathe beflügelt und lässt den Schmerz durch den Sturz auf die Knie kaum zur Debatte werden, aber eine *Fünf* bewirkt, dass das gleiche körperliche Ereignis ungeahnte Schmerzsensationen äußern lässt.

Es existiert vielfach die ungenaue Beschreibung, dass Psychosomatik die körperlichen Reaktionen nur auf *jene* psychischen Eindrücke beschreibt, die auch in unser *Bewusstsein* dringen. – Diese Ansicht ist nach meinen Erfahrungen falsch. Viele Aspekte werden hier außer Acht gelassen und verfälschen eine Beurteilung des *Menschen als Ganzes*. Ich las einmal das sehr interessante Buch „Mensch im Stress". Vgl. (29). Darin werden bis in den Molekularbereich hinein sehr umfassend die (Stress-)Reaktionen des menschlichen Organismus auf alle Reize beschrieben, die er über sein sensorisches System wahrnehmen kann und zwar *sowohl bewusst als auch unbewusst.*

Psychosomatik ist demnach *„das Wechselspiel all unserer Körperreaktionen auf alle uns sowohl bewusst als auch unbewusst erreichenden Wahrnehmungen".* Was wir mit ihr beschreiben, ist gewissermaßen die ständig in unserem Gehirn ablaufende Interpretation dieser bewussten *und* unbewussten Umweltwahrnehmungen, deren Ergebnis – ebenfalls ständig – unseren Körper in seiner aktuellen Umgebung möglichst optimal „ausjustiert".

Einige wenige alltägliche Beispiele dazu:

Unser Gehirn „befiehlt" uns, eine Jacke anzuziehen, wenn wir Unterkühlung empfinden; unsere Pupillen verengen sich bei zu hellem Lichteinfall; wir ziehen die Hand von einer zu heißen Herdplatte weg; wir spannen die Muskulatur des talwärts stehenden Beines mehr an, wenn wir auf einer schiefen Ebene stehen; unser Speichelfluss wird angeregt, wenn wir eine schmackhafte Speise sehen usw.

Millionen Inputs generieren ständig ebenso viele Outputs, nur, um den Körper in möglichst optimaler Balance zu halten. Und *Stress* kann man auch als die akute oder chronische Überschreitung der jeweils individuellen Kapazität unserer Wahrnehmungsrezeptoren und/oder unserer körperlichen und mentalen Belastbarkeit bezeichnen, was sich folgend in körperlichen Defiziten, sprich „Krankheit" äußern kann. So zum Beispiel die ständige Überforderung unseres Hörorgans durch laute Musik; ständige wirtschaftliche Sorgen; ständiges „Mobbing" am Arbeitsplatz; ein massives Schreckereignis u. v. a. m.

Ganz wesentlich in der Psychosomatik ist, nie zu versuchen, psychische und körperliche Erscheinungen getrennt voneinander zu bewerten, wie es viele meiner Patienten zunächst tun. Auch „Psyche" ist immer das Resultat aus elektrischen und chemischen Aktionen eines körperlichen Organs, nämlich unseres Gehirns. Insofern ist Psyche letztlich etwas „Körperliches". – Viele Menschen wollen oder können diese Zusammenhänge nicht erkennen. Patienten, für deren körperliche Missempfindungen, zum Beispiel Rückenschmerzen, kein organisches Korrelat zu finden ist, sondern die einer chronisch mentalen Unausgeglichenheit, also Stress, zuzuordnen sind, antworten häufig: „Ich bilde mir meine Schmerzen doch nicht ein". – Diesen Patienten pflege ich dann immer zu sagen: „Wer Körper und Geist trennen möchte, der muss in die *Kirche* gehen, da steigt auch die Seele nach dem Tod zum Himmel empor. – Eine Trennung gibt es in der Naturwissenschaft nicht."

Psychosomatik umfasst also viel mehr: Sie beschreibt den gesamten „Output" unseres Körpers, wie zum Beispiel Schreien, Weglaufen, Schwitzen, Lachen, Pulsfrequenzsteigerung, Muskelanspannung, aber auch die Gehirnaktionen, die uns Gefühlszustände bescheren, wie depressive Verstimmungen oder Freude; auch das sind Formen des „Outputs". – Auslöser für diese „Outputs" ergeben sich jeweils aus *der Summe aller Sinnesreize*, die unser Nervensystem in der Lage ist, aus der Umwelt zu empfangen. Diese Sinnesreize müssen uns nicht unbedingt *bewusst* werden.

Hierzu wieder ein Beispiel:

Allerspätestens wenn Sie über 50 Jahre alt sind, werden Sie einzelne Töne oberhalb des Frequenzbereiches von 20.000 Hertz nicht mehr hören können. Lauschen Sie jedoch einem Musikstück, in dem alle Frequenzen über 20.000 Hertz herausgefiltert wurden im Vergleich zum "selben" Stück, ohne diesen Frequenzfilter, werden Sie einen klanglichen Unterschied hören. – Das zeigt, dass wir zwar Töne oberhalb 20.000 Hertz für sich allein nicht *bewusst* wahrnehmen können, diese Schwingungen jedoch das Gesamtklangempfinden mitbestimmen – und das geschieht durch *unterbewusste* Wahrnehmung und Interferenzen zwischen den verschiedenen Schallwellen (30).

Und so agiert und reagiert der Mensch in seiner Umwelt durch ständige Input-Output-Prozesse (24). Die klassischen Sensoren für die uns *bewusstwerdenden* Umwelt-Inputs sind, wie zuvor bereits gesagt, die uns allen bekannten sogenannten fünf Sinne: *Hören, Sehen, Fühlen, Schmecken und Riechen.*

Wiederholt man die gleichen Input-Signale häufig, wie es zum Beispiel beim Auswendiglernen von Vokabeln oder Gedichten oder dem „Einbläuen" des Einmaleins praktiziert wird, oder sind solche Input-Signale sehr massiv und eindrucksvoll, zum Beispiel das der heißen Herdplatte, kommt es in unserem Gehirn zur Fixierung einer *„erinnerbaren Erfahrung"*. Das geschieht auf der Grundlage, dass unser Gehirn in der Lage ist, sich auf diese Input-Signale hin plastisch zu verändern, wir sprechen von „neuronaler Plastizität". Das bedeutet nichts anderes, als dass neue Nervenverknüpfungen (sogenannte „synaptische Verbindungen") entstehen. Daraus resultiert, dass Sie zum Beispiel kein zweites Mal freiwillig und *bewusst* auf eine heiße Herdplatte fassen oder dass Sie das in der Schule oft repetierte Einmaleins auch noch nach vielen Jahren abrufen können. – Das nennt man „Lernen". Vgl. (28).

Auch hierzu noch ein weiteres, Ihnen sicherlich gut bekanntes Beispiel:

Sie gehen über die Straße, es kommt Ihnen plötzlich ein Geruch in die Nase, und schlagartig erinnern Sie sich an die vielen Besuche vor bereits über 40 Jahren bei Ihrer Oma, in deren Küche Sie damals eine Menge ihrer leckeren Reibekuchen vertilgt haben.

Ihr Gehirn hat damals, konditioniert durch die repetitiven und positiven Empfindungen „bei Oma in der Küche, bei den leckeren Reibekuchen", ein Engramm in Ihrem Gehirn hinterlegt, dass in Form synaptischer Nervenzellverknüpfungen ein dauerhaftes Erinnerungsvermögen hinterlassen hat.

Die während unseres Lebens immer wieder auf diese Weise entstehenden neuen Verknüpfungen bereichern ständig unser gesamtes geistiges Vermögen. Dieser Sachverhalt ist übrigens auch die Basis für *Biofeed-*

backtherapien, die ich häufig mit gutem Erfolg in meiner Praxis anwende (31), (24).

Wenn man ein gewisses chronologisches Alter erreicht und viele Dinge erlebt hat, wird dieser Reflexionsfundus auch schon mal gerne mit *Lebenserfahrung* oder *Weisheit* gleichgesetzt. – Kleine Kinder tun viele Dinge spontan und unreflektiert, da ihnen ein entsprechender Erfahrungsschatz, sprich Reflexionshintergrund *noch* fehlt. Das sieht dann in den Augen von uns Älteren häufig unüberlegt (ist es auch), tollpatschig oder auch „süß" aus.

Ich bin der Überzeugung, dass „*die uns bewusst werdenden Inputs*" ein klitzekleiner Einblick in „den laufenden Evolutionsprozess" sind. Uns werden Wahrnehmungen (*Inputs*) zuteil, die unter Umständen dazu beitragen, unser Gehirn über die Zeit so nachhaltig zu verändern, dass diese Veränderungen sich schließlich auch in unserem Genom niederschlagen und somit weitervererbt werden. Ein evolutionsmäßig sehr erstrebenswerter oder auf der anderen Seite natürlich auch ein nicht sehr erstrebenswerter *Input* wird in unserem Gehirn in Form synaptischer Verknüpfungen von Nervenzellen gewissermaßen als organisches Korrelat für zukünftiges Handeln fixiert. Genau auf Basis solcher „*fixierten Inputs*" haben sich unsere heutigen Gehirne aus ihren Vorstufen entwickelt.

Das, was unser Gehirn als Reaktion auf Sinnesinputs *unbewusst* in Gang setzt, wurde 1923 von dem Psychoanalytiker Sigmund Freud und zuvor in ähnlicher Form bereits auch schon von dem Philosophen Friedrich Nietzsche als „*Es*" beschrieben (32 S. 89 ff.). „Es" entspricht dem triebhaften Evolutionsvermächtnis im Menschen, das über dessen gesamte individuelle Lebenszeit in seinem Tun und Streben den Ton angibt. Ich nenne es den *evolutionären Egoismus*. Er ist nur auf den eigenen, individuellen Vorteil bedacht: (Über-)Leben, Fortpflanzen, Nahrungsbefriedigung, Kampf, Flucht oder Angst.

Ein Beispiel:

Sie gehen durch den Wald und plötzlich hören Sie in Verbindung mit dem optischen *Input* einer Blätterbewegung auf dem Waldboden etwas rascheln. Im gleichen Moment erkennen Sie eine Schlange. – Sie schrecken zurück.

Frage: Schrecken Sie zurück, *nachdem* Sie die Schlange *bewusst* erkannt haben? – Nein! Der unter Umständen überlebenswichtige Befehl zum Zurückweichen kam bereits Millisekunden, *bevor* Sie die Schlange als potentiell gefährliches Tier erkannten, aus ihrem *Unterbewusstsein.*

Es ist also so, dass ein Sinnesinput bereits Millisekunden bevor er in unser Bewusstsein dringt, über Nervenbahnen bereits entsprechende körperliche Reaktionen initiiert. Es ist bekannt, dass Nervenzellen entwicklungsgeschichtlich älterer, unbewusst agierender Gehirnstrukturen, wie zum Beispiel der Amygdala, in Richtung der jüngeren Gehirnstruktur des Kortex stärker ausgeprägt sind als umgekehrt. Das bringt neuromorphologisch zum Ausdruck, dass bewusste Gedanken zwar Emotionen auslösen indem von dort Impulse zur Amygdala entsandt werden, doch tun wir uns schwer, Emotionen willentlich abzuschalten, durch den Versuch, die „unterbewusst" agierende Amygdala mit unseren bewussten Gedanken des Kortex zu deaktivieren.

Zugleich ist offenkundig, dass die kortikalen Verbindungen zur Amygdala bei den Primaten, also auch bei uns Menschen, weit stärker sind als bei den übrigen Säugern. Das spricht für die Möglichkeit, dass, falls diese Verbindungen weiterhin zunehmen sollten, der Kortex mehr und mehr Kontrolle über die Amygdala gewinnen könnte, so dass die Menschen künftig eher imstande wären, ihre vornehmlich *unterbewussten* Emotionsausbrüche zu beherrschen. Vgl. (33 S. 325 f.) u. (34).

Der berühmte Philosoph Descartes (1596 – 1650) sagte einmal: „Cogito, ergo sum" (ich denke, also bin ich). – Das „cogito" (= ich denke) beschreibt im Gegensatz zu unserem unbewussten und triebhaften *„Es"* die *bewusste* Auseinandersetzung mit den in uns einströmenden Sinnesinputs. Diese *bewusste* Auseinandersetzung führt, um es weiterhin mit Freuds Worten auszudrücken, nach Bewertung durch Reflexion gegen unser *„Über-Ich"* zu unserem *„Ich".* Das mahnende *„Über-Ich"* ist repräsentiert durch die mir über meine Erziehung mit auf den Lebensweg gegebenen und erlernten Normen, Ideale, Rollen, Moral, Ethik, Kultur und Wertvorstellungen.

Alle Inputs, die unsere Körpersensoren nun wahrnehmen können, seien sie *bewusst* oder *unbewusst*, stellen die treibende Kraft unserer evolutionären Weiterentwicklung dar. Denn wir, sprich unsere Gehirne, „selektieren" aus den Input-Signalen immer nur das für uns Angenehmere und Vorteilhaftere, indem wir mit entsprechenden Output-Prozessen das Favorisierte auswählen: Wir essen lieber, was uns vergleichsweise besser schmeckt; wir ziehen lieber Kleidung an, die aktuell in Mode ist und uns gefällt; wir gehen lieber Tätigkeiten nach, die wir gerne tun; wir ziehen die Hand von einer zu heißen Herdplatte weg, als sie darauf verweilen zu lassen und so fort.

Die Umwelt wird also über Inputsignale – bewusst und unbewusst – *erkannt* und in unserem Gehirn als *annehmbar oder nicht annehmbar bewertet*. Angenehme Umweltinputs bedingen dann hinwendendes Verhalten, unangenehme hingegen abwendendes. Denn in der Regel fördern annehmbare Umweltreize unser „Gedeihen", nicht annehmbare be- oder verhindern es. Das nennen wir letztlich evolutionäre Selektion.

Die Hintergründe des menschlichen Vermögens, etwas selektieren zu können, möchte ich Ihnen im folgenden Kapitel erläutern.

Der Mensch ist ein Relativwesen

- Ein lauter Knall, Sie schrecken hoch.
- Sie fahren auf der Autobahn an einem Unfall vorbei, Sie schauen neugierig.
- Ein Blitz am Himmel, sofort wird Ihre Aufmerksamkeit geweckt.
- Jemand streift ganz leicht an Ihrem Arm vorbei, sofort spüren Sie die Berührung.

Aber im Gegensatz dazu:

- Es herrscht ständige Stille, so dass Sie sich nach Abwechslung sehnen.
- Die Autobahnfahrt ist monoton, so dass Sie bald einschlafen.

– Sie lesen ein Buch, das Sie nicht inspiriert oder mitreißt, so dass Sie häufig die Sätze zweimal lesen müssen, um den Faden nicht zu verlieren (ich hoffe nicht dieses hier).

Was fällt Ihnen bei ersteren Beispielen auf? – Richtig, erstere „rütteln Sie wach", diese Ereignisse unterscheiden sich zur Monotonie in den zweiten. Folgende Darstellung aus dem alten Physiologie-Buch meines Studiums fasziniert mich auch heute noch. Es stellt im rechten Teil dar, wie wir mit unseren Augen das Bild des kindlichen Gesichtes links „abtasten", wodurch es in unserer Vorstellung dann eben als dieses Gesicht erscheint.

 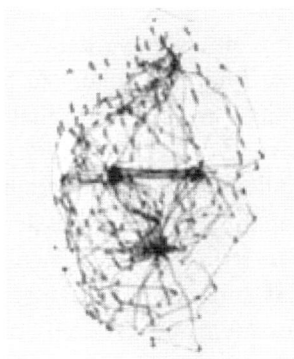

aus (35 S. 261)

Auch dies ist nur ein Beispiel dafür, dass nur ein Wechsel zwischen Nervenzellsignalen (Inputs) in unserem Gehirn einen Sachverhalt, ein Bild, eine Empfindung und somit gewissermaßen unser ganzes Leben wahrnehmbar werden lassen. Bleibt das Signal immer das gleiche oder erfolgt kein Signal, kommt keine Wahrnehmung (bewusst oder unbewusst) zustande.

Ein Beispiel, an dem Sie das selbst leicht ausprobieren können:

Legen Sie die flache Hand auf ein kleines Steinchen, das auf dem Tisch liegt, halten Sie die Hand minutenlang ganz ruhig, keine Bewegung, sonst ändert sich das „Empfindungssignal", sprich der Neuronen-Input in Ihr Gehirn. Schon nach relativ kurzer Zeit werden Sie feststellen, dass das Steinchen kaum noch *die* Empfindung hervorruft, die Sie anfangs hatten, als Sie die Hand gerade darauflegten. Unser Nervensystem *adaptiert* sich an einen ständig gleichbleibenden Zustand und macht ihn bereits nach kurzer Zeit zur nicht mehr empfundenen „Gewohnheit", er ruft dann keine bewusste Empfindung mehr hervor. – Diese Adaptation ist in gewisser Hinsicht sinnvoll, denn stellen Sie sich vor, Sie würden sich mit dem Küchenmesser in den Finger schneiden und der anfänglich „helle, schneidende" Schmerz würde stundenlang in gleicher Intensität bestehen bleiben. Das wäre nicht gut.

Jetzt wollen wir solch simple, neurophysiologische Vorgänge auf Alltägliches übertragen:

Um auf der Welt etwas verkaufen zu können, gewählt zu werden, positives Gehör zu finden, Applaus zu bekommen, müssen Sie der Zielgruppe ein neues, nicht gewohntes Signal präsentieren, etwas „Herausragendes" bieten, und zwar etwas, was sie sehen, hören, schmecken, riechen, fühlen kann, vor allem aber *will*, sprich, woraus sie *positive* Empfindungen schöpfen kann und die sich von der Monotonie des Bestehenden abheben. Es muss also etwas sein, das zwei Bedingungen erfüllt. Erstens muss es Ihre Aufmerksamkeit wecken, also einen Wechsel in Ihren Sinneszellsignalen hervorrufen und zweitens auch noch als positiv, also angenehm, empfunden werden.

Nun versucht sich unsere Welt in einem (kybernetischen) Gleichgewicht zu halten, das bedeutet, es gibt in der Regel eine linke und eine rechte Waagschale. Ein Gleichgewicht kann sich nur durch entgegengesetzt gerichtete Kräfte einstellen. Insofern ist zum Beispiel da, wo Gesundheit ist, auch immer Krankheit, da wo Leben ist, auch immer Tod.

Eine Titelüberschrift der Zeitschrift „Focus" (36) lautete: „Nie wieder krank". Das bezog sich bei der damals wieder bevorstehenden Winterszeit natürlich auf Grippe, Erkältung & Co. Aber *genau das „Nie-wieder-krank"-zu-Sein zieht Aufmerksamkeit auf sich, das* will das Volk hören, nichts anderes. Diese *Headline* reißt mit ihrem Slogan unsere Sinne zum einen aus der tristen und Jahr für Jahr bekannten Erkältungszeit heraus und obendrein verheißt sie noch Positives. Leider verliert in unserer heutigen Zeit über solch ständig positive Reklamen das Schlechte zunehmend an Daseinsberechtigung. Überdies verliert aber auch das ständig angepriesene Positive mit der Zeit an Bedeutung, es wird immer mehr zum Alltäglichen. Das ist auch der Grund, weshalb sich Werbeleute immer *noch bessere, noch tollere* Werbekampagnen ausdenken müssen, die alten *reißen keinen mehr vom Hocker.* Negatives wird erst recht nicht mehr geduldet.

„Wieso können Sie mich nicht umgehend gesund machen, Herr Doktor, wir fliegen doch zum Mond, da kann es doch nicht so schwer sein, mir aus meiner unpässlichen Situation zu helfen." – Kein Mensch will mehr akzeptieren, dass es Grenzen gibt, es Negatives gibt. Reklame erzieht mit immer „positiveren" Verheißungen zur Blindheit gegenüber allem Schlechten, Teuren, Nachteiligen. Alles wird nur positiv dargestellt. Auch unsere Politiker versprechen eher eine Wende „zum Guten" als dass sie zugeben, dass wir drastische Einschnitte, also Negatives, einkalkulieren müssen.

Aber bedenken Sie: Das Positive kann nur positiv sein, weil das Negative es zum „relativ" Positiveren macht.

Auch unsere allgemeingültigen Normen, Ideale, Kultur, Wertvorstellungen und Moral entstehen aus unserem relativen Bewertungsempfinden.

Wie wir hörten, wird dem menschlichen „Bewertungsorgan", sprich unserem Gehirn, genau *das* Spektrum der Umwelt mitgeteilt, was unsere Sinne in der Lage sind zu erfassen. Deren primär nur „elektrochemische Impulse" (*Inputs*) werden, im ZNS angekommen, mehr positiv oder mehr negativ, mehr angenehm oder mehr unangenehm, mehr erstrebenswert oder weniger erstrebenswert, mehr schmerzhaft oder weniger schmerzhaft „empfunden". Die Evolution hat insbesondere im menschlichen Gehirn Reflexionsmöglichkeiten entstehen lassen, die die jeweils aktuellen Inputs ständig auf Altbekanntes und Gelerntes reflektieren, damit *abgleichen* und dann als positiver (z. B. richtig oder angenehm) oder negativer (z. B. falsch oder schmerzhaft) *bewerten.*

Hier ein Beispiel für solches Abgleichen:

Sie kennen vielleicht die auf ein zweidimensionales Medium (Blatt Papier) gezeichneten dreidimensionalen Figuren. (Beispiele können Sie über den Internet-Link, wie unter (37) angegeben, aufrufen.)

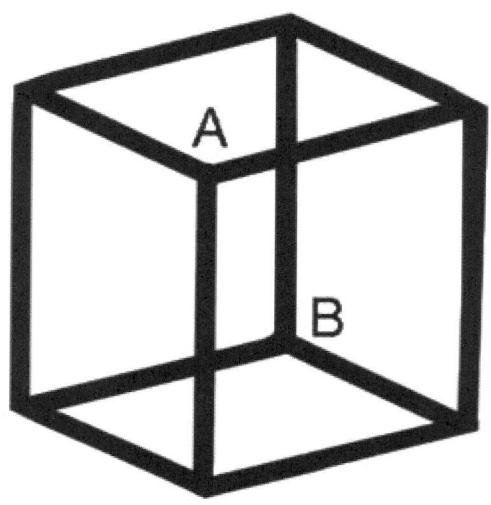

Man kann den oben dargestellten, sogenannten „Neckerschen Würfel" entweder von links oben (A) oder rechts unten (B) sehen (34 S. 44 f.). Bei längerer Betrachtung „springt" die räumliche Einordnung des Würfels für den Betrachter ständig hin und her. Grund ist, dass unser Gehirn den Würfel normalerweise als dreidimensionales Gebilde kennt und somit auf dem zweidimensionalen Medium *zwei* „richtige" Möglichkeiten der Sichtweise hat. Die Ecke „springt" also deshalb, weil unser Gehirn ständig nach der ihm altbekannten, richtigen Lösung sucht, aber *zwei richtige* findet.

Wäre für eine wahrgenommene Situation keine altbekannte Lösung vorhanden, müsste und würde unser Gehirn sich eine neue Sichtweise aneignen und würde sie bei ausreichend häufiger Wahrnehmung oder ausreichend heftigem Inputsignal neu lernen. (Sie erinnern sich: ein Gedicht oder Vokabeln durch häufiges Repetieren auswendig lernen; traumatische Ereignisse, die man nicht vergisst: z. B. Hand auf einer heißen Herdplatte).

Die über die Jahrtausende immer wieder erfolgten intensiven und/oder repetitiven Sinnes- und Schlüsselreize ließen Körperreaktionen und Lernprozesse folgen, die letztendlich Eingang in unsere Erbmasse fanden und unser heutiges, sogenanntes „angeborenes" Verhalten präsentieren. Zu den fixiertesten Verhaltensweisen zählen unsere Triebe und Instinkte. Sie sind evolutionsgeschichtlich so alt, dass wir sie bereits bei unseren tierischen Vorfahren in gleicher Form antreffen. Hier sind zum Beispiel (Über-)Lebens- und Fortpflanzungsdrang, Hungerstillen, Kampfbereitschaft, Fluchtreaktionen oder Angstgefühle zu nennen. Sie stehen für das Verhalten jedes Individuums, ob Mensch oder Tier, in ihrer Priorität unumstößlich an erster Stelle.

Aus den beschriebenen Reflexionen eingegangener Sinnesreize entwickelten sich aber auch *die* Verhaltensweisen, die wir mit Kultur, Moral, Ethik und Wertvorstellungen beschreiben. Sie sind evolutionsgeschichtlich jedoch noch sehr junge und „zarte Pflänzchen" im Vergleich zu den basalen Instinkten und Trieben und damit noch vielen Wandlungen unterworfen, wie die Kultur- und Moralgeschichte der letzten Jahrhunderte zeigt. Doch irgendwann könnten auch Anteile von ihnen einmal als „*gefestigte, weil lebensnotwendige*" Verhaltensweisen in unser „Triebepertoire" übergehen. Dann geht das *Relative* an ihnen verloren, sie werden nicht mehr *bewusst* auf andere Situationen reflektiert, sondern werden nunmehr durch bestimmte Inputs *unreflektiert* ausgelöst.

Ein sicherlich allen bekanntes Beispiel für einen Kulturwandel:

Aus dem Mittelalter stammt die wohl fälschlich Martin Luther zugeschriebene Frage an Essensgäste:

> „*Warum rülpset und furzet Ihr nicht, hat es Euch nicht geschmacket?*"

Anscheinend gehörten *Rülpsen* und *Furzen* bei Tisch damals noch zur guten *Esskultur*, die sich heute jedoch etwas anders darstellt.

Kennen Sie das Phänomen, dass, wenn Sie in einer größeren Gruppe, zum Beispiel Freundes- oder Bekanntenkreis, etwas diskutieren, sich in der Regel *immer einer*, höchstens zwei Einzelpersonen „herauskristallisieren", die letztendlich Wort führen, ihre Meinung durchsetzen, überwiegend die Entscheidungen fällen? Solche Menschen beschreibt man als sogenannte „Leit- oder α-Tiere". Und je nachdem in welch einflussreiche, gesellschaftliche Positionen sie kommen, wie stark dort ihr α-Einfluss auf

Mitmenschen ist, werden sie für die Zukunft entscheidende Weichen für die Gesellschaft stellen können, ja sogar dazu beitragen, neue Wertvorstellungen zu schaffen, Kulturbilder zu formen, neue Normen und Moralvorstellungen zu errichten. Ihre Ansichten, Meinungen, Taten erscheinen jeweils annehmbarer als die der übrigen Menschen.

Hinter *allem* was auf dieser Welt durch Menscheneinfluss geschieht, stehen in der Regel Reflexionen und Ideen nur relativ weniger Gehirne. Jedoch bestimmen deren *relative Dominanz*, ob nun in Wort oder Tat, den Takt der Geschichte. Nicht Gruppenentscheidungen bestimmen die Politik, dort werden letztlich nur Abstimmungen durchgeführt über Ideen, die von solchen α-Menschen „im Hintergrund" entwickelt wurden. Demokratie, die *politische Paradeform* der Abstimmung, führt, ich erwähnte es bereits im Vorwort dieses Buches, leider auch dazu, dass gute Ideen Einzelner im Rahmen einer Abstimmung leider oft wieder verworfen werden.

Andererseits gibt uns die Demokratie einen relativen Schutz vor solchen Einzelindividuen, die uns mit ihren Ideologien, die ja immer auf deren individuellen Erfahrungen und Empfindungen, wie Wut, Trauer, Hass, Liebe, Sympathie basieren, ins Verderben stürzen könnten. Deutschland musste das leidvoll am Nationalsozialismus erfahren. Hitler nutzte als klassisches α-Tier unter anderem die intellektuelle Schwäche des Reichspräsidenten Hindenburg, um an die Macht zu kommen, „*der nach eigenen Aussagen außer der Bibel und dem preußischen Exerzierreglement noch kein Buch gelesen hatte*" (14 S. 98). – Ein weiteres Beispiel ist das Mätressenwesen in Europa, das im 17. und 18. Jahrhundert seinen Höhepunkt erreichte, wo, um nur zwei Beispiele zu nennen, Madame de Maintenon, die langjährige Mätresse Ludwig XIV. oder die berühmt gewordene Mätresse Ludwigs XV., Madame de Pompadour, durch ihr „α-Geschick" in die Geschichte eingingen und auf die Politik und Kultur Frankreichs nennenswerten Einfluss nahmen. Auch die sehr persönlichen Motive des Altbundeskanzlers Helmut Kohl, der seine „Spendenfreunde" nicht verraten wollte, beschworen meines Erachtens durch sein Verhalten einen riesigen Vertrauensverlust der Bevölkerung in die Politik herauf. All das waren Dinge, die die Politik und damit die Geschichte prägten und darüber Einfluss auf unsere Kultur, Moral und Wertvorstellungen nahmen und nehmen.

Fakt ist, dass Menschen trotz alledem immer wieder Führung, Schutz und Anlehnung an α-Menschen suchten und immer noch suchen. Die Palette der Auswirkungen durch solche Personen reicht von Menschenrechtsverletzungen mit Folter, Mord und Totschlag bis hin zu Weltkriegen. Aber auch positive Dinge, wie wirtschaftliche Blütezeiten, hoch differenzierte Entwicklungen in Technik, Kultur und Wissenschaft dürfen natürlich nicht unerwähnt bleiben. Auch heutzutage können Sie α-Menschen bei jeder neuen Bundes- oder Landtagswahl beobachten. Der vergleichsweise (*relativ*) stärkste, größte, lauteste, intriganteste, intelligenteste, sympathischste oder korrupteste „Kuckuck" wird sich immer wieder durchsetzen. Ausdruck findet diese Tatsache in dem geflügelten Ausspruch: *„Der Mensch wird aus der Geschichte nicht klug"*.

Zuvor hatte ich beschrieben, dass Kultur, Moral und Wertvorstellungen evolutionsgeschichtlich „zarte Pflänzchen" gegenüber unseren basalen Trieben und Instinkten sind. Und deshalb sind sie uns auch noch wesentlich *bewusster* und laufen nicht wie unsere Trieb- und Instinkt-Automatismen *unbewusst* ab. Dass wir am Mittagstisch unseren Hunger und Durst stillen ist uns „instinktiv" klar, aber wir denken *bewusst* darüber nach, ob es sich gehört, bei Tisch laut zu rülpsen; wir denken *nicht* darüber nach, dass wir tausende von Tieren töten, um sie verzehren zu können, aber wir werden innerlich *ermahnt*, ein Tier zu quälen; wir reflektieren *nicht*, dass eine innige Bindung an unsere Eltern besteht, aber wir *überlegen* uns dreimal, ob wir Vater oder Mutter belügen dürfen.

Man könnte meinen, dass das Vermächtnis der Menschen, *bewusst denken zu können* und sein durch *dieses Denken* bedingte, ständige Steuern und Eingreifen in die Natur die Evolution nachhaltig stört. – Das mag durch die von uns induzierten Veränderungen, wie Umweltverschmutzung, Lärmbelästigung, Ozonschichtschädigung und nicht zuletzt die Förderung einer überalternden Bevölkerung durch unsere aktuelle Gesundheitspolitik, um nur einige wichtige zu nennen, in der Tat so erscheinen, doch dürfen wir beim Nachdenken über unsere vermeintlichen Verfehlungen nicht vergessen, dass auch wir *nur* ein aktuelles Produkt dieser Evolution sind und dass unser Vermächtnis, „Denken zu können" nicht bedeutet, „Herr über die Evolution" zu sein.

Dazu hatte Prof. Frederic Vester das bereits im Vorwort zitierte gesagt:

> *„Bei unseren Eingriffen brauchen wir (...) keine Sorge um die Natur zu haben, umso mehr dafür aber um uns, um die Spezies Mensch; denn die Natur hat (...) schon manche „unpassende" Art eliminiert"* (3 S. 74).

Getriggert durch unsere Sinnesrückmeldungen agieren und *betreiben* wir selbst den Evolutionsprozess mit, fügen uns selbst Freud oder Leid zu, tragen selbst anteilig dazu bei, wie lange wir uns noch in der aktuellen Erscheinungsform an unserem Dasein auf diesem Planeten „erfreuen" dürfen. – Etwas ganz Wichtiges sei an dieser Stelle gesagt: Die Evolution agiert über Jahrhunderte, Jahrtausende, Jahrmillionen und immer weiter fort. Sie *stirbt nicht* wie der irdische Mensch. Und sie hat dem Menschen noch etwas voraus: Sie „sieht", „hört" und „fühlt" alles, und zwar in Form der Gesamtheit aller Rückmeldungen (Feedbacks, Inputs) von Vorgängen und Veränderungen, kurz, dem *„Wechselspiel der Kräfte im Universum"*. Ob Menschen, Tiere, Pflanzen, Gesteine, Metalle, Wasser, Gase, alle haben im wissenschaftlichen Sinn ihr individuelles „Wahrnehmungssystem" – wenn auch nur auf molekularer und/oder elektrochemischer Ebene – und *bewegen* damit den sogenannten evolutionären Fortschritt. Dem Menschen eröffnet sich mit seinen „Sinnesorganen" und seinem diese Sinnesreize verarbeitenden Zentralnervensystem nur ein klitzekleiner Ausschnitt unserer Erde und des Universums. Man denke nur daran, dass unsere Sinne nicht in der Lage sind, Ultraschall zu „empfangen", dass wir nicht im Infrarotbereich sehen können oder wir ein sehr eingeschränktes Geruchsvermögen besitzen. Andere Lebewesen haben wieder ein anderes Wahrnehmungsspektrum. Fledermäuse zum Beispiel nutzen Ultraschall im Bereich von 20.000 bis 120.000 Hertz. Wir Menschen sind nicht einmal imstande, Frequenzen von 20.000 Hertz bewusst zu registrieren. Insofern sei an dieser Stelle nochmals die Bemerkung erlaubt, *was* im ganzen Universum gibt gerade uns Menschen das Recht und die Gewissheit zu behaupten, dass *wir* eine Art „Krönung der Schöpfung" sein sollen? Wieso soll gerade ein Gott *uns* dafür auserwählt haben?

Meines Erachtens ist für uns genau das *ständige Bewusstwerden* vieler Sinnesinputs die Schwachstelle im menschlichen System. Es ist, wie gesagt, die evolutionsbiologisch noch unreifste Stelle und stürzt uns von einem Gewissensbiss in den nächsten, von einer Frage zur anderen und von einem Problem ins nächste. – *Das Bewusstsein* überlegt, es denkt nach, es weiß nicht so recht, es kommt anscheinend nie zu einem Abschluss in seinem Denken. Die Psychologen beschreiben „Gefühls-resultate" (*Outputs*) aus diesem *Bewusstsein* mit Trauer, Freude oder Gleichgültigkeit. – Das Unterbewusstsein dagegen kennt nur die bereits genannten „Grundtriebe", die uns vor allem die Tiere ständig vorleben und diesen Trieben bedingungslos folgen. Ein Grübeln gibt es dort anscheinend nicht, „fight or flight", „Fressen oder gefressen werden", Paaren zu genetisch vorgegebenen Brunftzeiten. Wir erkennen bei ihnen keinerlei tiefergreifende Emotionen, kein Nachdenken. – Aber wir Menschen …? – Wir stellen uns ständig neue Fragen, zweifeln, stellen sogar unsere evolutionär eigentlich ausgereiften Grundbedürfnisse immer wieder an die *moralische Messlatte*. Unser Bewusstsein reflektiert permanent auf die unumstößlich verankerten Triebe, die solche *emotionalen Zwischentöne* in keiner Weise zulassen würden. Ein ständiger intraindividueller Interessenskonflikt ist vorprogrammiert. Wenn Sie so wollen, sind wir Menschen alle chronisch schizophrene Psychopathen, die sich mit dieser Krankheit durchs Leben leiden und freuen.

Genau *das* ist auch Hintergrund dafür, dass uns in der Gesundheitsgesetzgebung nur „Reförmchen" beschert werden, statt eines durchgreifenden Umbaus. Unser Unterbewusstsein steht nach langer evolutionärer Reifung mit seinen Instinkten dafür ein, dass in strengen Wintern die alten, kranken und schwachen Tiere sterben müssen, unser emotionaler Reflexionsapparat hat aber Mitleid mit allem was sich quält oder gequält wird. Wie sollen wir uns entscheiden? Und wenn eine durchgreifende Entscheidung gefällt wird, wer übernimmt dann Verantwortung? Wer erklärt seinem Gegenüber *seinen* Gefühlsentscheid und stellt diesen damit über die Meinung des anderen? Unsere Emotionen und unser danach ausgerichtetes Handeln scheinen *dann* am stärksten beeinflusst zu werden, wenn es uns persönlich betrifft oder in unserem engeren Umfeld geschieht. Als Beispiel sei hier die Trauer um die verstorbene 85-jährige Großmutter angeführt, die mit Tränenausbrüchen, einer riesigen Beerdigungszeremonie und lange nachhallendem Betrübtsein zu Grabe getragen wird. Im Gegensatz dazu fällt die emotionale Regung über die weit über 100 Toten, die Ende Oktober 2012 beim Hurrikan „Sandy" in Haiti und New York ums Leben kamen, wie uns der nette Herr Kleber oder Frau Slomka in den Abendnachrichten via Fernseher in unser warm beheiztes Wohnzimmer berichteten, eher verhalten aus.

Noch zwei Beispiele für derartig unterschiedliche Wertungen:

Sind Sie Vegetarier? – Nein? – Warum nicht? – Warum lassen Sie es zu, dass täglich Millionen Tiere getötet werden, weil Sie ein Schnitzel, ein Steak, ein Hähnchen oder Fisch essen wollen?

Der Philosoph Peter Singer beschreibt, dass das wichtigste Kriterium für das Lebensrecht eines Lebewesens nicht Vernunft, Intelligenz oder Verstand sind, sondern seine Fähigkeit, sich zu freuen oder zu leiden. Und das wird Tieren, insbesondere den Tieren, die zu unseren Nahrungsmitteln zählen, anscheinend nur in sehr beschränktem Maße zugestanden. – Eine sehr gewagte Schlussfolgerung wie ich meine. Vgl. (32 S. 212), (38).

Der Harvard-Psychologe Marc Hauser stellte ca. 300.000 Menschen aus aller Welt folgende Frage:

Stellen Sie sich vor, Sie stünden an einem Eisenbahngleis. Es rollt ein führerlos gewordener Waggon heran. Wenn nichts geschieht, fährt der Waggon geradeaus weiter und überfährt *fünf* Gleisarbeiter. Sie haben aber die Möglichkeit, eine Weiche unmittelbar vor ihnen umzustellen, so dass der Wagen auf eine andere Strecke umgeleitet wird, auf der dann *„nur ein"* Gleisarbeiter überfahren würde. Was würden sie tun? – Erwartungsgemäß votierten die meisten, nämlich etwa drei Viertel, dafür, die Weiche umzustellen. Die Frage wurde nun dahingehend abgeändert, dass *der eine* Gleisarbeiter jetzt durch *„ihr eigenes Kind"* ausgetauscht wird. Was würden sie dann tun? – Niemand hätte in diesem Fall die Weiche umgestellt! Vgl. (39 S. 234 ff., 239 f.).

Man nennt das *„shifting baselines"*: Es ist ein Begriff aus der Sozialpsychologie, der beschreibt, wie sich unsere Grenzen unmerklich verschieben (39 S. 254 ff.). Ein und der gleiche Sachverhalt erhält je nach Betrachter und je nach persönlicher Situation des Betrachters eine andere Bewertung. Also die klassische Beschreibung dafür, wie *relativ* wir in unserem Denken und in unseren daraus resultierenden Entscheidungen sind.

Diese „shifting baselines" stellen einen Kernpunkt in unserem Moral- und Werteempfinden dar und werden uns deshalb im Verlauf dieses Buches noch oft begegnen (ich erlaube mir, jeweils darauf hinzuweisen!). Wir bezeichnen zwar jedes Menschenleben prinzipiell als gleichwertig, jedoch machen wir trotzdem Unterschiede, je nachdem wie nahe uns ein Mensch steht, räumlich, zeitlich, verwandtschaftlich, sympathiemäßig. All unser Tun und Handeln, unser Denken und Urteilen, unsere Gefühle und Emotionen stehen in irgendeiner Weise dazu in einem Bezug. Ein Sohn, eine Tochter, ein Ehepartner, eine Großmutter, und sei sie noch so alt und krank, zu denen wir über längere Zeit eine enge Bindung aufgebaut haben, stehen uns emotional deutlich näher als Menschen, die uns fremd sind, wie uns oben genannte Beispiele verdeutlichen. Dabei sind uns doch fast alle Menschen auf diesem Planeten unbekannt. Eine nach dem britischen Psychologen Robin Dunbar benannte Zahl besagt, dass jeder Mensch im Durchschnitt nicht mehr als etwa 150 Menschen persönlich kennt (40), (41). Also eigentlich einen verschwindend kleinen Prozentsatz der Weltbevölkerung. Aber genau diese Wenigen können gerade diese enormen Emotionen auslösen. Besonderes Gewicht scheinen bei diesen emotionalen Einordnungen die Dimensionen Raum und Zeit zu haben, in denen sich der Mensch nun einmal bewegt. Je weiter etwas räumlich oder zeitlich von uns entfernt ist, desto blasser werden Empfindungen und Emotionen, auch verwandtschaftliche Bindungen und Sympathien. Das beschreibt sehr ausdrucksvoll auch der umgangssprachliche Satz: „Zeit heilt alle Wunden".

Des Menschen unaufhaltsamer Drang, immer mehr zu entdecken, immer mehr zu erfahren, insbesondere über sich selbst, das unstillbare Verlangen, sich die Dimensionen Zeit und Raum untertan zu machen, ist ein wichtiger Teilprozess der Evolution. Ausdruck dieses Pioniergeistes findet sich vor allem in unseren heißgeliebten sportlichen Aktivitäten, die bestimmt sind durch die Ziele *„höher, besser, schneller und weiter"*. Auch unsere weltumspannende Nachrichtentechnik, die Entwicklung von Langstreckenraketen, die Errungenschaft auf den Mond zu fliegen, Sonden zum Mars zu entsenden, Altersforschung zu betreiben, um eventuell das Altern aufhalten zu können, an Menschen „herumzuschnipseln" – man nennt es auch *Schönheitschirurgie* – damit sie in ihrem Aussehen auf einem jugendlicheren Niveau stehen bleiben mögen, zeugen von diesem menschlichen Bestreben. All das sind gegenüber evolutionären Dimensionen jedoch lächerlich anmutende Zeiträume. Aber gerade diese Bestrebungen schöpfen aktuell notwendige Energie- und Finanzressourcen ab, die uns Dinge vernachlässigen lassen, die uns ein zufriedenes und *stressfreies* Leben ermöglichen würden. Diese Einschnitte machen sich vor allem in den hochentwickelten Industriestaaten bemerkbar in Form von Depressionen, Burn-out, Fibromyalgie, Massenentlassungen zur wirtschaftlichen Betriebsoptimierung in großen Unternehmen und Schlagzeilen in den Medien über unsere allerorten zunehmende Unzufriedenheit, wo dieses *„Höher, Besser, Schneller, Weiter"* bis zum Exzess betrieben wird. Wie an einem unsichtbaren Faden gezogen *stressen* wir uns tagtäglich durchs Leben, um unsere Bestimmung, nämlich das Vorantreiben der Evolution, zu erfüllen.

Egoismus ist der Antrieb jeglichen menschlichen Handelns

Einführend eine kleine, mir zugetragene Geschichte, die Ihnen verdeutlichen soll, wie der Mensch (verständlicherweise) nach Vorteilen strebt:
In einer ganztägigen Veranstaltung sollte ein neues, medizintechnisches Produkt vorgestellt werden. Eingeladen wurden Leute aus dem vermeintlich interessierten Fachkreis. Bei Letzteren durfte man davon ausgehen, dass sie finanziell zu einer vergleichsweise (noch) nicht besonders schlecht dastehenden Berufsgruppe gehörten und sich somit das Produkt auch leisten konnten. – Die Voranmeldungen waren mehr als spärlich. Daraufhin wurde die Einladung wiederholt ausgesprochen. Nun wurde aber ein *kostenloses Essensbuffet* mit angeboten und *kleine Aufmerksam-*

keiten. – Sie können sich kaum vorstellen, wie groß der Zulauf diesmal war. Wie bereits angedeutet konnte man eigentlich davon ausgehen, dass die Eingeladenen für ihr Essen noch hätten selbst aufkommen können. Auf der Veranstaltung hatte man dann aber den Eindruck, dass die Produktpräsentation völlig zweitrangig war und erst das angekündigte Essen und die kleinen Aufmerksamkeiten – ich bitte um Entschuldigung, wenn ich in meiner Ausdrucksweise jetzt animalisch werde – „die Säue an den Trog holten". (Anmerkung des Autors: Säue ist hier als Metapher zu verstehen, nicht als Beschreibung einer Berufsgruppe!)
Sie erkennen, es ist durchaus wie bei den Tieren. Übrigens, das Essen und die Aufmerksamkeiten waren natürlich nur vordergründig „umsonst", auch die Industrie hatte dabei nur ihr egoistisches Interesse im Sinn, nämlich den Verkauf ihres Produktes. So schließt sich der Kreis wieder.

Man muss kein ausgebildeter Psychologe sein, um zu erkennen, dass bei jedem von uns der Antrieb eigentlich *jeglichen* Handelns sein persönlicher Vorteil ist, also immer das relativ „Höhere, Bessere, Schnellere, Weitere, Reichere". – Wie man feststellen muss, fallen bei den Besuchern der oben erwähnten medizintechnischen Präsentation doch sehr niedere Beweggründe ins Auge, die uns vom Tiere nicht so sehr unterscheiden. Da helfen auch solche *Klugsprüche* nicht, wie: „Wir leben doch in einer zivilisierten Welt und sind keine Tiere". Ich behaupte, dass wir uns vor lauter Habgier und Argwohn unseren Nächsten gegenüber eher dem Tier ähneln als *zivilisierten* Menschen. Und je vermögender Letztere werden, desto ausgeprägter scheinen diese Attribute zu werden. Vgl. (42 S. 100, 113, 121).

> *„Die Erfahrung hat uns gelehrt, dass die materiellen Begierden keine natürlichen Grenzen kennen, dass sie ohne Ende immer weiter zunehmen, ..." (42 S. 100).*

Nicht immer ist dieses Streben, diese Habgier, offensichtlich. Es gibt menschliche Handlungen, wo wir das dem Beobachteten unterstellte Ziel des persönlichen Vorteils nicht gleich entdecken. Hierzu wieder ein Beispiel:

Ich kenne eine sehr nette, junge Frau, die als Angestellte in einem kleinen Unternehmen fleißig ihrer geliebten Tätigkeit nachgeht. Eines Tages gab sie mir gegenüber unumwunden zu, dass sie das Betriebsklima in der Firma sehr belastet, sie oft frustriert ist und gar die eine oder andere Träne darüber verliert. Auf Grund ihrer überragenden fachlichen Kompetenz könnte sie sich mit ihrer Qualifikation durchaus selbständig machen, oder in einem anderen Unternehmen unterkommen. Was also hält sie davon ab, ihren Beruf andernorts weiter auszuführen. *„Was bringt ihr das"?* Arbeiten unter den nicht zufriedenstellenden Bedingungen?

Allein schon an meiner letzten Fragestellung können Sie erkennen, dass nicht nur ich, sondern wir alle etwas immer nur danach zu beurteilen scheinen, *„ob es uns etwas bringt"*. Wie oft haben Sie diese profane Ausdrucksweise nicht schon selbst benutzt und gehört?!

Für des Rätsels Lösung erhielt ich von der jungen Frau selbst dann eine entscheidende Zusatzinformation: Natürlich macht sie ihre Situation am Arbeitsplatz nicht glücklich, aber der übergeordnet steuernde Egoismus kann nach meinem Ermessen nur in ihrer *Bezahlung* stecken. Sie erhält nämlich – selbst zugegeben – überdurchschnittlich viel Geld für ihre Tätigkeit, und das scheint ihrem Ego wichtiger zu sein, als die ungeliebte Situation.

Der Filmklassiker „Ein unmoralisches Angebot" aus dem Jahre 1993, mit Robert Redford, Demi Moore und Woody Harrelson nach einem Roman von Jack Engelhardt beschreibt die Macht des Geldes ebenfalls sehr eindrucksvoll. Sie zeigt jedoch auch, dass unsere Gefühle damit nicht langfristig zu beeinflussen sind. – Die Handlung:

> *Das junge Ehepaar Diana und David übernimmt sich finanziell beim Bau ihres Traumhauses. Als der Rest des Geldes in Las Vegas verspielt ist, bietet der Milliardär Gage dem Paar eine Million Dollar für eine Liebesnacht mit Diana. Nach anfänglichem Zögern sagen die beiden zu. Als David im Nachhinein Gewissensbisse jagen, fängt die Ehe an zu zerbrechen. Diana zieht zu Gage, David bleibt allein. Er unternimmt einen letzten Anlauf um Diana zurückzugewinnen ... (43).*

In diesem Film wird wohl das aktuellste und derzeit stärkste ausgeprägte *Evolutionswerkzeug* der Spezies Mensch dargestellt, nämlich *Reichtum und Macht.*

Wir erkennen in den beiden zuvor genannten Beispielen eine Art „hierarchisches Abwägen" zwischen mehreren Lösungsmöglichkeiten. Es wird immer der vermeintlich größte Vorteil angestrebt, in diesen Fällen *das Geld.* Das Streben danach ist bei uns Menschen sehr ausgeprägt, vornehmlich in reichen Industriestaaten. Einen eindeutigen Beleg dafür lieferte auch die wählerködernde Überschrift und der dazugehörige Artikel in der Zeitschrift Focus vom 2. Sep. 2013, kurz vor der deutschen Bundestagswahl: *„Welche Partei ist gut für mein GELD?"* (44) – Wer viel dieses auf der Welt verbreitetsten Zahlungsmittels besitzt, kann sich viele zuträgliche Dinge davon kaufen, erlangt Macht, Ansehen und Einfluss. Ob es den Einzelnen langfristig glücklicher macht sei dahingestellt. Viele Publikationen belegen das Gegenteil.

Die *New Economics Foundation* zum Beispiel veröffentlichte zuletzt für 2012 den *„Happy Planet Index"*, einen Indikator für die ökologische Effizienz mit der eine Nation ihr Wohlbefinden generiert. In der Bewertung wird vor allem auf die zwei Dimensionen Gesundheit und Wohlbefinden fokussiert. Wider Erwarten rangieren gerade die reichen Länder der industrialisierten Welt „im Glücklichsein" weit hinten. Von 151 bewerteten Ländern steht die Bundesrepublik Deutschland auf Platz 46, Finnland auf Platz 80, die USA Platz 105 und das (öl-)reiche Kuwait gar auf Platz 143. Nach dieser Studie stehen die Menschen in Costa Rica, Vietnam und Kolumbien an den ersten drei Stellen (45) (46).

Geld scheint jedoch viele Dinge einfacher zu machen, vor allem die schnelle Konsumbefriedigung. Und somit prägte die *Macht des Geldes* über die Jahrhunderte in uns Menschen den massiven „Trieb", möglichst viel davon zu bekommen. Das führte letztendlich bis hin zur sogenannten Beschaffungskriminalität, sprich, der gewaltsamen Aneignung dieses Zahlungsmittels. Fast täglich erscheinen in den Medien Berichte über Einbruch, Diebstahl, Raubmord.

Hierzu ein Zitat des Philosophen R. D. Precht aus seinem Buch „Die Kunst, kein Egoist zu sein":

> *„Wenn es um Geld geht, besonders um große Beträge, geraten die meisten Menschen außer Kontrolle. Gehirnregionen, die für unsere Triebbefriedigung und für primitive Emotionen verantwortlich sind, übernehmen die Regie über unser Denken und bringen uns in einen Zustand der Gier"* (39 S. 321).

Ich möchte noch etwas weiter greifen und behaupten, dass das Geld, das eigentlich erst ab dem 14. Jahrhundert seine aktuelle Bedeutung als „geprägtes Zahlungsmittel" annahm (47), sich über die Jahrhunderte bereits als übergeordneter Trieb in unserer Erbmasse, unserem Genom, *eingegraben* hat. Und es hat den Anschein, als ob dieser evolutionsgenetische „Fingerprint" bereits mit der Geburt beginnt, seinen (An-)Trieb unbewusst im Handeln des Individuums umzusetzen. Die Beschaffung von Geld, kriminell oder legal, scheint eine fundamentale Befriedigung zu geben. Man könnte sie fast in die Dimension sexueller Befriedigung einordnen. Sofern Reichtum den Menschen nicht auch noch in geistige Verwirrung oder gar in den Tod befördert, wie wir von mehreren reichen, erfolgs-, alkohol- und drogenzerstörten VIPs erfahren mussten, werden viele feststellen, dass allein der Besitz des Geldes kaum Befriedigung und Freude auslöst. Im Gegenteil, er stimuliert die Gier bis zum Suchtverhalten und bei Wohlhabenden dominieren dann zunehmend Gefühle der Angst, des Misstrauens und – wie oft gehört – *Verarmungswahn*. Vgl. (39 S. 322) u. (42 S. 144 ff). Davon zeugen die vielen Sicherheitsvorkehrungen der „Wohlhabenden", beispielsweise ihre alarmgeschützten Anwesen oder die gut gesicherten Tresore der Banken.

Um unser Zielthema nicht aus dem Auge zu verlieren, an dieser Stelle die Frage: Was hat das Ganze nun mit Gesundheit zu tun!? – Den Bezug zur evolutionären Entwicklung kann man ja noch relativ gut herstellen... – Nun, mit Geld kann man sich auch gesundheitliche Versorgung *kaufen*.

Wir müssen die Lebensmaxime der Menschen nach „höher, besser, schneller, weiter" also noch um den Komparativ *„reicher"* erweitern. Leider hat sich diese Vorteilshascherei, insbesondere die Maxime *„rei-*

cher", in fast allen Lebensbereichen unserer Gesellschaft schon fast auf die gleiche Wertigkeitsstufe katapultiert, wie beispielsweise die Befriedigung des basalen Überlebenstriebs. Mittlerweile riskieren Menschen oft ihr Leben, um durch *viel Geld* die vermeintlich höchste Anerkennung in unserer heutigen Gesellschaft zu erreichen. Auch hierzu finden Sie in F. D. Prechts Werk „Die Kunst, kein Egoist zu sein" zwei treffliche Aussagen:

> *„Die Qualität unseres Lebens wird in Geld gemessen, wie die Zeit mit der Uhr" (39 S. 318).*

und:

> *„Es (das Geld) ist die einzige Sache der Welt, deren Qualität sich allein nach der Quantität bemisst" (39 S. 320).*

Die negative Sinnbelegung und Attribuierung mit Begriffen wie *Neid, Missgunst, Betrug,* erfahren Macht, Geld und Reichtum durch *die* Menschen, die eigentlich dem gleichen Verlangen danach unterliegen, es jedoch nicht besitzen oder erreichen können.

Beim Lesen der Werke *„Die Kunst, kein Egoist zu sein"* und *„Wer bin ich und wenn ja, wie viele?"* des von mir hoch geschätzten, zeitgenössischen Philosophen Richard David Precht, die mir viele Einblicke in die mittlerweile sehr distanzierte Betrachtung meines Berufes ermöglichten, resümierte ich, dass die Philosophie eine überwiegend im Konjunktiv sprechende, fragende und in Frage stellende Geisteswissenschaft ist. Ich finde Herrn Precht überaus intelligent und sehr belesen, doch scheinen in der Philosophie, wie in der Soziologie, der Evolutionsbiologie, der Politologie, der Physik und sonstigen Wissenschaften nur Fragen zu stehen nach dem „Woher?", „Wo jetzt?", „Wohin in Zukunft?". Nirgends finden wir abschließende Antworten. Im Gegenteil, immer mehr und immer neue Fragen tun sich auf. Die Philosophie mag hier versuchen, Interpretationen zu wagen, ob der Mensch egoistisch, altruistisch, gut, schlecht, sozial oder unsozial ist. Fakt bleibt, das Gehirn ist ein elektrochemisch agierendes Organ, dessen Grundbausteine keinerlei „denkende", „empfindende" oder „wertende" Elemente sind. Aber trotzdem produziert es Wertungen und lässt uns Menschen so sein, wie wir sind. Es lässt uns über erkannte Sachverhalte psychologisieren, soziologisieren, philosophieren, politisieren usw. All diese Wissenschaften sind Produkte dieser, in seiner Grundzusammensetzung eigentlich „unsensiblen" Materie, die wir Menschen uns als theoretische und für uns relativ effektiv erscheinende Gerüste entwickelt haben, um die an uns beobachteten Phänomene und Verhaltensweisen beschreiben zu können, für die wir im Detail aber *keine* Erklärung haben. Vgl. (13 S. 35 f.).

Ein weiteres Zitat aus R. D. Prechts Buch: „Wer bin ich und wenn ja, wie viele?", das auf Entdeckungen des Evolutionsbiologen Darwin zurückgreift, charakterisiert die Überschrift dieses Kapitels trefflich:

> *„ Meine Erbsubstanz ist die wichtigste Substanz auf der ganzen Erde. Damit sie überleben kann, ist es gerechtfertigt, dass die anderen zu kurz kommen, leiden oder, wenn nötig, sterben. Und jeder einzelne Mensch, Sie und ich, gehören dazu und spielen in diesem bösen und unmoralischen Spiel mit" (32 S. 134).*

Homo homini lupus est

„Der Mensch ist des Menschen Wolf". – Die Kapitelüberschrift ist ein verkürztes Zitat des Römischen Komödiendichters Titus Maccius Plautus (ca. 250 v. Chr. – ca. 184 v. Chr.). Der Originaltext lautet: *„lupus est homo homini, non homo, quom qualis sit non novit."* Die deutsche Übersetzung dazu: *Ein Wolf ist der Mensch dem Menschen, nicht ein Mensch, wenn man sich nicht kennt* (48).
Die Interpretation dieses Ausspruchs dürfte wohl allen ersichtlich sein, nämlich dass Menschen sich oft rücksichtslos gegeneinander verhalten, insbesondere wenn sie sich fremd sind. Als Vergleich wird der Wolf herangezogen, der allgemeinhin Sinnbild für ein Raubtier ist, welches andere Tiere tötet und auffrisst, nach unseren moralischen Vorstellungen also böse ist.

Nach diesem Zitat scheint es in unserer Geschichte immer wieder aufzufallen, dass sich Menschen untereinander häufig Schlechtes zufügen. Welchen Hintergrund könnte diese unbestreitbare Tatsache haben?

Um zunächst das Missverständnis aus dem Weg zu räumen, dass der Wolf ein „böses" Tier sei, folgende kleine Geschichte:

Ich schaute vor einiger Zeit im Fernsehen eine Tierdokumentation aus einem großen Nationalpark an. Über alle vier Jahreszeiten wurde das Leben einiger Tiere in freier Wildbahn gefilmt. – Eine Szene, sie ereignete sich im Winter, berührte mich emotional sehr. Dort jagte ein Wolfsrudel durch hohen Schnee eine Herde Rentiere. Ein zu schwaches Rentier konnte von den Wölfen aus der Herde abgesondert werden und wurde „bei lebendigem Leibe" gebissen, erst in den Hinterlauf, dann in Rücken, Flanke und Halsregion, bis es letztlich blutüberströmt zu Boden fiel und unter den an ihm fressenden Wölfen schließlich verendete. Die restliche Rentierherde sah aus sicherer Entfernung verstört zu, sie eilte ihrem Artgenossen nicht zu Hilfe. – Das Ergreifendste, und was mich am allermeisten zum Nachdenken inspirierte, war der Kommentar zu dieser Szene:

„Das tun die Wölfe nicht aus purer Lust am Jagen und Töten oder um das Rentier zu quälen, sondern es dient einzig und allein dem Kampf um das eigene Überleben in strengen Winterzeiten, wo für alle die Nahrung knapp wird. Und in der Natur herrscht das Gesetz, dass der Starke den Schwachen frisst."

Für welche Seite sollte ich mich nun entscheiden? Ist das Rentier der Arme oder sind es die Wölfe? – Eine unlösbare Frage an unsere Moral, eine Schaltstelle in unserem Bewusstsein, mit der wir Menschen immer wieder große Probleme haben. Der Fernsehkommentar ließ meine spontane Emotion, großes Mitleid für das nach meinem Dafürhalten elendiglich sterbende Rentier zu empfinden, umschlagen und auch die Sichtweise der Wölfe erkennen. Auch sie würden elendiglich verhungern und erfrieren, wenn sie nichts zu fressen bekämen. Damit sei an dieser Stelle wohl klargestellt, dass es sich beim Wolf primär nicht um ein *böses* Tier handelt, sondern ein triebgesteuertes Wesen, das auch nur sein nacktes Überleben sichern will.

Wir dürfen nicht die Augen davor verschließen, dass wir Menschen das, was der Wolf mit dem Rentier macht, ja machen muss, um zu überleben, ganz genauso praktizieren, nur auf unsere „zivilisierte", menscheneigene Art. Wir *morden* wie am Fließband täglich zig-hunderttausende von Tieren, die wir für unser Überleben verzehren. Auch wir töten als Stärkere die Schwachen. Auch wir denken darüber eigentlich nicht bewusst nach, genau wie der Wolf. Oder haben Sie *darüber* beim Verzehr ihres Schnitzels, Steaks oder Fischs schon mal reflektiert? – Vegetarier tun das.

Hier und da hört man die Argumentation, dass solche Tiere „ja extra dafür gezüchtet werden". – Wird Leben unwerter, wenn es für bestimmte Zwecke gezüchtet wird? Dann können wir ja auch Menschen nach Belieben klonen, um damit nach Herzenslust Forschung zu betreiben. Oder ist das etwas anderes?

Sie kennen sicher die Verfilmung vom Untergang des britischen Luxusliners RMS *Titanic,* der am 15. April 1912 rund 375 Seemeilen vor der neufundländischen Küste mit einem Eisberg kollidierte und anschließend 3740 Meter tief ins Meer versank. Vermutlich fanden 1.496 Menschen den Tod. – Als nach der Eisberg-Kollision für alle Passagiere ersichtlich war, dass das Schiff sinken würde, entbrannte ein *nackter Überlebenskampf* um die Rettungsboote, ungeachtet der „Moralnorm": Frauen und Kinder zuerst und ungeachtet eines gesellschaftlichen Standes.

Wie Sie erkennen, handeln beide, Wolf und Mensch, gar nicht so unterschiedlich. Beide „wollen nur ihre Haut retten", wie es so schön heißt. Kann man das nach unseren Werte- und Moralvorstellungen mit „böse" bezeichnen? Wohl kaum. Die Adjektivierung „böse" ist also nur eine persönlich empfundene, nicht selten realitätsfremde, moralische Bewertung.

Die Geschichte im Nationalpark bezog sich auf Tiere, die der Titanic auf Menschen. Aus Sicht der Zurückbleibenden/aus Sicht der Rentierherde ist das Verhalten der im Rettungsboot Sitzenden/der reißenden Wolfe „böse", aus Sicht der Bevorteilten „lebensrettend". Wir erkennen wieder das Phänomen der „shifting baselines", sie erinnern sich, der Begriff aus der Sozialpsychologie, der die unterschiedliche Beurteilung des gleichen Sachverhaltes von verschiedenen Standpunkten beschreibt.

In unseren reichen Industrieländern ist es in der Regel so, dass keiner verhungern und verdursten muss. Triebhaftes Verhalten in solcher Dimension ist also nicht auf der Tagesordnung zu finden. Insofern hinkt Plautius' Vergleich ein wenig. Denn welcher *Trieb* befiehlt dem Menschen in unserem zivilisierten Deutschland zum Beispiel einen Artgenossen zu quälen, wie es leider oft genug vorkommt? Es sei denn, es besteht eine krankhafte Veranlagung. Überdies regeln Gesetze unser Verhalten, die ein friedfertiges Miteinander fordern und Zuwiderhandlungen sanktionieren.

Grundgesetz der Bundesrepublik Deutschland

Artikel 1

(1) Die Würde des Menschen ist unantastbar. Sie zu achten und zu schützen ist Verpflichtung aller staatlichen Gewalt.

(2) Das Deutsche Volk bekennt sich darum zu unverletzlichen und unveräußerlichen Menschenrechten als Grundlage jeder menschlichen Gemeinschaft, des Friedens und der Gerechtigkeit in der Welt.

(3) (...)

Artikel 2

(1) Jeder hat das Recht auf die freie Entfaltung seiner Persönlichkeit, soweit er nicht die Rechte anderer verletzt und nicht gegen die verfassungsmäßige Ordnung oder das Sittengesetz verstößt.

(2) Jeder hat das Recht auf Leben und körperliche Unversehrtheit. Die Freiheit der Person ist unverletzlich. In diese Rechte darf nur auf Grund eines Gesetzes eingegriffen werden (49).

Um darüber hinaus sogar noch anderweitig drohende Schäden von den Bürgern abzuwenden, sei es durch Hunger, Obdachlosigkeit, Krankheit oder Armut, gibt es bei uns eine *gigantische* Art „sozialer Futterkrippe": Notunterkünfte mit Essensversorgung, „medizinische Versorgung auf Krankenschein", Sozialhilfegeld, und so weiter. Den „bösen" Wolf, der seine Beute tötet, um selbst überleben zu können oder in sozial lebensbedrohliche Not zu geraten, gibt es innerhalb Deutschlands also eigentlich nicht.

Diese Gesetze und Sozialpläne repräsentieren im Grunde das, was ich Ihnen im vorigen Kapitel als evolutionsgeschichtlich „noch junge und zarte Pflänzchen" des bewussten Denkens und Reflektierens im menschlichen Gehirn vorstellte. Es sind unsere Werte- und Moralvorstellungen. Also jeden zu respektieren, niemandem bewusst zu schaden und dem Schwachen zu helfen.

Genau dieser Sichtweise, nämlich meinem *bewussten moralischen* Empfinden, dem Schwachen zur Seite zu stehen, bin ich in der dargestellten Situation zwischen Wolf und Rentier zum Opfer gefallen. Hätte ich nach unseren geltenden Moralvorstellungen gehandelt, nämlich das Rentier als dem Schwachen vor *den Wölfen* beschützt, wären *letztere* in dieser winterlichen Situation vielleicht zu Tode gekommen. So haben die Wölfe vorerst überlebt. – Ich hätte also in ein natürliches, gut funktionierendes, kybernetisches System *künstlich* eingegriffen, was der Gesetzmäßigkeit unterliegt, dass insbesondere im Winter die alten, kranken und schwachen Tiere sterben oder von ihren natürlichen Feinden getötet werden. Erst durch diese naturgegebene Regulation wird den Rentieren ihr eigenes, langfristigeres Überleben überhaupt erst ermöglicht, denn nur dadurch wird der Bestand „gesund" gehalten.

Moral als Maßstab für triebhaftes, unbewusst ablaufendes Verhalten zu verwenden, ist also völlig falsch. Das ist leider auch immer wieder Stein des Anstoßes bei richterlichen Entscheidungen in manchen Sexualdelikten, wo der Täter aufgrund mangelnder Tateinsicht eher in die Psychiatrie eingeliefert wird, als dass er ins Gefängnis muss. In diesen Fällen wird gutachterlich (an-)erkannt, dass eine Triebhaftigkeit besteht, die eine vorsätzlich und bewusst ausgeführte Vergewaltigung ausschließt. Man nennt das dann *„nicht zurechnungsfähig"* oder *„nicht einsichtig für die Tat"*. – Eine niederschmetternde Aussage für unser Moralempfinden.

Von der Antike bis in die Neuzeit, versuchten und versuchen Philosophen und Gehirnwissenschaftler zu ergründen, warum Menschen so handeln, wie sie handeln, wo ihre jeweils antreibenden Gehirnareale zu finden sind und wie man sie vielleicht positiv beeinflussen könnte. – Gar nichts können wir. – Offiziell haben wir uns zwar selbst mittels Gesetzen und Vorschriften, Predigten von Kanzeln und Erziehungsritualen in den Familien in einen *„Moralkäfig"* gesperrt, inoffiziell nutzen wir jedoch heimlich die nur unzureichend verschlossene Tür, um *diese Moral* über Bord zu schmeißen. Beispiele dafür sind vor allem die kapitalistischen Verhaltensweisen von Banken und Unternehmen bis hin zu Einzelpersonen, die erstrangig nur das Ziel ihres persönlichen Vorteils haben, mit diesem Verhalten aber das soziale Ungleichgewicht fördern oder gar erst herstellen. Analog ist auch das unsoziale Verhalten zu bewerten, *nicht* nach anerkannten Gesundheitsstandards zu leben, dadurch vielfach gesundheitliche Einschränkungen zu bekommen und diese dann auf Kosten der Solidargemeinschaft medizinisch versorgen zu lassen.

Im vorigen Kapitel haben wir gelesen, dass der Antrieb eigentlich *jeglichen* (menschlichen) Handelns der persönliche Vorteil ist. Das scheint in den beiden oben genannten Geschichten, *„Wölfe im Nationalpark"* und *„Sinken der Titanic"*, erfüllt. Vor allem deshalb, weil hier *triebhaftes, unbewusstes* Handeln vorherrschte und somit keine weitere Frage nach diesem klar ersichtlichen, persönlichen Vorteil, dem Überleben wollen, gestellt werden muss. Wenn dieser egoistische Antrieb aber auch für *bewusstes* Handeln gelten soll, und wir uns nur mal vor Augen halten, wie viel *vorsätzliches* Unrecht schon in unserem engsten sozialen Umfeld, geschweige auf der Welt geschieht, muss das *bewusste* Nachdenken über solche Unrechtmäßigkeiten doch sofort mit dem „jungen Pflänzchen" unserer Moral kollidieren.

Da in einer Kultur Werte und Moral *bewusstes* Allgemeingut sind, ist es eigentlich verwunderlich, dass trotzdem massenhaft und immer wieder dagegen verstoßen wird. Eine Erklärung gibt vielleicht der Neurobiologe Joachim Bauer, der in seinem Buch *„Das kooperative Gen"* (50) beschreibt, dass das Genom, in der unsere gesamte Erbmasse verankert ist, der „Formung und Lenkung" und damit auch einer Sozialprägung zwar prinzipiell zugänglich und damit vererbbar ist, in letzter Konsequenz jedoch einen Individualegoismus bereits auf molekularer Ebene besitzt.

Somit scheint auch unser *bewusstes* Sozial- und damit Moral- und Werte-verhalten Anlehnung an die in uns Menschen wohnenden Triebe zu haben, die unser Tun imperativ lenken und damit letztendlich doch nicht *bewusst* zu beeinflussen sind. Vgl. (32 S. 229 f.).

Dazu zwei fundamentale Aussagen des Schotten David Hume, einer der bedeutendsten britischen Philosophen des 18. Jh., die er in seinem ersten Buch nur anhand seiner Beobachtungen an Menschen und deren Verhalten in der Gesellschaft festlegte:

1. Nicht Verstand oder Vernunft regieren den Menschen, sondern seine Gefühle.

2. Wenn 1. so ist, dann gibt es schlussfolgernd auch keinen freien Willen. Vgl. (39 S. 113).

Diese Aussprüche sind bis heute in den Wissenschaften anerkannt.

Egoismus, wie ein Streben nach persönlichem Vorteil auch bezeichnet wird, ist umgangssprachlich fast immer negativ belegt im Sinne von *unsozial*. Dass dem nicht so sein muss, erklärt folgende Betrachtung:

Stellen sie sich vor, sie verlieben sich in eine Person, bilden eine Lebens-gemeinschaft, sorgen für sie, bekommen Kinder und führen bis zum Tod eine erfüllte und glückliche Beziehung. Man könnte solch eine Liebesbe-ziehung auch mit Altruismus umschreiben, also einem Sozialverhalten, bei dem man im Sinne einer anderen Person denkt und handelt. – *Ihr Antrieb*, *ihr Egoismus*, diese Bindung einzugehen, dient jedoch primär der Befriedigung *ihrer*, und *nur ihrer* evolutionären Triebe nach Sexuali-tät, Fortpflanzung und Sicherheit in einem persönlichen Sozialverband. Aber ist das für die auserwählte Person negativ oder gar unsozial? – Wohl kaum. Vgl. (32 S. 162 ff.), (39 S. 140 ff.).

Im vorigen Kapitel schrieb ich, dass unser Bewusstsein die schwächste Stelle unseres Denkapparates ist, da es uns ständig über unser triebhaftes Verlangen nachdenklich stimmt und zweifeln lässt. Das ist die eine Seite. Die andere ist aber, dass unser Gehirn auch immer und unerbittlich den für ihn angenehmsten Zustand anstrebt, also Triebe äußert. Diese Geistesaktionen etablierten und etablieren über die Zeit Kompromisse, wir nennen sie Wertempfindungen.

Aktuell steht das *Geld* – vor allem für Menschen in reichen Ländern – an erster „Wert"-Stelle. Oft scheint es aber unser Bewusstsein fast vollständig abzuschalten, somit kaum Kompromisse zuzulassen. Das führte dazu, dass das einzige „Wertstück", dessen Qualität nach seiner Quantität bemessen wird, wie wir im Kapitel *„Der Mensch denkt – die Evolution lenkt"* hörten, von ausnahmslos allen so geschätzt wird, dass des Menschen höchstes Gut das Streben nach Reichtum ist. Und „reich" bedeutet nicht nur in Deutschland, viele Güter und viel Geld zu besitzen. Denn fast ausnahmslos alles, was es auf der Welt gibt, ist mit Geld zu bemessen. So führte es uns der Film *„Ein unmoralisches Angebot"* bereits plastisch vor Augen. Da in unserer zivilisierten Welt das Streben nach *„Geld und Macht"* das *persönliche* Töten von Beutetieren abgelöst hat – man *kauft* sich heute sein *(Beute-)Steak* – möchte ich folgend unseren Betrachtungshorizont noch um die so wichtigen Dimensionen Raum und Zeit erweitern. Denn dann wird uns klar, dass das ehemals direkte (zeit-nahe) und persönliche (raum-nahe) Töten unserer Beute heutzutage ein viel raffinierteres, aber genauso tötendes Ausmaß bekommen hat.

Diese beiden Dimensionen spielen mittlerweile insofern eine sehr wichtige Rolle, als dass uns Gesetze verbieten, jemandem sein Geld ohne Gegenleistung wegzunehmen. – Das nennt man *Stehlen* und ist bereits im *achten Gebot Gottes* untersagt. – Mit dem Stehlen hat unser Moralverständnis aber anscheinend *kein* großes Problem, wenn es über große „Zeit"-Räume geschieht, wie wir an unserem modernen Bankenwesen leider zunehmend feststellen müssen. Hier wird in großem Stil Geld von gutgläubigen Anlegern durch Misswirtschaft bei Spekulationsgeschäften veruntreut und somit letztendlich „gestohlen", so dass unserem Wirtschaftssystem ein Kollaps droht. Auch bei kriminellen Internet-Unternehmern oder Callcenter-Geschäften, die mit ihren raffinierten Verkaufsstrategien von Betroffenen zum Teil lebensnotwendiges Geld *ergaunern*, wird durch die große *räumliche* Distanz zum Kunden (oft vom Ausland) anscheinend keine unüberwindbare moralische Hürde gesehen: *„Callcenter betrügen 33000 Senioren – Eine kriminelle Bande aus Hilden hat Tausende Senioren am Telefon um 4,2 Millionen Euro geprellt"* (51).

Ich hatte zuvor angeführt, dass Menschen in unserem Staat für begangene Straftaten, die als triebhaftes Verhalten eingestuft wurden, *nicht* strafrechtlich verurteilt werden. Diese Art *Begnadigung* darf man meines Erachtens jedoch nicht auch auf die *unmoralischen* Taten der soeben dargestellten Personen und Unternehmen ausdehnen, selbst wenn wir erfahren haben, dass auch deren Tun angeblich unter einem gewissen triebhaften Einfluss erfolgt. Hier besteht der wesentliche Unterschied, dass die größeren zeitlichen und räumlichen Dimensionen den Bankern, Internetverkäufern oder Callcenter-Inhabern eigentlich genug Zeit lassen, *bewusst* über ihr unmoralisches Handeln zu reflektieren und somit ihren Verfehlungen Einhalt gebieten *könnten*. Gründe, die Unmoral trotzdem fortzusetzen, ist die pure Geldgier, die man mittlerweile als Sucht bezeichnen muss.

Treffliche Beispiele, mit der man im weitesten Sinne die Geldgier mittlerweile gleichsetzen kann, sind in meinen Augen die Spielsucht, Drogensucht, Nikotinsucht und Esssucht. Den Suchtverfallenen ist meist *bewusst*, dass sie sich und ihrem sozialen Umfeld schaden. Wenn Süchte aber erst einmal etabliert sind, haben sie triebhaften Charakter, der nur enorm schwer zu kontrollieren ist. Deshalb die grundsätzliche Forderung: Wehret den Anfängen! Eine Umkehr ist in der Regel nur mit größten Anstrengungen und Einschnitten möglich. Einer Schuldfähigkeit würde ich die meisten jedoch *nicht* entheben, dafür erachte ich unsere Welt als zu aufgeklärt.

Mittel zur Umkehr oder Korrektur sind in der Evolution die recht primitiven Instrumente der Selektion, nämlich Bestrafung oder Belohnung, in welcher Form auch immer. Mit Verhaltens- und Psychotherapie, also über Kognition und Einsicht dem Problem beizukommen, wie es bisweilen mit viel Aufopferung von unseren Gutmenschen, den Psychologen und Psychotherapeuten versucht wird, hat leider meist keine dauerhafte Modulation des suchtbehafteten Unterbewusstseins zur Folge. Rückfälle sind hier eher die Regel als die Ausnahme.

Wir müssen bedenken und haben bereits gehört, dass alles auf dieser Welt *relativ* ist. Nur darum gibt es Fortschritt, Bewegung und Veränderung. Wasser fließt immer von *relativ* weiter oben nach unten, Luftströmungen bewegen sich immer vom *relativ* höheren Luftdruckgebiet zum tieferen, *relativ* Ärmere streben immer zum Reicherwerden. Dass es *keine* Relativität mehr gibt, wie zum Beispiel im Kommunismus, dass alle gleichwertig sind, alle gleich viel haben, alle gleich viel bekommen, gibt es nur in unserer Theorie. Es würde Stillstand herrschen. Hätte jeder Mensch gleich viel von allem, vom Essen, vom Trinken, vom Vermögen, was würde ihn dann von irgendetwas anderem unterscheiden? Was wäre dann sein Antrieb dafür, irgendetwas zu tun, geschweige denn, seinem Nächsten gegenüber irgendeinen Dienst zu erweisen oder auch, ihm Schlechtes zuzufügen? Wir werden *nie* erreichen können, dass Geld, Nahrung, Energie, und viele andere, auch lebensnotwendige Dinge, auf dieser Erde gerecht, beziehungsweise gleichmäßig verteilt sind, das ist eine Theorie, die die Evolution nicht vorsieht, nicht vorsehen kann, weil sie sich damit selbst erübrigen würde.

Einige werden immer die „Höchsten, Besten, Schnellsten und Weitesten" sein in diesem *Wettkampf des Lebens*, andererseits werden dadurch auch immer Verlierer generiert. Das Los, mangels naturgegebener Veranlagung nicht zu den „Höheren, Besseren, Schnelleren, Weiteren und Reicheren" zu gehören, drücken Betroffene häufig resignierend aus mit den Worten: „*Weil du arm bist, musst du früher sterben"* oder, was ich auch von vielen Sozialhilfeempfängern immer wieder höre: „*zu wenig zum Leben, zu viel, um zu sterben"*.

Durch die angesprochene Gier kommen neben positiven und anspornenden Effekten leider auch immer wieder sehr negative Gefühle unseren Nächsten gegenüber auf. Es sind *Hass, Neid und Missgunst*. Auch diese uns *bewusst* werdenden Gefühle generieren Reaktionen.

Hierzu eine mir berichtete Begebenheit:

Ein Augenarzt lud seine Angestellten nebst Lebenspartnern zu einer gemeinsamen Feier ein, als Belohnung für ein in seiner Praxis wirtschaftlich gut abgeschlossenes Quartal. An dem Abend wurde er vom Ehemann seiner *Top-Arzthelferin* angesprochen. Er (der Augenarzt) fahre doch ein so tolles und teures Auto, er (der Ehemann der Top-Arzthelferin) und seine Ehefrau (die Top-Arzthelferin) könnten sich das, obwohl beide arbeiten gingen, nicht leisten. Das fände er doch ungerecht. Die zugegebenermaßen etwas undiplomatische Antwort des Augenarztes war: „*Ich kann dieses Auto fahren, weil ich Ihrer Frau einen Arbeitsplatz geben kann.*" – Es hörte sich für den Ehemann sicherlich erniedrigend an, beschreibt aber den Kern der Sache: auf der einen Seite das Streben des Augenarztes nach möglichst hohem Einkommen, auf der anderen Seite die daraus resultierende Missgunst des Ehemanns der Angestellten. Es gibt also immer „oben" und „unten".

Das natürliche Prinzip des Strebens nach „Höher, Besser, Schneller, Weiter und Reicher" eskaliert leider allzu oft im gegenseitigen Übervorteilen, Betrügen, Stehlen, und führt letztendlich bis zu *Mord und Totschlag*. Es ist viel zu müßig, darüber zu diskutieren, warum Banker sich am Geld ihrer Anleger übermäßig bereichern, warum Vorstandsvorsitzende von Krankenkassen und anderen „Institutionen" sich unverhältnismäßig hohe Einkünfte zuteilen, warum sich selbst hochrangige Politiker Nebeneinkünfte generieren, warum Menschen in Deutschland wegen oft selbstverschuldeter Gebrechen durchschnittlich 18 Mal im Jahr zu einem Arzt gehen. Der einzige Antrieb, den all diese Menschen haben, ist ihr Ansinnen nach persönlichem Vorteil, der, ungeachtet allgemeingültiger Normen, Wertvorstellungen und Moral, nur diesem „Höher, Besser, Schneller, Weiter und Reicher" gehorcht. Man kann dieses Streben auch mit einem einzigen Wort umschreiben: „*Ich*". Das ist es, und nichts, aber auch gar nichts anderes! – Ein *bewusstes und vorsätzlich* sozialverträgliches Denken und Handeln ist hier nicht mehr zu erkennen.

Das ist der Grund, warum „der Mensch des Menschen Wolf" sein kann und in der Regel auch vielfach ist! – Titus Maccius Plautus hat also Recht. Bereits Wilhelm Busch drückte diesen Sachverhalt in folgendem Zitat aus:

> *„Was beliebt, ist auch erlaubt;*
> *Denn der Mensch als Kreatur*
> *Hat von Rücksicht keine Spur"*
> *(52 S. 274).*

3. Gesetze gegen die Natur

Die Individualität aller Organismen auf unserem Planeten, so auch von uns Menschen, beschreibt „den aktuellen Stand der Evolution". Immer neue Kreationen von Lebewesen bringt sie durch Genmutationen und *„crossing-over"* zwischen Chromosomen, ob nun zufällig, oder, wie auch viel diskutiert, durch „vorausschauende" Änderungsprozesse in der Erbmasse hervor. Vgl. (50). Langfristiger werden nur solche Individuen und Organismen überleben, die den aktuellen Umweltbedingungen sehr gut angepasst sind und in jeweils vorherrschenden Ökosystemen gut zurechtkommen. Alle anderen werden gänzlich *un*-emotional wegrationalisiert.

Zu jedem Zeitpunkt existieren bei allen Arten, auch bei uns Menschen, gleichzeitig mehrere Varianten. Es gibt Menschen mit roten, schwarzen oder blonden Haaren, es gibt Menschen dunklen und helleren Hauttyps, es gibt Sturköpfe und gutmütige Menschen, es gibt kleine, große, dicke, dünne, starke, schwache. Die Reihe ließe sich noch beliebig fortführen. All diese individuell unterschiedlichen Menschen sind, häufig unbemerkt, einer unerbittlichen Macht, der Macht des evolutionären Selektionsdrucks ausgeliefert.

Kennen Sie das? Zwei Personen streiten sich. Plötzlich erscheint eine Gefahr, die beide bedroht, und schon kommt es unter ihnen zu einem Konsens, sich gegen diese neue Gefahr *gemeinsam* zur Wehr zu setzen und ihre Fehde ruhen zu lassen. – Solch ein Konsens ist gleichzusetzen mit dem Prinzip, nach dem sich Menschen „Gesetze *gegen* die Natur" schafften und schaffen, damit sie im *Sozialverband* (*gemeinsam*) eine stärkere Macht gegen die auf sie einwirkende Selektion bekommen.

Aber auch wenn uns immer wieder zu Ohren kommt, dass das Tier *„Mensch"* meint, sich gerade wegen seines hochentwickelten Sozialverhaltens vom Tier wesentlich zu unterscheiden, sich auch nicht zuletzt deshalb als „die Krönung der Schöpfung" bezeichnet, müssen wir in unserer Geschichte leider immer wieder erkennen, dass es unter diesen *„Schöpfungsgekrönten"* ständig zu Ungereimtheiten in der Befolgung der vereinbarten Gesetze kommt, an die man sich doch halten sollte.

Wozu sollten Gesetze dienen?

Ich möchte an dieser Stelle nur in groben Zügen den „*Wall*" unseres „*Sandkastenspieles*" beschreiben.

Politische Parteien sollen zur politischen Willensbildung einer Bevölkerung beitragen. Seit vielen Jahrzehnten sind in Deutschland Parteien in den jeweiligen Regierungen vertreten, die die Begriffe „sozial" und/oder „demokratisch" auf ihrer Flagge tragen. Wie sie sich nun auch im Speziellen unterscheiden mögen, im Grunde wird immer ein „soziales und demokratisches" Miteinander propagiert. An dieser Stelle deshalb die aus Wikipedia Ende des Jahres 2012 entliehene Definition des Begriffs *Sozialdemokratie*:

> *„Sie ist die Bezeichnung für eine international ausgerichtete politische Bewegung und politische Ideologie in zahlreichen Ländern der Welt, die sich mit demokratischen und sozialistischen Mitteln für eine sozial gerechte Gesellschaft einsetzt.*
>
> *Die deutsche Sozialdemokratie orientiert sich laut ihres Grundsatzprogramms an einem humanistischen Menschenbild. Weiter strebt sie grundsätzlich einen gesellschaftlichen Wandel hin zu einer solidarischen sozialistischen und pluralistischen Gesellschaft an, in der jeder Mensch gleiche Chancen und ein Maß an politischer Freiheit und Wohlfahrt genießt"* (53).

Wesentliche sozialdemokratische Theoretiker, so z. B. der deutschtschechische Philosoph und sozialdemokratische Politiker Karl Johann Kautsky (1854–1938) (54), sahen dieses Gesellschaftsbild als Utopie an, womit sich innerhalb der sozialdemokratisch geprägten Organisationen zunehmend der Gedanke vom „*Weg als Ziel*" durchsetzte.

Nicht nur Karl Kautsky hatte das im Vorwort genannte „*Kinderspiel*" also bereits für *nicht stabil* gehalten, so dass es die Betreiber zwar weiterspielen, man sich jedoch auf den Konsens eines *labilen* Systems in der

Aussage *„Der Weg sei das Ziel"* einigte, wohlwissend, dass man es nie erreichen wird.

Sie alle kennen und beginnen sicherlich öfter Sätze mit: „Man sollte …", „Ich müsste …", „Man könnte …", „Die (anderen) müssten …" und so weiter. Das sind alles einleitende Redewendungen zu Überlegungen, die den Wunsch nach einer Änderung eines bestehenden Sachverhaltes, Verhaltens oder Systems zum persönlich Besseren, Angenehmeren oder Positiveren äußern. In den meisten Fällen bleibt es nur bei diesen Redewendungen, zum Beispiel bei guten Vorsätzen, mit dem Rauchen aufzuhören, abzunehmen oder sich körperlich mehr zu bewegen. In Fällen, wo diese Begehren jedoch zur Meinung großer Menschenmengen werden, gar zu *Volksbegehren* und diese Begehren dann auch noch über viele Jahre, Jahrzehnte, gar Jahrhunderte anhalten, entwickeln sie sich zu den uns bekannten Werte-, Moral-, Ethik- und Kulturvorstellungen, die oft Eingang in niedergeschriebene *Gesetze* finden. – Bitte beachten Sie, dass diese Gesetze *nichts* mit *naturgegebenen Gesetzmäßigkeiten* zu tun haben, im Gegenteil! – Diese Werte-, Moral-, Ethik- und Kulturvorstellungen beschreiben lediglich die *Schnittmenge*, mit der sich der überwiegende Anteil der Bevölkerung identifiziert. Also nicht alle. Der eine nimmt es mit der Moral nicht so genau wie der andere. Es gibt also eine gewisse Bandbreite in der Bewertung dieser „Normen". Deshalb ist eine gesetzliche Regelung enorm wichtig, um ein Miteinander von Menschen nach einheitlichen Standards zu ermöglichen und nicht zu große Abstufungen entstehen zu lassen, vor allem im sozialen Status. Denn die im menschlichen Vermögen zwangsläufig vorhandenen, weil naturgegebenen, körperlichen und/oder geistigen Unterschiede würden unweigerlich zum Auseinanderdriften von Menschengruppen führen.

Diese Gesetze stecken andererseits auch individuelle Freiräume ab, zum Beispiel in Form von Landesgrenzen, Einrichtungen für Gleichgesinnte, Eigentumsrechte, „eigene vier Wände", kurz gesagt, sie bewirken eine Abgrenzung zwischen dem „Dein und Mein". Sie sollen dafür sorgen, dass zwar ein Wettbewerb nicht aufgehalten wird, aber auch die Leistungsschwächeren „ihre ökologische Nische" im Sozialverband finden können.

Das ganze Paket wird, wie oben definiert, mit „sozialdemokratisch" tituliert, was im Grunde den Spagat zwischen individueller Freiheit des Einzelnen bei gleichzeitigem Mitbestimmungsrecht jedes Einzelnen über alle beschreibt. – Welch ein Widersinn.

Wir leben mittlerweile in einer fiktiven Welt, in der es unsere steinzeitlichen *Schlüsselreize,* wie Hunger, Durst, Überlebensdrang, die wir im Tierreich weiterhin beobachten können, zwar noch gibt, die aber durch unseren relativen Wohlstand weit in den Hintergrund getreten sind. – Das hauptsächlich steuernde Element in unserem sozialen Wohlstandsstaat ist mittlerweile das *Geld*. In diesem Staat gibt es nun Menschen, die sind, sagen wir mal, von der Natur mit besseren Fähigkeiten ausgestattet worden, an dieses erstrebte Geld zu kommen. Solche Fähigkeiten sind z. B. Fleiß, körperliche Fitness, Intelligenz, aber auch glückliche Ereignisse. Wenn die Schere zwischen „Reicheren" und „Ärmeren" zu groß wird, wird der „Reichere" den „Ärmeren" irgendwann nicht mehr „subventionieren" wollen. Aufgabe der Politik ist es, diesen Eskalationspunkt nicht zu erreichen.

Ein aktuelles Beispiel lieferte der Schauspieler Gérard Depardieu, der sicher nicht zuletzt deshalb Ende 2012 seinem Heimatland Frankreich den Rücken kehrte, weil er dort zukünftig angeblich etwa drei Viertel seines Einkommens als *Reichensteuer* hätte abführen müssen. Seine Abkehr brachte ihm von Seiten des französischen Premierministers Jean-Marc Ayrault die Kommentierung *„erbärmliche Züge"* und *„die Abkehr von bürgerlicher Solidarität und patriotischem Geist"* ein (55). Nachzuvollziehen ist Depardieus Standpunkt allemal, wenn der Gedankengang folgender ist: Wozu soll man persönlich Geld erwirtschaften, von dem man selbst nicht profitiert, weil man es einfach weggenommen bekommt? Dann kann man das *Erwirtschaften* des Geldes doch gleich sein lassen. Weitergedacht könnte man aber auch schlussfolgern: Wenn der geistig, körperlich oder auch durch Glück mehr Vermögendere den oder die gering Vermögenden *nicht* unterstützen würde, würde es Letztere irgendwann nicht mehr geben und die „Relativitätsschraube" würde sich dahingehend verschieben, dass der aktuell Vermögendere nicht mehr vermögend wäre, sondern der neue aktuell nicht Vermögende. Das sieht und will natürlich keiner so sehen, weil jeder im *Jetzt* lebt und da ist der Vorteil, „reicher, besser, weiter, schneller" zu sein als der zeitgenössische Nachbar natürlich *das*, was zählt und nicht die zukünftige Entwicklung, die ich versucht habe, mit der Verstellung der Relativitätsschraube zu skizzieren.

Nun verändert sich das menschliche Streben und Denken evolutionsmäßig eigentlich nur über gigantisch große Zeiträume, wir reden von Jahrhunderten und Jahrtausenden. Daraus schließend müsste es diese hochfrequenten, in Monats- und Jahresabständen erfolgenden Reformen und Gesetzesneuerlassungen eigentlich *nicht* geben. Sie belegen nur, dass man den „richtigen Weg" noch nicht gefunden hat und in ständigem Aktionismus orientierungsarm versucht, ein optimaleres Konzept des Miteinanders zu finden. Das Prinzip des „trial and error", was wiederum die Aussage des *„Weges als Ziel"* bestätigt.

Gesetze sind nun kein Garant dafür, dass die Menschen sich auch so verhalten, wie es (vor-)geschrieben steht. Der blockierende Faktor ist, wie so oft, unser *Gehirn*. Erstens selektiert es sehr individualistisch und recht unsozial, ob gesetzliche Vorgaben oder eine allgemein angestrebte gesetzliche Veränderung überhaupt positiv für einen persönlich sind, und zweitens ist es sehr träge, neue Dinge und Verhaltensweisen anzunehmen. Man denke hier an seine eigene Schulzeit, wo man neue Dinge lernen musste. Insbesondere alteingebrannte Automatismen sind sehr schwer zu ändern. Es bedarf immer einer gewissen Zeit und Repetitionshäufigkeit, um neue Verhaltensweisen und Fähigkeiten anzunehmen. Der eine lernt das Einmaleins früher, der andere vielleicht etwas später. So gilt das für alle Dinge, alle Inputs, die wir im Leben erfahren, auch für Gesetze, die wir beachten sollen. Einfacher lernen oder akzeptieren wir, wenn ein neuer Sachverhalt, ein neues Gesetz oder eine Gesetzesänderung mit Belohnung oder Strafe, also einem positiven oder negativen Empfinden gekoppelt wird. Am besten funktioniert das in unserer Gesellschaft über das Medium „Geld", unlängst zu sehen an der Abschaffung der sogenannten Praxis- oder korrekter gesagt Krankenkassengebühr von zehn Euro. – Die einstimmige Verabschiedung und Akzeptanz dieser

Entscheidung fiel *keinem* schwer (positives Empfinden). Aber erinnern Sie sich noch an deren Einführung? Da war das Geschrei groß.

Grundsätzlich wird positives Empfinden in unseren Gehirnen unter anderem durch den Nervenbotenstoff Dopamin vermittelt. Vgl. (56). Letztgenannter *Neurotransmitter* ist bei der Entwicklung von Süchten, wie Nikotin-, Opiat-, Alkohol- oder Spielsucht eine der treibenden Kräfte zur Festigung dieses Verhaltens bis hin zur Abhängigkeit.

Und genau dieses individuelle, naturvorgegebene Agieren unserer etwa 80 Millionen Gehirne in Deutschland, deren triebhaftes, instinktives und bekanntermaßen überwiegend unsoziales Streben, wenn es um das persönliche „Höher, Besser, Schneller, Weiter und Reicher" geht, offenbart sich in ständigem Verstoß gegen solche gesellschaftlich auferlegten Gesetze. Resultate sind gegenseitiges Übervorteilen, Betrügen, Stehlen und letztendlich Morden und Totschlagen, Kriege anzetteln und verschiedene andere Dinge mehr. Es zeigt überdeutlich, dass es, insbesondere über längere Zeiträume, fast unmöglich ist, Menschen gesetzlich und damit *un-natürlich* zu lenken.

Je größer eine Population ist, desto stärker erkennt man an Konflikten und Reibungspunkten die differenten Einzelinteressen, und umso schwieriger gestaltet sich eine allen gerecht werdende Gesetzgebung. Das sehen Sie bereits im Kleinen, in Ihrem nächsten privaten Umfeld: Versuchen Sie mit einem einzigen Bekannten einen gemeinsamen Termin zu arrangieren, gelingt das in der Regel wesentlich einfacher, als wenn sich gleich fünf Personen auf einen gemeinsamen Termin einigen müssen. Ein aktuelles Beispiel aus unserer Völkerpolitik dürften die Differenzen in der „Europäischen Union" sein.

Je fremder sich Menschen sind, desto mehr differieren deren Interessen, desto weniger erkennen sie ihre Zusammengehörigkeit. Dieses Prinzip ist bereits in der evolutionären Artenentwicklung zu beobachten. Es entstehen in fließendem Übergang aus einer Art zwei oder mehrere neue Arten, indem sich von einer Ausgangsart Individuen entwickeln, die in ihrem Aussehen, ihrem Charakter, ihren Vorlieben immer weiter auseinanderdriften, bis sie schließlich nicht mehr in einem gemeinsamen Sozialverband bleiben, sondern, wie gesagt, zwei oder mehrere neue, unabhängige Populationen/Sozialverbände bilden.

Bei uns Menschen erkennt man solches *Auseinanderdriften* bereits an umgangssprachlichen Äußerungen wie: „Gleich und Gleich gesellt sich gern", „Die Armen und die Reichen", „ die Guten und die Schlechten", „die Schönen dieser Welt", „die Promis", „die Asis", und so weiter und so fort. Es werden hier „Gruppen" benannt, die nicht nur von Außenstehenden so kategorisiert werden, sondern auch untereinander in der Regel keine großen Berührungspunkte haben oder gar haben wollen.

Durch bestimmte, hinzugekommene Attribute entfernen sich ursprünglich der gleichen Population oder Gruppe Angehörende so weit voneinander, dass keine oder fast keine gemeinsamen Interessen mehr vorhanden sind, es kommt gewissermaßen zu einer *Abnabelung*.

In der Tierrassenzüchtung, zum Beispiel bei Hunden, bedient sich der Mensch dieser uralten Selektionsmethode, um letztendlich neue Hunderassen zu kreieren. Auch vor „Menschenzüchtung" wird mittlerweile nicht mehr Halt gemacht, wie ich weiter unten noch belegen werde. In den USA kann man sich bereits „gespendete" Eizellen oder Spermien von Menschen mit speziellen Merkmalen „kaufen" um sich damit sein Wunschkind gewissermaßen *zusammenzustellen*. – Wie man ethisch dazu steht, möge jeder für sich selbst entscheiden. Auch in Deutschland ist der IVF-Boom, die sogenannte *„In-vitro-Fertilisation"*, zu Deutsch: künstliche Befruchtung unter dem Mikroskop außerhalb des menschlichen Körpers, weiter im Vormarsch. Ich bin gespannt darauf, wann auch hierzulande der Bann gebrochen wird, gewünschte Merkmalszüchtungen beim Menschen zu erlauben, wie es beim Domestizieren von Tieren seit Jahrhunderten Usus ist. Dadurch würde die Sklavenhaltung der amerikanischen Südstaatler allerdings eine gentechnische Renaissance erfahren.

In einem Sozialsystem kann ein Abnabelungsprozess schließlich so weit führen, dass der Abgenabelte auch keine *soziale* Verpflichtung mehr zur Ursprungspopulation sieht, so dass sich derartige *Blüten* auch in gesetzlichen Regelungen niederschlagen. Ein aktuelles Beispiel wäre hier die unabhängig nebeneinander existierenden Krankenversicherungssysteme von *Privatversicherung* und *gesetzlicher Krankenversicherung*. Sehen Sie da noch wesentliche Überschneidungen?

Als ich vor kurzer Zeit das Buch *„Sapere aude"* (wage zu denken) von Heiner Geißler las, der, allein aufgrund seines Alters und seiner langjährigen Politikerkarriere einen großen und, wie ich meine, fundierten Reflexionshintergrund besitzt, kommt zum Ausdruck, wie sehr er die derzeitige, sehr imperative und kapitalistische deutsche Politik verurteilt.

Geißler stellt in seinem Buch dar, dass die Bürger das Vertrauen in die Politik verloren hätten und dass sich dieser Vertrauensverlust auch in Form vieler, in letzter Zeit massiv aufflammender Bürgerbewegungen, wie zum Beispiel zur *Flugzeug-Landebahn Frankfurt West* oder *Stuttgart 21* niederschlägt. Er stellt viele „menschenverdummende" Institutionen mit ihren fundamentalistischen Dogmen dar, wie die der katholischen Kirche, den islamischen Absolutismus, die autoritäre und marktwirtschaftlich orientierte Staatspolitik, den Kapitalismus und beschuldigt auch die vielen Privatisierungen und sich selbstverwaltenden Einrichtungen, durch die der Staat seine regulierende Hoheit an egoistisch und kapitalistisch Denkende aus der Hand gegeben hat. Er ist in seinem Buch der Ansicht, dass es der Anbruch zu einem neuen politischen Zeitalter werden könnte, in dem die Bürger immer mündiger werden und sich nicht mehr vom kapitalistischen System ausnutzen lassen. Am Ende macht er gar den Vorschlag, *vor* der Verabschiedung großer Projekte die Bürger durch frühzeitige Information, auch über Alternativen, durch Abstimmung in die Entscheidungen mit zu integrieren. Vgl. (14).

Herrn Geißlers Meinung und seinem sehr gut gemeinten Vorschlag alle Ehre, aber ich denke, er hat die Rechnung ohne den Wirt gemacht und glaubt leider immer noch an das Gute im Menschen, nämlich an solidarische Mentalität. Um mich nicht wiederholen zu müssen, verweise ich hier auf meine Ausführungen im Kapitel „Homo homini lupus est".

Insbesondere durch die Sozialgesetze wird im Grunde doch versucht, ein Miteinander zu regeln, was sich in vielerlei Hinsicht *gegen* Naturvorgaben stellt, *gegen* die eingangs zitierten, natürlichen Unterschiede im geistigen und körperlichen Vermögen der einzelnen Individuen. Denn in der

Natur würden die Schwachen brutal wegrationalisiert. Durch staatliche Regulierungen wird ohne Unterlass versucht, mit einem großen finanziellen, personellen und zeitlichen Aufwand etwas Übermächtigem entgegenzutreten, nämlich dem Prozess der Evolution.

Konrad Adenauer äußert sich am 28. August 1948 in seiner Eröffnungsrede zum Zweiten Parteitag der CDU der Britischen Zone:

> *„Die persönliche Freiheit ist und bleibt das höchste Gut des Menschen!" (57).*

Vor dem Hintergrund dieser Aussage stellt sich die Frage: Darf eine *Sozialgesetzgebung* dem Einzelnen überhaupt Vorschriften machen, darf sie ihm überhaupt eine damit zweifelsfrei geforderte Einschränkung der persönlichen Freiheit, des angeblich höchsten Gutes, zu Gunsten einer Solidargemeinschaft auferlegen? Es sind doch *gleichzeitig* die Kriterien zu erfüllen, dem Starken genug Raum (persönliche Freiheit) zu lassen, dem Schwachen ausreichend zu helfen und auch noch genügend Abstufungen dazwischen zu belassen, damit gewissermaßen *ein Gefälle als Antrieb für eine aktive menschliche Gesellschaft* erhalten bleibt.

Wie stark der *unbewusste und instinktgeleitete* Evolutionsdruck demgegenüber ist, mag man daran ermessen, wie oft gesetzliche Vorgaben gebrochen werden und wie *armselig* dagegen Politiker mit ihren Reden und Kommentierungen erscheinen. Sie haben den „Gong der Evolution" entweder noch nicht gehört, wollen ihn nicht hören oder wollen sich, nur entgegen besseren Wissens, profilneurotisch darstellen, um letztlich nur ihren individuellen Egoismus zu einer Wahl/Wiederwahl zu befriedigen. – Welch ein kurzsichtiges Verhalten!

So nahm sich beispielsweise die stellungnehmende Rede Sigmar Gabriels (SPD) am 15. Sep. 2010 zu Thilo Sarrazins Buch *„Deutschland schafft sich ab"* für mein Empfinden weltfremd, und deshalb schon fast armselig und hilflos aus. Beweggründe seiner massiven und teils auch polemischen Redewendungen darin waren meines Erachtens, dass er sich als gewandter Rhetoriker schützend vor die sozialdemokratischen Ideologien seiner Partei stellen und sich, wie bereits viele andere vor ihm, von dem leider finsteren deutschen Geschichtsabschnitt des Nationalsozialismus öffentlich prahlend distanzieren wollte. Aber auch das allbekannte, herabwürdigende Kommentieren der Ausführungen seines (in dem Fall) Kontrahenten war für mich zu erkennen.

Solch vollmundige Reden, wie die des Herrn Gabriel, symbolisieren meines Erachtens nur Werkzeuge, die den Zuhörern die *reale* Welt verblenden, ähnlich, wie es zum Beispiel die Kirche jahrhundertelang tat, indem sie den Glauben an einen „schöpfenden Gott" predigte und immer noch predigt, was im Philosophischen und erst recht im Naturwissenschaftlichen überhaupt keine Daseinsberechtigung mehr hat. Aber vielleicht könnte man ja die sozialdemokratische Politik als „neue Glaubensrichtung" einordnen, die ein neues, im Nachhinein vielleicht auch wieder welt- und realitätsfremdes Dogma predigt.

Wie die Jahrtausende während Menschheitsgeschichte zeigt und ich bereits im „Evolutionskapitel" ausführte, braucht der Mensch immer die Vorgabe einer Richtung, immer eine Leitlinie, immer einen Leitwolf, immer ein α-Tier, sei es in Gestalt von Göttern, Häuptlingen, Königen, Fürsten, Diktatoren, Bürgermeistern, Vätern oder Müttern, oder auch, wie heutzutage, politischen Parteien. Auch die Kirche hat über Jahrhunderte die Menschen „geführt", „glaubend gemacht", sie in ihrem Bann gehalten, bis in die heutige Zeit, wo in einer sehr aufgeklärten Welt die Nichtgläubigen immer mehr zunehmen und Kirchenaustritte sich häufen. Aktuell ist eben eine sozialdemokratische Staatsführung *en vogue*, ob durch „Rot, Grün, Schwarz, Orange, Gelb" oder andere Farben repräsentiert. Vielleicht wird sich auch diese *Glaubenslage* nach dem Prinzip des *trial and error* irgendwann wieder zu einem anderen Dogma umorientieren, so, wie es damals leider auch zu einem Nationalsozialismus kam, einem im Nachhinein rational nicht nachvollziehbaren Geschichtsabschnitt. Unter diesem leiden wir Deutschen leider immer noch sehr und haben es noch immer nicht geschafft, von ihm los zu kommen. Mitschuldig dafür ist meines Erachtens nicht zuletzt das zwar meistens *nicht* vorsätzliche, aber ohne Unterlass immer wieder stattfindende Schüren dieser Wunde mittels Gedenkfeiern, symbolträchtiger Kranzniederlegungen oder anderer Manöver, initiiert durch bestimmte Gruppen, denen ich egoistische

Beweggründe nicht ganz absprechen mag. Diese *schürenden* Gruppen, in deren Geschichte vielleicht ähnliche Gräueltaten zu finden sind, sichern sich dadurch natürlich einen moralischen Vorsprung, den wir nie aufholen werden, solange wir uns nicht zu unserem *Jetzt* bekennen, sondern uns immer an Vergangenem messen lassen (Sie erkennen die Dimension Zeit wieder?).

Siegmar Gabriels Vorwurf, Thilo Sarrazin würde in seinem Buch von einer Integrations- in eine Selektionsdebatte abgleiten, spiegelt *genau das* wider, was ich Ihnen, lieber Leser, versuchen möchte, hier verständlich zu machen. Die sozialdemokratischen Denkweisen eines Herrn Gabriel mögen löblich klingen, doch sie argumentieren *leider* an dem seit Jahrmillionen etablierten Weg der Evolution vorbei. Da nützt es auch nichts, wenn Herr Gabriel versucht, die von Herrn Sarrazin dargestellte Realität als *„ein überholtes Relikt des britischen Naturforschers Francis Galton (1822–1911) aus dem 19. Jh."* darzustellen (58), (59). Die Evolution überholt keiner – *sie* bestimmt unsere Zeit, nicht wir die ihre! Integration und Selektion sind in der Natur, so auch in unserem Staat, leider zwei *untrennbare* Begriffe. Was sich versucht, in der Natur zu integrieren, wird natürlicherweise *immer* von ihr zunächst selektiert, und was von der Natur *aus*selektiert wird, geht unter. *Das sind evolutionäre Axiome.* Es sei denn Herr Gabriel möchte auch noch behaupten, er als „Sozialdemokrat" sei kein Produkt der Natur. Auch ein Herr Gabriel unterliegt im Rahmen politischer Wahlen der Selektion, *vielleicht* sogar einer Integration.

Dem menschlichen Drang nach Erkenntnis, nach Umsetzung vermeintlich Machbarem, was in *allen* Natur- und auch Religionswissenschaften Ausdruck findet, kann *kein* menschengemachtes Gesetz Einhalt gebieten. Dieser Drang ist ein evolutionäres Werkzeug, Entwicklung und Neukreationen voranzutreiben. Folgend einige Ausdrucksformen, die diese Triebe leider schon hervorgebracht haben, vor allem auf Grundlage des Strebens nach Reichtum. Die Internetrecherchen mögen Ihnen die brutale, unethische und bereits aktuelle Realität vor Augen führen. Es wird nur noch eine Frage der Zeit sein, bis diese Dinge zum Alltag gehören werden. Die medizinisch vielleicht sinnvollen Errungenschaften der Stammzellforschung sind meines Erachtens nur *willkommene Nebenprodukte* des Ziels dieser „Frankensteingeschichten":

Wunschkind @us dem Internet
Samen- und Eizellen als Ware auf dem Markt
29 Minuten, Deutschland 2000
Dokumentation von Christiane Meier
Redaktion: Roberto Sanchez
Produktion: Südwestrundfunk
Aus der Reihe: Teleglobus
Kurzcharakteristik:
Der Film gibt einen Einblick in die vor allem in Amerika immer häufiger anzutreffende Praxis, dass Paare und alleinstehende Frauen auf das Aussehen, die Intelligenz, die künstlerischen oder sonstigen Fähigkeiten und den Charakter ihrer Kinder durch die Auswahl von Spermien und Eizellen aus dem Angebot darauf spezialisierter Firmen Einfluss zu nehmen versuchen. Die interviewten Mütter und Spenderinnen, Ärzte, Forscher und Mitarbeiter von Samen- und Eizellenbanken, selbst ein Ethiker äußern sich durchweg positiv zu diesen Möglichkeiten einer auf die Elternwünsche abgestimmten Erzeugung von Kindern: Dass kinderlosen Frauen und Paaren mit Hilfe fremder Spermien und Eizellen zu Kindern verholfen werden kann, wird von ihnen als ein Akt der Menschenfreundlichkeit und Humanität gewertet; und ebenso wird von vielen Paaren die Möglichkeit genutzt, auf Aussehen und Ausstattung der Kinder durch die Auswahl der Spenderinnen und Spender von Ei- bzw. Samenzellen Einfluss zu nehmen. Dass es auch ethische Bedenken gegenüber dieser Praxis der Vermarktung menschlichen Erbgutes und dessen Selektion nach Kriterien einer größtmöglichen Perfektion gibt, wird eher am Rande erwähnt, indem diese ethischen Fragestellungen von den Betroffenen im Film weitgehend ausgeblendet werden (60).

Jedes 80. Kind in Deutschland kommt heute aus der Petrischale. Die einst verteufelte künstliche Fortpflanzung ist zum globalen Geschäft geworden. Und die „Retortenkinder" ge-

deihen prächtig. Nur an einem scheitern die Babymacher bisher – die biologische Uhr der Frau zu stoppen (61).

Wenn es nach den Wissenschaftlern der US-Universität Stanford geht, ist es in naher Zukunft möglich, menschliche Eizellen und Spermien im Reagenzglas zu züchten (62).

Forscher züchten funktionsfähige Eizellen aus Stammzellen.

Japanischen Forschern ist es gelungen, aus Mäuse-Stammzellen funktionsfähige Eizellen zu gewinnen. Mäuse, die mit den Eizellen befruchtet wurden, brachten Nachwuchs zur Welt. Die Ergebnisse sollen helfen, eines Tages bestimmte Formen der Unfruchtbarkeit behandeln zu können (63).

Eizelle gefällig? Unter allen Teilnehmerinnen an einem Seminar über künstliche Befruchtung in den USA verlost eine britische Klinik eine Eizelle, heißt es auf der Website der Klinik Bridge Centre. Diese bekomme kostenlos in den USA eine Eizelle eingesetzt, wobei die Gewinnerin selbst über Hautfarbe, soziales Milieu und Intelligenz der Spenderin entscheiden könne. Der Gewinn sei umgerechnet gut 14.000 Euro wert, sagt ein Kliniksprecher.

Mit dem Gewinn-Spiel macht das Londoner Bridge Centre Werbung für ein gemeinsames Informationsseminar mit seiner US-Partnerklinik. Die Partnerklinik GIVF in Fairfax im Bundesstaat Virginia verspricht unter anderem, dass unter ihren Spendern keine Raucherinnen und keine Dicken seien. In Großbritannien ist der gewerbliche Verkauf menschlicher Eizellen verboten. Kommt es trotzdem zu Spenden, muss die Spenderin sich damit einverstanden erklären, dass das Kind mit Erreichen des 18. Lebensjahr ein Anrecht auf Informationen über seine biologische Herkunft hat. In den USA dagegen dürfen Frauen Eizellen verkaufen, was bei „guter Herkunft" um die 10.000 Dollar (7300 Euro) einbringen kann (64).

Weitere Internetrecherchen zur Eugenik können Sie nachlesen unter: (65), (66), (67), (68).

Wie sagte einst Wilhelm Busch hierzu passend:

„Was beliebt, ist auch erlaubt" (52 S. 274).

Es wird immer und überall auf der Welt Selektion geben und betreiben. So unter Tieren, wo der Wolf das schwächste Rentier erbeutet, in der Schule, wo bei der Zusammenstellung von Sportmannschaften die sportlich schwächsten Schüler immer bis zuletzt auf der Bank sitzen bleiben, in der Auswahl von geeigneten Menschen für die Besetzung von Arbeitsstellen und ganz allgemein, bei der Förderung der von Natur aus genetisch „glücklicher" bedachten Menschen. Und wenn wir versuchen, dieses Prinzip der Natur mit unserem an Vermessenheit grenzenden Denkvermögen, insbesondere in reichen Industriestaaten wie Deutschland, zu überlisten, beispielsweise durch Übertreibung *unnatürlicher Sozialgesetze*, bereiten wir den Boden dafür, den Evolutionsprozess in der Weise zu unterstützen, dass er uns in noch kürzerer Zeit von diesem Planeten eliminiert.

Eine Ablehnung der evolutionären Selektion, und sei es auch nur als Deckmantel, um von einer verfehlten Integrationspolitik abzulenken, mag sich für unser derzeitiges Werteverständnis vielleicht sehr moralisch anhören, doch wird sie den immerfort währenden Evolutionsdruck nicht aufhalten.

Insofern ist zum Beispiel auch das deutsche Gesundheitssystem nur momentaner Ausdruck einer Nichtakzeptierung eines naturgegebenen Grundsatzes. Und an der allerorten zu spürenden Unzufriedenheit darüber müssten wir eigentlich einsehen, dass da etwas falsch läuft und in seinen Grundsätzen zu ändern ist.

Um die Natur zu regeln, müsste man ihr *natürlichere* Regeln vorgeben, nur nach solchen würde sie sich richten. Das Fatale: *Etwas Natürlicheres als die Natur gibt es für uns Menschen nicht.* Und deshalb kann man sie nicht regeln. Sie selbst ist das moralisch brutale Regelwerk. Um unter dieser Brutalität nicht zu sehr zu leiden, ist es für ein ausgewogenes Zusammenleben der Menschen wohl oder übel unumgänglich, Grenzen mittels sozialer Gesetzgebungen zu ziehen. Das ist jedoch eine der schwierigsten Aufgaben der Politik.

Nach der soeben beschriebenen Schwierigkeit, menschliches Miteinander in Gesetze zu fassen, möchte ich im folgenden Kapitel zur Kernthematik vordringen und Ihnen in nicht zu komplexer und hoffentlich verständlicher Weise die Grundzüge des deutschen Krankenversicherungswesens beschreiben.

Das deutsche Krankenversicherungswesen

Krankheit und Tod sind im wahrsten Sinne des Wortes lebensbedrohlich. Sie sind definitiv die selektierenden Instrumente der Evolution. Der zu Schwache und Kranke muss nach deren Gesetzen sterben. Und vor nichts hat der Mensch mehr Angst.

Krankheit, gar schwere Krankheit, ist der relative Weg zum Tod. Religionen versuchten und versuchen unaufhörlich, Brücken in den Tod zu bauen, ihn auf ein erlösendes, ein belohnendes Podest zu stellen, ihn gar zu negieren mit Vorstellungen eines Weiterlebens nach dem Tod. Bisher vergeblich. Die Angst bleibt. – Krankheit und Tod stehen immer wieder im Mittelpunkt der Menschheitsgeschichte. Sie erzählt von Medizinmännern, Schamanen, Geister- und Wunderheilern, aktuell von Ärzten, Homöopathen, Osteopathen, Irisdiagnostikern und anderen, die sich alle in den Dienst stellen, diese Geißeln abzuwehren.

Wie wir hörten, ist der Antrieb jeglichen menschlichen Handelns sein Egoismus. Einem *anderen* etwas „Gutes" zu tun, bedarf es deshalb einer den Egoismus befriedigenden *Gegenleistung*. Nachdem in früheren Zeiten, als der Tauschhandel noch vorherrschte, Gegenleistungen aus irgendwelchen Gütern oder auch Dienstleistungen bestanden, löste zunehmend *das Geld* dessen Stellung als Obolus für sozusagen *Alles* ab, auch für die Gewährung medizinischer Dienstleistungen.

Das drückte sich damals vor allem darin aus, dass, wer krank war, oft nicht mehr arbeiten konnte. Wer nicht mehr arbeiten konnte, verdiente kein Geld und wer kein Geld verdiente, konnte sich keine ausreichende medizinische Versorgung leisten, verarmte und verstarb vielleicht. Diese Erkenntnis führte bereits im Mittelalter dazu, dass sich für solche Fälle ein finanzielles Rücklagen-System etablierte. Daraus entwickelten sich Mitte des 19. Jahrhunderts die Vorläufer unseres heutigen Krankenkassensystems.

Initiator für *das gesetzliche Krankenversicherungswesen* in Deutschland war wohl der Reichskanzler Otto von Bismarck, der im deutschen Kaiserreich Ende des 19. Jahrhunderts, als die soziale Lage der Arbeiter sehr schlecht war, das Krankenversicherungsgesetz für Arbeiter auf den Weg brachte. Es trat im Dezember 1884 in Kraft und beinhaltete Krankengeld, ärztliche Behandlung, Arznei und Hilfsmittel, Krankenhausbehandlung, Sterbegeld und Wöchnerinnenunterstützung (Mutterschaftshilfe). Damals gründeten sich innerhalb kürzester Zeit fast 19.000 (!) gesetzliche Krankenkassen, im Jahr 1931 waren es aber bereits „nur noch" 6.985. Diese große Zahl begründete sich vor allem aus den verschiedenen Berufs- und Arbeitergruppen. Heute haben die unterschiedlichen Krankenkassen, ob Primär- oder Ersatzkasse, nur noch historische Bedeutung, da seit einer Gesetzesnovellierung im Jahr 1996 freies Wahlrecht für eine beliebige gesetzliche Krankenkasse besteht. Die von allen zu gewährenden Leistungen sind relativ gleich und werden einheitlich durch das übergeordnete Staatsgremium des „Gemeinsamen Bundesausschusses" vorgegeben.
Komplettiert wurde diese Sozialversicherung durch eine gesetzliche Unfallversicherung (1885) und eine Invaliditäts- und Rentenversicherung (1889). Ein viertes und sehr wichtiges Standbein wurde erst 1995 mit der sogenannten gesetzlichen Pflegeversicherung etabliert, die dem demographischen Wandel hin zur immer älter und damit pflegebedürftiger werdenden Bevölkerung Rechnung tragen soll. Ab dem 1. Januar 1914 ging das Sozialversicherungswesen in die sogenannte Reichsversicherungsordnung (RVO) über. Immer wieder wurden die Sozialversicherungsgesetze durch Reformen modifiziert. Ab dem 1. Januar 1989 löste dann das fünfte Sozialgesetzbuch (SGB V) schrittweise die Vorschriften der RVO für das Gesundheitswesen ab und bildet bis heute deren gesetzliche Grundlage.

Da die ersten Krankenversicherungen nur für Arbeiter zugänglich waren, etablierten Personen, die diesen sogenannten „öffentlichen Krankenversicherungen" nicht beitreten durften, schon kurz darauf Krankenkassen auf privatrechtlicher Basis. Deren Mitglieder waren vor allem Lehrer, Geistliche und Beamte. Weiterhin kamen selbständige Handwerker hinzu. So entstand bereits damals das bis heute bestehende „Zweikassenwesen", in dem heutzutage private von den gesetzlichen Krankenversicherungen unterschieden werden (69).

Heute besteht grundsätzlich für jeden Bürger die Möglichkeit, Mitglied in einer gesetzlichen Krankenkasse zu werden, nicht jedoch Mitglied einer privaten. Auch der Wechsel von einer privaten zurück in die gesetzliche Krankenversicherung unterliegt bestimmten gesetzlichen Richtlinien. Wer sich die Mühe machen möchte, kann im SGB V, speziell im 2. Kapitel, Abschnitte 1 bis 3 (§§ 5–10) in einer ausgeufert bürokratischen Niederschrift genau nachlesen, wer heutzutage gesetzlich zu versichern ist und wer privat versichert sein darf.

Erst seit dem 1.01.2009 besteht in Deutschland eine Krankenversicherungspflicht. Das heißt, *jeder* Bürger *muss* Mitglied in einer Krankenversicherung sein, ob nun privat oder gesetzlich. Hintergrund dieser Versicherungspflicht ist vor allem, dass Bürger, die sich bisher aufgrund gesetzlicher Bestimmungen einer Versicherung entziehen konnten, dem Staat nicht doch irgendwann wieder finanziell zur Last fallen. Ein Beispiel dafür waren Selbständige, die durch Firmenpleiten oder zu geringe Renten für ihre medizinische Versorgung auf Geld aus der Staatskasse angewiesen waren. Die Zahl der Nicht-Krankenversicherten ist seitdem auch tatsächlich um 30 Prozent gesunken.

Einen kleinen unangenehmen Beigeschmack bekommt diese Versicherungspflicht allerdings dadurch, dass immer mehr gesetzlich Krankenversicherte ihre Beiträge nicht zahlen. Allein bei der Barmer GEK summieren sich die Rückstände durch 52.000 säumige Versicherte im Jahr 2011 auf 227 Millionen Euro. Hinzu kommen etwa 300 Millionen Euro Rückstände, die dadurch entstehen, dass Arbeitgeber die Beiträge für ihre Beschäftigten nicht abführen – zum Beispiel durch Insolvenzen dieser Arbeitgeber. Bei den anderen großen Kassen ist das Problem ebenfalls virulent. Die DAK-Gesundheit teilte auf Anfrage von FOCUS Online mit, sie verzeichne bundesweit rund 120.000 säumige Versicherte, die ihr insgesamt 148 Millionen Euro schulden. Die Tendenz ist auch bei der DAK steigend. Seit Anfang 2011 wuchsen die Außenstände der Angestellten-Krankenkasse um 25 Prozent. Dass insgesamt immer mehr Beiträge unbezahlt bleiben, liegt nicht so sehr an den Arbeitgebern, die im Normalfall die Sozialbeiträge – darunter die Krankenversicherungsbeiträge – für ihre Arbeitnehmer abführen. „Problematisch ist die Lage vor allem bei den vielen Menschen, die sich mangels beruflicher Alternativen auf dem Arbeitsmarkt selbständig machen, dann aber nicht die nötigen Umsätze erzielen, um auch die gesetzlich vorgeschriebenen Krankenversicherungsbeiträge bezahlen zu können", sagte ein Sprecher des AOK Bundesverbandes. Auch die Barmer GEK verweist darauf, dass seit 2007 viele Kunden hinzugekommen seien, die jetzt ihre Beiträge nicht zahlen könnten. Das steigende Rückständevolumen könne man insofern als „Preis der Solidarität" für die politisch gewollte allgemeine Versicherungspflicht sehen.

So lesen Sie immer wieder Schlagzeilen wie:

> *„Tausende Kassenpatienten zahlen keine Beiträge:*
> *Beitragspreller schulden deutschen Krankenkassen*
> *Hunderte Millionen Euro" (70).*

Die Bundesrepublik Deutschland (neue und alte Bundesländer) zählt etwa 82 Millionen Einwohner (Stand 31.12.2012).

Bevölkerung zum Stichtag 31.12. des jeweiligen Jahres.
Diese Tabelle bezieht sich auf:
Alter: Alle Altersgruppen
Geschlecht: Beide Geschlechter
Nationalität: Alle Nationalitäten

Region	Jahr (absteigend)						
	1990	1995	2000	2005	2010	2011	2012
Deutschland	79.753.227	81.817.499	82.259.540	82.437.995	81.751.602	81.843.743	82.020.578
Früheres Bundesgebiet	63.725.653	66.341.950	67.140.010	.	.	.	.
Neue Länder und Berlin-Ost	16.027.574	15.475.549	15.119.530	.	.	.	.
Früheres Bundesgebiet ohne Berlin-West	61.567.684	64.171.639	65.027.495	65.698.012	65.425.769	65.539.949	65.717.817
Früheres Bundesgebiet und Berlin-Ost	65.001.379	67.643.057	68.409.664	69.093.201	68.886.494	69.041.821	69.263.502
Neue Länder ohne Berlin-Ost	14.751.848	14.174.442	13.849.876	13.344.794	12.865.108	12.801.922	12.757.076

Die Tabelle wurde am 23.11.2013 14:34 Uhr unter www.gbe-bund.de erstellt (71).

Davon sind etwa 11 % Mitglied in einer *privaten Krankenversicherung*. Dieser Anteil hat sich aus der solidarischen Verantwortung herausgelöst, dazu zählen übrigens auch unsere Staatsfrauen und Staatsmänner, sprich Politiker.

Der deutlich überwiegende Rest, nämlich etwa 70 Millionen Menschen, sind pflicht- oder auch freiwillig versicherte Mitglieder einer gesetzlichen Krankenversicherung (Letztere könnten sich auch privat krankenversichern).

Vor allem die aus diesen beiden Versicherungsformen resultierende und immer stärker hervortretende „Zweiklassenmedizin" ist ein Stein des Anstoßes. Auch zeichnet sich in der gesetzlichen Krankenversicherung ein immer stärker schwindendes Solidarbewusstsein ab. Die Gemeinschaft fühlt sich nicht mehr unbedingt verantwortlich für das Erkranken und Sterben des Einzelnen und umgekehrt. Das erkennt man insbesondere daran, dass Einzelindividuen sich nicht konform zu anerkannten Richtlinien einer gesunden Lebensweise verhalten (Rauchen, Überernährung, Risikosportarten, Bewegungsmangel usw.). Andererseits beschwert sich die Solidargemeinschaft über die ansteigenden Gesundheitskosten, die die Bezahlung medizinischer Versorgung immer schwieriger macht.

Erwähnen sollte man noch, dass sich das deutsche Krankenversicherungswesen im Wesentlichen aus den Versicherungsbeiträgen der Bürger finanziert, gleich ob privat oder gesetzlich versichert, also primär *nichts* mit Steuergeldern zu tun hat. Nur die gesetzlich Versicherten erhalten einen staatlichen Zuschuss von derzeit maximal 14 Mrd. Euro in den Gesundheitsfonds. Das entspricht einem Anteil von etwas über 7 % an den Gesamteinnahmen der gesetzlichen Krankenkassen durch Versichertenbeiträge. Dieser Zuschuss dient beispielsweise der medizinischen Versorgung mitteloser und nicht zahlender Versicherter, wie etwa Arbeitslosen und den beitragsfrei mitversicherten Kindern. Man kann fast sagen, die gesundheitliche Versorgung betreibt ein eigenes „Finanz-Karussell".

Die private Krankenversicherung

Die drei heute geläufigsten privatversicherten Gruppen sind:

1. die Bundesbürger, deren regelmäßiges Einkommen oberhalb der sogenannten „Versicherungspflichtgrenze" von 50.850 Euro jährlich, beziehungsweise 4.237,50 Euro monatlich liegt (Zahlen für 2012).

2. Selbständige und Freiberufler und

3. beamtete Personen, also Staatsangestellte, die, je nach Familienkonstellation, 50 % oder 70 % ihrer Krankheitskosten als so genannte Beihilfe aus Steuergeldern erstattet bekommen (die mitversicherten Beamtenkinder bekommen sogar bis zu 85 % erstattet) und den Rest dann selbst über eine private Krankenversicherung abdecken müssen.

Der Anspruch auf *Beihilfe* erwächst aus der Fürsorgepflicht des Dienstherrn und ist den Arbeitgeberbeiträgen zur Sozialversicherung in der privaten Wirtschaft vergleichbar. Zu den Beamten zählen übrigens fast alle unsere Politiker.

Wie bereits gesagt, ist den Zugehörigen dieser Gruppen auch erlaubt, sich alternativ gesetzlich zu versichern. Aber das tun die wenigsten.

Im Jahre 2012 gab es in Deutschland 45 private Krankenversicherungen, im Gegensatz zu immer noch 154 gesetzlichen Kassen.

Bei den privaten Krankenversicherungen besteht ein über den Krankenversicherungsvertrag geschlossenes Vertragsverhältnis zwischen der jeweiligen Versicherungsgesellschaft und dem zu versichernden Bürger. Der Versicherer offeriert gegen Zahlung monatlicher Versicherungsprämien die finanzielle Absicherung medizinisch notwendiger Leistungen. Der Bürger kann mit dem Versicherer aushandeln, welche Leistungen er versichert haben möchte, so zum Beispiel Wahlleistungen im Krankenhaus wie Ein- oder Zweibettzimmer, bestimmte Zahnersatzleistungen, Krankentagegeld, und so weiter. Die Höhe der monatlich zu zahlenden Versicherungsprämien richtet sich neben dem Leistungsumfang im Wesentlichen nach Alter, Geschlecht und gesundheitlichem Risiko. Erscheint der privaten Versicherung das gesundheitliche Risiko des Bürgers von vorne herein zu hoch, kann sie ihn als Vertragspartner ablehnen oder gewisse Leistungen vom Versicherungsschutz ausschließen. Häufig sind die Leistungen der Privatversicherungen umfangreicher und „gefühlt" besser als in der Gesetzlichen.

Die private Krankenversicherung arbeitet nach dem Prinzip des *Kapitaldeckungsverfahrens*. Das bedeutet, dass die eingezahlten Prämien möglichst zinsbringend am *Kapitalmarkt* angelegt werden und daraus ein *Deckungskapital* für jeden Versicherungsnehmer gebildet wird, welches die im Krankheitsfall abgeforderten Gelder ausgleichen kann. Droht Unter- oder Überdeckung, werden die Versicherungsprämien, sprich Beiträge, treuhänderisch den jeweils versicherungswirtschaftlichen Verhältnissen angepasst. Persönliche wirtschaftliche Veränderungen der Versicherungsnehmer mit individuellen Liquiditätsproblemen, zum Beispiel bei Eintritt ins Rentenalter, haben *keinen* Einfluss auf die Versicherungs-prämien, sind also weiterhin unabhängig vom Einkommen in unveränder-ter Höhe zu zahlen. Seit 1. Januar 2009 hat der Gesetzgeber – sehr zum Unwillen der privaten Versicherungsgesellschaften – verfügt, dass man statt der „Vollversicherung" mit regulärem, im höheren Alter meist teu-ren Tarif, auch einen sogenannten *Basistarif* wählen kann. In ihm *muss der gesetzlich vorgegebene Versicherungsumfang* durch den Privatversi-cherer gewährleistet werden und zwar zum gleichen, einkommensabhän-gigen Versicherungsbeitrag wie in der gesetzlichen Krankenversicherung. Auch der Höchstbeitrag der GKV darf nicht überschritten werden. Diese gesetzliche Regelung hat, wie die allgemeine Versicherungspflicht, eben-falls *die* Bewandtnis, dass auch der nach wirtschaftlichen Einbrüchen plötzlich schlechter Gestellte, der aber in die gesetzliche Krankenkasse nicht mehr aufgenommen werden muss, weiterhin seine Prämien schul-tern kann und nicht dem Staat zur Last fällt.

Kommt es nun zu einem Versicherungsfall, das heißt, wird der privatver-sicherte Bürger krank und muss einen Arzt konsultieren, geht er, und *nur er*, mit diesem Arzt ein weiteres Vertragsverhältnis, sprich Behandlungs-verhältnis ein. Der Vertragspartner des Arztes ist also *nur* der Patient, *keine* Versicherung und auch *keine* staatliche Beihilfestelle, wie oft fälschlich von Beamten angenommen wird.

Die Vergütung aller medizinischen Leistungen außerhalb der gesetzlichen Krankenversicherung regeln die **G**ebühren**o**rdnungen für **Ä**rzte (GOÄ) und **Z**ahnärzte (GOZ). Damit sind GOÄ und GOZ die Abrechnungs-grundlage sowohl für Privatpatienten, d. h. Patienten, die ihre Behandlung selbst bezahlen und üblicherweise bei einer privaten Krankenversiche-rung versichert sind, als auch für alle anderen ärztlichen Leistungen, die von einem in Deutschland approbierten Arzt in Rechnung gestellt werden und *nicht* zum Leistungsumfang der gesetzlichen Krankenversicherungen zählen. Ein approbierter Arzt/Zahnarzt darf in Deutschland keine selbst kalkulierten Preise für seine Leistung verlangen, sondern ist nach Berufs-recht und einer umfangreichen Sozialrechtsprechung gezwungen, nach der GOÄ/GOZ abzurechnen.

In dieser Gebührenordnung sind die einzelnen Behandlungsmaßnahmen aufgeführt und mit einem Eurobetrag als dafür abrechenbares Salär beziffert. Die Gebührenordnung lässt darüber hinaus eine Multiplikation dieses Eurobetrages nach billigem Ermessen mit dem 1,0 bis 3,5-fachen zu, je nach Schwierigkeit, Zeitaufwand sowie Umstände bei der Ausführung der Leistung. (Speziell zu den Steigerungssätzen später mehr). Nach „Erhalt" der Leistung(en)/der Behandlung erhält der Patient vom Arzt die Rechnung und muss sie bezahlen. Das Geld bekommt der Patient von seiner privaten Krankenkasse wieder erstattet, soweit er die in Anspruch genommenen Leistungen vertraglich abgesichert hat. Auf den ersten Blick ein recht praktikables System: Den einzelnen Leistungen des Handwerkers ist eine Preisliste hinterlegt, nach Erhalt der Leistungen erfolgt eine Rechnungsstellung, der Leistungsempfänger zahlt und bekommt von seiner Versicherung das Geld zurückerstattet und fertig.

Die aktuelle Gebührenordnung für Ärzte (GOÄ) stammt jedoch vom 12. November 1982. Die Gebührenordnung und damit Honorierung der Ärzte ist laut Urteilen des Bundessozialgerichtes nichtwirtschaftlichen Zwängen (übergeordnete Notwendigkeiten der Volksgesundheit und des Funktionserhalts des Gesundheitssystems) unterworfen, so dass eine Anpassung der GOÄ an wirtschaftliche Notwendigkeiten (z. B. Inflationsausgleich) seit Jahrzehnten nicht mehr erfolgt ist.
Es handelt sich also um ein mittlerweile über 30 Jahre altes Regelwerk, das den heutigen medizinischen Standard bei weitem nicht mehr abbildet. Insofern ein wichtiger Kritikpunkt daran (72).

Das System der gesetzlichen Krankenversicherung

Bitte erschrecken Sie nicht über die nun folgende Darlegung des „deutschen Konstrukts" der gesetzlichen Krankenversicherung. Es ist wirklich so!

Im Gegensatz zum privaten Krankenversicherungssystem, wo es neben Patient und Arzt nur noch die private Versicherungsgesellschaft des Patienten gibt, *tummeln* sich im gesetzlichen Versicherungssystem noch eine große Menge weiterer *Player*. Es ist fast peinlich, alle Beteiligten aufzuführen, gehören sie außer Patient und Arzt doch ausnahmslos zum „verwaltenden Gewerbe". Trotzdem werde ich versuchen, Ihnen einen Ein- oder Überblick zu verschaffen.

Im SGB V (73) werden auf einem derzeit 246 DIN-A4-Seiten umfassenden Werk die Beziehungen der beteiligten Gruppen und Strukturen geregelt. Viele, an Zahl und Umfang kaum noch überschaubare Reformen, haben das *gesetzliche* Krankenversicherungssystem über die Zeit modifiziert, wobei man für die letzten 20 Jahre wohl besser von „Reförmchen" sprechen muss. Grundprinzip in der gesetzlichen Krankenversicherung ist, dass der Gesunde für den Kranken, der Reiche für den Armen und der Junge für den Alten einstehen sollen. Krankenkassenbeiträge sind *nicht* vom Krankheitsrisiko des Einzelnen abhängig, wie bei den privaten Krankenkassen, es dürfen auch *keine* Risikozuschläge erhoben werden. Die Beiträge sind vielmehr *einkommensabhängig* gestaltet, so dass Mitglieder mit hohen Einkommen Mitglieder mit niedrigeren Einkommen unterstützen. Und schließlich sind Familienangehörige ohne eigenes Einkommen beitragsfrei mitversichert.

Zu den Beteiligten des *gesetzlichen* Krankenversicherungssystems gehören nun, allen voran, die *„Leistungsfinanzierer"*.

> *„SGB V § 3 Solidarische Finanzierung*
>
> *Die Leistungen und sonstigen Ausgaben der Krankenkassen werden durch Beiträge finanziert. Dazu entrichten die Mitglieder und die Arbeitgeber Beiträge, die sich in der Regel nach den beitragspflichtigen Einnahmen der Mitglieder richten. Für versicherte Familienangehörige werden Beiträge nicht erhoben."*

„Leistungsfinanzierer" sind *die* etwa 70 Millionen Bundesbürger, die gemäß der gesetzlichen Krankenversicherungspflicht zwangsweise an das *gesetzliche* Krankenkassenwesen vertraglich gebunden sind. Von diesen 70 Millionen gesetzlich Krankenversicherten zahlen jedoch nur knapp 52 Millionen die Gesamtheit der Versicherungsbeiträge, die das ganze System letztendlich *in Wasser und Brot* halten.

Mitglieder der gesetzlichen Krankenversicherung im Jahresdurchschnitt (Anzahl).
Gliederungsmerkmale: Jahre, Deutschland, Geschlecht, Kassenart, Versichertengruppe
Diese Tabelle bezieht sich auf:
Geschlecht: Beide Geschlechter
Kassenart: Gesetzliche Krankenkassen insgesamt

Versicherten-gruppen	Jahr						
	1993	1995	2000	2005	2010	2011	2012
GKV-Mitglieder insgesamt (GKV)	50.759.290	50.701.522	51.036.282	50.408.105	51.373.781	51.602.733	52.048.830

Die Tabelle wurde am 23.11.2013 19:32 Uhr unter www.gbe-bund.de erstellt (74).

18 Millionen Bundesbürger sind sogenannte *mitversicherte* Familienangehörige, die *keine* Beiträge zahlen müssen, wie oben bereits dargestellt. Ein kleiner Teil der 52 Millionen Menschen sind nun noch Personen, die mittellos sind, zum Beispiel Arbeitslosengeld II-Empfänger (synonym im Sprachgebrauch: Hartz IV-ler); deren Beiträge werden von Steuergeldern dem System zugeführt.

Die maximale Höhe der gesetzlichen Krankenversicherungsbeiträge regelt eine sogenannte „Beitragsbemessungsgrenze". Die lag für das Jahr 2013 bei 47.250 € Einkommen jährlich, beziehungsweise 3.937,50 € monatlich. Letztere ist eine fiktive dynamische Einkommensgrenze, die die maximale Höhe der gesetzlichen Krankenversicherungsbeiträge deckelt. Vom jeweiligen Einkommen, jedoch höchstens bis zu dieser Beitragsbemessungsgrenze, ist der prozentual festgelegte Krankenkassenbeitrag zu zahlen. In 2013 lag dieser Anteil bei 15,5 %. Demnach zahlen also sehr vermögende Bürger, sofern sie gesetzlich versichert sind, *keinen*, ihrem „wirtschaftlichen Vermögen" entsprechenden Solidarbeitrag zur gesundheitlichen Versorgung. Ein Zahlenbeispiel dazu werde ich Ihnen im Kapitel „Jedem sein Budget" präsentieren.

Wer von den 52 Millionen Beitragspflichtigen im Angestelltenverhältnis steht, bekommt seine Beitragsverpflichtungen noch fast hälftig von seinem Arbeitgeber bezahlt, als ein Anteil der so genannten Lohnnebenkosten. Zurzeit sind das 7,3 % (allgemeiner Beitragssatz) bzw. 7,0 % (ermäßigter Beitragssatz).

„Leistungsempfänger" ist, beziehungsweise wird man, wenn man als Leistungsfinanzierer krank wird und Leistungen aus dem System in Anspruch nimmt. Im Klartext ist der Leistungsempfänger also der *Patient.*
Im gesetzlichen Krankenversicherungswesen werden die von den Leistungsfinanzierern eingezahlten Beiträge unmittelbar zur Gesundheitsfinanzierung der Leistungsberechtigten (= Patienten) herangezogen, man nennt das *„Umlageverfahren".*

„Leistungserbringer", sind dann Ärzte, Zahnärzte, Personen der krankenpflegenden Berufe, Apotheker und Angehörige sonstiger Heilberufe (Psychologen, Physiotherapeuten etc.), die dem Leistungsempfänger durch ihr fachliches Vermögen (manchmal auch Unvermögen) helfen sollen, wieder auf die Beine zu kommen.

Schließlich gibt es die, ich möchte sie an dieser Stelle einmal *„organisatorischen Institutionen"* nennen. – *Unser Kreuz!* – Das sind all diejenigen Verwaltungen, die der Staat eingerichtet hat, um die Verteilung und, wie ich meine, *Vernichtung* von Geld und damit von Leistungen in diesem Gesundheitssystem zu organisieren. Die meisten von ihnen sind sogenannte *„**K**örperschaften **d**es öffentlichen **R**echts mit Selbstverwaltung"* (abgekürzt KdöR). Wichtig im Zusammenhang mit der Thematik dieses Buches ist vor allem der Zusatz: *„mit Selbstverwaltung".* Das bedeutet unter anderem, dass sie sich ihre Gehälter selbst bestimmen (dazu später mehr).
Die in der Bevölkerung wohl bekanntesten KdöR sind die *„gesetzlichen Krankenkassen".* Weitere KdöR sind die *Kassenärztlichen Vereinigungen, staatliche Beihilfestellen* und seit dem 1. Januar 2009 der sogenannte *Gesundheitsfonds.*

Weiterhin gibt es die gewissermaßen übergeordnete Instanz all dieser KdöR, das ist der sogenannte *Gemeinsame **B**undesausschuss (G-BA)* (75). Letzterer ist das höchste Gremium der gemeinsamen Selbstverwaltung im Gesundheitswesen Deutschlands. Er ist durch den Gesetzgeber beauftragt, in vielen Bereichen über den Leistungsanspruch der Solidargemeinschaft von derzeit etwa 70 Millionen in Deutschland gesetzlich krankenversicherten Menschen rechtsverbindlich zu entscheiden. Der G-BA ist keine nachgeordnete Behörde, sondern ein Organ der mittelbaren Staatsverwaltung, dem auf dem Weg der Delegation in den vergangenen Jahren immer mehr hoheitliche, staatliche Aufgaben übertragen wurden. Die Entscheidungen des G-BA müssen dem BMG (Bundesministerium für Gesundheit) zur Prüfung vorgelegt werden. Die Überprüfung des Ministeriums ist allerdings auf das rechtlich korrekte Zustandekommen der Beschlüsse beschränkt. Eine fachlich-inhaltliche Überprüfung durch das Ministerium ist laut Gesetz nicht vorgesehen. Über Reichweite und Grenzen der Möglichkeiten des Ministeriums, über die rechtliche Prüfung auch inhaltlichen Einfluss zu nehmen, ist wiederholt, auch vor Gericht, gestritten worden. Er trifft vielfältige Entscheidungen zu Fragen der gesundheitlichen Versorgung im Rahmen der gesetzlichen Krankenversicherung. Daneben ist er mit Qualitätssicherung und Qualitätsmanagementaufgaben betraut. Der Ausschuss wird vom Institut für Qualität und Wirtschaftlichkeit im Gesundheitswesen (IQWiG) durch Gutachten unterstützt. Insbesondere verfügt er über eine generelle Kompetenz zum Ausschluss oder zur Einschränkung von Leistungen, wenn nach dem allgemeinen Stand der medizinischen Erkenntnisse der diagnostische oder therapeutische Nutzen, die medizinische Notwendigkeit oder die Wirtschaftlichkeit nicht nachgewiesen sind. Weitere wesentliche Aufgaben sind unter anderem der Beschluss von Richtlinien, die für Vertragsärzte, Krankenhäuser, Versicherte und Krankenkassen die einzelnen Leistungen konkretisieren, zum Beispiel in den Bereichen ärztliche und zahnärztliche Behandlung, Früherkennung, Bedarfsplanung, häusliche Krankenpflege und Arzneimittel. Der Ausschuss hat schließlich über die Zulassung neuer Untersuchungs- und Behandlungsmethoden zur gesetzlichen Krankenversicherung (GKV) zu entscheiden und Arzneimittelgruppen, für die Festbeträge festgesetzt werden können, zu bestimmen.

Der Ausschuss hat 13 stimmberechtigte Mitglieder:

Fünf Vertreter der Kostenträger (vertreten durch die Spitzenverbände der Krankenkassen; seit 1. Juli 2008 Spitzenverband Bund der Krankenkassen, jetzt GKV-Spitzenverband genannt) und 5 Vertreter der Leistungserbringer (vertreten durch die Kassenärztliche Bundesvereinigung, die Kassenzahnärztliche Bundesvereinigung und die Deutsche Kranken-hausgesellschaft).

Ferner gibt es drei unparteiische Mitglieder, von denen einer Vorsitzender des Ausschusses ist. (…). Über die drei Unparteiischen müssen sich die oben genannten Organisationen einigen, andernfalls werden sie vom **B**undes**m**inisterium für **G**esundheit (BMG) ernannt.

Auch jeweils bis zu 5 Patientenvertreter nehmen an Ausschusssitzungen beratend teil, sind jedoch *nicht* stimmberechtigt. Diese werden z. B. vom Deutschen Behindertenrat, der BundesArbeitsGemeinschaft der Patient-Innenstellen, der Deutschen Arbeitsgemeinschaft Selbsthilfegruppen e.V. sowie der Verbraucherzentrale Bundesverband benannt.

Dem G-BA wird vorgeworfen, er sei ein Instrument von Krankenkassen und Politik zur Rationierung im Gesundheitswesen zulasten der Patienten. Vgl. (76).

Alle KdöR unterstehen der Aufsicht des Bundesgesundheitsministeriums. Bei meinen Recherchen zu diesem Buch wurde mir erst richtig bewusst, wie umfänglich sich die Selbstverwaltungsstruktur des deutschen Gesundheitswesens ausgebreitet hat. Spontan fiel mir dazu die *„Geschichte von den sieben Zwergen"* ein. Wer sie noch nicht kennt, für den sei sie im Folgenden unkommentiert zitiert (77).

> *„Es waren einmal sieben Zwerge, die lebten hinter den sieben Bergen.*
>
> *Tag fuer Tag suchten sie im Bergwerk nach Gold. Jeder der Zwerge war rechtschaffen, fleissig und achtete den Anderen. Wenn einer von ihnen muede wurde, so ruhte er sich aus, ohne dass die Anderen erzuernten. Wenn es einem von ihnen an etwas mangelte, so gaben die Anderen bereitwillig und gerne. Abends, wenn das Tagewerk geschafft war, assen sie eintraechtig ihr Brot und gingen zu Bett. Am siebten Tage jedoch ruhten sie.*
>
> *Doch eines Tages meinte einer von ihnen, dass sie so recht nicht wuessten, wieviel denn geschafft sei und begann, die Goldklumpen zu zaehlen, die sie Tag fuer Tag aus dem*

Bergwerk schleppten. Und weil er so mit Zaehlen beschaef-
tigt war, schufteten die Anderen fuer ihn mit. Bald nahm ihn
seine neue Arbeit derart in Anspruch, dass er nur noch
zaehlte und die Hacke fuer immer beiseite legte.

Nach einer Zeit hob ein Murren an unter den Freunden, die
mit Argwohn auf das Treiben des Siebten schauten. Dieser
erschrak und verteidigte sich, das Zaehlen sei unerlaesslich,
so sie denn wissen wollten, welche Leistung sie vollbracht
hatten und begann, den Anderen in allen Einzelheiten davon
zu erzaehlen. Und weil er nicht erzaehlen konnte, waehrend
die Anderen hackten und haemmerten, so legten sie alle ihre
Schaufeln beiseite und sassen am Tisch zusammen. So ent-
stand das erste M e e t i n g.

Die anderen Zwerge sahen das feine Papier und die Symbo-
le, aber schuettelten die Koepfe, weil sie es nicht verstanden.
Es dauerte nicht lange und der C o n t r o l l e r (denn so
nannte er sich fortan!) forderte, die Zwerge, die da Tagein,
Tagaus schufteten, moegen ihm ihre Arbeit beweisen, in dem
sie ihm Zeugnis auf Papier ablegten ueber die Menge Gol-
des, die sie mit den Loren aus dem Berg holten. Und weil er
nicht verstehen konnte, warum die Menge schwankte, so be-
rief er einen unter ihnen, die Anderen zu fuehren, damit der
Lohn recht gleichmaessig ausfiele. Der Fuehrer nannte sich
M a n a g e r und legte seine Schaufel nieder.

Nach kurzer Zeit arbeiteten also nur noch Fuenf von ihnen,
allerdings mit der Auflage, die Arbeit aller Sieben zu erbrin-
gen. Die Stimmung unter den Zwergen sank, aber was soll-
ten sie tun? Als der Manager von ihrem Wehklagen hoerte,
dachte er lange und angestrengt nach und erfand die T e a m-
a r b e i t. So sollte jeder von ihnen gemaess seiner Talente
nur einen Teil der Arbeit erledigen und sich spezialisieren.
Aber ach! Das Tagewerk wurde nicht leichter und wenn ei-
ner von ihnen krank wurde, wussten die Anderen weder ein

noch aus, weil sie die Arbeit ihres Naechsten nicht kannten. So entstand der Taylorismus.

Als der Manager sah, dass es schlecht bestellt war um seine Kollegen, bestellte er einen unter ihnen zum Gruppenfueh-rer, damit er die Anderen ermutigte. So musste der Manager nicht mehr sein warmes Kaminfeuer verlassen. Leider legte auch der Gruppenfuehrer, der nunmehr den Takt angab, die Schaufel nieder und traf sich mit dem Manager oefter und oefter zu Meetings. So arbeiteten nur noch Vier.

Die Stimmung sank und damit alsbald die Foerdermenge des Goldes. Als die Zwerge wuetend an seine Buerotuer traten, versprach der Manager Abhilfe und organisierte eine kleine Fahrt mit dem Karren, damit sich die Zwerge zerstreuten. Damit aber die Menge Goldes nicht nachliess, fand die Fahrt am Wochenende statt. Und damit die Fahrt als Ge-schaeftsreise abgesetzt werden konnte, hielt der Manager einen langen Vortrag, den er in fremdartige Worte kleidete, die er von einem anderen Manager gehoert hatte, der ande-re Zwerge in einer anderen Mine befehligte. So wurden die ersten Anglizismen verwendet.

Eines Tages kam es zum offenen Streit. Die Zwerge warfen ihre kleinen Schaufeln hin und stampften mit ihren kleinen Fuessen und ballten ihre kleinen Faeuste. Der Manager er-schrak und versprach den Zwergen, neue Kollegen anzu-werben, die ihnen helfen sollten. Der Manager nannte das O u t s o u r c i n g. Also kamen neue Zwerge, die fremd wa-ren und nicht recht in die kleine Gemeinde passten. Und weil sie anders waren, musste auch fuer diese ein neuer Fuehrer her, der an den Manager berichtete. So arbeiteten nur noch Drei von ihnen.

Weil jeder von ihnen auf eine andere Art andere Arbeit erle-digte und weil zwei verschiedene Gruppen von Arbeitern zwei verschiedene Abteilungen noetig werden liessen, die sich untereinander nichts mehr schenkten, begann, unter den strengen Augen des Controllers, bald ein reger Handel unter ihnen. So wurden die K o s t e n s t e l l e n geboren. Jeder sah voller Misstrauen auf die Leistungen des Anderen und hielt fest, was er besass. So war ein Knurren unter ihnen, dass staerker und staerker wurde. Die zwei Zwerge, die noch arbeiteten, erbrachten ihr Tagewerk mehr schlecht als recht. Als sich die Manager und der Controller ratlos zeigten, beauftragten sie schliesslich einen Unternehmensberater. Der strich ohne die geringste Ahnung hochnaesig durch das Bergwerk und erklaerte den verdutzten Managern, die Gruende fuer die schlechte Leistung sei darin zu suchen, das die letzten Beiden im Bergwerk verbliebenen Zwerge ihre Schaufeln falsch hielten. Dann kassierte er eine ganze Lore Gold und verschwand so schnell, wie er erschienen war.

Waehrenddessen stellte der Controller fest, dass die externen Mitarbeiter mehr Kosten verursachten als Gewinn erbrachten und ueberdies die Auslastung der internen Zwerge senkte. Schliesslich entliess er sie. Der Fuehrer, der die externen Mitarbeiter gefuehrt hatte, wurde zweiter Controller. So arbeitete nur noch ein letzter Zwerg in den Minen.

Tja, und der lernte in seiner kargen Freizeit, die nur noch aus muehsam errungenen abgebummelten Ueberstunden bestand, Schneewittchen kennen, die ganz in der Naehe der Mine ihre Dienste anbot. Dann holte er sich bei ihr den Siff und verreckte elendig.

Die Firma ging pleite, die Manager und Gruppenfuehrer und Controller aber fanden sich mit grosszuegigen Summen gegenseitig ab und verpissten sich, um der Anklage wegen Untreue zu entgehen, ins Ausland und dieses deprimierende, aber wahrheitsgetreue Maerchen ist aus."

Im Hinblick auf dieses „wahre Märchen" jetzt eine sicher immer noch nicht vollständige Auflistung all dieser KdöR, die sich aus vielen „verwaltenden", im Team arbeitenden, outgesourcten und geschäftsreisenden Controllern, Managern, Gruppenführern, Kostenstellen und Unternehmensberatern" zusammensetzen, die alle zum Teil *hohe* Gehälter bekommen, alle in Unterhalt kostenden Verwaltungsgebäuden tagen, die mit Strom und Wasser versorgt und instand gehalten werden müssen, deren Kosten größtenteils aus *Ihren* Krankenkassenbeiträgen bezahlt werden, die deshalb in *keinster* Weise Ihrer gesundheitlichen Versorgung zu Gute kommen:

1. GKV-Spitzenverband (zentrale Interessenvertretung der gesetzlichen Kranken- und Pflegekassen in Deutschland)

2. Folgend die sechs Spitzenverbände der Krankenkassen (sie verloren mit Etablierung des GKV-Spitzenverbandes zum 31.12.2008 ihren Status als Körperschaften des öffentlichen Rechts. Statt wegzufallen, „fungieren" sie noch weiter in der Rechtsform von „Gesellschaften des bürgerlichen Rechts") (78).

3. AOK-Bundesverband

4. BKK Bundesverband

5. IKK-Bundesverband/ IKK e.V.

6. Verband der Ersatzkassen

7. Knappschaft-Bahn-See

8. Bundesverband der landwirtschaftlichen Krankenkassen

9. Arbeitsgemeinschaft der Verbände der Kranken- und Pflegekassen auf Bundesebene

10. Der **M**edizinische **D**ienst der **K**rankenversicherung (15x in Deutschland) (MDK)

11. Medizinischer Dienst des Spitzenverbandes Bund der Krankenkassen

12. Wissenschaftliches Institut der Ortskrankenkassen

13. Deutsche Verbindungsstelle Krankenversicherung – Ausland

14. Kassenärztliche Bundesvereinigung (KBV)

15. **K**assenärztliche **V**ereinigungen (KVen) (16x in Deutschland)

16. Kassenzahnärztliche Bundesvereinigung (KZBV)
17. Kassenzahnärztliche Vereinigungen (KZVen)
    (16x in Deutschland)
18. Bundesärztekammer
19. Landesärztekammern (16x in Deutschland)
20. Bundeszahnärztekammer
21. Landeszahnärztekammern (16x in Deutschland)
22. Deutsche Krankenhausgesellschaft
23. Landeskrankenhausgesellschaften (16x in Deutschland)
24. Deutsches Krankenhausinstitut
25. Gemeinsamer Bundesausschuss
26. Institut für Qualität und Wirtschaftlichkeit im Gesundheitswesen (IQWiG)
27. Gemeinsamer Bewertungsausschuss des Bundes (G-BA)
28. Gesundheitsfonds

Ich muss zugeben, ein Kopfschütteln über so viel „Verwaltung" konnte ich mir nicht verkneifen.

Allen zuvor genannten Gruppen, also *„Leistungsfinanzierern"*, *„Leistungserbringern"*, *„Leistungsempfängern"* und diesen *„organisatorischen Institutionen"* sind, wie oben bereits gesagt, das immer wieder reformgeschüttelte SGB V als „gesetzliche Rahmenbedingung", wie sich die Politiker in den Talkshows immer so schön auszudrücken pflegen, übergestülpt.

Wir fassen noch einmal zusammen:

1. Etwa 70 Millionen Bürger in Deutschland sind gesetzlich versicherte Mitglieder bei den gesetzlichen Krankenkassen.

2. Nur knapp 52 Millionen Menschen und viele Arbeitgeber schultern derzeit mit ihrer Hände Arbeit die Kosten des gesamten gesetzlichen Gesundheitssystems.

3. Der Staat hat neben den gesetzlichen Krankenkassen noch eine *„ganze Armee"* kostenträchtiger, verwaltender Institutionen ins Leben gerufen, die mit dafür sorgen sollen, dass jedem dieser Bürger die *bestmögliche* medizinische Versorgung zu Teil wird.

4. Diese ganzen verwaltenden Institutionen führen selbst *keinerlei* medizinische Versorgung durch. Sie können es nämlich gar nicht, weil sie dafür nicht ausgebildet sind. Das können nur die medizinischen Berufsgruppen, also Ärzte, Zahnärzte, medizinische (Fach-) angestellte, Krankenpflegepersonal, Physio-, Ergotherapeuten und andere in der medizinischen Versorgung Ausgebildete.

5. Die medizinischen Berufsgruppen sind in der Regel freiberuflich tätig, beziehungsweise arbeiten in Angestelltenverhältnissen, so in Institutionen wie Krankenhäusern, Arztpraxen, Pflege- und Rehabilitationseinrichtungen. Sie haben primär mit den gesetzlichen Krankenkassen *nichts* zu tun, sind also *nicht* deren Angestellte, wie vielfach gedacht wird.

Im weiteren Verlauf des Buches möchte ich mich stellvertretend für die Berufsgruppen unter 5. zur Vereinfachung überwiegend auf die Titulierung *„Ärzte"* beschränken, da ich als einer von ihnen deren Belange am besten nachempfinden kann, aber vor allem deshalb, weil es den anderen Teilnehmern dieser Gruppe prinzipiell nicht anders geht, beziehungsweise sie nur in abhängigen Angestelltenverhältnissen bei den Ärzten arbeiten (können). Ich möchte deren mindestens genauso wichtigen Stellenwert in der medizinischen Versorgung der Bevölkerung also in keiner Weise in die zweite Reihe stellen!

Da man seinen oft mit idealistischen Motiven erlernten Beruf ausüben möchte, nicht zuletzt, um damit auch ein auskömmliches Leben führen zu können, bietet man den Patienten seine erlernten Fähigkeiten nun in Kliniken, Arztpraxen und anderen medizinischen Einrichtungen an. Bei privat versicherten Patienten ist das auch weiter kein Problem. Wird man von solchen *Privatpatienten* als Behandler auserwählt, darf man sein „Handwerk" verrichten, bekommt seine, nach staatlicher Vorgabe festgezurrte Entlohnung (GOÄ = staatliche Gebührenordnung für Ärzte), und das war's.

Möchte ein Arzt seine Leistungen aber einem „Zwangsversicherten" zu Teil werden lassen, oder andersherum, möchte ein „Zwangsversicherter" von einem Arzt behandelt werden, dann muss dieser „Zwangsversicherte" den Arzt entweder privat entlohnen, was er in der Regel nicht kann oder nicht will, oder, und das ist die in Deutschland gängige Praxis, der Arzt muss ein allgemeines Behandlungsvertragsverhältnis mit den gesetzlichen Krankenkassen schließen, die die Behandlung der bei ihnen „Zwangsversicherten" erst legitimieren müssen. Faktisch ist der gesetzlich versicherte Bürger in medizinisch zu versorgender Hinsicht „verwaltetes Eigentum" der gesetzlichen Krankenversicherungen.

Die vertragliche Bindung zwischen Arzt und gesetzlichen Krankenkassen wird über die sogenannte *„Kassenärztliche Vereinigung"* („KV") vermittelt, einer KdöR, die als (angeblich) sogenannte Standesvertretung aller Ärzte verstanden werden möchte.

Es besteht somit ein dreiseitiger Vertrag zwischen Bürgern, die das ganze System *„finanzieren"*, den gesetzlichen Krankenkassen, die es *„verwalten"* und den Ärzten, die die eigentlichen *„Leistungen erbringen"*. – Von vorne herein eine unglückliche Konstellation. – Bei uns Kindern war es schon immer so, dass, wenn wir zu dritt spielten, sich einer oft zu einem Ausgeschlossenen demarkierte.

Die vom Arzt „auf Krankenschein" zu gewährenden Leistungen werden vom sogenannten *Bewertungsausschuss* (G-BA, s. o.) in einem „Leistungskatalog", dem sogenannten „EBM" (einheitlicher Bewertungsmaßstab) festgelegt und wertmäßig nicht in Euro, sondern in einem perfiden Punktesystem ausgedrückt.

Jetzt die Beschreibung eines ständigen, kleinen, bürokratischen und sozialpolitischen Kindergartenspielchens:

Die Beratungen und Beschlussfassungen bezüglich zulässiger medizinischer Leistungen und vor allem deren (Punkte-)Bewertung bereitet gemäß der Geschäftsordnung des G-BA ein *aus dem ärztlichen und krankenkassenverwaltenden Lager* bestehender Arbeitsausschuss vor. Ein *erweiterter* Bewertungsausschuss wird einberufen, wenn im G-BA durch übereinstimmenden Beschluss aller Mitglieder eine Vereinbarung über den Bewertungsmaßstab ganz oder teilweise *nicht* zustande kommt. Auf Verlangen mindestens zweier Mitglieder wird dann der Bewertungsausschuss um einen unparteiischen Vorsitzenden und zwei weitere unparteiische Mitglieder erweitert, von denen die KBV und der GKV-Spitzenverband jeweils ein Mitglied benennen. Es ist mehr als natürlich, dass Ärzte ihre Leistungen höher ermessen, als Krankenkassenvertreter, die in diesem System ja dazu angehalten sind „zu sparen". Es resultieren also immer wieder Verhandlungen mit „Hauen und Stechen" (deshalb ja auch noch die Notwendigkeit eines – natürlich auch zu vergütenden – *erweiterten* Bewertungsausschusses).

Das ganze gesetzliche Krankenkassensystem wird mit „Sachleistungsprinzip" beschrieben. Und das geht genau folgendermaßen:

Die gesetzlich versicherten Bürger zahlen eine *endliche* Menge Geldes in die „Verwaltungsmaschinerie" des Gesundheitssystems (Anmerkung des Autors: … die von dieser endlichen Geldmenge zum Teil auch „fürstlich", entlohnt wird, wie Sie noch lesen werden). Jeder gesetzlich versicherte Bürger erhält dafür eine Art Zahlkarte, man nennt sie *Krankenversichertenkarte* (KVK). Sie räumt ihm das Recht ein, so oft und so viel er möchte, zu allen möglichen Kassenärzten und Krankenhäusern in Deutschland zu gehen, wenn *er* meint, dass *er* eine gesundheitliche Einschränkung hat. Bei den Ärzten kann er, ohne auch nur einen Cent aus eigener Tasche zu bezahlen, Leistungen abverlangen. Er erhält vom Arzt durch dessen Behandlung also eine „Sachleistung". Auch für ein Rezept, das der Patient in der Apotheke „einlöst", erhält er eine Sachleistung, zum Beispiel eine Schachtel mit Medikamenten. Was diese Sachleistungen in Geld bedeuten, ist fast allen Patienten unbekannt, wie ich aus eigenen Recherchen berichten kann. Es interessiert ihn auch nicht und muss ihn auch nicht unbedingt interessieren. – Auf der KVK steht ja sinngemäß: *„umsonst"*. Hier mag der ein oder andere jetzt lautstark dementieren, aber *wörtlich genau so* wurde es mir nicht nur einmal von Patienten gesagt: *„umsonst"!*

Die Summe seiner „erwirtschafteten" Punktzahlen darf der Arzt am Ende jedes Quartals bei seiner regionalen Kassenärztlichen Vereinigung einreichen, die ihm daraus dann seinen Quartalsumsatz berechnet. Dieser hängt wiederum davon ab, wie groß das Gesamtbudget an Geld ist, das die *KV* mit den *Krankenkassen* zuvor ausgehandelt hat.

SGB V § 85 Gesamtvergütung

(1) Die Krankenkasse entrichtet nach Maßgabe der Gesamt-verträge an die jeweilige Kassenärztliche Vereinigung mit befreiender Wirkung eine Gesamtvergütung für die gesamte vertragsärztliche Versorgung der Mitglieder mit Wohnort im Bezirk der Kassenärztlichen Vereinigung einschließlich der mitversicherten Familienangehörigen (73).

§85 SGB V besagt also, dass die gesetzlichen Krankenkassen mit der Zuweisung des ausgehandelten Betrages *nichts mehr* mit der Vergütung für die einzelnen, medizinisch notwendigen Leistungen zu tun haben: „*... mit befreiender Wirkung ...*". Das begründet auch, warum gesetzliche Krankenkassen ihren Versicherten oft so vollmundig medizinische Leistungen offerieren und auf Ärzte „losgehen", die diese Leistungen nicht für notwendig erachten. Denn *alles* ist schon bezahlt, ob die Mediziner nun mehr oder weniger dafür tun, *alles* ist im Budget enthalten. Und da manche Krankenkasse ihre Versicherten glauben lassen mag, dass der Arzt *das* zu tun hat, was *sie* sagen, ist es mehr als verständlich, dass *diese Verwaltungsangestellten* sich auch oft so aufspielen, als ob der Arzt nur *ihr* Befehlsempfänger wäre.

Nun ist es ja so, Sie erinnern sich, dass die gesetzlich versicherten Bürger nur eine *endliche* Menge Geldes in Form ihrer Beiträge an die Krankenkassen abführen. Je mehr Menschen in Arbeit stehen und je mehr Einkommen sie haben, desto mehr Krankenkassenbeiträge kommen zusammen, je weniger sie verdienen und je mehr arbeitslos sind, desto weniger Geld fließt in den Solidartopf. Trotzdem bleibt für jeden Bürger unverändert *das Recht*, soviel medizinische Leistungen abzurufen, wie (nur) er für notwendig erachtet. Faktisch bedeutet das, er kann eine *unendliche* Menge an Leistungen, die sich beim Arzt in „erbrachten Punkten" niederschlagen, abrufen. Da im Sozialtopf aber nur die besagte *endliche* Menge Geldes ist, *floatet* für den Arzt der Wert seiner Punkte. Und das tut er ständig. Seit ich 1993 die kassenärztliche Tätigkeit aufgenommen habe leider nur abwärts. Grund dafür ist vor allem eine immer älter und zunehmend chronisch krank werdende Bevölkerung, die bei immer besseren und natürlich teurer werdenden medizinischen Möglichkeiten und die zunehmend werbende Gesundheitsbranche dazu führt, dass die Menschen die Ärzte immer häufiger konsultieren. In Deutschland im Durchschnitt zurzeit 18 Arztbesuche pro Jahr pro Kassenpatient. Auch die Einführung der zehn Euro Krankenkassengebühr konnte, wie zunächst geplant, diesen „Arzt-Run" nicht herunterregulieren. Gott sei Dank ist dieser *politische Blindschuss* seit dem 1. Januar 2013 weggefallen, der neun lange Jahre nur zusätzliche Bürokratie und Formularwesen gefordert hat!

Es wurde und wird zwar seitens der Ärzte immer dafür gekämpft, eine betriebswirtschaftliche Kalkulationssicherheit mit nur gering floatender Vergütung zu erhalten, doch das wurde bis heute nicht umgesetzt. – Wie soll man das auch bewerkstelligen?!

Sie erkennen: auf der einen Seite die *„endliche"* Geldmenge im Sozialtopf, auf der anderen Seite die Möglichkeit für die Patienten, *„unendliche"* Leistungs- und damit Geldmengen abzurufen, ohne Kenntnis von den einzelnen Kosten zu haben. Und das noch ganz unabhängig von ständig und *unbudgetiert* steigenden *Verwaltungskosten*, die ebenfalls aus diesem endlichen Sozialtopf gedeckt werden. Der einzige Puffer dazwischen sind die Leistungserbringer, stellvertretend hier wieder Ärzte genannt, in Form eines *kontinuierlich abnehmenden Budgets* für die Vergütung ihrer Arbeit.

Im Kapitel *„Gesetzliche Krankenkassen und andere KdöR"* werde ich noch Zahlen zu diesen Verwaltungskosten liefern, um Ihnen zu verdeutlichen, wie das Sozialschiff unter anderem durch diese KdöR-7-Zwerge in die Versenkung geht. – Das kann und darf so nicht sein! Das ist in meinen Augen einer der unsozialsten Züge im *sozialen* gesetzlichen Krankenkassensystem.

Bisher klang das für den Laien ganz schön verwirrend, nicht wahr? – Wie einfach ist dagegen doch das private Krankenversicherungswesen?!

4. Die Komplexität eines biologischen Systems

Der menschliche Organismus funktioniert klassischerweise nach den Prinzipien biologischer Regelkreise. Sie sorgen dafür, dass ein für uns überlebensnotwendiges energetisches Niveau aufrechterhalten wird. Dabei ist zu beachten, dass *nicht wir* dieses energetische Niveau bestimmen (können), sondern dass es sich selbst, nach biokybernetischen Gesetzmäßigkeiten, auf die von außen auf uns einwirkenden Faktoren in unserem Organismus einreguliert, damit wir in der gerade aktuellen, ökologischen Nische bestmöglich überleben können. Es ist somit die Grundlage für unser biologisches Sein. Diese Regelkreise und gegenseitigen Bedingtheiten sind in mannigfaltiger Weise Grundlage medizinischer Forschung und der daraus resultierenden medizinischen Versorgung.

Nicht nur *innerhalb* eines Menschen regieren diese Mächte. Wir stehen in ständigen Wechselbeziehungen mit unserer Umwelt: Wir atmen Luft ein, Kohlendioxid aus, führen uns Nahrung zu, scheiden nicht Verwertbares wieder aus, entsenden vielfältige Signale, wie Laute, Düfte oder Zeichen in unsere Umwelt und empfangen andersherum auch viele Signale. Wir erkennen somit ein Fließgleichgewicht zwischen unserem Körper und seiner Umwelt nach dem bereits erläuterten „Input – Output – Prinzip", jetzt aber nicht nur auf Sinneseindrücke beschränkt.

Grundsätzlich spannt sich zwischen Universum und Elementarteilchen eine unüberschaubare Fülle ineinandergreifender und sich gegenseitig bedingender Regelkreise. Letztendlich bedingt eins das Ganze und umgekehrt. Dieses wechselseitige Bedingen bestimmt die evolutionsgeschichtliche Überlebenszeit allen Daseins. Und an einer winzigen Stelle in dieser riesigen Bandbreite gegenseitiger Abhängigkeiten agiert momentan der heutige Mensch. Ändern sich Umweltbedingungen, die Lebensgrundlage für ein Lebewesen sind, sehr stark, und kann dieses Lebewesen seine organischen Funktionen nicht mehr genügend anpassen, wird es seinen Platz im Universum räumen müssen. Viele Tiere, zum Beispiel die Dinosaurier, bezeugen dieses Naturschauspiel. Daraus können wir schlussfolgern, dass auch die evolutionsgeschichtliche Überlebenszeit von uns Menschen von solch (bio-)kybernetischen Wechselbeziehungen abhängig ist. Letztere steuern nicht nur körperinnere Prozesse, so zum Beispiel den menschlichen Hormonhaushalt, sondern auch unsere nach außen gerichtete „Kommunikation", unser menschliches Miteinander.

Wollen wir nun die Regulierung der Gesundheit in unserer Bevölkerung anhand biokybernetischer Wechselwirkungen beurteilen, ist es sinnvoll, sich einen *überschaubaren* Komplexitätsgrad zu wählen, der die wichtigsten Regelkreise beinhaltet, um sinnvolle Abhängigkeiten zu erkennen und zu gestalten.

Festzuhalten ist, dass schon immer biokybernetische Abläufe den Gesundheitszustand einer Volksgruppe reguliert haben und auch immer regulieren werden, genauso wie bei den Tieren, unabhängig davon, ob sich ein gesetzlich geregeltes Gesundheitssystem „einmischt" oder nicht.

Was ist Kybernetik?

Der Begriff Kybernetik ist primär eine Domäne in der Technik. Er kommt aus dem Griechischen (kybernetike) und bedeutet Steuermannskunst (79), (80), (3 S. 154 ff.).

In der gesamten Natur werden in sogenannten *biokybernetischen Regelkreisen* die jeweils energetisch günstigsten Zustände eines Systems unablässig neu einreguliert. Voraussetzung dafür ist die ständige Registrierung von Ist-Zuständen in den voneinander abhängigen Größen und die sich daraus ergebenden positiven oder negativen Feedbacks. Oder anders ausgedrückt: Kybernetik beschreibt, wie vorgegebene Größen (energetisch günstigste Zustände = Sollwerte) in komplexen Systemen, die ständigen Störeinflüssen ausgesetzt sind, mittels ständiger Überwachung durch Messfühler immer wieder durch sogenannte Stellglieder nachjustiert werden.

Alle Abläufe in der Natur, bis hin zu den chemischen Reaktionen in jeder unserer Körperzellen, stellen Paradebeispiele für kybernetische Zusammenhänge dar. Die in Organismen und Ökosystemen herrschenden, komplexen Regelsysteme werden deshalb mit der „Biokybernetik" beschrieben. Zur Verdeutlichung das Ganze für Sie noch einmal über den optischen Eingangskanal, sprich im Diagramm:

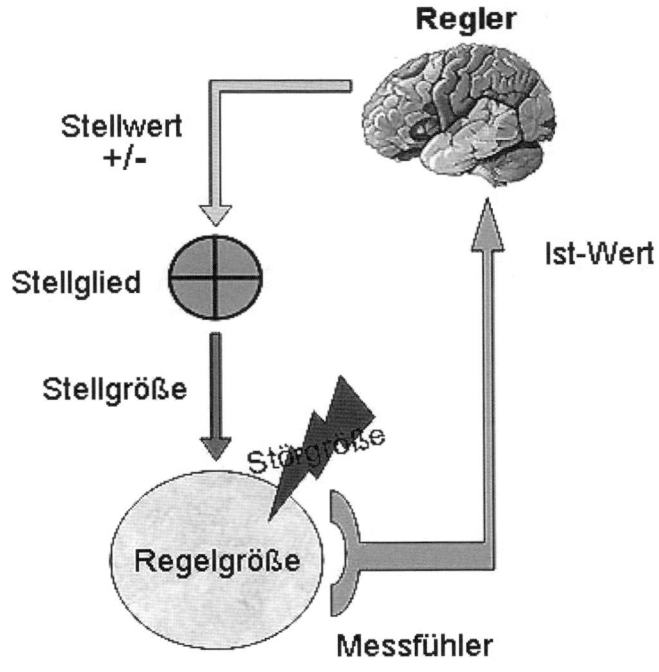

(81)

Hierzu zwei (vereinfachte) Beispiele „aus dem Leben":

1. Antilopen sind die Beutetiere der Löwen. Letztere würden die Antilopen in kurzer Zeit ausrotten, wären diese Beutetiere nicht deutlich schneller als die Löwen. So fallen in der Regel nur die langsameren, älteren und schwächeren Antilopen den hungrigen Löwen zum Opfer. Es bleiben also immer genügend Antilopen über, die sich wieder derart vermehren können, dass Nahrungsangebot und -nachschub für die Löwen im Gleichgewicht bleiben. Wäre der Löwe schneller, würde er sich in kurzer Zeit seine eigene Lebensgrundlage entziehen.

2. Sie sitzen an einem lauen Sommerabend nur mit kurzer Hose und T-Shirt bekleidet draußen unter freiem Himmel. Plötzlich wird es Ihnen zu kühl, Sie holen sich Ihre Strickjacke und ziehen sie über, um nicht weiter zu frieren. Wird es Ihnen wieder zu warm, ziehen Sie die Jacke wieder aus. Unser Organismus funktioniert optimalerweise unter einer Körpertemperatur von etwa 37° Celsius. Das ist ein für uns naturvorgegebener *Sollwert*. Droht er, über- oder unterschritten zu werden, kommt es zu einer *Gegenregulation* in der Form, dass wir uns eine Jacke überziehen oder ausziehen.

Diese beiden geschilderten Abläufe beschreiben Vorgänge in jeweils biokybernetischen Regelkreisen. Wobei der *Regler* im ersten Beispiel die „Laufgeschwindigkeit" der Antilopen ist, die dafür sorgt, dass genug Futtervorrat (= Sollwert) für die Löwen erhalten bleibt, im zweiten Fall unsere Jacke, deren Isolationsfähigkeit die aufrecht zu erhaltende Körpertemperatur (= Sollwert) regelt.

Fällt Ihnen übrigens spontan einer der wesentlichsten „Regler" unserer Zeit ein? – Es ist, wie könnte es anders sein, der Preis einer Sache, also das liebe *Geld*! – Als universelles Tauschmittel bestimmt es weltweit, wie hoch der Absatz irgendwelcher käuflich, also gegen Geld, zu erwerbenden Güter ist. Je teurer, desto kleiner der Absatz, je billiger, desto größer. Der Anbieter eines Produktes wird versuchen, dessen Preis so festzulegen, dass ihm die höchste Rendite (= Sollwert) zuteil wird. Paradeplattform von wirtschaftlichen Regelkreisen ist die Börse.

Dass unser Gesundheitssystem mit seiner nicht nur Leben, sondern auch *„Krankheiten erhaltenden"* Medizin mittlerweile in die Gefahrensammlung von Störfaktoren biokybernetischer Regelkreise einzureihen ist, möchte ich Ihnen in den folgenden Kapiteln versuchen, näher zu bringen. Zunächst jedoch zur immens wichtigen, leider zunehmend vernachlässigten Unterscheidung zwischen „harten" und „weichen" Daten.

Harte und weiche Daten

Als junger Mediziner habe ich nicht selten „ältere Hausärzte" belächelt, da sie mir in manch medizinischer Hinsicht „zurückgeblieben" vorkamen. Ich strotzte mit meinem aktuellen theoretischen Wissen und war der Ansicht, damit hätte ich meinen Job völlig unter Kontrolle. Mit den Jahren musste ich immer mehr erkennen, dass Menschen nicht nur nach zu messenden Daten, nach Blutwerten, nach *Lehrbuch* funktionieren. Es scheint etwas zwischen den Zeilen zu geben, was uns die Wissenschaft, zumindest bis heute, nicht genau erklären kann, für das es keine „Leitlinien" gibt. – Damit meine ich jedoch keinen „Schöpfer", sondern unsere bei Weitem noch nicht in alle Einzelheiten vorgedrungenen naturwissenschaftlichen Erkenntnisse. – Und dafür benötigt der *gute* Mediziner einen *Bauch.*

Was ist darunter zu verstehen?

Eingangs hatte ich Ihnen in den Kapiteln „Evolutionsbiologische und neurophysiologische Hintergründe" und „Bewusstsein und Unterbewusstsein" versucht, deutlich zu machen, dass unser gesamter Organismus sowohl durch uns bewusst werdende, als auch unbewusst bleibende „Inputs" aus unserer Umwelt gesteuert wird. Diese „Inputs" werden in unserem Gehirn sofort *interpretiert* und generieren „Outputs" in den Organismus, um einen Wohlfühlbereich herzustellen.

Erinnern wir uns an das kleine Beispiel im vorigen Kapitel „Was ist Kybernetik": Wir ziehen uns eine Jacke über, weil es uns kühl wird oder ziehen sie aus, weil es uns zu warm ist.

Folgende zwei Dinge sind hier zu erläutern:

1. Unser Organismus kennt keine 37°C! Er kennt nur das Gefühl, das wir mit „wärmer" oder „kälter" beschreiben. Wir können dieses „wärmer" oder „kälter" im Gegensatz zu messbaren Temperaturen, zum Beispiel in Grad-Celsius, auch mit dem Begriff „weiche Daten" beschreiben. 37°C ist nur ein fiktiver Messwert, wie es zum Beispiel auch 2 Meter, 150 km/h oder 50 Minuten sind. Der Mensch hat sich diese „Messwerte", diese „harten Daten", geschaf-

fen, um die Relativität, in der er lebt und vor allem, die er empfindet, ausdrücken und vergleichen zu können, letztendlich also doch wieder in Relation zu setzen.

Ein Schüler hat eine *Eins* in der Mathearbeit, der andere in der gleichen eine *Fünf*. Somit ist ersterer (relativ) besser als der zweite. Nur das ist der Sinn von Messwerten, von „harten Daten". Der Mensch ist grundsätzlich immer nur ein Relativwesen (siehe gleichnamiges Kapitel in diesem Buch). Er kann immer nur *„im Unterschied zu ...."* empfinden. In unserem Beispiel wird mit dem „Absolutwert" 37° Celsius nur der vom Organismus vorgegebene Sollzustand *beziffert*, damit man relativ dazu zum Beispiel „Fieber messen und definieren kann".

2. Wir greifen zwar *bewusst* zu unserer Jacke, die Aufforderung dies zu tun, ist jedoch ein *unbewusst* ablaufender Regler-Befehl unseres zentralen Nervensystems, unsere Körpertemperatur zu regulieren. Das Überziehen einer Jacke war nur *eine* von vielen Möglichkeiten, diese Regulation vorzunehmen. Unser bewusstes Tun resultiert immer aus unbewussten und zeitlich vorauslaufenden Signalen unseres Nervensystems.

Das kann man sehr schön daran erläutern, wenn man das Beispiel einmal in die andere Richtung ablaufen lässt. Wir sitzen nun nicht in der Abendkühle, sondern in der prallen Mittagssonne, und unsere Körpertemperatur droht, über das „Wohlfühlmaß" hinaus anzusteigen. Dann fangen wir nämlich – *unbewusst* – an zu schwitzen. Das Nervensystem stimuliert unsere Schweißdrüsen, um über die Verdunstung des Schweißes Energie abzugeben, die die Körpertemperatur herunterkühlen lässt. – Würden Sie es schaffen, diesen Prozess willkürlich zu steuern? – Wohl kaum. – Eine Ihnen *bewusst* werdende Aktion, wie im ersten Ansatz, wo Sie sich eine Jacke holen und überziehen, fehlt hier.

„Die Psyche des Menschen funktioniert nicht nach absoluten Zahlen" (39 S. 430).

Auch F. Vester hat in seinem Werk „Die Kunst vernetzt zu denken" [vgl. (3)], dieser Tatsache ein großes Erklärungsfeld eingeräumt.

Mir erscheint wichtig, daraus Folgendes für unsere Lebensgestaltung abzuleiten:

Wir agieren in der Regel immer unbewusst aus unseren momentanen, jedoch mit der Zeit wechselnden Gefühlen heraus. Letztere können wir zwar oft fest definierten Messwerten zuordnen, aber immer nur für den Augenblick. Einige Zeit später kann ein Gefühl mit demselben Messwert wieder ganz falsch bewertet sein. Ich möchte damit sagen, dass sich Gefühle für ein und denselben Zustand in den Dimensionen Raum und Zeit verändern („shifting baselines"!). Deshalb ist es sehr schwierig, ein komplexes Wesen wie den Menschen oder gar ein ganzes System aus solch komplexen Wesen, mit *gleichbleibenden* harten Daten, also Maßvorgaben, in einem dauerhaft funktionierenden Ablauf zu halten. Ein komplexes System wie ein Mensch oder erst recht ein ganzes Volk ist in den Dimensionen Raum und Zeit Wandlungen unterworfen. Wenn es nur nach gleichbleibenden, harten Daten gesteuert wird, benimmt es sich wie ein nicht hochseetaugliches Schiff auf stürmischer See. Und weil der Mensch ein *Relativwesen* ist, bestimmt grundsätzlich Relativität den Ablauf biokybernetischer Regelkreisläufe. Und *„relativ"* bedeutet immer *„im Unterschied zu…"*, nicht 37 °C zu 38 °C.

Wir sollten deshalb zur Regulierung der Systeme, die unser gesellschaftliches Miteinander steuern, auch und vor allem *weiche Daten* zulassen und mit einbeziehen. In *weichen Daten* kommen unsere Empfindungen zum Ausdruck, die einer dynamischen Betrachtungs- und Beurteilungsgabe unserer Sinne entspricht. *Weiche Daten* sind qualitative Faktoren, wie zum Beispiel subjektive Meinungen, Antipathie, Prestige, Attraktivität, Schönheit, Konsensfähigkeit und Sicherheitsgefühl, die genau *das* widerspiegeln, wie Menschen empfinden und wodurch sie *mehr* als durch viele tausend Messwerte und *harte Messdaten*, also quantitative Faktoren, manipulierbar sind. – Haben Sie Ihren Lebenspartner (z. B. weiblich) nach Gesichtssymmetrie, 175 cm Körperlänge, Schuhgröße 38, Konfektionsgröße 34–36 ausgesucht oder haben Sie nach „Schönheit, Anmut und angenehmen Wesenszügen" Ausschau gehalten?

Dazu noch ein Beispiel aus meinem Fachbereich, der Schmerztherapie:

Nicht nur *eine* deutsche Schmerzgesellschaft hat zur Erfassung und Dokumentation der Schmerzsituation von Patienten Fragebögen entwickelt, die leider drohen, Allgemeingültigkeit und Allgemeinreferenz zu erlangen. Darin müssen die Schmerzpatienten nicht nur ihre Schmerzstärke unter verschiedenen Lebenssituationen, sondern auch andere Befindlichkeiten, wie zum Beispiel die Qualität ihres Schlafes, ihres Appetits, ihrer sozialen Unternehmungen, ihrer Arbeitsfähigkeit auf einer numerischen Skala von 0–10 bewerten. Wie stark sind heute Ihre Rückenschmerzen, wenn 0 kein Schmerz bedeutet und 10 der für Sie maximal vorstellbare Schmerz; liegen Sie gerade bei 4, 5 oder gar 9? Wie haben Sie heute geschlafen? 3, 6 oder 8? Etwas Absurderes, als subjektive Befindlichkeiten in absoluten Zahlen ausdrücken zu wollen, habe ich noch nie erlebt! Gut gemeinter Hintergrund des Ganzen ist natürlich, subjektive Empfindungen *allgemeingültig* zu erfassen, um daraus *allgemeingültige* Behandlungsstrategien abzuleiten. Diese finden Niederschlag in unseren sich immer mehr verbreitenden, sogenannten „Leitlinien". – Was ist das jedoch für ein jämmerliches Unterfangen. Ich empfinde es immer als den Versuch, ein analoges Wesen zu digitalisieren. Das geht nicht und das wird nie gehen!

Frederic Vester führt einen der Kardinalfehler in der Beurteilung dessen, was für die Erfassung von Komplexität wichtig ist, auf die Scheu vor diesen *weichen Daten* zurück. Denn gerade diese *weichen Daten* lassen Muster, gleichsam das Gesicht der Wirklichkeit, erkennen. Die zahlenmäßig erfassbaren Messwerte sind hier nicht hilfreich, da es gewissermaßen Momentaufnahmen in einem sich ständig ändernden, also dynamischen System sind. Sie können bereits im nächsten Moment überholt sein und damit die Beurteilung des Systems im völlig falschen Licht erscheinen lassen. Viel verwertbarer als exakte, aber sich ständig ändernde Messwerte, sind vielmehr *die Beziehungen* zwischen den Systemkomponenten, die das oben bereits genannte Gesicht bestimmen. Die Scheu, mit *weichen Daten* umzugehen, ist weit verbreitet und spiegelt die Angst wider, mit Komplexität umzugehen. Man fürchtet, den sicheren Boden wissenschaftlicher Betrachtung zu verlassen. Dabei wird vergessen, dass

Aussagen über ein System, die wesentliche Teile von ihm unberücksichtigt lassen, weit unwissenschaftlicher sind. Vgl. (3 S. 20 f.).

Unsere aktuell bestehenden gesellschaftlichen Bedrohungen in Form von Staatspleiten, hoher Arbeitslosigkeit, wachsende Umwelt- und Energieprobleme, überalternde Bevölkerung vornehmlich in hochindustrialisierten Ländern wie Deutschland, sich zuspitzende Kostenstrukturen, sind Zeichen einer vor allem zu kurzsichtigen Planung und Verfahrensstrategie. Jede Regierung möchte bereits in *ihrer* Legislaturperiode Erfolge erzielen und verzeichnen können, ungeachtet eigentlich bekannter Tatsachen, dass viele Dinge evolutionäre Zeiträume benötigen, um sich zu ändern, sich vielleicht sogar durch Menschenhand planbar ändern zu lassen. Wie ich bereits in der Einleitung habe anklingen lassen, brauchen wir, unsere Politiker, den Mut zu einem evolutionären Management, also einer langfristigen Planung, womit wahrscheinlich nicht „das schnelle Geld" zu machen ist und es insofern auch ungemein schwierig sein wird, es dem Wähler schmackhaft zu machen.

Gerade unser etabliertes System des „Höher, Besser, Schneller, Weiter und Reicher" impliziert langfristig den Untergang in dem Gedankengang: *„Nach mir die Sintflut"*. – Er erinnert mich auch an den bekannten Ausspruch: *„Erst wenn der letzte Baum gerodet, der letzte Fluss vergiftet, der letzte Fisch gefangen ist, werdet Ihr merken, dass man Geld nicht essen kann."*

Unablässig versucht sich der Mensch mit seinen immer noch relativ spärlichen Kenntnissen, die Natur untertan zu machen: Er manipuliert gentechnisch alle möglichen Produkte, zum Beispiel, um das Hungerproblem auf der zunehmend übervölkernden Welt zu lösen, auf die Gefahr hin, dass einmal in die Welt gesetzte genetische Mutanten größeren Schaden als Nutzen anrichten könnten. Er reichert bereits seit Jahrzehnten radioaktive Brennelemente an, ohne bis zum heutigen Tag eine Entsorgung, eine Endlagerungsstätte, für „verbrauchte Brennelemente" zur Verfügung zu wissen; auch die in Aussichtstellung wirksamer Gentherapien als Druckmittel zur finanziellen Förderung der Stammzellforschung wird weithin als riskant, wirkungslos oder sogar als in höchstem Maße unmoralisch erachtet. Denn Stammzellen sind ja deshalb interessant, weil sie Alleskönner sind. Aber genau da liegt auch die Gefahr, denn in Analogie sind auch Krebszellen undifferenziert, bis zum Alleskönner. Vgl. (3 S. 143).

Ich hoffe, lieber Leser, ich konnte Ihnen den „Bauch des älteren Hausarztes" als sehr wertvolles Diagnostik- und Therapieinstrument verständlich machen.

Warum altern wir eigentlich?

Eine menschliche Eizelle wird befruchtet und „das Wunder des Lebens beginnt".

Ein Mensch entwickelt sich vom Embryo über das Neugeborene zum Kind, Jugendlichen und Erwachsenen, um dann schließlich im mehr oder weniger hohen Alter zu sterben. Das nennen wir auch „den Kreislauf des Lebens". Auf diesem Lebensweg sind wir vielen „Gefahren" ausgesetzt, die uns auch frühzeitig „den Garaus" machen können. Solche Gefahren sind zum Beispiel Unfälle, Infektionskrankheiten oder Vergiftungen. Viele dieser Widersacher haben wir bis in die heutige Zeit gut unter Kontrolle bekommen, insbesondere durch die wissenschaftlichen Errungenschaften in Biochemie, Physik, Medizin, um nur einige wichtige zu nennen.

Die größten Wünsche in der Geschichte der Menschheit waren und sind jedoch, Fliegen zu können und die Unsterblichkeit zu erlangen.

Mit dem Fliegen haben wir es in der Weise „geschafft", dass wir die Natur mit der Physik und Technik von Flugzeugen und Fluggeräten überlisten konnten, obwohl der Grundgedanke eigentlich mehr der war, sich selbständig, ohne Hilfsmittel, wie ein Vogel in die Lüfte zu erheben.

Viele unserer „weltlichen Geschichten" zeugen von Gedanken über Unsterblichkeit. Hier sind insbesondere zu erwähnen die *unsterblichen Götter* der diversesten Religionen auf unserer Erde, das, aus religiösen Dogmen oft abgeleitete „ewige Leben" oder „Leben nach dem Tod", oder Dracula, der seine Unsterblichkeit ja verfluchte. Aber mit dieser *Unsterblichkeit* hat es bisher nicht so geklappt, weder unter Zuhilfenahme unserer Naturwissenschaften, noch half bisher der Glaube.

Im Kapitel „Eine persönliche Sichtweise" hatte ich gezeigt, dass der Mensch aus Atomen und Molekülen besteht, die untereinander chemisch und elektrisch „kommunizieren". Diese kommunizierenden Elemente haben uns auf dem Weg der Evolution bis zum heutigen Menschen gebracht. Aber keines dieser Atome und Moleküle ist einem „Alterungsprozess" unterworfen. Auch nach dem bekannten Erhaltungsgesetz von Energie und Masse, das besagt, dass die Gesamtenergie eines abgeschlossenen Systems sich nicht mit der Zeit ändert, ist kein Altern, keine Vergänglichkeit zu begründen. Zwar kann Energie zwischen verschiedenen Energieformen umgewandelt werden, beispielsweise von Bewegungsenergie in Wärmeenergie, es ist jedoch nicht möglich, innerhalb eines abgeschlossenen Systems Energie oder Masse neu zu erzeugen oder zu vernichten.

Beim Menschen haben wir es aber ganz und gar nicht mit einem *abgeschlossenen* System zu tun. Denn darunter versteht man ein System, das *ohne* Energie-, Informations- oder Stoffaustausch und *ohne* Wechselwirkung mit der Umgebung agiert. Aber *genau das* tut der biologische Organismus eines Menschen *nicht*. Auch das hatte ich im Kapitel „Bewusstsein und Unterbewusstsein" bereits erläutert. Wir Menschen sind Wesen, die sich in einer ständigen „Input-Output-Kommunikation" mit der Umwelt befinden, also weit entfernt von einem *abgeschlossenen* System sind. Während unserer Lebenszeit werden wir mit unzähligen negativen Inputs bombardiert, wie zum Beispiel Lärm, Stress, Infektionserreger, Witterungseinflüssen oder ionisierenden Strahlen. *Wie* unser Organismus „damit fertig wird", ist in hohem Maße von „genetischen Voraussetzungen" abhängig, also von dem „Material", das Vater und Mutter uns über die Gene mitgegeben haben. Hier gibt es große Unterschiede, die ihren Ausdruck unter anderem darin finden, dass es unter verwandten Menschengruppen unterschiedliche Häufungen zum Beispiel von Infektionskrankheiten, Zuckerkrankheit, Herz-Kreislauferkrankungen oder Brustkrebserkrankungen gibt. Wir Mediziner sprechen von „genetischer Disposition", also einer bereits erblich verankerten Veranlagung.

Ähnlich verhält es sich nun auch mit unserem Altwerden. Es gibt Familien, da werden die Menschen durchweg älter als in anderen. Aber grundsätzlich sterben wir irgendwann alle einmal, und wenn wir Glück haben, nicht an „externen Feinden", sondern einfach „altersbedingt".

Aber jetzt zur Frage: Warum „altern" und sterben wir, was heißt altersbedingt?

Der Mensch besteht, wie bereits gesagt, aus primär nicht alterungsfähigen Atomen und Molekülen, die, ausgehend von einer einzigen Zelle über eine „genetische Steuerung" unseren Makroorganismus zustande kommen lassen. Dieser Makroorganismus ist das Paradebeispiel für ein biokybernetisch funktionierendes System. Unser Körper, als ein „offenes System", ist während seines Lebens zum Beispiel oben genannten und diversesten anderen Störgrößen ausgeliefert. Diese bringen über die Jahrzehnte zunehmend die Interaktion zwischen den Atomen und Molekülen derart aus dem Gleichgewicht, dass die Funktionalität unserer Organe die Lebensfunktion des Gesamtorganismus nicht mehr aufrechterhalten kann. Einige dieser negativen Störgrößen, sprich Umweltinputs, hatte ich ja bereits genannt, weiterhin sind hierunter auch kulturelle Lebensweisen mit Fehlernährung, Inhalation von Zigarettengiften und Bewegungsmangel zu sehen, die oft erst über viele Jahre das biokybernetische Harmonieren des Makroorganismus „Mensch" zu Tode bringen. Wie und wie lange jeder Einzelne im Leben dagegen bestehen kann, wie sehr und wie schnell sein Organismus davon beeinträchtigt wird, ihn biologisch „altern" und ihn schließlich sterben lässt, kommt zum einen darauf an, welche genetischen Voraussetzungen er mitbekommt und zum anderen, welche Menge und in welcher Art und Weise diese negativen Inputs auf ihn einströmen, vorsätzlich oder unausweichlich.

Unsere Naturwissenschaften, unsere Medizin, eliminieren und eliminierten viele unserer äußeren Feinde, halten kränkelnde und alternde Organe lange in einem halbwegs funktionierenden Zustand. Darüber entwickelte sich in der Medizin ein – ich möchte es mal so nennen wie ich es denke – „Fachidiotentum", wo jeder in seinem Bereich zwar Spitzenleistungen produziert, darüber aber das Große und Ganze aus den Augen verliert (*„Der Bauch des älteren Hausarztes"!*).

Mir sagte einmal ein gestandener Facharzt für Orthopädie, also ein mindestens 6-jährig studierter Mediziner, dem ich während der Operation an unserem gerade „gemeinsamen Patienten" erklärte, welche Herzrhythmusstörungen der bereits sehr alte Patient gerade hatte, dass er doch nur „Handwerker" wäre, „nur schrauben und bohren" könne, von allem anderen aber keine Ahnung hätte.

Jeder Patient, der in meine Praxis kommt, war meist bei vielen „Fachärzten", von denen fast jeder in seinem Fachbereich auch die „Ursache" des Leidensdrucks vermeintlich erkannt hatte, aber trotzdem dem Menschen mit seiner Therapie, die sich natürlich nur auf das ihm bekannte Organsystem bezog, nicht zu dessen Zufriedenheit helfen konnte. Grund ist die Komplexität, die gigantische Mehrdimensionalität, die in einem Menschen beherbergt ist, und deren Fehlfunktion sich *nicht* durch „Reparieren", Operieren oder Anspritzen nur *eines* Organs oder Organsystems beheben lässt. Vgl. (3).

Der große und wichtige Schlüssel liegt meines Erachtens „im Kern", genauer gesagt im *Zellkern*, in dem unsere Gene beherbergt sind, die das ganze Wunderwerk des menschlichen Organismus steuern. Hier ist unsere Forschung nach Insider-Meinung noch sehr weit vom „Verstehen" entfernt. *Nur* mit der Entschlüsselung der linearen Anordnung der Basenpaare ist unser Genom noch lange nicht lesbar geworden. Vgl. (3 S. 133 ff.).

Vielleicht ist das auch der Grund, weshalb sich der „Krebs" oder andere, virenbedingte Veränderungen unseres Genoms, wie beispielsweise durch das HI-Virus, der Wissenschaft bis heute trotzen können.

„Wir haben es aber geschafft", unser biologisches Altern immer häufiger und länger bewusst erleben zu können, insbesondere durch organfunktionsunterstützende Maßnahmen, angefangen von Medikamenten über Spritzen, Infusionen, Operationen, künstlichen Gelenkersatz, künstliche Beatmung und so weiter. Ob das in jedem Fall erstrebenswert erscheint, möge jeder für sich selbst entscheiden. Was man allerdings zunehmend konstatieren muss, ist die Tatsache, dass die Möglichkeiten unserer Maximalmedizin zwar den Zeitpunkt des Sterbens hinauszögern können, erstrebenswert oder nicht sei erst mal dahingestellt, aber wenn man *ganz ehrlich* ist, steht diese Errungenschaft nicht im „gesunden" Verhältnis zum Kosten- und Personaleinsatz, der dafür heutzutage betrieben wird. – Man gewinnt eher den Eindruck, dass es mehr *ein sich selbst unterhaltendes Wirtschaftssystem* geworden ist, das sich der „kranken und alternden" Menschen nur bedient, um Geld in den jetzigen, gigantischen Dimensionen umsetzen zu können.

Das Unheil des Machbaren

Es wäre ein Irrglaube anzunehmen, dass es allein den Naturwissenschaften, insbesondere der Medizin zu verdanken ist, dass die Lebenserwartung der Menschen zunehmend anstieg und heutzutage ein Alter von 80, 90 und noch mehr Lebensjahren keine Seltenheit mehr ist. Diese Tatsache verdanken wir vor allem einem großen Siegeszug über unsere *„äußeren Feinde"*, nicht den medizinisch möglichen Manipulationen *am* Menschen. Diese *äußeren Feinde* waren früher wesentlich mehr auf Augenhöhe mit uns, waren großenteils sogar stärker und überlegener. Naturgewalten, mangelhafte hygienische Verhältnisse, dadurch bedingte Infektionen und Seuchen, schon kleinere Verletzungen, Geburtskomplikationen und hohe Säuglingssterblichkeit streckten uns Menschen frühzeitig dahin.

Bis Anfang des 20. Jahrhunderts war die statistische Lebenserwartung durchweg gering. Sie betrug um 1850 etwa 35 Jahre. Noch bis zur Jahrhundertwende änderte sich das nicht wesentlich. Um 1900 geborene Männer konnten ein Alter von durchschnittlich 41 Jahren erwarten, Frauen etwa 44 Jahre (82). Mit 40 war man also schon relativ alt. Etwa 75 % starben *vor* dem Erreichen des 65. Lebensjahres. Heutzutage sterben 75 % erst jenseits des 65. Lebensjahres (83).

Als Beleg dafür, dass die Menschen aber auch schon vor hunderten und tausenden Jahren genauso alt werden konnten wie heute, zeugen berühmte Namen aus diesen längst vergangenen Zeiten. Hierzu recherchierte der deutsche Journalist Rudolf Walter Leonhardt (1921–2003) viele Biographien:

> *„Schon vor 2400 Jahren lebte der griechische Arzt Hippokrates. Nach ihm ist der Eid benannt, der es Ärzten zur Pflicht macht, Leben, wo immer möglich, zu verlängern. Hippokrates wurde immerhin 83 Jahre alt. Noch 200 Jahre vor Hippokrates lebte der griechische Staatsmann Solon. (…) Er wurde 79 Jahre alt."*

Weitere Berühmtheiten waren zum Beispiel Goethe (1749–1832), Ludwig XIV (1638–1715), Galilei (1564–1642), Michelangelo (1476–

1543), Karl der Große (742–814), Platon (428–347 v. Chr.), Sokrates (470–399 v. Chr.) (84).

Jahrhunderte und auch ein paar Jahrtausende sind minimale evolutionäre Zeitspannen, in denen sich in einer Artenreihe recht wenig verändert, so auch nicht das biologische Potential, ein bestimmtes Alter zu erreichen.

Aufgrund unserer relativ hohen Intelligenz machten und machen wir uns „die Welt" jedoch immer mehr zum Untertan, wurden und werden (vermeintlich) immer überlegener. Die Feinde wurden immer beherrschbarer und weniger. Immer effizienter konnten und können wir uns gegen unsere „von außen" kommenden Widersacher zur Wehr setzen. Säbelzahntiger, Bären, Wölfe, Schlangen, oder was wir sonst noch fürchteten, hatten wir schnell im Griff.

Vornehmlich in der ersten Hälfte des 20. Jahrhunderts wurde die demographische Entwicklung vor allem durch die bahnbrechenden Entwicklungen und Entdeckungen in Hygiene und Medizin bestimmt. So zum Beispiel 1928 die Entdeckung des Penicillins (85) durch den schottischen Bakteriologen Alexander Fleming, das erstmals 1941 am Menschen eingesetzt wurde, das erste Sulfonamid (86) fand 1935 Eingang in die Medizin, Banting und MacLeod erhielten 1923 den Nobelpreis für die Entdeckung des Insulins (87), die Sterblichkeit an Tuberkulose (88) konnte bis 1950 um 90 % verringert werden, seit 1960 gibt es einen sehr erfolgreichen Lebendimpfstoff gegen Poliomyelitis (Kinderlähmung) (89). – In diesem Zeitraum stieg die Lebenserwartung sehr deutlich um etwa 30 Jahre an und das sogar *mit* zwei Weltkriegen und dem Holocaust, die zusätzlich minimierenden Einfluss auf diese statistische Größe nahmen.

Aber gerade in den letzten 50 Jahren, also der eigentlichen *Hochphase* der medizinischen Versorgung, mit Krankenhäusern der Maximalversorgung, Intensivstationen, die vor Technik nur so strotzen (90), medizintechnischen Produkteherstellern, die sich mit ihren Geräteinnovationen überschlagen, einer Pharmazeutischen Industrie, die Hunderttausende verschiedener Arzneien offeriert und obendrein noch einer ausgeuferten Verwaltungsstruktur, die alle zusammen Milliarden an Unterhaltskosten verschlingen, müssen wir erkennen, dass mit alledem eine deutliche Steigerung der Lebenszeit kaum gelungen ist. Sie beträgt über die besagte Zeit vergleichsweise nur geringe 8–10 Jahre.

Die statistische Steigerung der Lebenserwartung bedeutet also nicht, dass der Mensch heutzutage grundsätzlich älter werden kann als früher, sondern es erreichen jetzt nur *mehr* Menschen ein hohes Alter, was biologisch aber schon immer möglich war. Vor allem die Beherrschung unserer äußeren Feinde bedingt also die mathematische Erhöhung des Altersdurchschnitts, nicht unsere gigantische Apparatemedizin.

Und da ist noch die *wesentliche* Anmerkung zu machen, dass sich diese *„Lebensverlängerung"* im Bereich des hohen Alters befindet. Wir können leider keine zehn Jahre an das 30ste Lebensjahr anhängen, sondern nur an das 75ste, 80ste oder gar 90ste. Vgl. (42 S. 210). – Schade eigentlich.

Wie bemerkt gibt es heutzutage wenig, was uns *von außen* bedrohen könnte. Wobei wir noch relativ machtlos erscheinen, sind Naturkatastrophen wie Ozonlöcher in unserer Atmosphäre, Stürme, Hochwasser, Erdbeben, Vulkanausbrüche, kosmischer Strahlung oder bei Angriffen auf unser Genom durch lebensbedrohende Virusinfektionen wie HIV, Ebola oder Krebserkrankungen. Aber auch hier sind wir „am Ball" mit ausgeklügelten Frühwarnsystemen für Erdbeben und Tsunamis oder der Forschung nach Impfstoffen und Tumortherapien. Auch das Heer von Arbeitsschutzbestimmungen, DIN- und ISO-Normen haben Unfällen vielfach ihren Schrecken genommen.

Wir beherrschen also fast alles. – Nur nicht uns selbst.

Ausdruck finden diese *nicht vorhandene Herrschaft und dieser Kontrollverlust* in vielen, von uns selbst installierten und uns anscheinend unbewusst bedrohenden Reglern. Einer davon ist unser derzeitiges Gesundheitssystem. Diese Regler wurden unter dem unwiderstehlichen Zwang eingerichtet, unser evolutionsimmanentes Streben nach dem „Höher, Besser, Schneller, Weiter, Reicher" immer noch zu optimieren. Wir wollen zum Beispiel immer älter werden. Nie sind wir längerfristig gesättigt. Immer wieder streiten wir um Lohnerhöhungen und kaufen uns Dinge, die wir oft nicht bezahlen können. Insbesondere der Drang nach wirtschaftlichem Wachstum treibt uns in immer neue, finanzielle Nöte. Vgl. (39 S. 314 ff.), (42 S. 230).

Der Standard der heutigen Medizin ist so hoch, dass wir alle möglichen, sogenannten Qualitätssicherungssysteme einziehen müssen, die – nebenbei bemerkt – ebenso wenig kontrollierbar sind, wie das, was sie kontrollieren sollen, nämlich die medizinischen Errungenschaften. Trotzdem installieren wir in einem regelrechten *Kontrollwahn* eine Überwachungsinstanz nach der anderen. Mit „harten Messdaten" erfassen wir alles, was wir als „unsere Umwelt" wahrnehmen und merken dabei nicht, dass wir uns, unseren Organismus, unsere Empfindungen, nicht kontrollieren können.

Uns scheint nicht bewusst zu sein, dass alles, was sich außerhalb der Reaktionsfähigkeit unserer fünf Sinne bewegt und befindet, für uns nicht mehr beherrschbar ist.

Als Beispiele dafür seien genannt: *Autos*, die 200 km/h und schneller fahren, unser *Ozonloch* durch Emission von Treibhausgasen, unser *radioaktiver Müll*, *Kernreaktorunfälle*, unsere *genmanipulierten Nahrungsmittel*, zunehmend auch *genmanipuliertes Menschenmaterial* und vor allem *in nicht biokybernetischen, sondern in legislaturperiodischen Dimensionen denkende Politiker.*

Als Beispiel ein Zitat von Frederic Vester:

> *„... ein verändertes Erbgut löst, sobald einmal in die Natur entlassen, über Reproduktionsprozesse oder andere sich multiplizierende Vorgänge über die erste Generation hinaus eine selbstständige Weitergabe und Perpetuierung aus und kann dadurch nicht mehr in den Griff zu bekommende Kettenreaktionen oder Aufschaukelungsvorgänge nach sich ziehen. Eine Freisetzung gentechnisch manipulierter Pflanzen, die nie mehr rückgängig zu machen ist, mag daher in Anbetracht der unüberschaubaren Langzeitrisiken Probleme schaffen, die vielleicht erst kommende Generationen auszubaden haben. Parallelen zur Freisetzung der niemals mehr rückverwandelbaren radioaktiven Abfälle durch die Segnungen der Atomindustrie sind offensichtlich" (3 S. 147).*

Im Jahre 2050 werden wir hochgerechnet über 9 Milliarden Menschen auf diesem Planeten haben, die meisten davon in Drittweltländern. Warum ist das so?

Die Natur ist sehr intelligent, sie produziert dort im Überfluss, wo sich die Menschen nicht so schützen können wie in reichen Ländern, in dem fast jedes frühgeborene Kind unter 1000 Gramm mit Maximalmedizin – natürlich „zum Glück" der Eltern – *durchgebracht* wird. In Deutschland lag 2011 die Geburtenrate je Frau zum Beispiel *nur noch* bei 1,36 bei einem zu erwartenden Durchschnittsalter von 77m/82w Jahren im Gegensatz zu 6,02 bei einem zu erwartenden Durchschnittsalter von nur 16m/17w Jahren in Äthiopien. Die Natur erkennt genau, wo sie Masse produzieren muss, weil Überleben dort sehr schwer ist und wo sie die Vermehrung der Menschen drosselt, sei es durch Zeitmangel, zu viel Arbeitsstress, zu hoch gestochene Wünsche an die Eigenschaften eines Partners oder andere Mechanismen. – Da diese Naturplanung natürlich nicht in die deutsche Industrieland-Statistik passt, manipulieren wir die Evolution z. B. in der Weise, dass wir durch *„In-vitro-Fertilisation"* (IVF) weit über 40-jährigen Frauen noch zu Kindern verhelfen, und diesen *„künstlich erzeugten Kindern"* damit zu *alten* Eltern. Beweggrund dieser Frauen/Eltern ist nicht selten, dass sie gerade ihr berufliches Ziel optimiert haben, dann aber feststellen, dass es ja noch etwas anderes im Leben gibt als Karriere zu machen, z. B. die biologische Bestimmung, Kinder in die Welt zu setzen.

Und bei der unnatürlichen und künstlichen Kinderproduktion hört es noch lange nicht auf, sondern hier scheint sich erst der Beginn einer neuen „Wirtschafts-Dimension" aufzutun:

> *„Je mehr technisch möglich wird, umso größer werden die Begehrlichkeiten ehrgeiziger und unerschrockener Eltern. Wer das Geschlecht aussuchen kann, der wird auch bald andere Merkmale wie etwa die Augenfarbe oder die Körpergröße festlegen wollen. Nicht wenige Reproduktionsmediziner erfüllen solche Vorstellungen mit tiefer Sorge. Werden Kinder damit zu Produkten, aussortiert nach den Regeln des Qualitätsmanagements und der Warenkontrolle? ‚Konsum-Eugenik' lautet das Schlagwort der Kritiker, ein Verfahren zur Auswahl von ‚Designer-Babys'. Wie die Schönheitschirurgie, so könnte auch die Fortpflanzungsmedizin zu einem rasant wachsenden Markt werden, der ganz neue Normen in die Welt setzt" (32 S. 252).*

Aber F. Vester hatte dazu schon bemerkt:

„Wenn eine dominante Spezies durch ihre große Zahl und die Art ihrer Eingriffe die Umwelt so verändert, dass diese auf einmal für diese Spezies nicht mehr geeignet ist, geht diese Spezies ein – ein natürlicher Vorgang in der Sukzession der Arten. Bei unseren Eingriffen brauchen wir also keine Sorge um die Natur zu haben, umso mehr dafür aber um uns, um die Spezies Mensch; denn die Natur hat auf diese Weise schon manche ‚unpassende' Art eliminiert" (3 S. 74).

Täglich werden uns Belege unserer Machtlosigkeit gegenüber der Natur demonstriert. Ein vordergründiges Beispiel sind die Krebs- und Herz-Kreislauf-Erkrankungen, die mit *großem* Abstand an der Spitze der sogenannten *natürlichen* Todesursachen in den *Überflussgesellschaften der Ersten Welt* stehen. Im Jahr 2011 entfielen in Deutschland auf sie etwa drei Viertel aller Todesfälle (91). Und es ist kein Geheimnis, dass diese Erkrankungen Folge unseres unaufhaltbaren biologischen Verfalls, sprich unseres Alterungsprozesses sind.

Auch Radioaktivität, zum Beispiel durch Nuklearwaffen oder Atomkraftwerke, die immer wieder als wichtiger Krebsverursacher ins Feld geführt wird, beeinflusst die Statistik der weltweiten natürlichen Krebssterberate nicht. Vgl. (8 S. 143).

Dieses Altern scheinen wir in Form unseres überdimensionierten Gesundheitsapparates, an dem wir uns immer mehr aufreiben, vehement zu ignorieren.

Eigentlich alle Menschen mit denen ich sprach, jüngere aber auch alte – und es waren viele – bekundeten mir, dass sie *nicht* so alt werden möchten, dass sie *nicht* auf einer Intensivstation gequält werden möchten, dass sie *nicht* in ein Altenheim wollen, dass sie möglichst *nicht* sehr krank werden möchten.

Trotzdem steckt in jedem von uns ein unbändiger Überlebenstrieb. Jeder versucht, der Natur immer mehr „Lebenszeit" abzuringen, die wir aber – wie gehört – eigentlich alle gar nicht haben möchten, es sei denn, man bleibt gesund, rüstig und im Sozialverband integriert. So jedenfalls der

Tenor meiner Gesprächspartner. Insbesondere Menschen in hohem Alter fühlen sich oft einsam, in ihrem Aktionsradius sehr eingeschränkt, schmerzgepeinigt und vor allem vielfach überflüssig in unserer rush-hour-Gesellschaft. Sie verbringen, ja werden „gezwungen", Wochen, Monate und Jahre ihres Lebensabends auf Intensivstationen und in Pflegeeinrichtungen zu verbringen, weil sie in unserer Leistungsgesellschaft keinen Platz mehr haben. Stattdessen bekommen sie in unserem Sozialnetz einen Platz *imperativ* zugewiesen. Es mutet völlig schizophren an, dass der Mensch einerseits stolz verkündet, wie fortschrittlich er ist, die Lebenserwartung verlängern zu können, indem er doch eigentlich nur die Natürlichkeit der Natur behindert, andererseits die körperlichen Konsequenzen und die Mühen und Kosten beklagt, die dieses Älterwerden häufig abverlangen. Viele der heutzutage medizinischen Möglichkeiten erachte ich persönlich deshalb ethisch für sehr fragwürdig.

Hierzu eine wahre Begebenheit:

Eine Frau, kurz vor ihrem 74. Geburtstag, ehemals um die 70 kg Körpergewicht, innerhalb des letzten halben Jahres auf knapp 40 Kilogramm abgemagert, hinfällig, dem Tode geweiht. Diagnose: Endstadium eines schnell fortschreitenden Plasmozytoms, einer Art Blutkrebs. Circa vier Jahre zuvor wurde die Diagnose gestellt. Eine schwache Chemotherapie in Tablettenform hatte ihr eine relativ auskömmliche Lebensqualität gegeben. Nun, als das Ende offensichtlich wurde, begann eine Maximaltherapie: Intensivstation, Dialyse wegen Nierenversagens, täglich viele Tabletten, angeblich für/gegen „Herz, Blutdruck, Nieren, Leber, zum Schlafen und gegen Depressionen". Kurzum, ein chemisches Feuerwerk und Apparatemedizin für einen von vornherein verlorenen Kampf. *Quälen, Kosten, Sportmedizin.* Anders ausgedrückt *„Betriebsblindheit" gegen die Natur.* – Nach wenigen Tagen dieses Szenarios rief ich den mir bekannten Oberarzt der Klinik an und sagte ihm bestimmend, dass die Frau nach Hause solle, um sie in Würde und ohne medizinische Manipulation bei ihrer Familie sterben zu lassen. Zwei Tage, nachdem die Patientin dann zu Hause war, erschien dort der Pfarrer und beschimpfte die Angehörigen wörtlich, *„dass sie durch den Therapieabbruch in der Klinik dem Herrgott ins Handwerk pfuschen würden".* Ich wies dem Geistlichen damals die Tür mit den aufklärenden Worten, *dass nur unsere Medizin „dem Herrgott" ins Handwerk pfuscht und Menschen quält, sonst niemand.* Neun Tage später verstarb *meine Mutter* nur unter bedarfsweiser Schmerzmedikation in zunehmend somnolenter Bewusstseinslage am Silvesterabend 1992/93 zu Hause.

Man kämpft um jeden eigentlich schon totgeweihten Krebskranken, man beatmet auf Intensivstationen vielfach „überalterte" Menschen, die *„es"* mit höchster Wahrscheinlichkeit nicht schaffen werden, man beschäftigt sich mit Themen wie Sterbehilfe, Sterbebegleitung, Leidensminimierung, Patientenverfügung. *Das „Drehen an der Überlebensschraube" ist in unserer Medizin primäres Ziel geworden.* Warum? Nur um stolz darauf hinweisen zu können, den Regelkreis der Natur beherrschen zu können? Die Natur lacht uns doch aus. In Zeiten, wo die Bedeutung der Hygiene erkannt wurde, wo Antibiotika entdeckt wurden, war es noch ein Kampf gegen „äußere Feinde", jetzt kämpfen wir vielfach doch nur noch gegen unseren *naturbestimmten, biologischen Verfall* und für unseren *wissenschaftlichen Hochmut.* Das zeigt die Statistik, das zeigen die „harten Daten" unserer Sterbeursachen, wo mit Abstand Herz-Kreislauferkrankungen mit über 50 % an erstem Rang stehen. Es ist mir an dieser Stelle zu müßig, „Literaturbeweise" hierfür zu zitieren. Auch Krebserkrankungen, die an zweiter Stelle stehen, betreffen in hohem Maße „ältere" Menschen. Und selbst wenn wir vielleicht eines Tages den Krebs „besiegen" könnten, würde das an der Überlebensstatistik nicht viel ändern. Wir würden höchstens *noch mehr* alternde Menschen „produzieren". Wir verbrennen hier Finanzmittel, die man an anderer, werterer Stelle viel mehr gebrauchen könnte, beispielsweise bei jungen Menschen, die ein Leben eventuell noch vor sich haben könnten, krebskranke Kinder, Kriegs- oder Unfallopfer, die ihr Schicksal so früh gar nicht haben wollten. Aber ein gebrechliches Rentenalter, das jenseits von 90 oder gar 100 Lebensjahren mit Sicherheit außerhalb *aller*, durch Medien vorgegebenen Leistungsnormen liegt, das diesbezüglich nur noch im Mitleidsbereich liegt? Wer möchte das wirklich?

Am 2.10.2012 wurde der fernsehschauenden Bevölkerung in den 20-Uhr-Nachrichten im Ersten Deutschen Fernsehen *freudig* eröffnete, dass das

Statistische Bundesamt die Lebenserwartung im Jahr 2012 geborener Mädchen auf 82 Jahre und 9 Monate und von neugeborenen Jungen auf 77 Jahre und 9 Monate berechnet hat. Bedenken Sie dabei wohl: Im hohen Alter werden Sie schlechter sehen können, schlechter hören können, sich schlechter oder nur schmerzhaft bewegen können, haben wegen Herzschwäche und Gefäßverkalkungen wahrscheinlich Leistungseinbrüche in allen Organfunktionen oder sind gar noch schlimmer erkrankt und an Rollstuhl oder Bett gefesselt. Und noch etwas, Sie sind wahrscheinlich sehr einsam, denn Ihre Kinder oder Enkel, sofern vorhanden, werden keine Zeit für Sie haben, da sie durch arbeitszeitliche Verpflichtungen zur Sicherung ihrer Rente unterwegs sind und natürlich auch, um das **Brutto**inlandsprodukt (= BIP = Gesamtwert aller Waren und Dienstleistungen, die innerhalb eines Jahres von unserer Volkswirtschaft hergestellt werden) für den Ländervergleich in die Höhe zu treiben, und Ihre sozialen Kontakte werden aufgrund Ihrer altersbedingt körperlichen und geistigen Einschränkungen sehr zurückgehen. Sofern Ihnen nicht in den eigenen vier Wänden von einem organisierten Pflegedienst morgens, mittags und abends Ihre notwendigen Pillen verabreicht werden und Ihnen bei täglichen Verrichtungen geholfen wird, werden Sie wahrscheinlich in einem der zur Zeit boomenden Altenpflegeheimen kaserniert sein, wo Sie wie in einem Zoo nach dem Motto „wir sind für Sie da" zum Tode begleitet werden. – So sieht leider die Realität für alte, diesem System nicht mehr nützende und den Staat nur noch finanziell belastende Menschen aus. So zeigt es mir jedenfalls mein tägliches Berufsleben bei meinen Altenheimbesuchen. Die einzigen, die sich dann wirklich noch für Sie interessieren, sind – vereinzelte persönliche Angehörige natürlich ausgenommen – Unternehmer, die – Sie erraten es sicher schon – nur Ihr Geld wollen. Das sind privatwirtschaftliche Seniorenheimanbieter, Haus- und Heimservices für Ihr „Essen auf Rädern" und viele Vertreiber für altengerechte Hilfsmittel. Hintendran hängen sich letztendlich Trickbetrüger an den Haus- oder Wohnungstüren, die, bei Ihren im höheren Alter in der Regel eingeschränkten Sinnen, leichtes Spiel haben, Ihnen auch noch etwas Bares abzuknöpfen. *Und jetzt können Sie für sich entscheiden, ob eine hohe Lebenserwartung eine positive Nachricht für Sie darstellt.*

An dieser Stelle sollte ich erläuternd einflechten, dass ich hier *nicht* für ein *sozialförderliches* Ableben eintrete, sondern das völlig unnatürliche, überzogene und medizinisch mittlerweile leider Machbare „(Über-)alternlassen" verurteile. Jedes Lebewesen hat, solange es lebt, diesen Weiterlebensdrang. Und wenn ich das Leben *unnatürlich* verlängere, verlängere ich eben auch diesen Weiterlebensdrang auf unnatürliche Weise.

Der Wellness-, Fitness- und Schönheitswahn, der den Anbietern diesbezüglicher „Produkte" Millionen in die Kassen spült, ist nur eine *aufschiebende* Augenwischerei, die ihr Ende da hat, wo es die Natur eigentlich vorsieht, nämlich im nicht aufzuhaltenden, biologischen Verfall unseres Körpers. Es ist erschreckend, manche „Größen" der Unterhaltungsmedien zu sehen mit ihren „aufgespritzten und gelifteten Körperteilen". Das zunehmende in Anspruch nehmen dieser Versuche, die Natur zu betrügen, ist einer gigantischen, geschäftsankurbelnden Manipulation durch die Medien anzulasten, die skrupellos das Selbstbewusstsein der Menschen untergraben und die Natur mit aller Macht zu ignorieren scheinen, nur, um sich und den entsprechenden Branchen nach dem in diesem Buch bereits viel zitierten Motto des „Höher, Besser, Schneller, Weiter" zu sehr viel Geld zu verhelfen. – Bereits *„1751 schrieb Jean-Jacques Rousseau, dass der Fortschritt der Wissenschaften und Künste nichts zu unserer wahren Glückseligkeit beigetragen hat. Vielmehr habe er Neid, Ehrgeiz und nutzlose Neugier gefördert"* (42 S. 136).

Als Teil derer selbst dürfte es ein Trugschluss von uns Menschen sein, naturvorgegebene Regelkreise selbst in die Hand nehmen, ja sie sogar selbst regulieren zu können. Wir sollten erkennen, dass wir mit unserem derzeitigen Gesundheitssystem eine *Störgröße* etabliert haben, die das zu regelnde Gleichgewicht in Deutschland mittlerweile auf ein Niveau gedrängt hat, dass uns in zunehmendem Maße unzufrieden, chronisch krank und letztendlich immer nutzloser macht, je älter wir werden. Man könnte somit unser „Höher, Besser, Schneller, Weiter" ketzerisch um das angestrebte: *„Älterwerden und Schönbleiben um jeden Preis"* erweitern.

Die aktuelle Gesundheitspolitik forciert in meinen Augen ein asymptotisch verendendes System, dessen Werte und Kosten sich nur noch an Überlebensstatistiken und am Bruttosozialprodukt (BIP) orientieren, aber nicht mehr an Werten und Lebensqualität (42). Es gleicht mittlerweile dem Rüstungswahnsinn des ehemals „kalten Krieges" zwischen Ost und West.

„Die Zustände in der Welt werden sich nicht durch Genver- änderungen verbessern, sondern nur durch mehr Hirn" *(Manfred Eigen, Chemie-Nobelpreisträger 1967, im Rahmen des 50. Nobelpreisträger-Treffens in Lindau (92)).*

Gesundheitsgesetze regeln ein biokybernetisches System

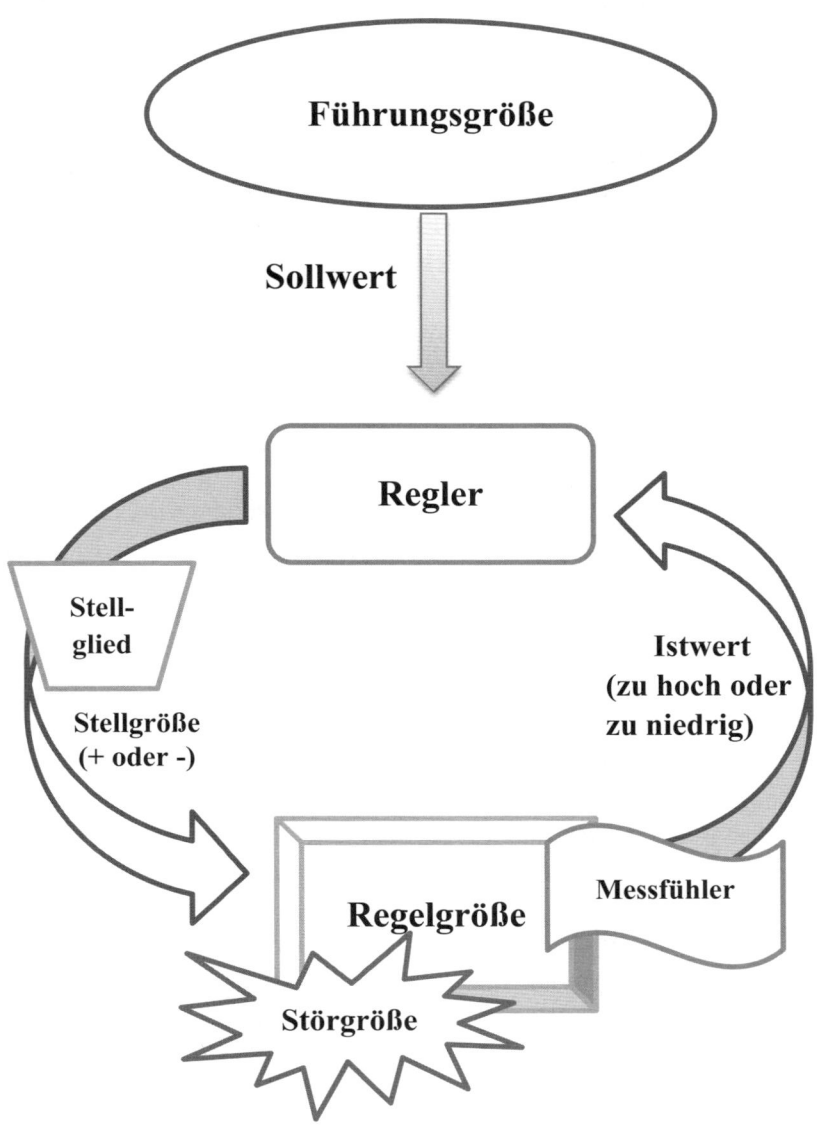

Prinzipiell benötigt ein biokybernetisches System keine „künstlichen Gesetze", denn es unterliegt einer „natürlichen Regelung". Was würde also passieren, wenn wir ein Volk ganz ohne (künstliches) Gesundheitssystem wären, unsere Gesundheit also einer „natürlichen Regelung" unterliegen würde?

Nun, da bräuchten wir nicht weit zu schauen, wir müssten uns nur des Beispiels vom Wolfsrudel bedienen. Auch hier gibt es einen Sozialverband, auch hier kristallisierte sich ein starker Leitwolf heraus, der das Rudel führt (bei uns Regierung genannt), auch hier herrschen Überlebensinstinkte in jedem einzelnen Tier. Was fehlt, ist das (künstliche) „Gesundheitsreglement" mit seinen „demokratischen Diskussionen". Im Tierreich übernimmt eine übergeordnete Struktur die Systemlenkung, nämlich die naturgegebenen, evolutionären, angeborenen und erlernten Fähigkeiten, größer, besser, schneller und stärker zu sein als andere. Das hätte für den Wolf, wie auch für den Menschen, seine Grenzen da, wo sie an Überlegene geraten und im „Überlebenskampf" unterliegen. Beim Menschen könnte der Überlegene eine schwere Krankheit sein, ein Unfall oder eine anderweitig eingetretene „Lebensuntüchtigkeit". So würden in der Regel die Schwächeren immer wieder versterben und die Überlebenden pflanzten sich weiter fort. Das Fazit wäre, wie bei den Tieren, ein relativ gesundes und starkes Volk.

Bei diesem Vergleich wären wir unbestritten im Tierreich steckengeblieben, also bei *den* Lebewesen, mit denen sich die meisten von Ihnen – gerade im Sozialverhalten – wahrscheinlich *nicht* auf eine Stufe stellen lassen möchten, obwohl viele von Ihnen Ihre Haustiere, sprich Hunde, Katzen oder Vögel, sozialer behandeln als Ihre Nachbarn. Nun gut.

Worin die allermeisten dem Tier jedoch weiterhin *völlig* gleichen, sind die naturgegebenen und erlernten Relativitäten und Rivalitäten, nämlich größer, besser, schneller und stärker (und reicher) zu sein oder sein zu wollen als ihr Nächster.

Da in ausnahmslos *jedem* Lebewesen, also auch im *sozialen und modernen* Menschen, ein unbändiger Überlebenswille steckt, versucht es im Rahmen seiner Möglichkeiten, gesundheitliche Einschränkungen, die sein Leib und Leben bedrohen, ob nun von außen kommend oder durch eigenes Fehlverhalten verursacht, zu überwinden, zu besiegen oder zu eliminieren.

Das Ereilen von Krankheit und Tod versucht der Mensch nun nicht der Natur als Scharfrichter zu überlassen, sondern entwickelte aufgrund seiner evolutionären Fähigkeit, sehr differenziert denken zu können, mit der Zeit viele Möglichkeiten, diese Störfaktoren seiner Gesundheit abzuwehren oder abzumildern. Einige Beispiele möchte ich Ihnen hier, teils auch zum wiederholten Mal, aufzählen: Antibiotika und Impfungen gegen bakterielle und virale Infektionen, Herstellung von Insulinpräparaten gegen Zuckererkrankung, DIN- und ISO-Normen für Arbeitsgeräte und Arbeitsplätze, um Unfallgefahren möglichst niedrig zu halten, wetterfeste und -adaptierte Bekleidung, um in sehr kalten Erdregionen nicht zu erfrieren, Tsunami-Warnsysteme, um frühzeitige Evakuierungen einleiten zu können, Transportlogistik, um insbesondere frische Nahrung verteilen zu können, Ernährungsregeln bei Stoffwechselstörungen wie Zuckererkrankung oder Fettstoffwechselstörungen, Gliedmaßenprothesen und Hilfsmittel, um körperliche Behinderungen auszugleichen, Behindertenschulen und -werkstätten, um geistig Behinderte zu fördern und im Sozialverband zu integrieren und viele andere medizinische Therapien, angefangen von Operationen über Spritzen, Bestrahlungen, Chemotherapien, Stoffwechseltherapeutika, Schmerzmedikamente und mittlerweile unüberschaubar viele andere mehr.

Um im Speziellen die medizinischen Errungenschaften kanalisieren und jedem gleichermaßen so sozial und gerecht wie nur möglich zukommen zu lassen, schuf er sich ein Gesundheitssystem. – Erinnern wir uns: Das deutsche Krankenversicherungswesen entstand Ende des 19. Jahrhunderts aus dem *Mitleid* den mittellosen und dadurch krankenden Arbeitern gegenüber (egoistischer Weise natürlich auch, um deren Produktionskraft zu erhalten).

Und hier beginnt der Mensch, *intellektuell* in das biokybernetische System einzugreifen, das sich ansonsten auf *natürliche Weise* selbst regeln würde. – Als so differenziert entwickeltes Wesen ist ihm solch eine Steuerung prinzipiell zuzubilligen, denn auch die schwächste und langsamste Antilope würde *alles* in ihrer Macht stehende daran setzen (auch ein Gesundheitssystem, wenn sie könnte), um den Löwen zu entkommen.

Folgend möchte ich Ihnen jedoch aufzeigen, dass sich unser aktuelles Gesundheitssystem und die daran beteiligten Organe mittlerweile eher zu einer „Störgröße" in diesem biokybernetischen System entwickelt haben, als die Position eines gewünschten „*Reglers*" einzunehmen.

Zur Verdeutlichung meiner Meinung greife ich gerne die Anregung von Prof. F. Vester auf, unser diesbezügliches Handeln und Planen im Gesundheitssystem in einem Regelkreis darzustellen und zu hinterfragen. Vgl. (3 S. 294).

Zeigen wir dazu zunächst ganz schematisch die Zuordnungen der Beteiligten im einleitend skizzierten Regelkreis auf:

Die durch unser *Gesundheitssystem* (= angeblich Regler) zu regelnde Größe (= die Regelgröße) ist erklärterweise die *Gesundheit der Bevölkerung*.

Die diese Gesundheit gefährdenden Dinge (= *Störgrößen*) können Infektionskrankheiten, Unfälle, Witterungseinflüsse, Naturkatastrophen, körperliche und geistige Anlagestörungen und zu guter Letzt Verschleißerscheinungen und Alterungsprozesse sein. Auch Fehlverhalten, wie Fehlernährung, zu wenig oder falsche körperliche Ertüchtigung, Rauchen, Erhaltung und Weitervererbung chronischer Erkrankungen und ähnliches zählen dazu.

Derjenige, der „fühlt", ob er gesund oder krank ist, ist normalerweise der *Mensch selbst* (= Messfühler). – Die Instrumente deren sich der Mensch dazu bedienen kann, sind vor allem seine fünf Sinne: Sehen, Hören, Fühlen, Schmecken, Riechen. – Im Kapitel „Moderne Freibeuter" werde ich Ihnen jedoch noch erklären, dass das zunehmend nicht mehr der Fall ist. – Melden diese Sinne dem Menschen eine Störung, sprich eine Krankheit oder einen Schmerz, suchen sie das „*Stellglied*" auf, dass das verstellte Körperempfinden, beispielsweise krankheitsbedingt, gemäß der Vorgabe des *Reglers* wieder „richtigstellen", beziehungsweise heilen soll.

Die Rolle des *Stellgliedes* haben *die Leistungserbringer* inne, hier stellvertretend Ärzte genannt, die mit ihrem medizinischen Können – auch schon mal Nichtkönnen – und jeweiligem Equipment, sprich Krankenhäusern, Arztpraxen und den Produkten der pharmazeutischen und medizintechnischen Industrie, versuchen, die Menschen möglichst gut zu behandeln.

Von einem (bio-)kybernetischen Regelkreis haben wir jetzt alle Größen beschrieben bis auf die *„Führungsgröße"* (= Sollwert). Der *Regler* (= Gesundheitssystem) teilt dem *Stellglied* (= Ärzten) die jeweilige Stellgröße mit, auf die die *Regelgröße* (= jeweiliger Gesundheitszustand der Bevölkerung) zu korrigieren ist, um den jeweiligen, zum Beispiel durch Krankheiten verstellten *Istwert*, gemessen durch den *Messfühler* (= Empfinden der Menschen), wieder auf die vorgegebene *Führungsgröße (= Sollwert)* nachzujustieren.

Vergegenwärtigen wir uns an dieser Stelle noch einmal den Regelkreis zwischen Antilopen und Löwen. – Mit welchem der beiden Tiere könnten wir *unsere Regelgröße* (= unseren aktuellen Gesundheitszustand) vergleichen? – Ich denke, mit der Anzahl der Antilopen. Die Löwen übernehmen den Part des *Reglers* und deren Jagdtrieb ist das *Stellglied*, das die Anzahl der lebenden Antilopen hinauf oder herunterreguliert. *Störfaktoren* sind eigentlich die gleichen wie bei uns: also Krankheiten und andere Ereignisse, die deren Anzahl zusätzlich beeinflusst. *Messfühler* ist in gewisser Weise auch der Löwe, der erkennt, dass wieder mehr *schwache* Antilopen umherlaufen, die leichte Beute für ihn darstellen. In diesem Kreislauf fallen *diese* schwachen Tiere den Löwen zum Opfer, und somit dezimieren sich die Antilopen auf eine kleinere, dafür stärkere, gesündere und für die Löwen zu schnell laufende Population. Die Folge, es reduzieren sich wieder die Löwen aufgrund ihres durch sie selbst verursachten Nahrungsmangels. Und so beginnen sich die Antilopen wieder zu vermehren. Hier schließt sich der (biokybernetische) Kreislauf. *Harte Daten,* sprich Messwerte, für diese Regulation suchen wir vergeblich, danach handeln nur wir Menschen.

Als Sollwert oder Führungsgröße erkennen wir bei den Antilopen also die *„ausgewogene"* Population von starken, für die Löwen zu schnellen Antilopen und schwächeren, die den Löwen als Lebensgrundlage dienen.

Uns Menschen ist aufgrund unserer intellektuellen Fähigkeiten und den daraus resultierenden Errungenschaften, zum Beispiel der Dezimierung fast all unserer äußeren Feinde, ein Ausbruch aus diesem „animalischen" Regelkreis gelungen. – Bildhaft ausgedrückt: Wir haben uns mit all unseren medizinischen Errungenschaften einen *„Löwenjäger"* geschaffen, den wir Gesundheitssystem nennen.

An dieser Stelle nun die *alles entscheidende Frage*:

Nach welchem Sollwert, nach welcher Führungsgröße regelt dieser Löwenjäger?

Um *das* verstehen zu können, war es insbesondere so wichtig, Ihnen im 2. Teil des Buches („Der Mensch denkt, die Evolution lenkt") den *evolutionär egoistischen Menschen* etwas näherzubringen. Denn alle in diesem Gesundheitssystem Agierenden, ob Verwaltende, Behandelnde oder zu Behandelnde, sind Menschen mit unterschiedlichsten und vornehmlich egoistischen Denkweisen, Gefühlen, Emotionen, Mitleid, Wünschen, Süchten, Arroganz, Ignoranz, kurz gesagt, hier herrscht die „menschliche Individualität". (Im 5. Teil des Buches: „Das Orchester, dem der Dirigent fehlt" werde ich Ihnen diese *Egoisten* noch detaillierter vorstellen). Gepaart mit demokratischem Mitspracherecht für jeden stört diese Individualität eine naturgedachte, biokybernetische Regelung in *der* Weise, dass jeder Einzelne, ob größer oder kleiner, besser oder schlechter, schneller oder langsamer, stärker oder schwächer oder anders ausgedrückt, dass jeder Kranke, Schwache, Alte, weniger Intelligente, Faule, Egoistische, Reiche, Arme und Unsoziale in diesem gesetzlichen System den *gleichen Anspruch* darauf hat, im Sozialverband mitgezogen zu werden, egal ob eine Gegenleistung erbracht wird, werden kann oder nicht.

Und da jeder immer nach den zwei Prämissen lebt: 1. für mich das meiste oder zumindest mehr als für die anderen und 2. ich will leben, koste es was es wolle, gepaart mit dem oben erwähnten Mitspracherecht, sprich mit einer Wählerstimme, die Regierungsparteien nun mal benötigen, um an den Machthebel zu kommen, kristallisierte sich ein Gesundheitssystem heraus, dass diese zwei Prämissen zu erfüllen scheint.

Wir dezimieren die deutsche Bevölkerungszahl – zumindest bisher – *nicht* nachhaltig durch gegenseitiges Morden, wie beispielsweise in den vergangenen zwei Weltkriegen oder den Holocaust, sondern durch Gesellschaftsstrukturen und Leistungsanforderungen, die einen zunehmenden Geburtenrückgang bewirken in Kombination mit unserem Gesundheitssystem, das *keine* „ausgewogene" Population von Jung und Alt, gesund und krank, stark und schwach entstehen lässt. Es wird mittelfristig mit *„tödlicher Sicherheit"* dazu führen, dass unsere Gesellschaft noch

mehr überaltert und chronisch überkrankt und sich selbst die Lebensgrundlage eines ausreichend großen, gesunden und arbeitsfähigen Bevölkerungsanteils entzieht. Insofern muss man die deutsche Gesundheitspolitik, sollte man sie nicht schon als „Down-Regler" einstufen wollen, als
Störgröße in unserem Regelkreis ansehen.

Unser derzeitiges Gesundheitssystem verstößt vor allem gegen die von
F. Vester postulierte Regel Nr. 1 in kybernetischen Systemen:

> *„Negative Rückkopplung muss über positive Rückkopplung*
> *dominieren" (3 S. 158).*

Hierzu stellen Sie sich bitte noch einmal vor, die Antilopen hätten – wie
wir Menschen – keine natürlichen Feinde mehr, keine Löwen, die sie
regelmäßig dezimierten. Und stellen Sie sich weiterhin vor, die Antilopen
hätten – ebenso wie wir Menschen – Moral-, Ethik- und Mitleidsempfin-
den. In welche Richtung, bezüglich Anzahl und Gesundheitszustand,
würde sich deren Population entwickeln? – Eine Antwort in dieser Analogie darf ich mir an dieser Stelle sicherlich sparen.

Neben der enormen industriellen Protektion und Förderung dieses asymptotisch verendenden Systems wird das Ganze noch auf die Spitze getrieben durch Appelle an christliche Nächstenliebe und die politischen Forderungen nach noch besserer und qualitätsorientierterer medizinischer
Versorgung „aller" Menschen.

Konkret bedeutet das im deutschen Gesundheitssystem:

Die *Stellglieder* (=Ärzte) arbeiten, angetrieben von ihrer Freude am Beruf, eidesgemäß und gesundheitsgesetzlich vorgeschrieben und nicht
zuletzt durch ihr (natürliches) Streben nach möglichst viel Einkommen,
in Richtung Sollwerteinstellung und -stabilisierung. Was bedeutet, all
ihre Patienten zu heilen, deren Leid zu lindern und möglichst lange am
Leben zu halten.

Die so in der Tat *„er-regelte Größe",* ist die schon heute deutlich zu er-
kennende überalterte, pflegebedürftige und chronisch überkrankte Bevölkerung. Die arbeitende Bevölkerung ist nur noch grenzwertig und bald
nicht mehr willens, die für diesen Bevölkerungsanteil in Unmengen benö-
tigten Material-, Medikamenten- und Arbeitsleistungen aufzubringen.
Durch diese Leistungen werden dem System fortlaufend und regelmäßig

große Geldmengen entzogen, die jedoch nicht mehr ausreichend nachfließen können, da der arbeitende Bevölkerungsanteil immer kleiner wird. Das würde normalerweise dazu führen, dass die dank qualitativ hochwertiger medizinischer Versorgung zunehmend überalternde, auf chronisch krankem Niveau stabilisierte und pflegebedürftige Bevölkerung aufgrund zunehmender Geldknappheit immer schlechter versorgt werden könnte und sich daraus wieder eine Dezimierung dieses Bevölkerungsanteils ergäbe.

An dieser Stelle könnte man sagen, hier setzt doch die notwendige *negative Rückkopplung* ein. – Stimmt. – *Würde einsetzen* ...

Aber genau *das* wird durch unsere derzeitige Gesundheitsgesetzgebung verhindert. Denn sobald Geldknappheit droht, werden die medizinischen Leistungen einer Inflation unterworfen und es wird subventioniert: Steuergelder werden zugeschossen, Zuzahlungsregelungen etabliert, Krankenkassenbeiträge erhöht und die medizinischen Leistungserbringer werden budgetiert bei gleichzeitigem Zwang, weiterzuarbeiten.

Natürlich ist man *freiwillig* Kassenarzt. Aber wenn ihre Existenz von nahezu 90 % „Kassenpatienten" in Deutschland abhängig ist, welche Alternative haben sie dann? – *Das* empfinde ich persönlich so, als ob man „die Kleinen" (gutmütige und ehrliche Kassenärzte) hängt und „die Großen" (Pharmaindustrie, KdöR, systemausbeutende Patienten, IGeL-heischende und überwiegend privat liquidierende Mediziner) weiter laufen lässt.

Durch die unermüdlich gegensteuernde „Reförmchenpolitik" wird es wohl noch eine längere Zeit dauern und weiterhin zunehmende Unzufriedenheit schüren, bis sich Pharmaindustrie, KdöR, systemausbeutende Patienten und IGeL-heischende Mediziner selbst den Ast absägen, auf dem sie sitzen.

Unser aktuelles Gesundheitssystem steht auf unnatürlichen Beinen, weil in ihm nicht impliziert ist, dass es unter den Menschen *immer* „Höhere, Bessere, Schnellere, Weitere und damit Reichere" geben *muss*. Das ist ein Axiom, das vom Einzeller bis zum Makroorganismus Mensch gilt und immer gelten wird. Eine in medizinischer Hinsicht unnatürliche und erzwungene „Gleichmacherei", wie es unser gesetzliches Gesundheitssystem vorsieht, kann unter individuellen und sehr ungleichen Menschen langfristig nicht gut gehen. Jedes System, jede Regelung, die das nicht in seine Kalkulation mit einbezieht, sondern auf solidarkonformes Handeln hofft, gefährdet von vornherein einen langfristig funktionierenden, biokybernetischen Regelkreis.

Wir haben es im derzeitigen gesetzlichen Gesundheitssystem mit einem nicht naturkonformen System zu tun. Seine Entstehung und *verbissene* Aufrechterhaltung verdankt es nur *der* Tatsache, dass wir Menschen Emotionen, Gefühle und Mitleid haben, wenn auch immer nur bis zu einem gewissen Punkt. Ab dem gilt dann wieder Titus Maccius Plautus' Satz: *„Homo homini lupus est"*. Insofern habe ich bereits beim Schreiben dieses Kapitels (September 2012) gemutmaßt, dass auch *das Opel-Werk in Bochum* wegen Unrentabilität geschlossen wird, ungeachtet der sicherlich emotional bitteren Wahrheit des Verlustes von Arbeitsplätzen und Existenzen.

Die Reichen in unserer Gesellschaft interessiert das nur peripher. Sie sind meist die selektiert Intelligenteren, Stärkeren, Schöneren, oft auch Fleißigeren und aufgrund ihres vielen Geldes und ihrer Beziehungen in der Regel auch Gesünderen, weil sie meist *keine* „Drecksarbeit" zu leisten haben und *keine* gesundheits*un*zuträglichen Dinge tun müssen. Meist haben sie sich auch aufgrund der gesetzlichen Möglichkeit der solidarischen Verantwortung entzogen durch Abschluss einer „privaten" Krankenversicherung, ähnlich, wie fast alle unserer *Beamten*.

Dieses gesundheitsgesetzliche Szenario ist im wahrsten Sinne des Wortes *un*-natürlich. Solch ein labiles, zum Aufbegehren und Scheitern prädestiniertes System würde es in der Natur nicht (lange) geben. Aber *genau das* bezeichnen wir als Sozialstaat, der letztendlich an dieser sozialen und vor allem emotionalen Einstellung selbst immer kränker wird. Nicht, weil nicht genug Geld da wäre. Deutschland ist immer noch ein reiches Industrieland. Woher könnte es sonst die vielen Milliarden Euro nehmen, um anderen Staaten wirtschaftlich unter die Arme zu greifen (natürlich nicht unegoistisch)!? – Nein, weil unsere Bevölkerung überaltert, chronisch überkrankt, die verbleibenden Erwerbstätigen unter der Versorgungslast immer unzufriedener werden, obwohl vergleichsweise zu anderen Ländern immer noch reich, die Alten und Kranken über zu geringe Renten und zu teure medizinische und pflegerische Versorgung klagen, keiner mehr Zeit für den anderen hat und so fort. Letztlich eine Unzufriedenheit aufgrund *„harter Daten"* auf der ganzen Linie! – Hier liegt ein *systemischer Fehler* zu Grunde, der schleunigst beseitigt werden muss!

Darüber hinaus ist unser heute bestehendes Gesundheitssystem meines Erachtens an intern überdimensionierter Komplexität kaum zu überbieten. Es erinnert mich mehr und mehr an immer wieder hinzugefügte und aneinandergeklebte Schwalbennester. Es wird immer wieder an kleinen Details herumgeregelt, die letztlich den Blick für „das große Ganze" versperren. Ein relativ junges Beispiel solch eines kurzsichtigen, legislativen Aktionismus ist der Versuch, wegen des drohenden Ärztemangels in ländlichen Regionen, Ärzte durch finanzielle Anreize dorthin zu locken, also die bereits bestehende und vielfach beklagte bundeslandbezogene Ungleichvergütung gleicher Leistungen noch zu intensivieren.

Die Parameter unseres deutschen „Gesundheits-Regelkreises"
im Diagramm:

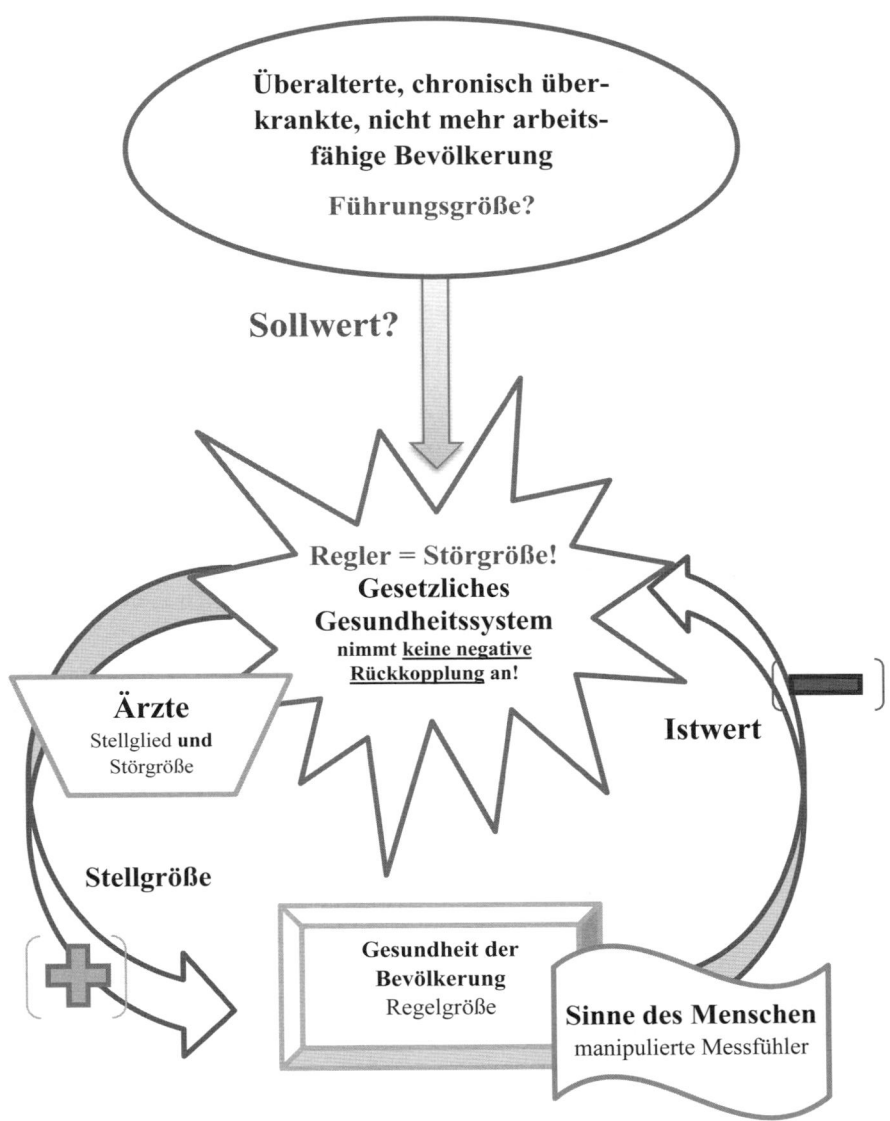

Im Folgenden möchte ich noch etwas näher auf die gestörte Infrastruktur unseres gesetzlichen Gesundheitssystems eingehen:

Es ist leider so, dass auf unserem Planeten alles *ungleich verteilt* ist: Nahrungsmittel, Geld, Arbeit, Rohstoffe.

Das ist aber nicht nur über den ganzen Planeten betrachtet so, sondern auch innerhalb Deutschlands. Das hat vor allem etwas mit unserem Streben nach Besitzstandswahrung und Besitzstandsvermehrung zu tun, also dem bereits schon ausführlich dargestellten Streben nach „Höher, Besser, Schneller, Weiter und vor allem Reicher". Da das Geld fast überall auf der Welt als universelles Tauschmittel dient, und es dafür auch eigentlich *alles*, was „höher, besser, schneller und weiter" ist, zu kaufen gibt, können wir dieses „Höher, Besser, Schneller und Weiter", außer im Sport – und hier auch schon mit großen Einschränkungen – eigentlich nur noch auf das „Reicher" reduzieren. Und „Haben" kommt von „Halten" wie man so sagt. Was bedeutet, dass einzelne Menschen oder Unternehmungen mit ihren individuellen Eigenschaften, wie Intellekt, Glück, Fleiß, Können, Listigkeit, Beziehungen, Betrug, das Geld anziehen wie ein Magnet die Metallspäne und so bei sich anhäufen und für die besagte Ungleichverteilung sorgen. Die einen nennen das dann „unsozial oder ungerecht", das sind in der Regel diejenigen, die „vom Kuchen" weniger abbekamen, und die anderen finden das gerecht, weil sie der Ansicht sind, in irgendeiner Form dafür geleistet zu haben und es auch keinesfalls mehr missen wollen. Abstrakt und objektiv betrachtet muss man erkennen, dass diejenigen, die „es haben" einfach die Stärkeren im *Regelkreis* sind und die anderen die Schwachen. Dafür gibt es eigentlich nur die nüchterne Beschreibung „Neid den Reichen gegenüber". Schon Wilhelm Busch wusste, dass *„Neid die aufrichtigste Form von Bewunderung"* ist. Vgl. (39 S. 347). Ein kleiner Trost sollte den *weniger* Reichen jedoch ausgesprochen werden, und das werde ich Ihnen im Kapitel „Angst und Eigentum" noch genauer versuchen zu erklären: Geld zu haben macht nämlich nicht glücklicher!

Beschränken wir unseren Blick nun aber auf die medizinische Versorgungssituation. Eigentlich könnte man sagen, wir haben in Deutschland entgegen der Ungleichverteilung des Geldes eine sehr flächendeckende

Struktur medizinischer Einrichtungen, die ebenso flächendeckend von jedem Bürger in Anspruch genommen werden können. Trotzdem wird allerorten geklagt über „Zweiklassenmedizin", lange Wartezeiten für Operationen und Arzttermine, viele und für manche zu teure Zuzahlungen und so weiter.

Unsere gesundheitsgesetzlichen Regelungen, also die sicherlich sozial und gut gemeinten *Rahmenbedingungen*, um auch dieses *Unwort* noch einmal zu strapazieren, haben durch ein sogenanntes Sachleistungsprinzip jedem einzelnen Bürger die Möglichkeit eröffnet, unbesehen der Kosten, fast unbegrenzt die allerorten feilgebotenen medizinischen Leistungen abzurufen. Hier hat der Gesetzgeber aber die Rechnung ohne den Wirt gemacht, sprich, er hat den Individualegoismus der am Regelkreis beteiligten Akteure nicht bedacht, sondern auf deren leider *nicht* vorhandenes, *nachhaltiges* (!), vernünftiges und soziales Engagement gesetzt. In unserem gesetzlichen Krankenkassensystem hat sich durch den mit der Zeit eingeschliffenen Missbrauch systemimmanenter Lücken eine große Anzahl *sekundärer* Störgrößen etabliert, die in evolutionsvorgegebener, egoistischer Weise ihre Positionen maximal auszunutzen versuchen. Das ist meiner Meinung nach einer krassen Verfehlung der legislaturperiodisch-kurzsichtigen Denkweise der Politiker anzulasten, die zu einem Großteil *das Heft aus der Hand gegeben haben* in der Form, dass sie „*selbstverwaltende* Körperschaften des öffentlichen Rechts" etabliert haben, die durch ihren Status der Selbstverwaltung *eine* der individualegoistischen Gruppen darstellen.

Weiterhin muss festgestellt werden, dass wider besseres Wissen recht *wenig* individual- und sozialgesundheitsbewusstes Verhalten unter den Menschen besteht, was gesundheitliche Einschränkungen und damit Kosten nach sich zieht. Und wenn ein „Pseudogesundheitsbewusstsein" hier und da aufblitzt, dann meist nur im Rahmen meinungsmanipulierter Käufe zum Beispiel von „Vitaminpräparaten", die jeder selbst durch ausgewogene Ernährung ausreichend zu sich nehmen könnte, Teilnahme an diversen Gesundheitsprogrammen, wie zum Beispiel Rücken(muskel)-schulungen, möglichst noch krankenkassenprotegiert, die ebenfalls in Eigenregie mit regelmäßiger, *natürlicher* Bewegung mindestens genauso effizient wären und viele andere Gesundheitsangebote durch die unterschiedlichsten Institutionen, die allem voran nur *das eine Ziel* haben, nämlich den Bürgern das Geld aus der Tasche zu ziehen.

Was wird insbesondere zum Kippen unseres (kybernetischen) Gesundheitssystems beitragen:

1. Die einzelnen Akteure im System, inklusive vieler Patienten, bereichern sich im Rahmen ihrer Möglichkeiten so gut sie können primär selbst und entziehen damit *der zu* regelnden *Größe* langfristig das notwendige Geld.

2. Es fehlt eine intensive und geforderte Aufklärung des Einzelnen über gesundheitliche Lebensweise und damit Einsicht zu Einsparmöglichkeiten.

3. Den Menschen wird der Preis der Ware verheimlicht, zumindest nicht freiwillig und unaufgefordert mitgeteilt und damit kein Mitentscheidungsrecht im Hinblick auf die Kostengestaltung für seine Behandlung zugebilligt. Somit wird der Patient zur unkritischen Inanspruchnahme des *Reglers* und damit Ausbeutung des ganzen Systems verleitet.

4. Durch erlaubte und unerlaubte Werbung am Menschen und Etablierung von sehr fragwürdigen Krankheitsdefinitionen wird dessen *Messfühler* fast beliebig manipuliert. Auch das führt durch mehr Leistungsabrufe zum Geldentzug aus dem System.

5. Die derzeitige Konzeption von Überwachungseinrichtungen für sogenannte Qualitätssicherungsregelungen überwachen und verwechseln nichts aussagende Quantitäten (zum Beispiel Anzahl an Fortbildungsstunden, Anwesenheitsnachweise) mit Qualität und sind nur wieder zusätzliche Kostentreiber. Der Arzt wird dabei in seiner Qualität gar nicht in Frage gestellt, sondern nur anhand der Anzahl seiner zum Beispiel nachgewiesenen Fortbildungspunkte *nur quantitativ beurteilt*. Insofern könnte die Qualität vieler Regler (= Ärzte) falsch beurteilt werden.

Das Gute am deutschen Gesundheitssystem ist – jedoch nur auf den ersten Blick – dass es uns allen vergleichsweise (noch) sehr gut geht, dass (noch) niemand extreme Versorgungsnot zu leiden braucht. Insofern war bis jetzt auch noch nicht mit dem Untergang dieses Systems zu rechnen, vor allem wegen der mittlerweile vielen Reformen. Dass das Klagen bezüglich unseres Solidarsystems aber immer lauter wird, lässt erkennen, dass dieses „Pseudo-Ökosystem" zunehmend in Schieflage gerät, trotz der vielen Reformen.

Auf den zweiten Blick, und da müssen wir die zeitliche Dynamik mit einbeziehen, wird sich *dieses* System jedoch asymptotisch und exponentiell dem Untergang nähern. Denn zum einen dreht sich die Spirale unermüdlich weiter in Richtung „kränker, älter und pflegebedürftiger", zum anderen basiert unser wissenschaftlicher Fortschritt und die gesundheitliche Versorgung vielfach nur auf *den* finanziellen Einnahmen, die aus Budgetierung und Sparmaßnahmen erpresst werden, aber durch Unwissenheit, Systemvorgaben und/oder Ignoranz von den Menschen keinerlei Wertschätzung in Form gesundheitsbewussten Verhaltens erfahren. Das geschieht alles auf dem Boden der Tatsachen, dass qualitatives Empfinden keinen Eingang in die Direktion des Systems hat, sondern alle, das System erhaltenden *Stellgrößen* nur nach *harten Daten*, also Messwerten, Zahlen, Fakten, Statistiken, Prozentsätzen und Benotungen justiert werden.

Ein Beispiel ist die noch relativ jung ins System implementierte Qualitätssicherung nach ISO 9000. Hier werden *harte Fakten und Daten* zugrunde gelegt, überwacht und kontrolliert, die mit Patientenzufriedenheit, also Lebensgefühl und Lebensqualität rein gar nichts zu tun haben. Aber „unser System" ist davon überzeugt, genau damit Qualität und Objektivität zu schaffen und zu fördern.

Die Erläuterung:

Zur „Optimierung der fachlichen Qualität" müssen Ärzte jeweils über einen 5-Jahres-Zeitraum 250 sogenannter *Fortbildungspunkte* sammeln, die *beweisen* sollen, dass ein Arzt *qualitativ* gut arbeitet. In der Realität bekomme ich Folgendes zu Ohren: Die Ärzte suchen sich meist lukrative Fortbildungsveranstaltungen im bundesweiten Angebot aus. Zu den Punktestärksten, die sie oft noch nicht einmal interessieren, reisen sie dann hin – falls Kosten anfallen nicht selten auch noch „gesponsert" durch die Industrie – hocken diese ab und reichen beim „Punkteüberwachungsverein", in der Regel die KV, ihre Nachweise ein. Letztere stellt dann die Zertifizierung eines *qualitativ* guten Arztes aus – ist das sinnvoll? So agiert zurzeit der Regulierungsapparat für ein *qualitativ hocheffizientes* Gesundheitssystem. Fragt sich nur wie lange noch. Wesentlich effektiver wäre meines Erachtens, Medizinern turnusmäßig in einem „kollegialen Gespräch auf den Zahn zu fühlen".

Als ich die Zahlen und Statistiken unseres *Statistischen Bundesamtes* zu unserem Gesundheitssystem sichtete, war ich überwältigt, welch nüchternen, rein quantitativen und *qualitätsabgekoppelten* Zahlenmassen von sicherlich nicht wenigen Amtspersonen dort Monat für Monat, Jahr für Jahr, zusammengetragen werden, die letztendlich mit zur Steuerung unseres Gesundheitssystems herangezogen werden.

Ein anderes Beispiel sehe ich in den „In-vitro"-Statistiken (= Theorie) zur Überlebensrate von Tumorpatienten, die sich „in vivo" (= im Leben, in der Praxis) teilweise von einer Chemotherapie durch die nächste quälen. Hier werden einfach nur die Anzahl von Überlebenstagen, -wochen, -monaten oder gar -jahren veröffentlicht. Hinter diesen Zahlen verbergen sich jedoch oft furchtbare, schreckliche, schmerzhafte und eigentlich nicht mehr lebenswerte Lebensabschnitte von Menschen. Rein chronologisch betrachtet („harte Daten") hat die Medizin hier Erfolg, lebensqualitativ („weiche Daten") möchte ich das aber in höchstem Maße bezweifeln.

In der Palliativmedizin sehe ich einen kleinen Lichtblick am Horizont. Sie versucht wirklich im Sinne von Cicely Saunders (1918–2005) zu handeln, der englischen Ärztin, Sozialarbeiterin und Krankenschwester, die für Todgeweihte dafür einstand, *der verbleibenden Zeit Leben hinzuzufügen und nicht dem Leben Zeit.*

Auch wenn viele von Ihnen vor solchen Gedanken über Palliativmedizin oder Sterbehilfe den Kopf in den Sand stecken, vom Altwerden und Sterben nichts wissen wollen, werden wir durch unsere zunehmend alternde Bevölkerung immer dringender damit konfrontiert. Vgl. (8 S. 202 f.). Ich habe viele Menschen diesbezüglich angesprochen, die allermeisten wichen mir aus, wollten keine Meinung abgeben, wollten damit verbundene Entscheidungen nicht treffen. Die zunehmend aufkommenden Diskussionen über Sterbehilfe, Patientenverfügung und Ähnliches, zeugen von der

Brisanz dieser, alle angehenden und immer breitflächiger werdenden Thematik. Im Kapitel „Was ist sozial" werde ich *Sie*, lieber Leser, persönlich auf dieses Thema ansprechen. Erst mit zunehmenden Jahren in schmerztherapeutischer Tätigkeit erkenne ich die enorme Komplexität eines Menschen. Ich belächle, nein, habe immer mehr Angst vor unserem medizinischen Spezialistentum. Der Orthopäde sieht die Ursache beklagter, ständiger Kopf- und Nackenschmerzen bei einem erst 45-jährigen in der Regel immer in radiologisch bereits nachweisbaren Halswirbelsäulendegenerationen, zum Beispiel Bandscheibenvorfällen oder -vorwölbungen, der Neurologe diagnostiziert beim gleichen Patienten einen „chronischen Spannungskopfschmerz" welcher Ätiologie auch immer – so ist er eben definiert, der Augenarzt schließt differentialdiagnostisch einen erhöhten Augeninnendruck, sprich grünen Star aus, der Internist verordnet eine 24-Stunden-Blutdruckmessung, denn auch hoher Blutdruck könnte die Kopfschmerzsymptomatik hervorrufen, der HNO-Arzt findet vielleicht eine chronische Stirnhöhlenentzündung. Und dann gehen die unterschiedlichsten Therapien los: Vom Orthopäden gibt's Spritzen in den Nacken, gar an die Nervenwurzeln, sogenannte PRTs, und natürlich Physiotherapie bis zur Budgetgrenze, vom Neurologen gibt's Antidepressiva, vom Augenarzt augeninnendrucksenkende Tropfen, wenn der Augeninnendruck etwas erhöht sein sollte, der Internist verschreibt eventuell ß-Blocker, der HNO-Arzt führt eine Langzeit-Antibiotika-Therapie durch und so weiter und so fort. Jeder hat aus seinem Fachgebiet richtig gehandelt, jeder hat *harte Daten* erhoben, anhand derer er wissenschaftlich und unwiderlegbar seine Therapie begründen kann. Jeder will, neben seinem pekuniären Verdienst, auch sicherlich nur das Beste für den Patienten, doch kaum jemand in unserer Rushhour- und zunehmenden Burn-out-Gesellschaft hat Zeit, sich einmal die Lebensgeschichte und -gestaltung, also die „weichen" und *vornehmlich* bestimmenden Daten der Beschwerden des Klagenden anzuhören und zu erfragen. Denn dadurch würde man wahrscheinlich ohne viele und teure Diagnostik und in hohem Maße zielführend die komplexe Ursache der Befindlichkeitsstörung des Patienten aufdecken, dass nämlich die kontinuierlich auf ihn einströmenden Umweltinputs über seine Sinnesorgane (Umweltsensoren) viele vegetative Größen dauerhaft verstellen, die letztendlich zu körperlichen Symptomen und Beschwerden, auch hin bis zu erhöhtem Blutdruck, Bandscheibenschäden, Schlafstörungen, Kopfschmerzen, eben zu den erhobenen „harten Daten" führen. Also ein multifaktorielles und sehr komplexes Geschehen in einem ebenso komplexen biokybernetischen System „Mensch". Aber diese „harten Daten", und auch *nur diese*, werden behandelt. Da heutige medizinische Behandlung in der Regel oft nur symptomatisch, natürlich leitliniengerecht, durchgeführt wird, bleiben die Beschwerden bestehen, sehr zur Freude der therapiebegleitenden Industrie. Die Beschwerden chronifizieren vielfach und werden durch weiteres „Doktorhopping" zum geldverschlingenden Dauerbrenner in unserem Medizinsystem.

Ein anderes Beispiel sind für mich auch die stark propagierten und unzähligen Krebsvorsorgeuntersuchungen. Eine *Propaganda mit der Angst*, die sich sicherlich mit nicht wenigen, früh erkannten und kurativ eliminierten Karzinomen brüsten kann. – Wir suchen ja auch intensiv danach. – Auch Sie, lieber Leser, könnten jeden Tag eine andere Vorsorgeuntersuchung über sich ergehen lassen: Darmkrebsvorsorge, Brustkrebsvorsorge, Prostatakrebsvorsorge, Hautkrebsvorsorge, Leukämievorsorge, Knochenkrebsvorsorge, Gebärmutterhalskrebsvorsorge, Magenkrebsvorsorge, Gehirntumorscreening, Lymphdrüsenkrebsvorsorge … – ich könnte noch weiter fortfahren. Sie könnten Ihr Gehirn, Ihr Empfinden, Ihr „Lebensgefühl" tagtäglich mit anderen, auf Angst basierenden Untersuchungen, die unsere moderne Medizin durchaus hergibt und mit der sie viel Geld umsetzt, in Furcht und Schrecken halten. Ich behaupte, dass Sie für Ihr persönliches Leben, Ihr persönliches Lebensgefühl, außer dem Aufrechterhalten dieser permanenten Angstgefühle, *nichts Wesentliches* an Ihrem irdischen Dasein ändern werden. Vielen entdeckten „Frühkarzinomen" folgen nach „leitliniengerechter" Therapie – das heißt zum Beispiel bei Dickdarmkrebs: Vorbestrahlung, Operation und anschließend noch Chemotherapie – Lebensqualität einschneidende Phasen durch Komplikationen wie Darmnahtinsuffizienzen oder dauerhaft verbleibende Einschränkung der Darmfunktionalität. Solche Dinge werden in den Statistiken für *erfolgreich* besiegte Krebserkrankungen selten aufgeführt. Hier erscheint nur der „harte Fakt": *Wir haben den Krebs besiegt,* kostete es (vor allem vielleicht Lebensqualität), was es wollte.

Ich wage an dieser Stelle eine kühne Frage: Wer sagt denn, dass unser Immunsystem viele dieser vorgenannten, in Krebsfrüherkennungsuntersuchungen entdeckten Entartungen *nicht* selbst wieder eliminiert hätte – ohne Operation, ohne Bestrahlung, ohne Chemotherapie? – Niemand! – Bei Menschen kann man so etwas nämlich allein aus ethischen Gründen nicht untersuchen. Mal abgesehen davon, dass *niemand* unter uns eine erst einmal (in einer Krebsfrüherkennungsuntersuchung) diagnostizierte Zellentartung nicht mit allen, der Medizin zur Verfügung stehenden Mitteln aus seinem Körper entfernt wissen möchte.

Aber wie bereits gesagt, nirgends ist wissenschaftlich belegt, dass die moderne Medizin, die sich in den letzten 50–60 Jahren etablierte, uns ein wesentlich besseres und längeres Leben beschert. Aber *eins steht felsenfest*: Eine riesige Industrie und mehrere Millionen Arbeitsplätze hängen davon ab. – Auch das ist eine Sichtweise.

Wenn wir in der Medizin nicht schleunigst beginnen, in komplexeren Zusammenhängen und ganzheitlich zu denken, nicht aufhören, uns von der Industrie anhand *angeblich* „harter Daten" fachspezifische Diagnosen und Untersuchungen aufdrängen zu lassen, die überwiegend aus umsatzsteigernden Triebgedanken entstehen, wird dieses System zum finanziell ausufernden Fachidiotentum verkommen. Wenn Sie aber an einen Gott glauben, dann – weiß Gott – werden Sie die kybernetischen Zusammenhänge für unsere Volksgesundheit, die von unserem derzeitigen Gesundheitssystem massiv fehlgesteuert wird, sicher nicht akzeptieren, sondern werden wahrscheinlich weiter an die Industrie und Hilfe aus dem Himmel glauben.

Dieses mittlerweile fast lächerlich anmutende System unterstützt die wirtschaftliche Ausbeutung und unterbindet eine natürliche, negative Rückkopplung zu Lasten der Bevölkerungszufriedenheit.

Im nächsten Buchabschnitt möchte ich die Hauptakteure in Sachen „Gesundheit in Deutschland" etwas näher vorstellen.

Und zum guten Schluss dieses Kapitels soll Ihnen das folgende, stark vereinfachte Diagramm noch einmal den negativen Effekt unseres Gesundheitssystems auf die zu regelnde Bevölkerungsgesundheit beschreiben:

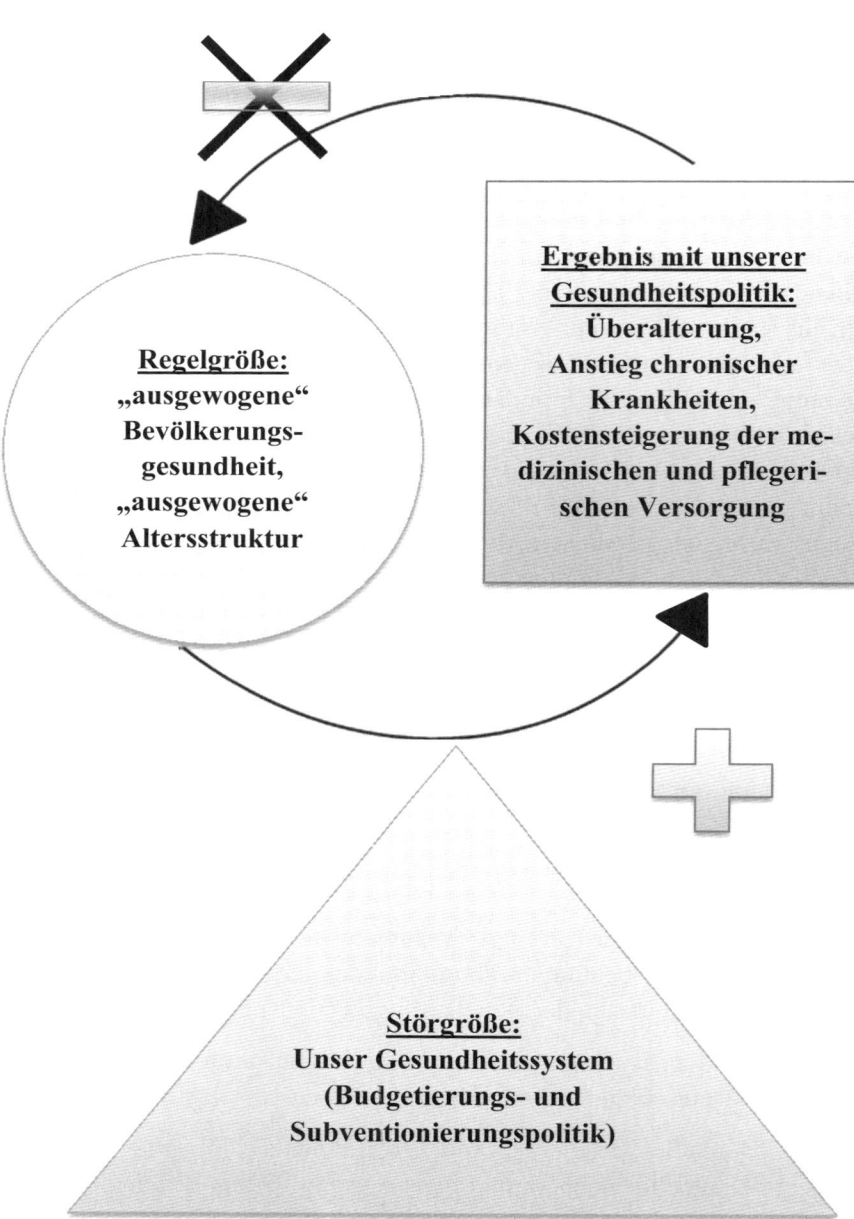

Regelgröße:
„ausgewogene"
Bevölkerungs-
gesundheit,
„ausgewogene"
Altersstruktur

Ergebnis mit unserer
Gesundheitspolitik:
Überalterung,
Anstieg chronischer
Krankheiten,
Kostensteigerung der me-
dizinischen und pflegeri-
schen Versorgung

Störgröße:
Unser Gesundheitssystem
(Budgetierungs- und
Subventionierungspolitik)

5. Das Orchester, dem der Dirigent fehlt

Ist Ihnen schon einmal aufgefallen, dass, wenn Sie das emotional und enthusiastisch vorgetragene Statement eines beliebigen Politikers zu einem bestimmten Thema hören, zum Beispiel zur Höhe der sozialen Grundsicherung, an dem sich viele Gemüter nach Herausgabe des Bestsellers von Thilo Sarrazin „Deutschland schafft sich ab" lebhaft erhitzten, jeder von ihnen, egal ob rot, grün, schwarz, Pirat, ultrarechts oder ultralinks, sich meist sehr schlüssig, richtig und umsetzungswert anhört? Die meisten lassen sich von solchen Reden lenken, manipulieren und steuern. – Man „schwimmt" sozusagen in einem großen Meinungsstrom. Eine eigene Meinung zu haben, geschweige denn zu äußern, anders zu denken, anders zu handeln, wäre mit großem Aufwand und, wie bei Herrn Sarrazin, mit viel „Gegenwind" verbunden. Man lässt sich in der Regel recht träge führen. Derjenige, der die Fähigkeit besitzt, sie am stärksten für seine Meinung zu gewinnen, wird sie am besten für seine Zwecke benutzen können. Das ist der Hintergrund dafür, dass Meinungsbildung und Polarisierung durch gutes *Mediendesign* so hervorragend funktionieren.

Nur wenige der vielen Millionen Bundesbürger hinterfragen kritisch, recherchieren, machen sich ein eigenes Bild und haben resultierend eine eigene Meinung. Aber das ist fast immer die Minderheit und eine Minderheit ist in der Regel nicht *regierungsfähig*, sprich, wird für einen Richtungsvorschlag nicht erhört.

In Deutschland leben derzeit etwa 82 Millionen Menschen. Die Bandbreite der Interessen, ihrer körperlichen und geistigen Befähigungen ist enorm. Und doch haben ausnahmslos alle eines gemein: die Angst vor Krankheit und Tod. Diese Angst und Bedrückung wird in der Regel erst richtig realisiert, wenn man die Bedrohung spürt, sie also eingetreten ist, beziehungsweise der nahende Tod empfunden wird. Dazu Näheres im Kapitel „Angst und Eigentum".

Es gibt nun sehr viele „Krankheiten", die sie *nicht* spüren, *nicht* empfinden, sondern die Ihnen über die Medien nur durch Zahlen, Bilder und

Statistiken, also sogenannte „harte Daten", als *bei Ihnen* bestehende Gesundheitseinschränkungen erklärt werden. Das kann ein zu hoher Blutdruck, zu hohe Cholesterinwerte, ein zu hoher BMI (Body Maß Index), ein zu großes oder zu kleines Geschlechtsteil, eine beginnende Demenz und viele andere Dinge mehr sein.

Die meisten Bürger *glauben* diesen „harten Daten", Fakten, Statistiken und Zahlen, viele erkennen darin gar ihr persönliches Betroffensein. Und ebenfalls die meisten beginnen, sich diesbezüglich entweder selbst zu behandeln oder professionelle Hilfe in Anspruch zu nehmen. Denn die Daten *beweisen* ja letztendlich, dass man krank ist, man seinem Nächsten gegenüber „eingeschränkter" ist, man unter Umständen auch früher stirbt. Außer in *fast ausnahmslos von der Pharmaindustrie bezahlten Studien und Statistiken* ist jedoch bei vielen „Abnormitäten" oder „Krankheiten" *nirgends* bewiesen, dass durch „chemische Normalisierung" der „harten Messwerte", sprich durch „Pillenschlucken", eine Steigerung der Lebensqualität zu verzeichnen wäre.

Und schon hat „das System" zugeschlagen und sie als unkritische, willfährige und *vor allem zahlende* Person vereinnahmt. Durch derartige „Leistungsvorgaben" bescherte das Potenzmittel „Viagra" beispielsweise der pharmazeutischen Firma Pfizer jährlich einen Umsatz von etwa 1,8 Milliarden US-Dollar.

Unser Deutsches Gesundheitssystem wird bekanntlich als eines der besten auf der Welt bezeichnet. – Aus welcher Perspektive eigentlich? – Aus Sicht der zu versorgenden Bevölkerung, aus Sicht der vielen administrativ Tätigen, aus Sicht der Gesetzgeber, wegen seiner Finanzierungsstruktur oder wegen der Qualität des medizinischen Know-hows? – Die Begründung steht nirgends explizit. – Was wir trotzdem allerorten hören, sind Klagen über Klagen. Von Seiten der Bevölkerung, dass überall so viel dazugezahlt werden müsse, dass eine ausufernde Bürokratie und eine Zwei-Klassen-Medizin herrschten, von Seiten der gesetzlichen Krankenkassen, dass Patienten medizinisch qualitativ noch zu schlecht betreut und überall von Ärzten zusätzlich zur Kasse gebeten würden, von Seiten des Gesetzgebers, dass die Regelungen „ihres" SGB V nicht so recht befolgt würden, Klagen über die undurchsichtige Finanzstruktur des Systems und überhaupt, dass alles viel zu teuer werden würde. Nur aus Sicht des medizinischen Fortschritts kommen kaum Klagen. Anscheinend ist man also mit den medizinischen Möglichkeiten im Großen und Ganzen zufrieden. Nur an der organisatorischen und finanziellen Umsetzung dieser Möglichkeiten scheint es zu hapern. Und das hängt mit der Systematik, mit der Logistik des Gesundheitssystems zusammen. Letzteres selbst scheint also der eigentliche Patient zu sein.

In den Ländern der Welt trifft man auf die verschiedensten Gesundheitssysteme, die sich in Organisation, Finanzierung und medizinischem Leistungsangebot teils beträchtlich unterscheiden. Es gibt drei verbreitete Grundmodelle (93):

1. Das wirtschaftliche Modell, das sich nach Angebot und Nachfrage regelt und bei dem nur die Basisabsicherung sozialpolitisch getragen wird (vornehmlich z. B. in den USA, Australien, Großbritannien, Neuseeland, Schweiz).

2. Das sozialstaatliche Modell, das ausnahmslos vom Staat beaufsichtigt, geleitet und über Steuergelder finanziert wird (dies ist überwiegend in den skandinavischen Ländern verbreitet).

3. Das korporatistische Modell, eine Mischform aus den beiden vorgenannten. Hier werden Krankenkassenbeiträge erhoben, die am Arbeitseinkommen bemessen werden, das Ausmaß der Versicherungsleistungen bleibt jedoch konstant. Dieses Modell arbeitet unter staatlichen Vorgaben unter offizieller Beaufsichtigung durch sich selbst organisierende Behörden (KdöR) (vor allem in Deutschland, Österreich, Italien und Frankreich vorherrschend).

Die Modelle an dieser Stelle anhand von Einzelbeispielen zu vergleichen, vor allem vor dem Hintergrund der unterschiedlichen Inanspruchnahme von Gesundheitsleistungen, die im Wesentlichen durch sozialen Status, demographische Bevölkerungsstruktur und persönliche Einstellungen zu Gesundheit und medizinischer Versorgung bestimmt werden, würde den Rahmen dieses Buches sprengen. Insofern möchte ich hier auf die diesbezüglich differenzierende Literatur verweisen.

Nur so viel: Wenn Sie den einzelnen Bürger mit steigenden finanziellen Selbstbeteiligungen belasten, werden Sie die sozial Schwächeren von der Versorgung mehr abhalten als sozial Stärkere. Umgekehrt werden insbesondere die sozial Schwachen das System belasten, wenn sie, wie es in Deutschland der Fall ist, keine oder kaum Zuzahlungen fordern, da die Gruppe der sozial Schwachen in der Regel auch eine höhere Morbidität aufweist infolge ungesünderer Lebensführung, resultierend aus Bildungsmangel, finanzieller Schwäche und schlechteren Arbeitsbedingungen.

Da ich immer wieder von Patienten höre, dass das Schweizer System so gut sein soll, möchte ich es hier beispielhaft nur ganz kurz skizzieren: Für alle Schweizer besteht eine obligatorische Grundversicherung, eine freiwillige Zusatzversicherung ist jedem freigestellt. Die Krankenversicherungen der Schweiz sind privatwirtschaftliche Unternehmen, die einer staatlichen Aufsicht unterliegen und keine Gewinne erzielen dürfen. Insofern werden medizinische Behandlungen den Patienten von Seiten der Leistungserbringer, zum Beispiel Ärzten, primär in Rechnung gestellt und sie haben sie unverzüglich zu begleichen. Erst wenn der Patient die Rechnung beim Versicherer einreicht, wird ihm der Rechnungsbetrag rückerstattet. Also genauso, wie es in Deutschland im Privatversicherungswesen erfolgt. Das Schweizer System funktioniert also nach einem Kostenerstattungsprinzip und nicht nach einem Sachleistungsprinzip wie bei der deutschen gesetzlichen Krankenversicherung.

Und jetzt möge der deutsche Patient, der vor allem über die hohe Zuzahlungsbelastung klagt, aufhorchen. Ein großer Unterschied in der Schweiz ist die Selbstbeteiligung an den Krankheitskosten. Zahnärztliche Leistungen werden *gar nicht* übernommen, nur mit einer Ausnahme, wenn es sich nämlich nachweislich um eine ernsthafte Erkrankung handelt. Im Übrigen ist von jedem Versicherten ein bestimmter risiko- und einkommensunabhängiger Pro-Kopf-Beitrag zu entrichten, er reicht von 269 CHF bis 389 CHF *monatlich*. Daneben besteht ein obligatorischer Selbstbehalt von mindestens 300 CHF pro Jahr und danach einer zusätzlichen 10%igen Selbstbeteiligung bis zur maximalen Höhe von 700 CHF *jährlich*. Schweizer haben also ausnahmslos eine Zuzahlungspflicht, Deutsche beteiligen sich im Vergleich nur minimal an ihren Krankheitskosten (zum

Beispiel nur in Form von Medikamentenzuzahlungen und bis 2012 noch durch die Praxis-, beziehungsweise Krankenkassengebühr) (93 S. 37 f.).

Alle Systeme haben sicher ihre Vor- und Nachteile. Eins ist jedoch bei *allen* gleich: Überall wird geklagt, herrscht Unzufriedenheit, will man durchgreifende Reformen.

Und noch eins: Die Ergebnisse der Gesundheitsforschung belegen, dass es *keine* Korrelation zwischen unterschiedlichen Gesundheitssystemen und dem Gesundheitszustand oder der Lebenserwartung der Bevölkerung gibt. Vgl. (94 S. 222).

Money, Money, Money – Dreh- und Angelpunkt im deutschen Gesundheitssystem

Sie werden nicht abstreiten, dass Sie jemandem, der vor Ihnen auf der Straße stürzt und sich augenscheinlich schwer verletzt hat, zu Hilfe eilen und zwar *ohne* dafür eine Gegenleistung zu verlangen. Auch im kleinen Kreis, sei es in der Familie oder unter Freunden, könnte man meinen, solche Charakterzüge öfter zu erkennen, auch wenn, wie ich bereits erläuterte, sich irgendein Egoismus dahinter verbirgt. Fremden gegenüber muss der empfundene Gegenwert für solch soziales Handeln jedoch bereits große Ausmaße annehmen, um diesen Charakterzug hervorzulocken. Um nun trotzdem jedem und flächendeckend Hilfe in gesundheitlicher Hinsicht anbieten zu können, wurde in Deutschland eine professionelle Gesundheitsversorgung etabliert, die mittlerweile völlig abgekoppelt von einem Solidaritätsgedanken zu sein scheint. Aus diesem Grund wird sie, wie jede andere Ware auch, durch das universelle Tauschmittel *„Geld"* in Form von Krankenkassenbeiträgen finanziert.

Um Ihnen einen Überblick über die finanzielle Dimension des gesetzlichen, deutschen Gesundheitswesens zu geben, stelle ich Ihnen in den nächsten beiden Tabellen einmal die Ausgaben für *Gesundheit* in Deutschland den *Daten des deutschen Bundeshaushaltes* gegenüber (Fokus auf das Jahr 2011) (95):

Gesundheitsausgaben in Deutschland als Anteil am BIP und in Mio. € (absolut und je Einwohner). Gliederungsmerkmale: Jahre

Sach-verhalt	Jahr (absteigend)									
	1992	1995	2000	2005	2006	2007	2008	2009	2010	2011
Gesund-heitsaus-gaben in Mio. €	158.656	186.951	212.841	240.434	246.139	254.436	264.800	279.041	288.299	293.801
Anteil am BIP in %	9,6	10,1	10,4	10,8	10,6	10,5	10,7	11,8	11,5	11,3
Gesund-heitsaus-gaben je Einwoh-ner in €	1.970	2.290	2.590	2.920	2.990	3.090	3.220	3.410	3.530	3.590

Die Tabelle wurde am 24.11.2013 12:01 Uhr unter www.gbe-bund.de erstellt.

Bundeshaushalt 2011 (96)

	Ausgaben (€)
Gesamt:	353.242.946.000
Bundesministerium für Arbeit und Soziales	131.293.000.000
Allgemeine Finanzverwaltung	62.319.300.000
Bundesschuld	37.172.300.000
Bundesministerium der Verteidigung	32.327.400.000
Bundesministerium für Verkehr, Bau und Stadtentwicklung	20.282.100.000
Bundesministerium für Gesundheit	15.777.300.000
Bundesministerium für Bildung und Forschung	11.876.700.000
Bundesministerium für Familie, Senioren, Frauen und Jugend	6.561.040.000
Bundesministerium für wirtschaftliche Zusammenarbeit und Entwicklung	6.221.120.000
Bundesministerium für Wirtschaft und Technologie	6.166.860.000
Bundesministerium für Ernährung, Landwirtschaft und Verbraucherschutz	5.516.550.000
Bundesministerium des Innern	5.251.100.000
Bundesministerium der Finanzen	4.459.620.000
Auswärtiges Amt	3.133.630.000
Bundeskanzlerin und Bundeskanzleramt	1.849.110.000
Bundesministerium für Umwelt, Naturschutz und Reaktorsicherheit	1.654.880.000
Deutscher Bundestag	681.783.000
Bundesministerium der Justiz	498.085.000
Bundesrechnungshof	124.543.000
Bundespräsident und Bundespräsidialamt	30.212.000
Bundesverfassungsgericht	24.971.000
Bundesrat	21.342.000

Mit 293,8 Milliarden Euro Gesamtsumme übersteigen die Gesundheitsausgaben die Aufwendungen für *jeden Einzelhaushalt* des Bundes bei
Weitem und machen mehr als 83 Prozent des Gesamtbundeshaushaltes
aus (der lag im Jahr 2011 knapp über 353 Milliarden Euro) (97).

Und noch eine andere Vergleichszahl: Steuern zahlten wir Bundesbürger
im Jahr 2011 insgesamt etwa 573,4 Milliarden Euro, davon etwa 282,7
Milliarden sogenannte *direkte* Steuern, also Steuern die wir persönlich
ans Finanzamt abführen mussten, hauptsächlich berechnet von Lohn und
Einkommen und etwa 291,7 Milliarden *indirekte* Steuern, das sind Steuern die zum Beispiel beim Kauf von Waren und Verbrauchsgütern mitbezahlt werden müssen, hier insbesondere zu nennen die Umsatzsteuer,
Steuern auf unsere Heiz- und Energiekosten, Mehrwertsteuer und so weiter (98).

Auch hierzu folgend eine Auflistung:

Statistik über das Steueraufkommen (99)

Kassenmäßige Steuereinnahmen in Millionen Euro			
Steuerart	2010	2011	2012
Steuereinnahmen insgesamt	530 587	573 351	600 046
Gemeinschaftsteuern	372 857	403 567	426 190
Lohnsteuer	127 904	139 749	149 065
Veranlagte Einkommensteuer	31 179	31 996	37 262
Nicht veranlagte Steuern vom Ertrag	12 982	18 136	20 059
Abgeltungsteuer (einschließlich ehemaliger Zinsabschlag)	8 709	8 020	8 234
Körperschaftsteuer	12 041	15 634	16 934
Umsatzsteuer	136 459	138 957	142 439
Einfuhrumsatzsteuer	43 582	51 076	52 196
Bundessteuern	93 426	99 134	99 794
Versicherungsteuer	10 284	10 755	11 138
Tabaksteuer	13 492	14 414	14 143
Kaffeesteuer	1 002	1 028	1 054
Branntweinsteuer	1 990	2 149	2 121
Alkopopsteuer	2	2	2
Schaumweinsteuer	422	454	450
Zwischenerzeugnissteuer	22	16	14

Kassenmäßige Steuereinnahmen in Millionen Euro			
Steuerart	2010	2011	2012
Energiesteuer	39 838	40 036	39 305
Stromsteuer	6 171	7 247	6 973
Kraftfahrzeugsteuer	8 488	8 422	8 443
Luftverkehrsteuer	–	905	948
Kernbrennstoffsteuer	–	922	1 577
Solidaritätszuschlag	11 713	12 781	13 624
Pauschalierte Eingangsabgaben	2	3	2
Sonstige Bundessteuern	– 0	0	0
Landessteuern	12 146	13 095	14 201
Vermögensteuer	1	– 4	– 1
Erbschaftsteuer	4 404	4 246	4 305
Grunderwerbsteuer	5 290	6 366	7 389
Rennwett- und Lotteriesteuer	1 412	1 420	1 432
Feuerschutzsteuer	326	365	380
Biersteuer	713	702	697
Zölle	4 378	4 571	4 462
Gemeindesteuern	47 780	52 984	55 398
Grundsteuer A (Land- und Forstwirtschaft)	361	368	375
Grundsteuer B (Sonstige Grundstücke)	10 954	11 306	11 642
Gewerbesteuer	35 711	40 424	42 345
Sonstige Steuern	754	886	1 037

Sie sehen, die Ausgaben für unsere Gesundheit machen, *neben* der Unterhaltung unserer Staatsstruktur, einen erheblichen, zusätzlichen Geldaufwand aus. – Aber die Gesundheit ist ja, wie man so schön sagt, auch unser größtes Kapital. In diesem Satz wird der Zusammenhang zwischen Kapital, zum Beispiel in Form von Geld, und unserer Gesundheit sehr deutlich. Wie wir im Kapitel „Der Mensch denkt, die Evolution lenkt" bereits erfahren haben, ist das Geld heutzutage ein fast höheres Gut geworden als unsere Gesundheit; jedenfalls lässt der häufig praktizierte Umgang mit dieser Gesundheit, nur dem lieben Geld zuliebe, keinen anderen Rückschluss zu.

Und so ist es überhaupt nicht verwunderlich, dass viele geschäftstüchtige Menschen aus unserer Gesundheit *Kapital schlagen* (wollen).

Heutzutage richtet sich der Kampf der Medizin hauptsächlich nur gegen die „endogenen" Feinde, das sind, wie bereits mehrfach gesagt, unsere Alters- und Verschleißerscheinungen, die jedem natürlichen Leben irgendwann ein Ende setzen. Hier sind ab etwa dem 65. Lebensjahr mit fast 50%-Anteil die Herz-, Kreislauferkrankungen (Herzinfarkt, Schlaganfall) zu nennen, gefolgt von bösartigen Neubildungen (Krebserkrankungen) mit etwa 27 %. Entscheidend ist, dass jeder selbst die meisten dieser zum Tode führenden Erkrankungen durch gezielte Präventionsmaßnahmen beeinflussen und lange Zeit unterdrücken kann. In erster Linie sind das eine gesunde Lebensweise durch ausgewogene Ernährung, ausreichende Bewegung und *nicht* Rauchen.

Aber genau diese Schwachstelle unserer Spezies, nämlich so etwas im wahrsten Sinne des Wortes *„nicht auf die Beine zu bekommen"* ist der Ansatz, der unsere moderne Medizin zu einer „Gelddruckmaschine par excellence" gemacht hat. Hierfür werden an Pharmaunternehmen, Ärzte, Pflegepersonal, Physiotherapeuten, Krankenkassenfunktionäre und natürlich Gesundheitspolitiker Unsummen Geldes ausgegeben, die mit teils großer Profitgier versuchen, auch noch das letzte Quäntchen aus den noch *„lebenden Tuben"* zu drücken. Und das Tollste, der Patient wird, trotz begrenzter Mittel, per Gesetze sogar noch in das Recht versetzt, Produkte und Dienstleistungen der Medizinbranche ad libitum abzuverlangen, ohne dass ihm überhaupt Einblick in die wirtschaftlichen Größenordnungen seines *anerzogenen* Verlangens gewährt wird. Dadurch ist natürlich eine pekuniäre Schieflage vorprogrammiert.

Es ist längst offensichtlich, dass der Mensch und seine Leiden in unserem Gesundheitssystem *nicht mehr* im Mittelpunkt stehen, auch wenn Politiker, Ärzte, Pharmaindustrie, Versicherer, seien es die privatwirtschaftlichen oder die gesetzlichen, das Wohlbefinden und die qualitativ bestmögliche medizinische Versorgung des Patienten in ihren Werbekampagnen gebetsmühlenartig als ihr höchstes „Versorgungsziel" darstellen. Das *wirkliche Ziel* ist *immer* das Geld, in welcher Form auch darum gerungen wird. Aber auch der Patient muss sich in diesem Gesundheitssystem mittlerweile in die Reihe der *„Geldgeilen"* stellen. Denn wer Geld oder einen geldwerten Vorteil wittert, wird versuchen, ihn zu erlangen. Die einen bedienen sich dabei bis hin zu kriminellen, unter Strafandrohung stehenden Vorgehensweisen, die anderen sind gesetzestreu bis in die Haarspitzen und würden nie betrügen. Die Grauzone dazwischen ist unüberschaubar geworden. Krankheiten werden eingeredet, die Eitelkeit wird manipuliert und angesprochen, allerorten wird mit Geld „geschmiert" und schon läuft der riesige Gesundheitsmarkt.

Ein gern zitiertes Beispiel, das die Überschrift dieses Kapitels sehr gut belegt, ist die „Karriere" von *Frau Birgit Fischer*, Jahrgang 1953, eine dieser „politischen Alleskönner".

Als studierte Sozialpädagogin, war sie SPD-Mitglied seit 1981, ab 1991, also bereits mit 38 Jahren, Parlamentarische Geschäftsführerin der SPD-Fraktion, ab Juni 1998 Ministerin für Frauen, Jugend, Familie und Gesundheit des Landes Nordrhein-Westfalen, ab November 2002 bis Juni 2005 Ministerin für Gesundheit, Soziales, Frauen und Familie in Nordrhein-Westfalen. Seit 2001 war Birgit Fischer Mitglied des Parteivorstands der SPD und war stellvertretende Landesvorsitzende der nordrhein-westfälischen SPD von 2001 bis 2010. Aber bereits vom 1. Januar 2007 bis Ende 2009 bekleidete Birgit Fischer parallel das Amt der stellvertretenden Vorstandsvorsitzenden der Barmer Ersatzkasse. Diese Doppelrolle gab sie Anfang 2010 zu Gunsten des Postens der Vorstandsvorsitzenden der Barmer GEK auf, jährliches Einkommen dort 202.000 €, natürlich zuzüglich ihrer Altersversorgung. Am 17. März 2011 wurde für viele überraschend bekannt, dass Frau Fischer die Barmer GEK verlässt, um ab 1. Mai 2011 als Hauptgeschäftsführerin beim Verband forschender Arzneimittelhersteller (VfA) tätig zu werden. Neues Einkommen: geschätzte 440.000 € (100).

Das nenne ich eine *blitzsaubere wirtschaftliche Karriere*, mal ungeachtet der doch sehr *unterschiedlich gesinnten Arbeitgeber*. Alle „Arbeitgeber-Lager" haben für die Sozialpädagogin *eines gemeinsam*: Sie bezahlten/bezahlen Frau Fischer mit „viel Geld". Ich hege den Verdacht, dass die Dame dafür sehr empfänglich war und ziehe meinen Hut für diesen „Einkommens-Gipfelsturm". Er signalisiert mir eine durch und durch standhafte Authentizität, jedenfalls was die Liebe zum Geld betrifft. Können Sie diese Frau nicht auch verstehen? – Money, Money, Money, –

„Geld regiert die Welt" und vor allem den Einzelnen. So ist das und so bleibt das, solange Geld die Macht behält, sich damit alles, aber auch wirklich alles, auf dieser Welt kaufen zu können, ungeachtet natürlich, wie unser moralisches Gewissen dazu steht und uns zufrieden sein lässt. Aber ein Faktum ist: Die Moral kommt immer erst nach dem „Ich", auch wenn die Regelgröße „Geld" bekanntlich nicht immer glücklich macht.

In den folgenden Kapiteln möchte ich Ihnen vor dem Hintergrund dieser *„Geldgeilheit"* das mittlerweile recht ausgefeilte Agieren der bekanntesten Gruppen in diesem, seit mittlerweile etwa 130 Jahren relativ unverändert bestehenden *gesetzlichen* Gesundheitssystems vorstellen, die ihre aktuellen, gesetzlichen Vorgaben im *„Sandwall"* des SGB V finden und letztlich durch nichts anderes repräsentiert werden, als auch *nur durch Menschen*, deren evolutionsgeprägte Gehirne ihren individuellen und egoistischen, evolutionsgegebenen Leitmotiven gehorchen. Sie mögen mir bereits an dieser Stelle verzeihen, dass mir manches recht zynisch aus der Feder fließt, da es meinem natürlichen Verständnis evolutionsbiologischen Lebens, das im Grunde schon alle natürlichen Regelmechanismen in sich trägt, sehr widerspricht.

Dieses Kapitel möchte ich mit einer Bemerkung von Richard David Precht abschließen, die ich selbst mit der Beschreibung um die aktuelle Situation in unserem Gesundheitssystem erweitere:

„Wir leben gleichzeitig in zwei verschiedenen Welten: in der Welt der Sozialnormen und der Welt der Marktnormen"
(39 S. 322 f.).

Anmerkung des Autors: Unsere Sozialmedizin liegt eindeutig in der Welt der Marktnormen!

Die Legislative –
überfordert, kurzsichtig oder egoistisch?

Das Solidarprinzip der gesetzlichen Krankenversicherung war ursprünglich eigentlich eine sehr gute Idee, genau wie die Theorie des Kommunismus. Denn anfangs fokussierte sich die Energie der Menschen, die dieses System aufbrachten und betrieben, auf die *neue* Aufgabe, diese Idee im Sinne der bedürftigen Bürger umzusetzen. – Doch das Tier „Mensch" mit all seinen egoistischen Trieben und Einstellungen, die ich Ihnen bereits versucht habe darzulegen, sucht irgendwie und irgendwann natürlicherweise immer seinen persönlichen Vorteil. Daraus ist ihm grundsätzlich kein Vorwurf zu machen, denn es ist (s)ein evolutionärer Trieb.

Momentan ist unser Gesundheitssystem so konzipiert, dass die Legislative, sprich die jeweiligen Regierungen, dessen *„gesetzliche Rahmenbedingungen"* vorgeben und dann Bürger, „medizinische Handwerker" und eigens dafür eingerichtete Körperschaften *„mit Selbstverwaltung"*, die als „Regler" fungieren sollen, in diesem Haifischbecken der Rahmenbedingungen schwimmen lassen. – Diese staatlich institutionalisierte „Selbstverwaltung" von Gesundheitsbehörden erinnert mich etwas an die Privatisierungspolitik Magret Thatchers und Ronald Reagans in den 80iger Jahren. Letztere glaubten an die Selbstregulierung und Wirtschaftswachstum durch ein marktwirtschaftliches System. Vgl. (42 S. 244 f). – Doch Selbstverwaltung heißt für diese Staatsinstitutionen neben der Organisation ihrer eigenen Strukturen und Aufgaben vor allem auch eigene *Geldzuteilung*. Und da ist sich, ich muss es an dieser Stelle leider wiederholen: „homo homini lupus est". Ich werde Ihnen im Kapitel *„Gesetzliche Krankenkassen und andere KdöR"* Jahresgehälter der Vorstände gesetzlicher Krankenkassen und des Vorstandes der Kassenärztlichen Bundesvereinigung nennen, also von Personen aus genau *den* Körperschaften des öffentlichen Rechtes, die im Bereich der *eigentlich sozial gerechten* Verteilung von Geldern zuständig sind.

Mein Vorwurf gilt vor allem den Regierenden, die gewissermaßen *in unserem Auftrag* „das Soziale" gesetzlich regeln sollen. Statt konsequent offensichtliche Bedürfnisse zu befriedigen, die aus der Mehrzahl von 82

Millionen Bürgern laut herauszuhören sind, flüchten sie sich im größten Chaos immer wieder nur in *insuffiziente Reförmchen* und den (un-)beliebten und in den Medien viel gehörten Ausspruch: *„Wir können nur die Rahmenbedingungen schaffen."* Vor dem Hintergrund der Jahr für Jahr Milliarden Euro umsetzenden Medizinprodukteunternehmen, allen voran die pharmazeutische Industrie, hat es schon manchmal etwas armselig Anmutendes, wenn Ärzten wieder neue Budgetierungsregeln durch die Politik aufgedrückt werden, damit man bei ihnen vielleicht noch ein paar Euro mehr einsparen könnte. Alles nach dem bereits zitierten Motto: Die Kleinen werden bestraft, die Großen lässt man laufen. Oder anders ausgedrückt: *„Seid nicht feige (ihr Ärzte), lasst uns (die Regierenden) hinter den Baum, die großen bösen Pharmaunternehmen machen uns Angst".* – Ja zum Teufel, wenn ich erkenne, dass die aktuellen *Rahmenbedingungen* nur zu Ungerechtigkeit, Streitigkeiten, Diffamierungen und Unzufriedenheit führen, dann sollte ich doch als Volksvertreter den Mut aufbringen, schleunigst etwas zu ändern. Und wenn „Reförmchen" die *„grundlegende Unzufriedenheit"* nicht beseitigen, dann ist es wohl an der Zeit, eine *„grundlegende Reform"* auszuarbeiten. Und weil genau *das nicht* passiert, lässt es die Frage aufkommen: *Können* sie es nicht, *wollen* sie es nicht oder *dürfen* sie es nicht? Und diese Frage muss man sicherlich auch unter dem Aspekt betrachten, dass auch *der gemeine Politiker* nur ein Mensch ist, wie ich ihn im Kapitel *„Der Mensch denkt, die Evolution lenkt"* beschrieben habe. Auch er giert, wie von Geisterhand gesteuert, nach Macht und Geld, und diese Attribute werden ihm *nur* zuteil, wenn er gewählt wird. Würde von Seiten der gerade amtierenden Regierung also wirklich etwas durchgreifend Soziales *für die Gemeinschaft, also ad hoc nicht unbedingt für jeden Einzelnen,* geschaffen werden, würden die nach Regierungsposten Strebenden wahrscheinlich *nicht* gewählt werden. Denn diese Gemeinschaft zählt zurzeit leider mehr Schwache als Starke (warum wohl?), ist mittlerweile so stark „überaltert" und chronisch „überkrankt", dass wahrscheinlich nicht mehr genügend Wähler für diese Politiker stimmen würden. Denn fast jeder hat in ganz natürlicher und egoistischer Weise Angst davor, benachteiligt zu werden. Jeder einzelne Bürger reflektiert vorgebrachte Sozialvorschläge natürlich zunächst auf seine persönlichen Verhältnisse. Als Fazit wählt er also immer *die* Politiker, die *ihn* nicht benachteiligen, und das sind *die* Wahlkandidaten, die möglichst jedem nach dem Mund reden. Und daraus ergibt sich unter den Politikern das klassische Gezerre zwischen Links und Rechts, oder wenn Sie so wollen zwischen Rot und Schwarz. Letztendlich will *keiner* etwas schuld sein, *keiner* Verantwortung übernehmen, vor allem aber nur *keine* Macht und infolgedessen *kein* Geld verlieren. Leidtragender ist letztendlich die Gesamtpopulation. Jeder ist sich selbst der Nächste, das war so, das ist so und das wird es wahrscheinlich bleiben bis unsere Spezies sich von diesem Planeten verabschiedet, respektive von der Evolution den *„Du bist-nicht-mehr-zeitgemäß-Arschtritt"* bekommt.

Der sinnlose Schlagabtausch zwischen Ärzten und gesetzlichen Krankenkassen und das ohnmächtig erscheinende „Reformiergeplänkel" der Regierenden lassen schon fast an eine Form des kalten Krieges erinnern, die, außer Drohgebärden zu verbreiten, keine Verbesserung der Situation bewirken.

Mitte Januar 2013 war in der Tagespresse wieder zu lesen, dass jedes dritte Krankenhaus rote Zahlen schreibt und daran die Budgetierungspolitik der Krankenkassen schuld sei. Die Antwort ließ nicht lange auf sich warten, bereits zwei Tage später konterten die Krankenkassen mit den Schlagzeilen, dass fast regelhaft in betrügerischer Weise höhere DRGs (**D**iagnosis **R**elated **G**roups sind diagnosebezogene Fallpauschalen, mit denen die gesetzlichen Krankenkassen die stationären gesetzlichen Krankenhausleistungen vergüten.) abgerechnet würden. Ein weiterer, von mir im Rahmen der Recherchen zu diesem Buch gelesener Artikel war überschrieben: *„Kassen: Fehler in jeder zweiten Klinikrechnung – Versicherer fordern Strafen für die wachsende Zahl unberechtigter Forderungen"* (101).

Andere Beispiele sind die aktuell diskutierte neue *„Gesetzesvorlage zur Stärkung der Patientenrechte"*, damit letzteren die Möglichkeit eröffnet wird, Ärzte besser und einfacher als bisher verklagen zu können oder dass Ärzte ein *„Krankenkassenranking"* ins Leben rufen, wo Mediziner wiederum durch Bewertungen auf gesetzliche Krankenkassen einprügeln können. – Meines Erachtens ein Meer *idiotischer* Regelungen, das nur das wachsende Waffenarsenal der *Kriegsbeteiligten* symbolisiert, aber noch nicht mal ein kleines Stück zu wirklicher Systemgesundung beiträgt. Alle in diesem System sind unzufrieden, das Hauptaugenmerk wird nur auf die Finanzierung, Sparmöglichkeiten und Akzeptanz beim einzelnen Bürger gerichtet, aber die gesundheitliche Struktur einer Gesamtbevölkerung, einer Gesamtpopulation, funktioniert nach ganz anderen Prinzipien, nämlich denen der Evolution (siehe Kapitel *„Gesundheitsgesetze regeln ein biokybernetisches System"*). Aber das Naturverfahren trifft das Moralgefühl des Einzelnen, sein ethisches Denken, mitten ins Herz und lässt ihn die Augen davor verschließen. Ich erinnere an dieser Stelle an die Wölfe, die das zu schwache Rentier *„bei lebendigem Leibe"* zerfleischen. – Resümierend wird man jedoch zwangsläufig zu dem Schluss kommen: *Wer nicht hören will, wird irgendwann fühlen müssen.*

Wie dieses Buch als *mein* Sprachrohr, werden anderweitig Rufe immer lauter, dass man mit dem aktuellen Gesundheitssystems nicht mehr zufrieden ist. Die jeweiligen Gesundheitsminister rudern mit ihren Reformbemühungen, die meist das Papier nicht wert sind, auf dem sie gedruckt werden, um ihre Pöstchen. Die Ärzte schimpfen auf Krankenkassen, die Krankenkassen stellen die Ärzte an den Pranger und die Patienten schimpfen auf die Behandler. Überall wird mit Drohgebärden wie Regressen, Budgetierungen, Qualitätskontrollen, Sozialgerichtsklagen und anderem um sich geworfen. Lachende Dritte sind in der Regel die freien, marktwirtschaftlich agierenden Unternehmen, vor allem die weltweit operierenden Pharmariesen, die pro Jahr in Deutschland mehr Geld umsetzen, als *alle* hier ansässigen Kassenärzte zusammen. Weiterhin die Medizintechnikvertreiber, deren Produktpreise einem teils die „Hosen ausziehen" oder MVZ-Erbauer (Unternehmer, die **M**edizinische-**V**ersorgungs-**Z**entren errichten), deren aller Anliegen – ich unterstelle – mit vorrangiger Priorität in ihrer Gewinnmaximierung liegt und nicht am Wohle irgendeiner Solidargemeinschaft. Leider sind auch unsere Politiker auf diesen Zug aufgesprungen, die mit ihrem Discounter-Denken (weg von Einzelpraxen, hin zu MVZs) genau *die* „Tante-Emma-Laden-Atmosphäre" zerstören, die gerade die oft mit Schamgefühlen behafteten, kranken Menschen in einem persönlichen Arztkontakt suchen, bei dem ihnen individuelle Zuwendung und Diskretion entgegengebracht wird.

Man hat durch Reformbemühungen tatsächlich versucht, Kosten einzudämmen, aber wie man im „Kochjargon" so sagt, man versucht's *im eigenen Saft,* statt bei den großen und kostentreibenden Unternehmen Angriffsflächen zu schaffen.

Hier einige konkrete Missstände, durch die unser bestehendes Gesundheitssystem große Unzufriedenheit und Kosten fördert:

a) die seit 1993 politisch verhängten *Niederlassungssperren* für Kassenärzte, die zu monatelangen Wartezeiten und unzufriedenen Patienten (und Ärzten) führen

b) die *Budgetierungspolitik,* die erreicht, dass individuelle Gesundheitsleistungen (IGeL) wie Pilze aus dem Boden sprießen, dass Privatpatienten bevorzugt werden, dass Orthopäden für ihre Lokalanästhesiespritzen zusätzliches Geld vom Patienten verlangen

c) zunehmende Qualitätssicherungsauflagen, die noch mehr „Dokumentationszeit" fordern, die der Patientenzuwendung verloren geht

d) Verunsicherung von Ärzten durch die Drohkulissen der peitschenden Staatsgewalt, in Form von Wirtschaftlichkeitsprüfungen über Verordnungsvolumina und Überprüfung täglicher Arbeitszeiten

e) Manipulation der Patienten durch Medien und insbesondere durch die pharmazeutische Industrie

f) Unzufriedenheit durch zunehmende Zuzahlungen, insbesondere bei Medikamenten und Krankenhausaufenthalten

g) Fünf-Minuten-Medizin, durch Hochtreiben der Patienten(stück)zahl in medizinischen Einrichtungen, wodurch keine Möglichkeit einer ganzheitlichen Befunderhebung von beklagten Beschwerden mehr besteht

h) die Möglichkeit, vieler unnötiger Doppeluntersuchungen, da Patienten parallel bei mehreren Ärzten gleiche Untersuchungen initiieren können, denn Mediziner unterliegen primär der Schweigepflicht und können und müssen die Voruntersuchungen bei anderen Ärzten nicht unbedingt wissen

i) durch GB-A-(**G**emeinsamer-**B**ewertungs**a**usschuss)Vorgaben bedingte Ablehnung von alternativ vorgeschlagenen, eigentlich nützlichen und auch wirtschaftlichen Therapiemaßnahmen, was letztendlich zur Verteuerung der zunehmend kränker werdenden Patienten führt

j) Konzentrierung und damit wirtschaftliche Optimierung in Medizinischen Versorgungszentren, wo der Patient immer mehr zur Nummer wird

k) gesetzliche *Krankenkassen in einen Wettbewerb* zu setzen, die, wie ich noch zeigen werde, das Gegenteil von Sparen schaffen.

Mit dem Untergang dieses Systems war – vor allem wegen der mittlerweile vielen Reformen – sicher nicht bereits nach 100 Jahren zu rechnen. Dass das Klagen bezüglich unseres Solidarsystems aber immer lauter wird, lässt erkennen, dass dieses „Pseudo-Ökosystem" trotz Reformen zunehmend in Schieflage gerät. Die Spirale dreht sich unermüdlich weiter in Richtung „kränker, älter und pflegebedürftiger".

Dieses mittlerweile fast lächerlich anmutende System unterstützt die wirtschaftliche Ausbeutung und unterbindet eine natürliche, negative Rückkopplung (siehe Kapitel „Gesundheitsgesetze regeln ein biokybernetisches System") nicht nur zu Lasten der Bevölkerungszufriedenheit. An die *Großen*, die einem in geschäftstüchtiger Weise *teures Zeug* andrehen, um Menschen *chemisch* und/oder *apparativ* in eine bestimmte, angeblich gesündere Ecke zu bekommen, so zum Beispiel mit „Diät-Pillen", Cholesterinsenkern, Osteoporose-Mitteln, Herz- und Blutdruckmedikamenten, Antidepressiva, Schmerzmitteln und so weiter, was sich oft durch Vermittlung einer anderen Lebensweise genauso gut erzielen ließe [vgl. (102)], kommt man in diesem jetzigen System leider schlecht heran. Die Zeit, um die besagte Änderung der Lebensweise herbeizuführen, ist durch Zeitbegrenzung und fehlende finanzielle Anreize, die ganz klar Quantität statt Qualität fördern, nicht mehr vorhanden. Zumindest ich habe oft das Empfinden, dass das Arbeiten in unserem deutschen Gesundheitssystem dem Lauf in einem Hamsterrad gleicht, in dem sich die durch gesetzliche

Vorgaben in Konkurrenz gesetzten Patienten, Ärzte und Verwaltungen gegenseitig fertig machen.

Als kleiner Junge war ich immer der Annahme, dass Politiker nur ältere, lebenserfahrene und weise Menschen mit grauen Haaren wären, für die die Staatsführung eine besondere Berufung und *kein* Beruf sei. Ich war der Meinung, sie seien sozusagen „unsere Volksweisen". Das mag sicherlich mit daran gelegen haben, dass ich damals alle „etwas Älteren" bereits als „alt" erachtete. Heutzutage muss ich leider erkennen, dass Politiker zunehmend weder älter sind und Lebenserfahrung vorzuweisen haben – wie die zwei nachfolgend noch genannten Bundesgesundheitsminister eindeutig belegen – noch, dass das „Politikgeschäft" eine Berufung für sie ist. Wer nicht ganz dumm ist und ein bisschen reden kann, für den ist Politiker nach meinem Dafürhalten ein sehr gut dotierter Beruf, zudem mit guten Pensionen und anscheinend noch genügend zeitlichen Ressourcen für Nebenverdienstmöglichkeiten.

Und als ich in einer sonntagabendlichen Polittalkshow zum wiederholten Male den Ausspruch unseres letzten, noch recht jungen Gesundheitsministers Daniel Bahr hörte: *„Wir als Politiker können nur die Rahmenbedingungen vorgeben"*, schwankte ich immer zwischen den Gedanken: Ihr seid für euren Beruf einfach zu unerfahren und deshalb nicht an der richtigen Position oder eure „demokratischen Abstimmungen" verhindern die dringend notwendigen und durchgreifenden Systemänderungen.

Als politischer *Alleskönner*, der vom Banklehrling über ein Volkswirtschafts- und Business Managementstudium mit Mitte 20 als Mitglied des Bundestages (MdB) im Bundestag angekommen ist, nie als Arzt am Patienten gearbeitet hat, aber zum Gesundheitsminister ernannt wurde, weil man sich da „bestens informiert und eingelesen" hatte und vor allem die „pekuniäre" Ökonomie versteht, kann man die „weichen Daten", nach denen Menschen agieren, kaum kennen (siehe das Kapitel „Harte und weiche Daten"). Ebenso erachtete ich Bahrs Vorgänger, Herrn Rösler, als viel zu lebensunerfahren, um solch einem Amt gewachsen zu sein. Meine Ansicht fand sicherlich nicht zuletzt in seinem nur sehr kurzen Gesundheitsminister-Intermezzo ihre Bestätigung. Ich bin gespannt darauf, wie unser *neuer* Gesundheitsminister, Herr Hermann Gröhe, als studierter

Jurist mit dieser recht schwierigen Aufgabe umgeht. – Jedenfalls bin ich der Meinung, dass man *erfahren und erfühlen* muss, wie (kranke) Menschen *ticken,* und man sich dies nicht in Wirtschafts- und Rechtsliteratur *anlesen* kann. Zu diesem „Job" braucht es Lebenserfahrung, Lebensjahre. Aber hier möchte ich den vorgenannten Herren keinen persönlichen Vorwurf machen, auch sie sind nur (evolutionäre) Menschen, die mit ihren Gehirnen sicherlich nur nach „bestem Wissen und Gewissen" handelten und handeln werden. Leider wird dieses „beste Wissen und Gewissen" vermutlich nicht primär gesteuert von der Bestrebung, unzufriedenstellende Gesellschaftsstrukturen zu ändern, sondern von ihren nachvollziehbar egoistischen und menschlichen Interessen, nämlich dem Hauptziel einer (Wieder-)wahl (39 S. 453) u. vgl. (42 S. 70).

Es ist klar ersichtlich, dass die Wirtschaftswissenschaft die Theologie unseres Zeitalters geworden ist. Ihrer Sprache gehorchen alle, auch unsere Politiker, denn diese Sprache bestimmt den Fluss des Geldes, unseres derzeit höchsten Gutes. Vgl. (42 S. 123 ff.).

An dieser Stelle möchte ich aus meinem Alltag einmal zwei, in ihrer Art *vielfach* vorkommende Opfer dieser Politik beschreiben.

Vorauszuschicken ist dazu vielleicht die nähere Erläuterung meines täglichen Tuns:

Ich betreue als so definierter „vorwiegend schmerztherapeutisch" arbeitender Arzt chronisch schmerzgepeinigte Menschen. Das bedeutet, mindestens 75 % meiner *Kassenpatienten* müssen chronische Schmerzpatienten sein. Nur maximal 25 % dürfen aus meinem anderen Befähigungsbereich, der Anästhesie kommen. Weiterhin unterliege ich als „vorwiegend schmerztherapeutisch" arbeitender Arzt einer sogenannten *Qualitätssicherungsvereinbarung,* die besagt, dass ich nur maximal 300 Schmerzpatienten im Quartal behandeln darf (ich habe über Sondervereinbarung bei unserer KV erreicht, dass ich 400 Schmerzpatienten behandeln darf). Viel mehr zu behandeln wäre aus qualitativer Sicht meines Erachtens auch Unsinn und bei unserer Vergütungsbudgetierung obendrein betriebswirtschaftlich unrentabel. Zum Vergleich: Orthopädische oder HNO-Praxen schleusen 1500–2000 und mehr Patienten pro Quartal durch ihre Praxen. Aber nun gut, ich arbeite viel und gerne und beklage mich auch nicht über meine Vergütung – aber ich darf sie nur nicht vergleichen mit Arbeitszeit, Gehältern und Verantwortung zum Beispiel von Krankenkassenfunktionären, dann kommt mir doch etwas Wasser in die Augen.

Nun zum ersten Beispiel:

Ein knapp Zwei-Meter-Mann, Anfang 50, aus der sozialen Unterschicht, nicht sehr gebildet, stellt sich bei mir erstmalig vor. Er habe seit über 15 Jahren, also seit etwa seinem 35. Lebensjahr Rücken- und Kopfschmerzen, sieht, wie man so schön sagt, „fertig aus", total übermüdet, denn er leidet auch unter chronischen Schlafstörungen – er schlafe angeblich nicht mehr als 3–4 Stunden pro Nacht. Er trinkt täglich literweise Kaffee. Die ersten drei Finger seiner rechten Hand sind vom Zigarettenqualm gebräunt. Wegen seiner Beschwerden wurde er immer wieder „krankgeschrieben" worüber ihm natürlich auch sein Job im Sicherheitspersonalbereich quittiert wurde. Da er keinen neuen Job fand, war er über geraume Zeit arbeitslos, bis er in die Hartz IV-Sparte gefallen ist. Die sogenannte „Orthopäden-Rallye" wegen der Rückenschmerzen hatte er schon durch, mit allen möglichen teuren „Röhrenuntersuchungen" (Nativ-Röntgen, Computertomographie, Magnetresonanztomographie), die nichts Konkretes, sprich keinen operationswürdigen Befund zeigten (Gott sei Dank), dann viele „Spritzen" in den Rücken, Physiotherapien, alle möglichen Medikamente, unter anderem zuletzt und dann über viele Jahre sogenannte unretardierte Opiate. Das sind starke Schmerzmittel, die aber auch ein Suchtpotential haben.

Solche Menschen machen einen Großteil in den schmerztherapeutischen Praxen aus. „Privatpatienten" gibt es in unserem Fachgebiet kaum. Die haben in der Regel einen höheren Bildungsstand, können sich aufgrund ihres oft höheren Einkommens gesundheitsbewusster verhalten, beziehungsweise arbeiten meist in gesundheitszuträglicheren Bereichen und werden heutzutage – ein nicht zu vernachlässigender Aspekt – von den Ärzten solch gerade beschriebenen Schmerzpatienten vorgezogen. – Jetzt schimpfen Sie bitte nicht auf diese Ärzte! – Kein Arzt konnte mit dem beschriebenen Patienten noch etwas anfangen. Seine Schmerzen schienen auf nichts mehr zu reagieren, sein psychischer Zustand war desolat, man nennt es im Fachjargon „depressiv". Auch ich muss zugeben, dass ich mich als Schmerztherapeut am Rande meiner Möglichkeiten sah. Er war opiatabhängig, schlafgestört, lebensgefrustet, mittellos und seine jahrelangen Schmerzen waren über ein mittlerweile anhaltend verändertes Körperempfinden in eine definitionsgemäß „chronische Schmerzkrankheit" übergegangen. Genau *das* sind in der Regel Patienten, die keiner mehr haben will. Teuer, zeitaufwändig, abgeschoben von einem zum anderen, der Patient zu unintelligent und unfähig, selbst etwas gegen seine Situation zu tun.

So, der Schlaue sagt jetzt als nicht persönlich betroffener: „Klarer Fall von Psychotherapie". – Sag ich nicht nein. Also „Überweisungszettelchen" zum *Sammelbecken* der Psychotherapeuten, der nächsten „letzten Rettung". Nach einigen Wochen kommt der Patient, übrigens AOK-versichert, und berichtet, er habe mindestens 40 Anrufe zu Psychotherapeuten getätigt, auch im weiteren Umkreis bis 60 Kilometer, keiner habe Termine vor 6–12 Monaten frei (Sie erinnern sich, Zauberwort: „Seehofer – Niederlassungssperre seit 1993"). Darauf erwidere ich: „Sie sind doch bei der AOK versichert. Kennen Sie nicht die *„Vigo-Reklame"* Ihrer Krankenversicherung? Die verspricht: *„Wir* besorgen Ihnen einen Facharzttermin in nur 3 Tagen." Antwort des Patienten: *Das* habe er auch schon versucht, die hätten ihm nur eine Liste aller im näheren Umkreis ansässigen Psychotherapeuten gegeben, die er abtelefonieren sollte. – Natürlich ohne Erfolg. – Ja, dann könne man ihm auch nicht weiterhelfen. Das war's von der AOK. – In meiner Betreuung geht's ihm zwar nur unbedeutend besser, aber jetzt das neue Problem: Vom Arbeitsamt nicht vermittelbar, bekam er von der AOK nahegelegt, einen Antrag auf Rente zu stellen – wahrscheinlich damit er dann der Rentenversicherung, einer weiteren Sozialversicherungsinstanz, auf der Tasche liegt und nicht dem *Haushalt* der Krankenkasse. Auch diese Ansicht der Krankenkasse kann ich aus deren betriebswirtschaftlicher Sicht durchaus nachvollziehen. Aber der Patient, der Mensch, wohin, was tun, was nicht tun?

Das Ganze aus sieben Blickwinkeln:

1. Für den Arzt/Psychotherapeuten ein undankbares, weil aus medizinischer Sicht hoffnungsloses und betriebswirtschaftlich schlechtes Unterfangen;

2. Für die Pharmaindustrie ein lohnenswerter Fall, da immer wieder – natürlich frustran – versucht wird, mit chemischen Mitteln, sprich Medikamenten, den Patienten „zu therapieren";

3. Für die Sozialkasse nur ein teurer Versicherter, der mit größter Wahrscheinlichkeit nie mehr arbeitsfähig sein wird;

4. Für die Solidargemeinschaft „für nichts mehr zu gebrauchen", nur noch Kosten verursachend;

5. Für die Politiker und deren „Rahmenbedingungen" fällt dieser Patient nur noch in die soziale „Grundsicherung";

6. Für den Patienten selbst, ein suizidaler Blickwinkel;

7. Ein Einzelfall? Weit gefehlt, davon gibt es eine ganze Menge in schmerztherapeutischen Einrichtungen.

Das zweite Beispiel:

Gerne spreche ich mit Ärzten des medizinischen Dienstes oder Ärzten, die Menschen/Patienten im Auftrag der gesetzlichen Krankenkassen begutachten sollen zu der Frage, ob letztere nach länger attestierter Arbeitsunfähigkeit wieder am Berufsleben teilnehmen können.

Meist stelle ich an diese Amtspersonen als erstes die Frage: „Haben Sie sich den Patienten überhaupt schon einmal persönlich angesehen, ihn selbst gesprochen, ihn untersucht?" Denn meist werden diese „Begutachtungen" der Arbeitserleichterung halber „nach Aktenlage" erstellt, ein jämmerlicher Verwaltungsakt.

Zum konkreten Fall: Eine 48-jährige Frau, nicht sonderlich intelligent, Hauptschulabschluss, keine weitere Berufsausbildung, in die Alkoholsucht geraten, laut Selbstauskunft seit etwa zwei Jahren trockene Alkoholikerin. – Rückenschmerzen seit mehreren Jahren! Über viele Monate Arbeitsunfähigkeitsbescheinigungen von Hausarzt und Orthopäde. Jetzt Antrag der Patientin auf Rente. Unser „System" sieht nun vor, dass zunächst eruiert werden muss, ob die Frau nicht doch wieder in einen Arbeitsprozess zu integrieren ist, damit a) wieder Geld in die Sozialkassen fließt, b) diese Kassen „geschont" werden und c) einem relativ jungen Menschen nicht schon frühzeitig Geld, sprich Rente, ohne Gegenleistung dauerhaft gezahlt werden muss. Die Bildgebung, sprich radiologische „Fotos", zeigt einen nicht übermäßig degenerierten Wirbelsäulenbefund. Der Orthopäde meint mittlerweile, dass sie arbeitsfähig wäre, ebenso der Hausarzt. Aber die Patientin beklagt glaubhaft ihre Rückenschmerzen und dass sie deshalb nicht mehr arbeiten könne. – Der Gutachter ist der „Depp", der jetzt entscheiden muss. – Da die Patientin auch mich als Behandler angegeben hatte, rief mich der Gutachter an und wollte meine Meinung hören. Die lautete wie folgt:

„Vom objektiven Befund her („harte Daten") mag die Patientin sicherlich arbeitsfähig sein, aber der Mensch ist in seinen Empfindungen immer (!) *subjektiv*. Diese Frau empfindet dauerhaft starke Schmerzen, obwohl nicht unbedingt übereinstimmend mit dem *objektiv* radiologischen Befund der Wirbelsäule. Zudem ist sie depressiv, trockene Alkoholikerin, geschieden, keine Berufsausbildung, was wollen Sie jetzt von mir hören? Unabhängig davon, ob die Patientin arbeitsfähig und arbeitswillig wäre, sie hat kaum eine Chance auf dem deutschen Arbeitsmarkt. Wie sie das Blatt auch drehen, diese Frau wird mit höchster Wahrscheinlichkeit zeitlebens aus der Sozialkasse leben, egal, ob diese *Rentenkasse, Hartz IV-Kasse, Grundsicherung* oder wie auch immer heißt. Ich möchte Ihnen damit sagen, dass Ihre Entscheidung für die Solidargemeinschaft völlig unerheblich ist. Dieses Solidarsystem schiebt die Menschen nur von dem einen in den anderen Versorgungstopf. Der betroffene Mensch/Patient selbst braucht *nie* Entscheidungen zu fällen, er stellt lediglich einen Antrag, dass er krank ist, Rente haben möchte, in Kur oder Reha fahren möchte, die Entscheidungen müssen jedoch immer andere treffen, nach möglichst objektiven Kriterien, und Richter sind hier in diesem Fall *Sie*. Sie können mich jetzt gerne fragen, ob die Patientin *noch drei Stunden täglich in wechselnden, nicht gebückten Körperhaltungen, bei ausreichend Licht, wenig Staub in der Luft, regelmäßigen Pausen usw. zum Pförtnertelefon greifen kann,* aber ich sage Ihnen schon jetzt: Ich habe keine Ahnung, probieren Sie doch einfach, ob die Patientin einer solchen Aufgabe gewachsen ist, wenn sie denn überhaupt solch eine Stelle findet." Der Gutachter hatte mich verstanden und dankte für das Gespräch.

Abschließen möchte ich dieses Kapitel mit einem Zitat von Beppe Grillo, 64, Kabarettist und Chef der zweitstärksten Partei Italiens (Stand 2012/2013), das die Legislative trefflich widerspiegelt:

> *„Die Ideen der Intellektuellen stehen in Büchern,*
> *die die Politiker nicht lesen" (103).*

Moderne Freibeuter

Mit dem Begriff Freibeuter assoziieren wir in der Regel Piraten, die in den vergangenen Jahrhunderten mit ihren Schiffen die mit kostbaren Waren beladenen Handelsschiffe auf hoher See enterten, ausplünderten und deren Besatzungen sie oft grausam zusetzten. Freibeuter war früher sogar einmal eine Berufsbezeichnung für diese Leute, die sich oft *in königlichem Auftrag* durch die oben beschriebenen Gräueltaten bereicherten. Überlieferungen über das Freibeutertum gibt es bereits aus der Antike und reichen bis in unsere Neuzeit, wie Sie in diesem Kapitel lesen werden. Auf die Gefahr hin, dass ich jetzt Ihr Wertegefühl verletzen könnte, folgende, rhetorisch gestellte Frage: Was ist der Mensch eigentlich? Er ist doch nichts anderes als ein biologischer Organismus, der einem physiologischen Verfall, dem sogenannten Altern, unterworfen ist. Sein im Evolutionsverlauf entstandenes Gehirn hat die Fähigkeit entwickelt, denken und reflektieren zu können, Gefühle zu empfinden und Emotionen zu äußern. Positive Gefühle sind erwünscht und werden erstrebt, in unserer heutigen Zeit sind das allen voran die Gefühle von Reichtum und Macht, die negativen sind unerwünscht und werden bekämpft. Hier vor allem das Altern und Krankwerden mit seinen körperlichen und seelischen Einbußen. Dass sich um den Kampf gegen Krankheiten ein riesiger Wirtschaftszweig entwickelt hat, ist auch kein Geheimnis. Allerorten werden Diagnoseverfahren zur näheren Spezifizierung dieser Krankheiten angeboten, es sind „Diagnose-Schubladen" entstanden, zum Beispiel in Form des ICD (siehe Kapitel „Das deutsche Krankenversicherungswesen"), in die man die Krankheiten der sogenannten Patienten einordnet und nach ausgefeilten, standardisierten Verfahren, zu neudeutsch „nach Leitlinien", versucht zu behandeln. Medikamente, Operationen, Spritzen, Kur- und Rehabilitationsmaßnahmen ambulant oder stationär werden angeboten.

Ob einem die ganzen Medizinprodukte wirklich eine insgesamt deutlich höhere Lebensqualität bringen, mag jeder für sich selbst entscheiden. Fakt ist aber, dass chronisch kranke Menschen durch all diese Maßnahmen länger chronisch krank bleiben können, da ihre Leiden ja durch „gute Medikamente" Gott sei Dank nicht so schnell zum Tode führen, dass der moderne Tauschhandel mit menschlichen Organen, dem ein oder anderen noch einige Tage, Monate oder gar Jahre ein qualitativ zwar eingeschränktes, aber doch lebenswerteres Leben erhält, dass sonst nicht überlebensfähige Frühgeborene von zum Teil unter 1000 Gramm Geburtsgewicht den Start in diese Welt des Existenzkampfes schaffen und ihre Eltern glücklich machen.

All das beinhaltet auch, dass eine riesige Industrie mit dem unbändigen Überlebenswillen und Alterungsängsten der Menschen Unmengen Geld verdient. Ob viele der angebotenen Artikel, wie Medikamente oder Operationen, für den Einzelnen ein positives Risiko/Nutzen-Verhältnis haben, mag man berechtigterweise stark anzweifeln.

Diese Zweifel kann man bereits aus der Tatsache hegen, dass alle Medikamente, die zum Vertrieb zugelassen werden, nur besser wirken müssen als ein Placebo, also ein Scheinmedikament, und *fast alle* neuen Medikamente auch nur gegen ein Placebo zum Vergleich antreten. Vergleiche mit bereits am Markt existierenden Präparaten werden von der pharmazeutischen Industrie in der Regel gescheut, da sie wahrscheinlich nicht wesentlich besser abschneiden würden und die in der Regel deutlich höheren Preisvorstellungen und damit Gewinne für die sogenannten „innovativen Präparate" verhindern würden. Alle vorzulegenden Studien sind natürlich vom Hersteller in Auftrag gegeben und finanziert worden. Negative Studien fließen in solche Zulassungsbewertungen selten ein, da die Industrie *nicht* verpflichtet ist, diese zu veröffentlichen. Wer will das auch prüfen, eine öffentlich einzusehende Datenbank für solche Studien gibt es in den USA, nicht aber in Europa.

Die gesamte Industrie, die den ärztlichen Freiberuflern ihr Handwerkszeug, sprich Medikamente, Operations- und Arbeitsinstrumentarien zuliefert, gehört zur Zunft der Unternehmer. Das heißt, sie handeln *gewinnorientiert*. Und da ist es nicht verwunderlich, dass ihre Produkte primär der Umsatzsteigerung dienen und die Gesundheit der Patienten dazu nur das Mittel zum Zweck ist, auch wenn sie es in ihren Werbungen anders darstellen.

Um ihre Produkte nun möglichst häufig „an den Mann/oder die Frau" zu bringen, ist heutzutage ein perfektes „Marketing" erforderlich. Meister im Gebrauch dieses Manipulationsinstrumentes sind die Pharmaunternehmen. Mit ihren Methoden *entern* und *plündern* sie mit ihren völlig überzogenen Medikamentenpreisen unsere Sozialkassen Jahr für Jahr um riesige Milliardenbeträge.

So schleusten sie zum Beispiel im Jahr 2010 über 40 Milliarden US-Dollar aus deutschen Landen in ihre Kassen. Das ist, wie wir bereits hörten, mehr als der Praxis-Umsatz aller deutschen Kassenärzte zusammen, und es ist innerhalb der EU deren höchster Umsatz, gefolgt von Frankreich und Italien. Beim Umsatz der Pharmaindustrie nach Regionen lag Europa im Jahr 2010 mit einem Umsatzanteil am Weltpharmamarkt von knapp 30 Prozent auf dem zweiten Rang. Einen höheren Anteil am Pharmaumsatz mit mehr als 42 Prozent erzielte nur Nordamerika. Die Konzerne Pfizer, Novartis und Sanofi-Aventis waren die weltweit umsatzstärksten Pharmaunternehmen im Jahr 2010. Weltmarktführer war Pfizer mit einem Umsatz von mehr als 58 Milliarden US-Dollar. Novartis (42 Milliarden US-Dollar) und Sanofi-Aventis (40 Milliarden US-Dollar) lagen auf den Plätzen zwei und drei.

Den weitaus größten Teil des weltweiten Umsatzes wurde von der Pharmaindustrie mit onkologischen Medikamenten erzielt. 2009 wurde in diesem Therapiebereich mit rund 52 Milliarden US-Dollar der mit Abstand größte Umsatz erreicht, gefolgt von Blutfettsenkern mit 35,28 Mrd. Dollar und dann Atemwegswirkstoffen (33,6 Mrd.) (104).

Folgend dargestellt die weltweit jahresumsatzstärksten Pharmafirmen, ihre anteiligen Ausgaben für Forschung und Entwicklung und jeweils die drei umsatzstärksten Medikamente im Jahr 2011. Anschließend aufgezählt einige Kommentierungen zu den deutlich gewinnorientierten Machenschaften der Pharmaindustrie, alle jeweils mit Quellangaben. Diese Auflistung ließe sich noch beliebig erweitern und beweist, dass es nicht nur *aus der Luft gegriffene Behauptungen* sind (105).

2012 Rank	Company HQ [website]	2011 Rx Sales (USD billions)	2011 R&D spend (USD millions)	2011 Top-Selling Drugs [USD billions]
1	Pfizer New York [pfizer.com]	$57.7	$9,112	Lipitor [9.6] Lyrica [3.7] Enbrel [3.7]
2	Novartis Basel, Switzerland [novartis.com]	$54.0	$9,100	Diovan/Co-Diovan [5.7] Gleevec/Glivec [4.7] Lucentis [2.1]
3	Merck Whitehouse Sation, NJ [merck.com]	$41.3	$8,467	Singulair [5.5] Januvia [3.3] Remicade [2.7]
4	Sanofi Paris, France [sanofi.com]	$37.0	$6,007	Lantus [5.0] Lovenox [2.7] Plavix [2.6]
5	Roche Basel, Switzerland [roche.com]	$34.9	$7,862	MabThera/Rituxan [6.4] Avastin [5.6] Herceptin [5.6]
6	GlaxoSmithKline Brentford, England [gsk.com]	$34.4	$5,822	Seretide/Advair [7.8] Fixotide/Flovent [1.3] Advodart [1.2]
7	AstraZeneca London, England [astrazeneca.com]	$33.6	$5,033	Crestor [6.6] Seroquel [5.8] Nexium [4.4]
8	Johnson & Johnson New Brunswick, New Jersey [jnj.com]	$24.4	$5,138	Remicade [5.5] Procrit/Eprex [1.6] Risperdal [1.6]
9	Abbott Abbott Park, Illinois [abbott.com]	$22.4	$4,129	Humira [7.9] Trilipix/TriCor [1.4] Kaletra [1.2]
10	Eli Lilly Indianapolis, Indiana [lilly.com]	$21.9	$5,020	Zyprexa [4.6] Cymbalta [4.2] Alimta [2.5]

Sources: corporate data (10K's, annual reports, etc.) and *Pharm Exec* estimates   N/A = Not Available/Not Applicable   * Estimate   Figures are rounded

How the listings were compiled: Companies in the Pharm Exec 50 are ranked according to global human prescription drug sales. That includes generics, vaccines, and blood fractionation products. As far as possible we have excluded OTC products, hospital supplies such as IV fluids, contract manufacturing, and royalty revenue. Whenever possible, we have taken figures from companies' annual reports and SEO filings. As needed (and especially in the case of privately held companies), we have supplemented these documents with figures from IMS and EvaluatePharma, press coverage, and other sources. All figures represent the fiscal year that ended in 2011. For most American and European companies, that means the year ending December 31, 2011. For many Japanese companies, we used the fiscal year ending March 31, 2011. Foreign currencies were converted using the average midpoint interbank rate for the month following the end of the fiscal year. In a handful of cases we have had to use estimates. These are noted with an asterisk.

– Eine kanadische Studie aus dem Jahr 2007 ergab, dass US-Pharma-unternehmen mehr Geld für Werbung ausgeben als für Forschung – im Jahr 2004 wurden 39,3 Mrd. € in Werbemaßnahmen, 21,5 Mrd. € in Forschung und Entwicklung investiert. Als Quellen führen sie

Marktforschungsinstitute sowie die amerikanische National Science Foundation an (106).

- Eine Dokumentation von *Frontal 21* des ZDF vom 8. Dezember 2008 („Das Pharma-Kartell") kritisiert Pharmafirmen, die zu Lasten von Patienten Profitinteressen verfolgen. Es würden Nebenwirkungen von Medikamenten verschwiegen, *Selbsthilfegruppen* durch Finanzierung beeinflusst und Politiker, Ärzte und Heilberufe mit Gefälligkeiten umworben (107).

- Dass Pharmakonzerne bezüglich ihres Vertriebes nicht immer sauber arbeiten, zeigen hohe Strafzahlungen, insbesondere in den USA. Nach Angaben des Handelsblattes kündigte der Pharmakonzern GlaxoSmith-Kline zusätzliche Belastungen von 400 Millionen US-Dollar (312 Millionen Euro) in Folge von Ermittlungen wegen unerlaubter Vertriebsmethoden an. Die großen Pharmaunternehmen Pfizer und Eli Lilly hatten bereits zuvor hohe Rückstellungen angekündigt. Pfizer hat einem Vergleich zugestimmt, in dessen Rahmen eine Rekordbuße von 2,3 Mrd. $ bezahlt werden muss. Gegen Eli Lilly wurde im Januar 2009 eine Buße von 1,4 Mrd. $ verhängt (108).

- Die EU-Kommission wirft der forschenden Pharmaindustrie vor, die Einführung preiswerterer Generika in der Europäischen Union zu verzögern oder gar zu blockieren.

Der Einfluss der Pharmaunternehmen auf die Medizin und die akademische Pharmaforschung wird von einigen Kritikern als problematisch angesehen (109), (110).

- Interessenskonflikte (Befangenheit) sind in der akademischen Forschung keine Seltenheit und können die Integrität der Forschung in Frage stellen (111), (112).

Mit welchen teils illegalen Machenschaften die Pharmariesen vorgehen, kann ich Ihnen hier nur stichpunktartig aufzeigen. Eine sehr schöne Abhandlung darüber finden Sie in den sehr fleißigen, aufwändigen und teils gefährlichen Recherchen der beiden Journalisten Caroline Walter und Alexander Kobylinski in ihrem 2010 erschienenen Buch „*Patient im Visier*" (113), das ich Ihnen zu lesen nur ans Herz legen kann. Darin werden Sie auch wieder auf die bereits erwähnten Personen Birgit Fischer, ehemalige NRW-Gesundheitsministerin, jetzt Vorstand im Verband der forschenden Arzneimittelindustrie (VfA) und Jorgo Chatzimarkakis (mittlerweile nicht mehr Dr.), Angehöriger der FDP-Fraktion im EU-Parlament, stoßen.

Einige umwerfende Beispiele aus eigenen Nachforschungen und Erfahrungen und den Eröffnungen der oben genannten Journalisten möchte ich Ihnen folgend skizzieren:

Werbung zielt immer auf diejenigen, die das Geld für den beworbenen Artikel bezahlen sollen, beziehungsweise auf diejenigen, die die Zahlung des Geldes für den beworbenen Artikel initiieren können. Für medizinische Gerätschaften, beispielsweise ein Sonographie-Gerät, wäre es also Unsinn, den damit zu diagnostizierenden Patienten zu bewerben. Hier wird natürlich versucht, den Mediziner selbst vom Produkt zu überzeugen.

Bei Medikamenten verhält es sich da etwas anders. Hier ist der Patient Endverbraucher und Werbeziel. Grundsätzlich muss man jedoch zwei Medikamentenarten unterscheiden. Zum einen sind das die freiverkäuflichen, die also ohne vom Arzt rezeptiert werden zu müssen über den Ladentisch der Apotheken gehen. Das sind die sogenannten OTC-Präparate (over the counter). Zum anderen solche, die in der Apotheke *nur* gegen ein ärztliches Rezept herausgegeben werden dürfen und deren Kosten von den gesetzlichen Krankenkassen getragen werden. Letztere Präparate bedürfen einer ärztlichen Indikationsstellung, da sie teils erhebliche Nebenwirkungen haben können und somit nicht der meist fachunkundigen Beurteilung des Bürgers überlassen werden dürfen.

Noch bis vor Inkrafttreten eines weiteren „Reförmchens", nämlich des Gesetzes zur Modernisierung der gesetzlichen Krankenversicherung, kurz GKV-Modernisierungsgesetz, machten die OTC-Präparate in Deutschland noch knapp die Hälfte des Umsatzes der Pharmazeutischen Industrie aus. Seit dem 1.01.2004 übernehmen die Krankenkassen deren Kosten nicht mehr und prompt sank der Umsatz auf nur noch einen Anteil von etwa 20 %, was in 2010 angeblich einem Umsatz von etwa 5,65 Milliarden Euro entsprach. Allerdings ist etwas mehr als jedes zweite Medikament, das in den Apotheken über den Ladentisch geht, rezeptfrei. Ein OTC-Produkt kostet durchschnittlich 8,20 Euro, ein rezeptpflichtiges

Medikament schlägt hingegen mit durchschnittlich 46 Euro zu Buche. Der OTC-Markt beeinflusst den Absatz des Pharmamarkts daher sehr viel stärker als dessen Umsatz (114).

Wie Sie erkennen, hat die Pharmabranche eigentlich *zwei* Zielgruppen. Erstens die Bürger, die die OTC-Präparate frei kaufen können, und zweitens die Ärzte, die ihnen über die rezeptierbaren Medikamente das Geld aus dem gesetzlichen Krankenversicherungstopf „freisetzen" können.

Als Leser sind Ihnen die Werbeauftritte für OTC-Präparate, zum Beispiel Thomapyrin®, Voltaren®-Salbe, Aspirin® und viele andere aus Zeitungsanzeigen, Fernsehspots, Postwurfsendungen, Radioeinblendungen, Internetauftritten und so weiter sicher zur Genüge bekannt. Was Ihnen weniger bekannt sein dürfte, sind Werbung zum Beispiel für ACE-Hemmer (Blutdrucksenker), Medikamente gegen Demenz, Morphinpräparate, Hormonspritzen und andere. Sie gehören ins Rezepturportfolio des Arztes und sind nicht vergleichbar mit den OTC-Rennern gegen Husten, Schnupfen, Heiserkeit. Um *diese* Präparate „an den Mann zu bringen", muss die Werbung beim Arzt ansetzen. Und so werden wir Mediziner, genau wie Sie, *zugemüllt* mit unendlich vielen dieser Präparate-Werbungen in unseren Fachzeitschriften, medizinischen Internetportalen, EDV-Software für Arztpraxen und Besuchen von „Pharma-Vertretern", die gebetsmühlenartig ihre Produkte anpreisen. Wo sie nur hinschauen, Werbung, Werbung, Werbung. Interessant, aber den Buchrahmen leider sprengend, wäre die Darstellung des *psychologischen Enterhakens*, mit dem Werbung Sie polarisiert. Werbung ist, wie es eine ehemalige Leiterin des Forschungslabors von General Motors einmal so prägnant formulierte, *„die organisierte Erschaffung von Unzufriedenheit"* (42 S. 61).

Ein sogenannter „Pharmareferent", unter uns Ärzten auch schon mal als „Klinkenputzer" bezeichnet – nicht abwertend, eher bemitleidend gemeint – erzählte mir einmal, dass er mich durch Vorgabe seiner Firma im Durchschnitt 5,8 Mal im Jahr aufsuchen muss, um mich für das zu vertreibende Präparat mit bunten Statistikbildchen, die die vergleichsweise überragende Wirksamkeit darstellen und kleinen Aufmerksamkeiten (Kalender, Kugelschreiber, USB-Sticks), die allesamt natürlich auch nur bedruckte Werbeträger sind, so rezeptierfreudig wie möglich zu machen. Wenn man zu den „umsatzinteressanteren Rezeptierern" zählt, werden auch Kongresskosten übernommen und, wie es mir widerfahren ist, man wird zu einem „Intensiv-Workshop zur Kommunikation in der Schmerztherapie" eingeladen. Hier verfolgt die Industrie das Ziel, Referenten zu gewinnen, die gewissermaßen als *neutrale* Fachärzte auf Medizinerveranstaltungen und Kongressen für deren Produkte werben. – Das habe ich *schriftlich* abgelehnt.

Zunehmend versucht die Pharmaindustrie jedoch, als wesentlich effektivere Methode, die Bürger *direkt* mit den verschreibungspflichtigen Medikamenten zu bewerben. Das ist in Deutschland verboten. Der Weg ist eigentlich der gleiche wie bei den OTC-Medikamenten, also auch über Internetauftritte, Zeitschriften und so fort. Der Trick, die „Autoren" dieser Plattformen sind nicht die Pharmaindustrie selbst, weil wie gesagt verboten, sondern zwischengeschaltete „Marketingfirmen" oder Zeitungsredaktionen, die dafür viel Geld verlangen, was sich natürlich auch wieder über den Medikamentenpreis amortisieren muss. Die eigentliche Pharmafirma tritt also nicht in Erscheinung. Für die Fälle, wo die Behörden es trotzdem schaffen, die Industrie für ihre unerlaubte Werbung zu bestrafen, haben die Firmen bereits im Vorfeld Geld zurückgelegt und in die Medikamentenverkaufspreise einkalkuliert, um die teils milliardenhohen Geldstrafen, jedenfalls so in den USA, *kaltlächelnd* zu bezahlen. Denn die Zeit, die bis zu einer rechtskräftigen Verurteilung und der Geldüberweisung verstreicht, bringt den Firmen in der Regel immer noch Millionen- und Milliardenüberschüsse durch die werbebedingt hohen Verkaufsmengen ihres Medikamentes. Im Rechtsstaat Deutschland muss die beklagte Pharmafirma zunächst abgemahnt werden, bevor weitere rechtliche Schritte erfolgen dürfen, mal abgesehen davon, dass die verhängten Geldstrafen hierzulande noch nicht einmal die Portokasse der Pharmagiganten belasten. Da es in Deutschland mehrere *Abmahnstellen* gibt, wo die eine von der anderen aber häufig nichts weiß, gründen Pharmafirmen zulässigerweise kurzerhand selbst einen „eingetragenen Abmahnverein e.V.", bestehend aus den gesetzlich vorgeschriebenen mindestens sieben Personen und mahnen sich kurzerhand selbst jedes neue Produkt ab. Dem offiziellen Bescheid treten sie dann mit der Begründung entgegen, dass man schon abgemahnt worden sei. Zweimal abgemahnt werden darf man hierzulande nämlich nicht.

Und noch ein anderer, ganz entscheidender Impuls, der von der pharmazeutischen Industrie ausgeht. Bei genauer Betrachtung definieren nämlich die Pharmaunternehmen, ob *Sie* als ein krank zu bezeichnender Mensch sind oder nicht. Das geschieht zum einen über *den* Weg, dass die Industrie natürlich mit ihrem großen Geldvermögen an fast allen Hebeln sitzt, um Sie und die Mediziner zu beeinflussen, zum Beispiel Sponsoring von Forschungsprojekten, versteckte Bestechung von Ärzten, Patientenmanipulation mit Werbekampagnen und so weiter. Zum anderen gibt es eine Strategie, die sich *„disease mongering"* nennt, was so viel bedeutet wie „Erfinden von Krankheiten". Hierbei werden den Bürgern anhand bestimmter Messwerte oder Verhaltensweisen – Sie erkennen wieder „unsere harten Daten" – die als Norm deklariert werden, Grenzen vorgegeben, ober- oder unterhalb derer sie als krank zu bezeichnen sind. Die Grenzen von Gesundheit und Krankheit sind weitgehend manipulierbar geworden. Im Grunde definiert *„das System"*, wer gesund und wer krank ist (115). Jahrzehntelang war der Bluthochdruck durch Messwerte ab 140 zu 90 mmHg festgelegt, bis eine *Prähypertonie* bereits ab Werten oberhalb 120 und oberhalb 80 mmHg eingeführt wurde. Ergebnis: Der Absatz von Medikamenten gegen hohen Blutdruck ging seitdem rasant in die Höhe.

Eine Überlegung am Rande: Es gibt in Deutschland dicke Menschen, dünne, große, kleine, dümmere, intelligentere, rothaarige, schwarzhaarige, blonde, Menschen mit hellerem oder dunklerem Hauttyp. Warum soll für all diese unterschiedlichen Menschen 120/80 mmHg gleichermaßen der einzig normale Blutdruck sein? Warum soll die Natur hier nicht auch eine Varianz vorgesehen haben? – Demnächst wird es vielleicht „Wachstumsblocker" geben, die das Längenwachstum auf die *Normgröße* von 180 cm für Männer und 170 cm für Frauen bremsen!?

Mit Cholesterinspiegeln und anderen Werten wurde ähnlich verfahren. Weitere Beispiele sind das *Metabolische Syndrom*, die *Dysfunktion der weiblichen Sexualität* oder die *Wechseljahre des Mannes*. Inzwischen hat sich eine Wertegläubigkeit festgesetzt, die zuerst auf *Zahlen* und dann erst auf das *Fühlen* setzt. Ohne großes Blutbild weiß eigentlich keiner mehr, wie es ihm geht!

Nicht nur Werte, auch die Menschen werden manipuliert. Die Industrie lässt es sich enorme Summen kosten, die Angst vor Krankheiten wachzuhalten und unsere Blicke auf immer neue Symptome zu lenken. So wird die Furcht der Menschen geschürt, dass irgendetwas mit ihrer Gesundheit nicht stimmen könnte, wenn sie zum Beispiel müde oder antriebslos sind. Unsere Körper und Körperempfindungen sind potentielle, manipulierbare Ansatzpunkte für den Absatz der Pharmaindustrie. Deren bedrohliches Potential ist, allen Menschen die Botschaft nahezulegen, dass sie medizinische Hilfe bräuchten. Vgl. (116), (117), (118), (42 S. 211).

Wichtige Ansatzpunkte der Werbung sind vor allem die Eitelkeit der Menschen: – Ich darf nicht „dumm" werden (Medikamente gegen Alzheimer), – ich muss „potent" bleiben (Medikamente gegen Erektionsschwäche), – ich muss „jung aussehen" (Antiaging-Mittel, Faltentherapeutika etc.) und viele andere mehr. Eine ganz wichtige Regel bei der Medikamentenwerbung dieser Marketingfirmen ist also, den Patienten über die negativen Einbußen seiner Krankheit zu ködern, nicht über das Medikament selbst. Von dessen Wirkmechanismen versteht der Laie sowieso nichts. Auch die Konditionierung und Assoziierung mit positiven Erinnerungen spielen eine große Rolle. So wird zum Beispiel unter dem Slogan *„Zweiter Atem – Leben mit Lungenkrebs"* vom ehemaligen, beliebten *Sportmoderator Dieter Kürten* für das Pharmaunternehmen Roche Pharma ein Medikament gegen Bronchialkrebs beworben. Dieter Kürten tourt mit einer Truppe durch Deutschland und zieht regelrechte Bühnenshows ab, die natürlich *gestellt* sind, auch die „Patienten" sind *gesunde* Laienschauspieler. Für die gleiche Firma moderiert *Dagmar Berghoff, Ex-Tagesschausprecherin* für ein Medikament gegen Bauchspeicheldrüsenkrebs in gleichem Marketing-Setting (*„Aus der Mitte – Diagnose Bauchspeicheldrüsenkrebs"*). – Ich möchte nicht wissen, wie viel Geld diese bekannten und eigentlich ehemals beliebten Fernsehmoderatoren dafür bekommen. – Viele Webseiten dazu lassen sich unter entsprechenden Suchwörtern aufrufen, in deren Impressum (dort ist angegeben, wer für die Inhalte verantwortlich ist und vor allem wer bezahlt) entweder die Firma La Roche, deren beauftragte Marketingfirmen oder von La Roche gesponserte Zeitungsredaktionen auftauchen. Auch viele andere bekannte Fernsehmoderatoren werden gerne von der Pharmaindustrie „gekauft". Persönlich erlebt habe ich zum Beispiel Nina Ruge und

Susanne Holst, die für Fortbildungsveranstaltungen der Pharmaindustrie moderierten.

Gefahren und Nebenwirkungen werden oft kriminell fahrlässig heruntergespielt, Hauptsache der *Umsatzrubel* rollt.

So ist es auch nicht verwunderlich, dass die am häufigsten beworbenen Medikamente diejenigen sind, die *nicht* heilen, sondern nur Krankheit und damit Leiden und Leben und damit Medikamentenumsatz verlängern, beziehungsweise erhöhen. – Vielleicht würde unser Organismus viele Krankheiten auch ohne Medikamente, Operationen und Spritzen allein überstehen, hätte man nur etwas mehr Geduld, beziehungsweise wäre nicht so industriegläubig. Man könnte schon fast von Hörigkeit sprechen. Eine gute Darstellung, wie der Mensch auch vielfach ohne die Pharmaindustrie auskommen könnte und die vor allem das „biopsychosoziale Modell" dem menschlichen Funktionieren zu Grunde legt, vermittelt Prof. Dr. Dr. Harald Walach in seiner Abhandlung *„Weg mit den Pillen"*. (102) Gerade in meinem Fachbereich, der Schmerztherapie, muss ich immer wieder konstatieren, dass selbst mit den stärksten uns zur Verfügung stehenden Schmerzmitteln viele Patienten nicht zu ihrer Zufriedenheit zu erreichen sind, sondern nur zusätzlich medikamentenbedingte Nebenwirkungen produziert werden, zu denen es natürlich wieder ein entsprechendes „Gegenmedikament" gibt. Ein Wort, ein Gespräch, haben in meiner Sprechstunde schon oft bessere Effekte erzielt.

Nach seriösen Schätzungen zweigt die Pharmaindustrie nur etwa 15 % ihres Gesamtumsatzes für die Forschung und Entwicklung neuer Arzneimittel ab, 30 bis 40 % fließen in Marketing und Werbung.

> *„Auch die übrigen Kosten, zum Beispiel für das Tablettenpressen oder Verpacken, belasten die Pharmafirmen kaum. Alle Herstellungskosten machen maximal 20 Prozent des Fabrikabgabepreises aus, (…). Häufig liegen sie tiefer."*
> *Vgl. (119).*

Der Rest wäre demnach der satte Gewinn, der sich in der Größenordnung von 20 bis 40 % bewegt.

Das „Klagen" der Industrie, dass die Erforschung und Entwicklung eines neuen Medikamentes sehr teuer sei und sich natürlich im Verkaufspreis des Präparates niederschlagen müsse, sollte man kritisch hinterfragen.

„Eine gute Versorgung mit Medikamenten liegt im öffentlichen Interesse. Deshalb wird Arzneimittelforschung öffentlich gefördert, z. B. durch Steuerermäßigung für Pharmaunternehmen, oder sie findet in öffentlichen Labors wie z. B. in Universitäten statt. Historisch hat sich dabei eine Aufgabenteilung entwickelt. Die öffentliche Forschung erarbeitet die grundlegenden Konzepte, die dann in der Industrie zur Anwendungsreife entwickelt und vermarktet werden. Dabei wird ein Tauschhandel zugrunde gelegt: Die Pharmaindustrie produziert nicht nur, sondern liefert der Gesellschaft auch neue Medikamente zur Verbesserung der Therapiemöglichkeiten. Dafür wird sie mit einem Patentschutz (120), (121) auf diese Medikamente belohnt. Für einen begrenzten Zeitraum hat ein Unternehmen das Monopol auf ein Medikament und darf es konkurrenzlos teuer verkaufen, um die Kosten für die Entwicklung wieder einzuspielen. Soweit die Theorie, die Realität sieht leider anders aus.

(...)

Obwohl viel Geld in die Entwicklung neuer Arzneimittel investiert wird, entspricht die weltweite Forschung nicht den vordringlichen Bedürfnissen der Menschen. Die Industrie hat andere Prioritäten. Viele Krankheiten werden vernachlässigt, weil sie keine Gewinne erwarten lassen. Forschungsergebnisse öffentlicher Labors werden nicht zu Medikamenten weiterentwickelt, weil das kommerzielle Interesse fehlt. Etliche neue Medikamente, die mit vielen Steuergeldern entwickelt wurden, sind patentiert und bleiben für die in Armut lebende Mehrheit der Weltbevölkerung unbezahlbar. Was nützt die beste Forschung, wenn die Ergebnisse nicht zu den Menschen gelangen? Die wirtschaftliche Verpflichtung eines Pharmaunternehmens, möglichst hohe Gewinne zu machen, steht in fundamentalem Widerspruch zum öffentlichen Gesundheitsinteresse. Deshalb müssen Wege gefunden werden, die Entwicklung neuer Arzneimittel von den wirtschaftlichen Zwängen der Pharmaindustrie abzukoppeln.

(...)

Was kostet Pharmaforschung wirklich? Hohe Kosten für die Entwicklung neuer Medikamente sind ein wichtiges Argument zur Rechtfertigung des Patentschutzes für Arzneimittel. Forschung ist nicht billig, aber die von der Pharmaindustrie immer wieder genannte Zahl von 800 Millionen US$ pro neuem Medikament hat wenig mit der Wirklichkeit zu tun. Ein genauerer Blick auf die Höhe der Entwicklungskosten kann lohnend sein. Nicht nur unser Gesundheitssystem kommt nicht zuletzt wegen explodierender Arzneimittelausgaben an die Grenzen seiner Leistungsfähigkeit. In armen Ländern ist der Zugang zu lebensrettenden Medikamenten bereits jetzt oft nur ein ferner Traum. Basis für die auch von der deutschen Industrie immer wieder als Argument gebrauchten Zahl von 800 Mio. US$ ist eine Studie der Tufts Universität in den USA. Eine Forschergruppe am Tufts-Center for the Study of Drug Development unter Leitung von DiMasi hat nach eigenen Angaben die einzige derartige Studie zu Forschungskosten durchgeführt. Das Center erhält übrigens den größten Teil seiner Mittel von der Pharmaindustrie. DiMasi hatte die direkten Ausgaben der Firmen pro erfolgreichem Medikament mit 403 Mio. US$ berechnet. Die doppelt so hohe Zahl von 800 Mio. US$ beruht auf einem umstrittenen Rechentrick: Was hätte man mit derselben Summe verdienen können, wenn man sie statt in die Pharmaforschung am Kapitalmarkt investiert hätte? Dieser Betrag wurde auf die tatsächlichen Ausgaben aufgeschlagen. Eine ziemlich kuriose Betrachtungsweise, ist doch das in die Medikamentenentwicklung gesteckte Geld selbst eine Investition in die Zukunft: Schließlich verdienen die Firmen mit neuen

Medikamenten anschließend oft Milliarden. Mindestens ebenso schwerwiegend ist der Einwand, dass DiMasi die Steuerersparnis nicht berücksichtigt. Denn die Firmen können die Forschungskosten von der Steuer absetzen. Das heißt in den USA: Von jedem Forschungsdollar fließt gut ein Drittel direkt wieder in die Firmenkasse zurück. Tatsächlich mussten die Firmen also für die von die DiMasi untersuchten Medikamente nur ca. 250 Millionen US$ aufwenden. Bereits die Vorgängerstudie der gleichen Autoren wurde vom Technikfolgenabschätzungsbüro (OTA) der USA scharf kritisiert. Neben der Auswahl der untersuchten Medikamente und dem fehlenden Abzug der Steuerersparnis monierte das OTA vor allem, dass die von der Industrie gelieferten Zahlen mangels Überprüfung zweifelhaft seien. Firmen, die den Zweck der Studie kannten, hätten die Kosten ohne jedes Risiko der Entdeckung zu hoch ansetzen können. Die Motivation, die Kosten zu überschätzen, sei nicht von der Hand zu weisen, so das OTA. Es gibt weitere Einwände gegen diese Studie: Untersucht wurden nur wirklich neue Wirkstoffe, die natürlich die relativ höchsten Kosten verursachen. Die machen aber in den USA nur gut ein Drittel der Neuzulassungen aus. Auch wurden nur Medikamente berücksichtigt, die die Firmen gänzlich allein entwickelt hatten. Ein durchaus untypisches Szenario. In vielen Medikamenten stecken staatliche Forschungsleistungen. Das gilt vor allem für die Entwicklung neuer Therapieprinzipien: Die erste Generation der AIDS-Medikamente z. B. entstand hauptsächlich in öffentlichen Forschungslabors. Erstaunlicherweise gab es bis 1968 in Deutschland keine Patente auf Arzneimittelwirkstoffe, andere Länder führten sie erst in den 1970er Jahren ein. Geforscht wurde trotzdem" (122).

Zudem werden nicht wenige Medikamente von kleineren Firmen oder universitären Forschungsabteilungen entwickelt, die die großen Firmen ausspionieren und dann einfach versuchen, abzukaufen, ohne selbst viel

Forschung dafür betreiben zu müssen. Auch kommt es häufiger vor, dass bestimmte, in den Handel gelangte Medikamente „Zufallsprodukte" sind, klassisches Beispiel dafür ist das Milliarden-Umsatz einbringende Potenzmittel „Viagra" (jährlicher Umsatz für die Firma Pfizer etwa 1,8 Milliarden Euro). Der darin enthaltene Wirkstoff Sildenafil wurde in den 1980er Jahren gegen eine Erkrankung der Herzkranzgefäße getestet. Die potenzsteigernde Wirkung entdeckten die Ärzte erst bei Patiententests. (…) Pfizer habe daraufhin das Potential von Sildenafil erkannt – und die Anwendung geändert. *Diese Vorgehensweise ist typisch für die Branche: „Die Industrie entwickelt häufig ein Medikament und sucht dann dafür eine Krankheit"*, sagt Stefan Etgeton vom Bundesverband der Verbraucherzentralen. (…) Für den Gesundheitsexperten Glaeske ist das ein Zeichen dafür, wie sehr die Pharma-Branche jenseits von Krankheiten mit lukrativer Lebenshilfe Geld verdienen will. *„Wünsche werden über die Pillendose befriedigt"*, sagt Glaeske. Es gehe darum, *„immer jung, immer fit, allzeit bereit"* zu sein (123).

Milliarden verdienen die Pharmafirmen auch mit fragwürdigen Innovationen. Dabei verändern Firmen ein Medikament, dessen Patentschutz (121) abgelaufen ist, nur marginal – etwa in der Molekülstruktur. Darauf melden sie dann ein neues Patent an. So versuchen sie, Mittel teuer zu verkaufen, bei denen bezweifelt werden kann, ob sie einen Zusatznutzen bieten.

Zum Verständnis: Ein neues Medikament wird in der Regel von einer bestimmten Firma erstmals auf den Markt gebracht. Da diese Firma in der Regel höhere Anfangskosten bis zur Marktetablierung des neuen Präparates aufbringen muss, zum Beispiel Kosten für Entwicklung, zeitaufwändige Zulassungsverfahren und anfängliche Werbekosten, gesteht das Gesetz dieser Firma den sogenannten Patentschutz zu, das bedeutet, dass während der Patentlaufzeit von 20 Jahren ab Patentanmeldung anderen die Nutzung der durch das Patent geschützten Erfindung für gewerbliche Zwecke untersagt ist. Die Exklusivität der wirtschaftlichen Nutzung beträgt bei Arzneimitteln wegen der langen Dauer bis zur Markteinführung jedoch nur etwa 8–10 Jahre. Für diese Zeit hat die Herstellerfirma dann aber das Preismonopol, das sie in der Regel auch weidlich ausschöpft.

Die Umsätze in dieser Zeit erzielen oft das Mehrfache der gesamten Entwicklungs- und sonstigen Etablierungskosten. Nach Ablauf des Patentschutzes ist es dann auch anderen Firmen erlaubt, das gleiche Präparat unter anderem Namen zu vertreiben. Das sind dann die Ihnen sicherlich alle bekannten Bezeichnungen, die vorangestellt den Genericumbegriff, also den Wirkstoff der Tablette, und dahinter in der Regel den Herstellernamen tragen.

Ein meines Erachtens zutreffendes Beispiel aus meinem Fachbereich ist das Originalpräparat Oxygesic®, das von der Firma Mundipharma im Jahre 1998 erstmals auf den deutschen Markt gebracht wurde. Es ist ein retardiertes Morphinpräparat gegen starke Schmerzen. Der schmerzlindernde Wirkstoff der darin enthalten ist, ist das bereits seit 1916 bekannte „Oxycodon", damals noch unretardiert unter dem Namen Eucodal® auf dem Markt und wegen Abhängigkeitsproblematiken 1990 vorübergehend aus dem Handel genommen. Nachdem der Patentschutz für Oxygesic® im Jahre 2007 abgelaufen war, verkauften es auch viele andere Firmen, wie zum Beispiel „betapharm" unter dem Namen Oxycodon-beta, die Firma „Hexal" unter Oxycodon-Hexal, die Firma „ratiopharm" unter Oxycodon-ratio und so weiter. Insgesamt sind es mittlerweile 17 Firmen, die das ursprüngliche Oxygesic® unter ihrer eigenen Flagge verkaufen. Der Preis für den gleichen Wirkstoff betrug bei den auch als „Nachahmerfirmen" bezeichneten Herstellern im Februar 2013 für 100 Tabletten mit 10mg Wirkstoffinhalt zwischen 110,42 € und 110,57 €. Vom sogenannten „Originalhersteller Mundipharma" kostet es aber 158,87 €, ist also etwa 30 % teurer. Selbst wenn Unterschiede in der Wirkstärke bestehen sollten, und man das Generikum höher dosieren müsste, wäre der Preisunterschied immer noch sehr deutlich.

Nach Ablauf des Patentschutzes für Oxygesic® sank erwartungsgemäß wegen des *Arzneimittel-Budgetdrucks* der Ärzte dessen Verschreibungshäufigkeit. Daraufhin brachte Mundipharma ein „neues" Präparat namens Targin® auf den Markt, das die gleiche Indikationsstellung hat. Der Wirkstoff darin ist weiterhin das bekannte Oxycodon. Nur hatte man es diesmal mit dem Zusatzstoff „Naloxon" gemischt, ebenfalls einer uralt bekannten Substanz, die die Oxycodon-bedingte Darmträgheit beheben sollte. Aus eigener, praktischer Erfahrung und Rezeptierung kann ich nur sagen, der diesbezügliche Effekt ist recht dürftig und wiegt mit seinem stolzen, natürlich wieder unter Patentschutz stehenden Preis von ebenfalls 158,87 € (für 100 Tabletten mit je 10 mg Wirkstoff) den beworbenen Vorteil nach meiner persönlichen Einschätzung *nicht* auf. Alternativ kann man billiger ein generisches Oxycodon zusammen mit einem Abführmittel verordnen. Aber auch hier versucht die Industrie manipulierend gegenzuregulieren, indem sie zum Beispiel der „Deutschen Gesellschaft für Schmerztherapie", gegen die Einräumung von Reklamerechten für Targin® in und auf der Rückseite ihrer Verbandszeitschrift vermutlich gutes Geld zahlt.

Die fixe Kombination eines Opiates mit Naloxon ist übrigens aus Gründen gegen den Missbrauch bereits seit vielen Jahren bei dem Medikament Valoron® oder Tilidin etabliert, ist im Grunde also nichts patentwürdig Neues.

Der Pharmakologe Prof. Dr. Ulrich Schwabe, ehemals Vorsitzender der Kommission des Institutes für die Arzneimittelverordnung in der Gesetzlichen Krankenversicherung, ermittelte durch solche Scheininnovationen unnötige Ausgaben der Kassen in Höhe von 1,7 Milliarden Euro pro Jahr. Mit eben diesen Scheininnovationen beschäftigt sich intensiv auch das **I**nstitut für **Q**ualität und **W**irtschaftlichkeit **i**m **G**esundheitswesen (IQWiG). Es untersucht die Mittel aber nicht selbst, sondern wertet die vorhandenen Studien aus. Alles ist dem Institut aber leider nicht zugänglich, denn die Pharmaunternehmen sind – wie gehört – nicht verpflichtet, negative Studien zu veröffentlichen.

Die Kosten für Arzneimittel in Deutschland steigen ständig. Im Jahr 2008 gab die gesetzliche Krankenversicherung (GKV) 29,2 Milliarden Euro für die Verordnungen rezeptpflichtiger Medikamente aus. Für 2009 wurde damals eine weitere Steigerung um mehr als fünf Prozent erwartet – trotz aller Sparbemühungen im Gesundheitswesen. Wie schaffen es die Pharmafirmen, alle politischen Initiativen fast unbeschadet zu überstehen?

In der Mehrzahl der Staaten der Europäischen Union entstehen Arzneimittelpreise durch eine gesetzliche Preisbindung. Deutschland zählte bis 2012 zu den drei Ländern, in denen es *keine* Preisregulierung für Arzneimittel gab. Das führte dazu, dass die Unternehmen in Deutschland wesentlich mehr verlangten als anderswo.

Der Autor des Arzneiverordnungsreports, Ulrich Schwabe, nennt ein Beispiel: die neue Impfung gegen Gebärmutterhalskrebs. In den USA kosten die beiden nötigen Impfstoffe für die Grundimmunisierung 247 Euro, in Deutschland blättern die Kassen dafür 477 Euro hin. Aber auch die im Vergleich zum Original günstigeren Nachahmerprodukte, die Generika, kosten zu viel. Hätten wir bei patentgeschützten Arzneien dieselben Preise wie in den USA, so Schwabe, würde die GKV 420 Millionen Euro sparen. Wären die Mittel so günstig wie in Großbritannien, läge der Spareffekt sogar bei 3,4 Milliarden Euro.

Mit dem **Arzneimittelmarkt-Neuordnungsgesetz** (AMNOG) gilt für Deutschland erst seit 2012 eine neue Preisfindungsregel für neue Arzneimittel. Danach verhandelt der GKV-Spitzenverband mit den Arzneimittelherstellern über Rabatte auf den Listenpreis neuer Medikamente, den das Unternehmen zuvor selbst festgelegt hat. In den zwölf Monaten vor den Verhandlungen gilt jedoch zunächst noch der vom Hersteller festgelegte Preis. Vgl. (124), (125).

Ein scharfer Kritiker der gewinnorientierten Pharmaunternehmen war übrigens Prof. Dr. Peter Sawicki, bis August 2010 Präsident des IQWiG, der dafür eintrat, *„nur noch solche Arzneimittel zur öffentlichen Erstattung zu empfehlen, die auch klinisch wirksam genug sind, ein akzeptables Nebenwirkungsprofil und vernünftige Preise haben. Sawicki hat eine kurze Zeit lang ziemlich viel bewegt und ist dann über eine vergleichsweise banale Affäre gestolpert, indem er offenbar irgendwelche Dienstwagen nicht ordnungsgemäß bestellt hatte. Es fehlte nicht an Mutmaßungen, die suggerierten, diese Affäre sei nur ein Vorwand für die Politik gewesen, um einen der Pharmaindustrie extrem unangenehmen und gefährlichen mächtigen Mann ruhigzustellen, der ansonsten völlig unbescholten war."* Vgl. (102 S. 201), (126).

Experten fordern seit Längerem zentrale Preisverhandlungen mit den Herstellern. Damit sollte der Gesetzgeber eine Institution des deutschen Gesundheitswesens betrauen und dabei sollte ein internationaler Preisvergleich maßgeblich sein.

Dass das geht, zeigt das Beispiel Schweiz:

Die Schweiz hat es laut Schwabe geschafft, den Ursprungspreis für die Impfung gegen Gebärmutterhalskrebs von 546 Euro fast zu halbieren. Nach Verhandlungen mit den Kantonen verlangt der Hersteller nun nur noch 314 Euro. Im Rahmen der obligatorischen Krankenversicherung gemäß dem Schweizer Bundesgesetz über die Krankenversicherung (KVG) wird ein verschreibungspflichtiges Arzneimittel nur dann erstattet, wenn es vom Bundesamt für Gesundheit (BAG) in die Positivliste (Spezialitätenliste) aufgenommen wurde (SR832.10, Stand 1. Januar 2008). Arzneimittel, die nicht in der Positivliste geführt werden, müssen die Patienten selbst bezahlen oder werden ihnen von einer freiwillig abgeschlossenen Zusatzversicherung vergütet.

Das Pharmaunternehmen schlägt einen Preis für das neue Arzneimittel in einem Antragsverfahren vor. Die Preisfestsetzungskommission des BAG prüft den von den Firmen beantragten Preis, indem sie diesen mit dem Preis eines bereits vorhandenen, ähnlichen Medikamentes (Preisermittlung durch therapeutischen Quervergleich) sowie mit dem Preis des gleichen Medikamentes in Referenzländern vergleichen. Berücksichtigt werden dabei die Herstellerabgabepreise von im Pharmabereich wirtschaftlich mit der Schweiz vergleichbaren Ländern. Dieser so genannte Länderkorb umfasst derzeit Dänemark, Deutschland, Großbritannien und die Niederlande. Darüber hinaus berät das BAG subsidiär die Preise der Nachbarländer Frankreich, Italien und Österreich, wenn ein Medikament nur in einem Teil des Länderkorbs auf dem Markt eingeführt wurde oder wenn große Preisdifferenzen zwischen den einzelnen Ländern festgestellt wurden (Interpharma 2007). Das pharmazeutische Unternehmen ist verpflichtet, dem BAG regelmäßig die Preise des betreffenden Arzneimittels im Ausland mitzuteilen. In der Regel ist der Preis eines auf der Positivliste geführten Präparates bis zum Ablauf der Patentlaufzeit von maximal 15 Jahren *nicht* fest fixiert. Der Patentschutz ist demnach *kein Preisschutz*.

Gesetzliche Krankenkassen und andere KdöR

Anzahl der Krankenkassen

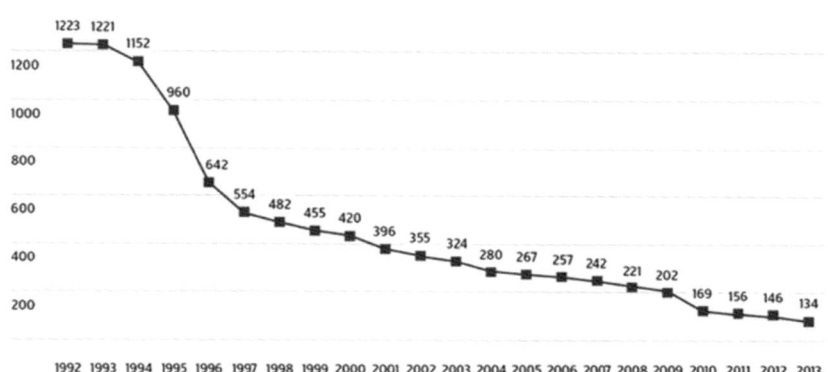

Darstellung: GKV-Spitzenverband; Quelle: GKV-Spitzenverband; Stichtag: 1. Januar

(127)

Im Kapitel „Das System der gesetzlichen Krankenversicherung" hatte ich bereits ausgeführt, dass die gesetzlichen Krankenkassen mit den Einnahmen der Krankenversicherungsbeiträge im sogenannten *Umlageverfahren* die Kosten für Leistungen zur medizinischen Versorgung ihrer Versicherten bestreiten. *Neben* den Kosten der medizinischen Versorgung müssen die Versichertenbeiträge aber auch für die Aufrechterhaltung der *Verwaltungsstrukturen* der Kassen herhalten.

Früher hat jede gesetzliche Krankenkasse für sich allein die Krankenversicherungsbeiträge von den bei ihnen Versicherten eingezogen, verwaltet und war in der Festlegung ihres Beitragssatzes autark. Deshalb war es für die einzelne Krankenkasse erstrebenswert,

a) möglichst viele Versicherte zu akquirieren und

b) darunter möglichst viele Gesunde.

Der Grund: Viele gesunde Versicherte bringen viele Versichertenbeiträge und verursachen aufgrund ihres geringen Krankenstandes wenig Kosten. Man konnte die Beiträge niedrig halten und trotzdem für die Verwaltungsstruktur mehr Geld abzweigen. – Bitte behalten Sie im Hinterkopf: Gesetzliche Krankenkassen sind sogenannte Körperschaften des öffentlichen Rechts (KdöR). Sie unterstehen zwar der Aufsicht des Bundesgesundheitsministeriums, sind jedoch „outgesourcete" Staatsinstitutionen, die sich selbst verwalten, sich ihre internen Regularien selbst schaffen, und dazu gehören auch deren interne Gehaltsstrukturen. Diesbezüglich werde ich Ihnen etwas später in diesem Kapitel einmal die Krankenkassen-Vorstandsgehälter auflisten, woran Sie, lieber Leser, festmachen können, was Sie bei ihrer Berufswahl vielleicht falsch gemacht haben.

Die Beitragssätze der verschiedenen gesetzlichen Krankenkassen waren aufgrund der Inhomogenität ihrer Versichertenklientel recht unterschiedlich und konnten so teils um mehrere Prozent differieren. Es war also nicht verwunderlich, dass viele Betriebe ihre eigenen Betriebskrankenkassen gründeten, die sogenannten BKKs. Hierin waren in der Regel arbeitende, also relativ junge Menschen mit ihren Familien versichert. Alte und chronisch Kranke waren in diesen Kassen in der Minderheit. So gab es 1970 insgesamt 1.815 gesetzliche Krankenkassen, davon waren allein 1.119 BKKs. Im Rahmen der zunehmend wirtschaftlichen Konkurrenz vieler Unternehmen und der seit 1996 neuen politischen Vorgabe der freien Krankenkassenwahl für jeden Bürger sank bis zum Jahr 2013 die Zahl der BKKs auf nur noch 109, ein Minus von *über 90%* (!) und die Gesamtzahl aller Krankenkassen auf nur noch 134, ein Minus von fast 93%, woran allein die BKKs einen Anteil von etwa 60% hatten (127), (128), (129), (130).

Am 1. April 2007 wurde eine „erneute Gesundheitsreform" namens GKV-Wettbewerbsstärkungsgesetz („kurz" GKV-WSG) verabschiedet. Einzelne Elemente dieser Reform traten zu unterschiedlichen Zeitpunkten in Kraft. Insbesondere durch die am 1. Januar 2009 erfolgte „Scharfschaltung" des Herzstücks dieser Reform, *den Gesundheitsfonds*, wurde die bisherige Autonomie der Krankenkassen untergraben. Mit dem *Gesundheitsfonds* wurde nämlich ein einheitlicher Krankenkassenbeitragssatz von 15,5% für alle Beitragszahler etabliert. Geplant war weiterhin, die Krankenkassenbeiträge durch eine einzige, staatliche Zentrale einziehen zu lassen, statt weiterhin dezentral durch die einzelnen Krankenkassen.

Der Bund bezuschusst diese Einnahmen noch mit Steuergeldern von bis zu 14 Mrd. Euro (zunächst bis zum Jahr 2014), der insbesondere fehlende Beiträge für Rentner und Arbeitslose auffangen soll. So flossen im Jahr 2012 rund 190 Milliarden Euro in den Gesundheitsfonds. Den Krankenkassen wird zur Versorgung der bei ihnen Versicherten aus diesem Fonds dann ein fester Betrag je Versichertem zugeteilt. Dieser setzt sich zusammen aus einem für alle gleichen Grundbetrag zuzüglich einem Risikozuschlag je nach Alter, Geschlecht und bestimmten Krankheitsmerkmalen, dem sogenannten Morbi-RSA (**morbi**ditätsbezogener **R**isiko**s**truktur**a**usgleich).

Man wollte Bürokratie abbauen, eine gerechtere Finanzierung erreichen, die Krankenkassen mehr unter Wettbewerbsdruck setzen und damit mehr Effizienz in der Krankenversorgung ermöglichen (131).

Die gesetzlichen Krankenkassen wetterten jedoch lautstark gegen diese neue Reform und konnten zumindest den ursprünglichen Plan der Regierung, die Beiträge direkt von den versicherten Bürgern in den Fonds einzahlen zu lassen, mit Unterstützung der Dienstleistungsgewerkschaft *Ver.di* vorläufig abwehren. Experten berechneten nämlich, dass durch den angedachten Direkteinzug unmittelbar mindestens 30.000 Arbeitsplätze bei den Krankenkassen wegfielen (132). Somit werden die Beiträge weiterhin – aus betriebswirtschaftlicher Sicht völlig unlogisch – von den einzelnen Krankenkassen eingezogen, die diese dann sofort (noch am gleichen Tag) dem Gesundheitsfonds zuführen müssen. Der überweist sie dann wieder – in berechneter Höhe – an die Krankenkassen zurück (133). – Kann man sich ein umständlicheres Verfahren vorstellen?

Hier wird eindeutig Geld zweckentfremdet, das eigentlich der medizinischen Versorgung vorbehalten sein soll. In meinen Augen ein typisches Beispiel für einen deutschen „Verwaltungskropf".

Dazu fällt mir folgend geschilderter (fiktiver) Vorgang ein:

Sie gehen mit 100 € zum Bankschalter und tauschen sie gegen Schweizer Franken. Sie bekommen dafür nicht 121 Fränklis wie die Kurstabelle angibt (Kursdatum Sep. 2012), sondern der freundliche Banker behält pauschal 5 € *Bearbeitungsgebühr* ein (Aussage bei der Commerzbank im September 2012). Das macht dann als Auszahlungsbetrag nur noch

114,95 Schweizer Franken. Wenn sie nun diese nicht anderweitig ausgegebenen Fränklis wieder in Euro überführen möchten, dann nimmt der immer freundlicher werdende Banker dafür erneut 5 € Bearbeitungsgebühr. Sie erhalten von den 114,95 Schweizer Fränkli also nicht 95,13 €, sondern nur noch 90,13 €. – Schon hier erkennen Sie, dass, obwohl von dem Geld keinerlei Ware den Besitzer wechselt, die ursprünglichen 100 € einen immensen Kaufkraftverlust erfahren, der einzig und allein auf *Verwaltungstätigkeit* des netten Bankangestellten zurückzuführen ist. Sie können das Spiel übrigens treiben, bis die ursprünglichen 100 € durch *Verwaltungstätigkeit* bis auf 0,- € reduziert sind, *ohne* dass Sie auch nur irgendetwas für Ihr Geld bekommen haben.

An dieser Stelle sei ein weiterer Gedankengang erlaubt:

Die deutschen Bürger zahlen Steuern, um damit die Infrastruktur ihres Landes, auch Arbeitsplätze, aufrecht zu erhalten. Sie zahlen *daneben* Krankenkassenbeiträge, um ihre medizinische Versorgung sicherzustellen. Einen gewissen Verwaltungskostenanteil von diesen Kassenbeiträgen zu investieren, erachte ich als durchaus legitim. Wenn ich nun erkenne, dass zum Beispiel 30.000 Arbeitsplätze in dieser Verwaltung völlig unnötig sind, kann ich durchaus nachvollziehen, dass die Gesellschaft eine soziale Verpflichtung hat, diesen betroffenen Menschen weiterzuhelfen. Darf das dann aber zu Lasten *des* Geldes gehen, dass

a) eigentlich *nur* für die gesundheitliche Versorgung gedacht ist

und

b) *nur* die gesetzlich Krankenversicherten zahlen müssen?

Wäre die Sicherung dieser Arbeitsplätze nicht die soziale Verpflichtung *aller* deutschen Bürger, also auch der *Privatversicherten und Beamten*? Müsste dieses Geld nicht von *Steuern* der Allgemeinheit bezahlt werden? Ferner sei die Überlegung erlaubt, ob man willige und „rentennahe" Verwaltungsangestellte der gesetzlichen Krankenkassen nicht frühzeitiger in den (verdienten?) Ruhestand entließe und breitgefächert ausgebildete Krankenkassenangestellte nicht in anderen Bereichen unterbringen könnte, um bereits damit sicherlich Kosten für die Krankassenbeitragszahler reduzieren zu können?

Im Verhältnis zu den Verwaltungskosten bei den gesetzlichen Krankenkassen von 9,44 Milliarden Euro im Jahr 2011 nehmen sich die Investiti-
onen mit „nur" 5 Millionen Euro im gleichen Jahr beim zusätzlich installierten Gesundheitsfonds aber noch recht zivil aus, wie ein Zitat aus der
Ärzte-Zeitung vom 24.08.2011 aufzeigt:

> *„Gesundheitsfonds: Verwaltungskosten drastisch gestiegen.*
> *Die Kosten für die Verwaltung des Gesundheitsfonds beim*
> *Bundesversicherungsamt (BVA) haben sich nach Angaben*
> *der bayerischen Betriebskrankenkassen von 2010 auf 2011*
> *nahezu verdoppelt, und zwar von drei auf fünf Millionen*
> *Euro" (134).*

Trotzdem kann man an der hier beschriebenen Kostensteigerung beim
Gesundheitsfonds bereits die nächste *Verwaltungs-Kostenwolke* sich ver-
dunkeln sehen. Tatsache ist auch, dass dieser Gesundheitsfonds durch den
jetzt doch beibehaltenen, dezentralen Einzug der Beitragsgelder durch die
einzelnen Krankenkassen nur eine zusätzliche Verwaltungsstruktur ist,
die einen weiteren Anteil *Ihrer* Krankenkassenbeiträge *ohne jede ge-
sundheitsversorgende Gegenleistung* einfach nur vernichtet.

Zur Thematik der Verwaltungskosten im Gesundheitswesen noch der
folgende Artikel aus Focus Money online (135):

> **„Warum die Verwaltungskosten explodieren**
>
> *Woher der Gesundheitsfonds seinen Ruf als bürokratisches*
> *Monstrum hat, ist auf den ersten Blick nur schwer nachvoll-*
> *ziehbar. Gerade einmal 21 Mitarbeiter, darunter Juristen,*
> *Wirtschaftswissenschaftler, Pharmazeuten und Programmie-*
> *rer, ein Mediziner und diverse Sachbearbeiter tragen dafür*
> *Sorge, dass in der gesetzlichen Krankenversicherung alles*
> *seinen geregelten Gang geht. Ein Schnäppchen für die Bei-*
> *tragszahler ist der Fonds aber trotz seiner schlanken Perso-*
> *nalstrukturen nicht. Im Gegenteil.*

Arbeiten und arbeiten lassen

Nach massiven Protesten von Gewerkschaften und Krankenkassen ist die Regierung zwar erst einmal von ihrem Plan abgerückt, zusammen mit dem Gesundheitsfonds auch einen zentralisierten Einzug der Beiträge einzuführen. Das hätte nach Schätzungen der Dienstleistungsgewerkschaft Ver.di bis zu 30.000 Stellen bei den gesetzlichen Krankenkassen gefährdet. Den größten Teil der Beiträge ziehen daher auch weiterhin die Kassen ein. Im Unterschied zu früher dürfen sie das Geld ihrer Mitglieder aber nicht mehr behalten, sondern müssen es noch am selben Tag an den Fonds abtreten. Für Rentner und Arbeitslose zahlt der Bund direkt in den Fonds ein. Zudem unterstützt er die GKV 2009 mit vier Milliarden Euro aus Steuermitteln.

Neben ihren alten Aufgaben erwartet die Kassen aber auch eine Menge zusätzliche Arbeit und Kosten. Da sie künftig die Möglichkeit bekommen, ihren Mitgliedern Zusatzprämien abzuverlangen oder Überschüsse zu erstatten, gilt es erst einmal, an die 50 Millionen Einzelkonten einzurichten und zu verwalten. Die Allgemeinen Ortskrankenkassen haben bereits ausgerechnet, welche Summen dank dieses bürokratischen Kunstgriffs fällig werden. Ergebnis: Die Verwaltung der Zusatzbeiträge über Einzelkonten kostet vermutlich an die 2,50 Euro pro Monat und Mitglied. Gesamtvolumen: bis zu 1,5 Milliarden Euro – oder 0,15 Prozentpunkte.

Auch säumige Zahler dürfen bleiben

Diese Summe erscheint den Verantwortlichen in Berlin deutlich zu hoch. Nach Informationen aus dem Ministerium könnte die Verwaltung des Zusatzbeitrags für „weniger als einen Euro" abgewickelt werden. Wer Recht hat, ist unklar.

Fest steht allerdings: Preistreiber sind die Einzelkonten für die Versicherten in jedem Fall. Und sie könnten sich potenzieren, wenn Mitglieder den Zusatzbeitrag nicht zahlen. „In diesem Fall muss die Kasse mit Mahnungen bis hin zur

Pfändung den Betrag eintreiben", warnt Gesundheitsökonom Peter Oberender. *„Auch das treibt die Kosten weiter nach oben, ohne dass die Kasse deshalb das Recht hätte, dem Mitglied zu kündigen."*

Im Gegensatz zu früher ist es seit Einführung des GKV-Wettbewerbsstärkungsgesetzes für eine Krankenkasse nun *nicht mehr* erstrebenswert, viele junge und gesunde Mitglieder zu haben, sondern neben einer möglichst hohen Zahl von Versicherten sind jetzt Kranke, insbesondere chronisch Kranke, ihr „lukratives Geschäft". Gerade Letztere generieren ihnen eine höhere Geldzuweisung aus dem Gesundheitsfonds.

Der Schweregrad der Krankheiten wird nach einer Kodierung durch die behandelnden Ärzte bestimmt. Dafür gibt es in Deutschland seit 1986 die sogenannte *Internationale statistische Klassifikation der Krankheiten und verwandter Gesundheitsprobleme* (*ICD*, engl.: **I**nternational Statistical **C**lassification of **D**iseases and Related Health Problems). Sie ist das wichtigste, weltweit anerkannte Diagnoseklassifikationssystem der Medizin und wird von der Weltgesundheitsorganisation (WHO) herausgegeben. Die an der vertragsärztlichen Versorgung teilnehmenden Ärzte und ärztlich geleiteten Einrichtungen sind laut § 295 Absatz 1 Satz 2 des Fünften Buches Sozialgesetzbuch (SGB V, Abrechnung ärztlicher Leistungen) verpflichtet, Diagnosen nach diesem ICD-10 in seiner aktuellen Fassung zu verschlüsseln (136).

Das erklärt Ihnen auch sofort, weshalb insbesondere die AOK in einigen Landesteilen in den letzten Jahren in die Schlagzeilen geriet. Krankenkassenmitarbeiter riefen nämlich einzelne Arztpraxen an oder suchten sie sogar persönlich auf, um dort diese Krankheitskodierung *im Sinne der Kassen* zu manipulieren, damit es für sie mehr Geld aus dem Gesundheitsfonds gab. Der Patient wurde auf dem Papier also kränker gemacht als er eigentlich war. Viele Kolleg(inn)en posteten das natürlich in die Öffentlichkeit und beklagten dieses unrechte „Upcoding", wie es genannt wurde. Die AOK ihrerseits trat dem natürlich entgegen und dementierte zwar nicht, die Arztpraxen tatsächlich diesbezüglich kontaktiert zu haben, allerdings sollte nur für ein „Rightcoding" gesorgt werden, da viele Codierungen wohl falsch gewesen seien. – Frage: Woher wussten die das eigentlich, die Diagnose stellen doch die Ärzte? – Eigenartig bleibt auch, dass solche Krankenkassenaktivitäten genau zu *dem* Zeitpunkt bekannt wurden, als die Geldzuteilung gerade von dieser Kodierung bestimmt werden sollte. Warum nicht schon früher? Da kann man jetzt diskutieren, wie man möchte. Ich denke, wie bei vielen Dingen wird auch hier die Wahrheit in der Mitte liegen, dass also sowohl teils falsch codiert wurde (weil dieser „Verwaltungskram" einem wirklich auf den … geht), als auch die Krankenkassen sicher nicht in korrektester Weise vorgegangen sind. Allerdings rückte eine Anfrage des Bundesversicherungsamtes im Sommer 2013 den Betrugsverdacht des „Upcoding" durch die gesetzlichen Krankenkassen wieder in den Mittelpunkt, als der Spitzenverband der Krankenkassen um Stellungnahme und Klärung bezüglich auffälliger Anstiege bestimmter Diagnosen bat.

> *„Amt: Krankenkassen tricksen mit Versicherten-Daten*
>
> *So muss beispielsweise eine BKK plausibel machen, warum in einem Jahr die Zahl der Herzinfarkte bei ihren Versicherten um mehr als 280 Prozent gestiegen ist, während sie durchschnittlich bei allen Kassen um weniger als ein Prozent in die Höhe ging" (137).*

Was derzeit (Anfang 2013) in der *Gerüchteküche* unter uns Ärzten brodelt, ist eine Planung der Krankenkassen, an diese ICD-Kodierung von vornherein festgelegte medizinische und Medikamenten-Verordnungen nach anerkannten Leitlinien zu knüpfen, die der Arzt dann mit der Diagnosestellung, beziehungsweise ICD-Verschlüsselung, nur noch auslösen kann. Behandlungsalternativen werden *nicht mehr* zugelassen. Hiermit stirbt die Individualität einer medizinischen Behandlung ganz. Das erinnert doch etwas an die Forschungen zu „robotergesteuerten" Operationen. – Spätestens dann würde ich allerdings dafür plädieren, dass die Ärzte tatsächlich Krankenkassenangestellte werden, ein festes Gehalt für eine feste Wochenarbeitszeit bekommen und die Praxiskosten auch von den „Kranken"kassen getragen werden. – Gibt es da nicht den Begriff „Planwirtschaft"?

Die häufigsten Motive, einen Mord zu begehen, sind Geld und Eifersucht.

Dass Geld bei unseren gesetzlichen Krankenkassen eine hohe Motivation entfacht, ist mehr als offensichtlich und, wie bei allen Menschen in der heutigen Zeit, eine natürliche Erscheinung. Und dass die Kassen eher den gegenteiligen Auftrag (und Interesse) haben, als Menschen zu ermorden, ist auch nachvollziehbar. Es gibt aber noch andere Wege, um an Geld zu kommen, die zudem *nicht* strafbar, sondern an gewisse Leistungen oder Einflussnahmen gekoppelt sind. Hier zu nennen sind beispielsweise *fleißige Arbeit, cleveres Kombinieren, Schnelligkeit und Medieneinsatz.*

Das Zauberwort für die Krankenkassen, ihre Mitgliederzahl zu steigern, um dadurch mehr Geld aus dem Gesundheitsfonds zu erhalten, heißt *Medieneinsatz,* beziehungsweise *„Werbung".*

Der Einsatz dieses Mittels ist irgendwo auch nachvollziehbar, denn wenn ich mit einem Produkt oder einer Fähigkeit aufwarten kann, müssen potentielle Kunden ja davon Kenntnis erlangen. Und da ist eine geeignete Werbestrategie über die Medien der beste Weg. Das beginnt mit Postwurfsendungen, wovon unsere Briefkästen regelmäßig überquellen, über Zeitungsinserate, Internetauftritte, bis hin zu Werbespots im Fernsehen. Unser Gehirn scheint für Werbung sehr empfänglich zu sein. Bei Werbefilmen der Automobilindustrie habe ich zum Beispiel immer den Eindruck, dass, wenn ich ein neues Auto kaufen würde, dieses nicht nur fast umsonst ist, sondern mir noch Geld vom Hersteller dazu gegeben wird. Diese Automobilwerbung trifft also ganz gut ihr Ziel.

Frage und Anmerkung: Welche Ware, welches Produkt aus dem medizinischen Bereich können Krankenkassen anbieten? Sie sind doch eigentlich nur *reine* Verwaltungsorgane, die aus eigener Kraft *keinem* Bürger *irgendetwas* anzubieten haben. Sie bedienen sich dazu jedoch – durch Gesetze autorisiert – Menschen mit medizinischen Fähigkeiten, die sie dann gleichsam als *ihre* Ware oder *ihr* Produkt anbieten. Diese Maklermentalität wiederum kostet Geld, *Ihr Geld, Ihren Krankenkassenbeitrag,* lieber Kassenpatient.

In meinen Augen hat Werbung durch gesetzliche Krankenkassen, die – wie offensichtlich ist – *nicht nur* auf deren Bekanntmachen abzielt, im Sozialwesen nichts zu suchen. Insbesondere vor dem Hintergrund des gesetzlich einheitlichen Beitragssatzes und der im SGB V festgelegten einheitlichen Leistungen.

Wenn Ihnen jemand etwas „gratis" anbietet, können Sie ihn getrost einer Lüge bezichtigen oder zumindest einem arglistigen Täuschungsversuch. Hinter *allem*, aber auch wirklich ausnahmslos allem, was Menschen anderen tun, antun oder geben, steckt ein egoistisches Motiv, meistens das seiner eigenen Vermögensvermehrung.

Ich sehe zum Beispiel in den ganzen Gesundheits- und Rückenschul-Programmen der gesetzlichen Krankenkassen nur Werbestrategie, die darauf abzielt, Mitglieder zu halten oder neue „einzufangen". Und Statistiken zu erstellen, die solche Programme als die besten, tollsten und effektivsten gegen Rückenschmerzen darstellen, ist heutzutage kein Problem. Ich hatte schon so manchen Rückenschmerzpatienten in meiner Sprechstunde sitzen, der ein solches „Programm" frustran durchlaufen ist. Da es sich um eine zeitlich begrenzte Therapiemaßnahme handelt und eine chronifizierte Rückenschmerzerkrankung durch solche „physiotherapeutischen Eintagsfliegen" in der Regel nicht zu beheben ist, halte ich so etwas von vornherein für zum Scheitern verurteilt. Denn darauf zu bauen, dass Patienten *Eigeninitiative* entwickeln und die erlernten Übungen dauerhaft selbst weiterführen – denn *das* ist hier das Entscheidende – könnten Sie damit vergleichen, einer Kuh versuchen beizubringen, täglich Purzelbäume zu schlagen. – Vordergründig sind das zwar akzeptable Angebote, hintergründig haben sie in meinen Augen aber immer erst den eigenen Vorteil im Blick. Oder glauben Sie im Ernst, dass Ihnen gesetzliche Krankenkassen ein Rückenschulprogramm anböten, dass für die Krankenkasse *keinen* Vorteil brächte? (Siehe wieder Kapitel „Egoismus ist der Antrieb jeglichen menschlichen Handelns".)

Die Legitimation zu diesen mittlerweile massiven Werbekampagnen nahm Ihren Ausgangspunkt vor allem mit dem Gesetz zur Stärkung des Wettbewerbs in der gesetzlichen Krankenversicherung (GKV-WSG). Nach dieser gesetzlichen Legitimation ist es durchaus verständlich, dass das Tier *„Mensch"*, hier in Gestalt der gesetzlichen Krankenkassen, sofort daran ging, ein *Feuerwerk* an Werbekampagnen zu eröffnen, dass in Silvesternächten an Deutschlands Himmel seines Gleichen sucht.

Zu den Werbemaßnahmen der gesetzlichen Krankenkassen folgend einige Beispiele der AOK. – Ich bitte an dieser Stelle um Entschuldigung bei dieser „Kasse", *eine* muss jetzt leider mal herhalten. Aber ich kann Ihnen versprechen, lieber Leser, alle anderen Krankenkassen agieren auch nicht viel anders:

Fast täglich wird derzeit in einer großen Tageszeitung von der AOK Rheinland/Hamburg im Kreis Düsseldorf eine sich über eine Viertel Seite erstreckende, mehrfarbige Werbung veröffentlicht. Ich nenne sie immer die „Vigo"-Reklame. Ein *einmaliges* Erscheinen dieser Anzeige kostet 15.792,- € + MwSt. = 18.792,48 € (Diese Information erhielt ich von der Anzeigenredaktion dieser *großen Tageszeitung* bereits im Frühjahr 2010 – solange wird sie mindestens schon *gedruckt* – und nochmals erhielt ich diese Aussage am 27.08.2012). Für wiederholtes Erscheinen, so wie es die AOK praktiziert, wird es mit einem entsprechenden Rabatt natürlich *viel billiger*.

Werbespots der AOK erscheinen auch in lokalen und überregionalen Fernsehsendern (eine Werbesekunde kostet 6,50 € zzgl. MwSt.) zum Beispiel in Cityvision Mönchengladbach – Auskunft eines dortigen Mitarbeiters). Bitte schauen Sie sich Länge und Häufigkeit der Werbeeinblendungen bei „Cityvision Mönchengladbach" an und überschlagen dann selbst, wie viel Zehntausende an Euro pro Monat dafür von Ihren Versicherungsbeiträgen „investiert" werden.

Ebenfalls die Internetauftritte der AOK unter www.aok.de, www.aok-mediathek.de, und www.vigo.de – sind nicht ganz billig.

Ein weiteres Desaster: Am 28.09.2012 sah ich zur besten Sendezeit im Vorspann zu den 20-Uhr-Nachrichten im Ersten Deutschen Fernsehen die Reklameeinblendung der AOK. Im Tarifrechner der ARD (138) wurden unter der „Werbeblocknummer 80 50 19 70 die Kosten für solch einen 20-sekündigen Werbeblock ausgewiesen mit 38.280 Euro (+ MwSt. versteht sich = 45.553,- Euro). Können Sie sich vorstellen, dass man von Ihren Krankenkassenbeiträgen in beispielsweise 200 Sekunden – oder anders ausgedrückt – für nur zehnmaliges Erscheinen dieses Werbespots eine halbe Million Euro (!) „durchlädt", nur damit Sie Mitglied dieser Kasse werden? – Das ist schon gigantisch!

Die AOK Rheinland/Hamburg ist „Premium- und Gesundheitspartner" des Bundesliga-Fußballvereins Borussia Mönchengladbach. Unter anderem sponsert sie dem Verein eine VIP-Zuschauerloge für mehrere 10.000,- € jährlich.

Übrigens, der bis Mitte 2012 amtierende Vorstandschef dieser Krankenkasse war früher Präsident dieses Fußballclubs.

Wie kommt eine *sozialstaatliche KdöR* dazu, Krankenkassenbeitragsgelder zu Werbezwecken in die Fußballwelt zu tragen, die mittlerweile mit vielen (rechts-)radikalen Elementen durchsetzt ist, jedenfalls was bestimmte Zuschauergruppen angeht? Die Artikelankündigung auf dem Coverblatt der Zeitschrift „Stern" Nr. 38 vom 13.09.2012 offenbart so etwas jedenfalls. Dort steht:

„Gewalt im Fußball – Wenn ihr absteigt, schlagen wir euch tot!"

Sind unsere Krankenkassenbeiträge in der Fußszene wirklich richtig investiert?

Ein weiterer Zeitungsartikel, erschienen auf der Titelseite des Mönchengladbacher *„Extratipp"* vom 2.09.2012 (139):
Überschrift: *„Helfende Hände für Angehörige"* – klingt sehr sozial. Der Artikel beschreibt ein sogenanntes Modellprojekt, hier der AOK Rheinland/Hamburg, das *„Brücken zwischen Krankenhaus und häuslicher Pflege"* schlagen soll (löblich). Untertitelt ist das Ganze dann mit der Aussage: *„Die AOK übernimmt die Finanzierung"*.

Frage an den Leser: Was meinen Sie wohl, woher „die AOK" dieses Geld „zur Finanzierung" nimmt?

Ich gebe Ihnen hier *ausnahmsweise* mal direkt die Antwort: von *Ihren* Krankenversicherungsbeiträgen, aus *Ihrem* Portemonnaie, wohin es durch *Ihrer* Hände Arbeit gekommen ist und wovon *Sie* eigentlich *Ihre* persönliche, medizinische Hilfe bezahlt haben möchten und keine Werbung und Verwaltungsstrukturen einer AOK.

Selbst auf den mitgelieferten Rücksendekuverts, die Krankenkassen uns Ärzten häufig für Anfragen bezüglich Arbeits- und Rehabilitationsfähigkeit von Patienten postalisch zustellen, steht an der Stelle, wo eigentlich die Portobriefmarke aufzukleben wäre, der unverschämte Spruch: *„ Unser Service, Porto zahlen wir für Sie"*. – Natürlich zahlen *Sie, lieber Beitragszahler,* dieses Porto *mit Ihren* gesetzlichen Versicherungsbeiträgen. – Solche Aussagen sind an Dreistigkeit kaum zu überbieten. *Werbung* wohin Sie nur schauen.

Die Kosten all dieser, in meinen Augen *aggressiven* „Selbstdarstellungen" werden, wie ja bereits mehrfach bekräftigt, abgezweigt von *Ihren* Versichertenbeiträgen und kommen *niemandem,* aber auch *wirklich niemandem* in Form medizinischer Versorgung zugute, sondern landen Tag für Tag, zum Beispiel in Form der Zeitungsanzeigen, im *Papiermüll* oder anderen *Datenschreddern.*

Der einzige Zweck, den diese Krankenkassen-Werbung verfolgt, ist die gegenseitige Abgrenzung und gigantische, superlative Selbstdarstellung. Mein Vater hätte das früher kommentiert mit: *„ Das ist Geld zum Fenster hinausgeworfen".*

Der Gesetzgeber hat aber leider ausdrücklich einen Wettbewerb unter den gesetzlichen Krankenkassen gefordert. Ziel ist, deren Anzahl und damit deren hohe Verwaltungskosten zu senken. – *Das* werden wir etwas später in diesem Kapitel noch überprüfen. – Dazu legalisierte er, dass sich die einzelnen Krankenkassen ein Werbeetat einrichten, denn im Wettbewerb stehenden Institutionen ist es grundsätzlich erlaubt zu werben. Vorgaben über die *konkrete* Höhe dieses Etats sieht der Gesetzgeber jedoch *nicht* vor. Werbungskosten werden *stillschweigend* geduldet, wenn das Gebot von Wirtschaftlichkeit und Sparsamkeit beachtet wird.

Auch folgend zitierte Stellungnahme eines diesbezüglichen Antwortschreibens des Ministeriums für Gesundheit, Emanzipation, Pflege und Alter des Landes Nordrhein-Westfalen, das mir mit Datum 12.04.2010 vorliegt, mag das belegen. An das Ministerium hatte ich mich seinerzeit gewandt, weil ich neben der meines Erachtens aufdrängenden Werbung der AOK Rheinland/Hamburg eine „nach Aktenlage" bewilligte Kostenübernahme für eine Schönheitsoperation als Verschwendung von Beitragsgeldern beklagte.

Die wörtlich wiedergegebene Antwort auf meine Klage:

„Werbemaßnahmen der gesetzlichen Krankenkassen – so auch der AOK Rheinland/Hamburg – sind nur im finanziell vorgegebenen Rahmen zulässig.

Als Körperschaft des öffentlichen Rechts mit Selbstverwaltung sind die Krankenkassen im Wettbewerb besonderen Bedingungen unterworfen, zumal sie ihre Mittel nur zur Erfüllung ihrer gesetzlich vorgeschriebenen oder zugelassenen Aufgaben sowie ihre Verwaltungskosten verwenden dürfen (§ 30 Abs. 1 SGB IV).

Mit der Einführung des Kassenwahlrechts sahen sich die Krankenkassen einem verstärkten Wettbewerb gegenüber. Um den Anforderungen des vom Gesetzgeber gewünschten Wettbewerbs gerecht zu werden, ist es den Krankenkassen gestattet, sich und ihre Aktivitäten den potentiellen Versicherten darzustellen.

In Ermangelung gesetzlicher Vorgaben sind die Krankenkassen bei ihren Wettbewerbshandlungen an die Einhaltung der „Gemeinsamen Wettbewerbsgrundsätze der Aufsichtsbehörden der gesetzlichen Krankenversicherungen" gebunden. Danach ist bei den Ausgaben für allgemeine Werbemaßnahmen das Gebot der Wirtschaftlichkeit und Sparsamkeit zu beachten. Dieser Grundsatz gilt als gewahrt, solange die jährlichen Ausgaben 0,15 v. H. der monatlichen Bezugsgröße (§ 18 SGB IV) je Mitglied nicht überschreiten.

Die Aufwendungen werden auf den entsprechenden Konten gebucht. Die Einhaltung des Werbebudgets wird durch unser Haus im Zuge der jährlichen Prüfung des Haushaltsplanes überwacht.

Die durchgeführte Werbemaßnahme entsprach nach Anga-
ben der Kasse den geltenden Vorgaben. Anlass für weiterge-
hende aufsichtsrechtliche Maßnahmen wird zum jetzigen
Zeitpunkt nicht gesehen.

Wir hoffen, Ihnen mit diesen Ausführungen weitergeholfen
zu haben

Mit freundlichen Grüßen
Im Auftrag

Gezeichnet ....Frau C. D."

Im Rahmen der Beurteilung des wirtschaftlich Vertretbaren von Werbe-
etats taucht immer wieder, wie auch im oben zitierten Schreiben, der
Begriff der sogenannten „Bezugsgröße" auf.

„ § 18 SGB IV Bezugsgröße

Bezugsgröße im Sinne der Vorschriften für die Sozialversi-
cherung ist, soweit in den besonderen Vorschriften für die
einzelnen Versicherungszweige nichts Abweichendes be-
stimmt ist, das Durchschnittsentgelt der gesetzlichen Ren-
tenversicherung im vorvergangenen Kalenderjahr, aufge-
rundet auf den nächsthöheren, durch 420 teilbaren Betrag"
(140).

„Rechengröße nach § 18 Sozialgesetzbuch IV

Die Bezugsgröße ist eine maßgebliche Kennzahl in der ge-
setzlichen Sozialversicherung. Der Wert wird jedes Jahr
vom Bundesministerium für Arbeit und Soziales festgelegt.
Aus der Rechengröße werden zahlreiche andere Werte in
der Sozialversicherung ermittelt. Für 2011 lag der Wert bei
2.555 Euro bzw. 2.240 Euro für die neuen Länder. 2012 er-
folgte im Westen eine Erhöhung auf 2.625 EUR monatlich,
im Osten blieb der Wert unverändert."

Bezugsgröße: Die Werte

Folgende Werte wurden vom Bundesministerium für Arbeit und Soziales festgelegt (sämtliche Werte in Euro):

Jahr	Alte Bundesländer		Neue Bundesländer	
	monatlich	jährlich	monatlich	jährlich
2013	2.695	32.340	2.275	27.300
2012	2.625	31.500	2.240	26.880
2011	2.555	30.660	2.240	26.880
2010	2.555	30.660	2.170	26.040
2009	2.520	30.240	2.135	25.620
2008	2.485	29.820	2.100	25.200
2007	2.450	29.400	2.100	25.200
2006	2.450	29.400	2.065	24.780
2005	2.415	28.980	2.030	24.360

Als Grundlage für die ermittelten Werte dienen die Berechnungen des Statistischen Bundesamtes über die Entwicklung der Bruttolöhne (141), inkl. Tabelle.

Jetzt rechnen Sie bitte mal mit: Es gibt rund 70 Millionen gesetzlich versicherte Bürger, davon rund 12 Mio. in den neuen und 58 Mio. in den alten Bundesländern.

Rechnung:

12 Mio. multipliziert mit 0,15 % von 2.275,- € =   40,950 Mio. €
58 Mio. multipliziert mit 0,15 % von 2.695,- € = 234,465 Mio. €

Insgesamt ergibt sich daraus für das Jahr 2013 die stolze Summe von 275,415 *Mio. Euro* nur zum „Verpulvern" für Werbekampagnen in allen möglichen Medien, vom Fernsehen bis Briefkastenflugblatt, vom Internetauftritt bis Luftballons mit AOK-Aufschrift. – Was meinen Sie, lieber Leser, wie viel Rollstühle, Operationen, Medikamente oder Zahnsanierungen, oder, oder, oder man davon wohl bezahlen könnte?

Ärzten ist übrigens gemäß § 27 der Ärztlichen Berufsordnung Werbung untersagt (s. u.). Das ist mittlerweile zwar etwas gelockert, steht aber immer noch in keiner annähernden Relation zur Werbung der gesetzlichen Krankenkassen. Oder haben Sie schon mal eine (kassen-)ärztliche Werbung in der Größe der „Vigo-Reklame" gesehen, die fast täglich in einer großen Tageszeitung erscheint?

Berufsordnung für die nordrheinischen Ärztinnen und Ärzte vom 14. November 1998 in der Fassung vom 19. November 2011 (142):

> *„§ 27 Erlaubte Information und berufswidrige Werbung*
>
> *(1) Zweck der nachstehenden Vorschriften der Berufsordnung ist die Gewährleistung des Patientenschutzes durch sachgerechte und angemessene Information und die Vermeidung einer dem Selbstverständnis der Ärztin/des Arztes zuwiderlaufenden Kommerzialisierung des Arztberufs.*
>
> *(2) Auf dieser Grundlage sind der Ärztin/dem Arzt sachliche, berufsbezogene Informationen gestattet.*
>
> *(3) Berufswidrige Werbung ist Ärztinnen und Ärzten untersagt. Ärztinnen/Ärzte dürfen eine solche Werbung weder veranlassen noch dulden. Berufswidrig ist insbesondere eine anpreisende, irreführende oder vergleichende Werbung. Eine Werbung für eigene oder fremde gewerbliche Tätigkeiten oder Produkte im Zusammenhang mit der eigenen ärztlichen Tätigkeit ist unzulässig. Werbeverbote aufgrund anderer gesetzlicher Bestimmungen bleiben unberührt. "*

Grundsätzlich und ein für alle Mal muss hier konstatiert werden: In ihrer Gesundheit eingeschränkte Menschen werden in der heutigen Zeit normalerweise *von medizinisch ausgebildeten Menschen* behandelt unter Zuhilfenahme deren Sinne, deren manueller Fähigkeiten und mit Unterstützung medizinischer Einrichtungen, Gerätschaften und Medikamente.
Die Aus- und Weiterbildung und Festlegung medizinischer Standards geht *einzig und allein auch aus dieser Fachgruppe* hervor.
Kein einziges Verwaltungsorgan, auch wenn es noch so viel damit wirbt, kann in diese Richtung auch nur irgendetwas bewegen. – Es erlangt seine

Daseinsberechtigung letztlich *nur*, indem es sich dieser vorgenannten Spezies „bedient".

Und wenn zum Beispiel eine Krankenkasse sich damit profilieren will, dass es ein neues, ganz tolles Rückenschulprogramm anbietet, dann bedient sich diese Kasse:

1. *Ihres Geldes* (Krankenkassenbeiträge)

2. nicht auf Krankenkassenkosten ausgebildeten medizinischen Personals (Physiotherapeuten, Orthopäden etc.) und

3. der Rückendeckung durch die Gesundheitsgesetzgebung (die diesen Wettbewerb vorsieht).

Solche Institutionen bezeichne ich als *Trittbrettfahrer*, die mit anderer Leute Arbeit Geld verdienen. Die gesetzlichen Krankenkassen mausern sich immer mehr zu einnahmeorientierten Playern als zu Sozialorganisatoren. Ursache ist meines Erachtens vor allem die oben bereits genannte staatliche Legitimation *zur Selbstverwaltung* dieser „outgesourcten" Staatsinstitution. Gerade diese *Selbstverwaltung* sehe ich in Kombination mit dem Status eines Staatsorgans in vortrefflicher Weise als Tarnung für marktwirtschaftliche Machenschaften genutzt.

Dazu fällt mir ein Ausspruch meines alten Sportlehrers ein, der da sagte:

> *„Früher haben Sportler Funktionäre gesucht und benötigt,*
> *um das Management um ihren Sport delegieren zu können.*
> *Heute suchen Funktionäre Sportler um sich an deren Leistungen zu bereichern."*

Analog sehe ich hier die gesetzlichen Krankenversicherungen in der Rolle der Manager, die um Mitglieder (Sportler) buhlen, um ihr Geld „zu machen". Das ist in meinen Augen heutzutage das wahre, aber unausgesprochene Ziel dieser Institutionen.

Wie wird solch ein Werbeetat der Krankenkassen überhaupt überwacht, wenn – und jetzt kommen wir zu einem nächsten „Schwachpunkt" im Krankenkassensystem – noch nicht einmal die Rabattverträge mit den Medikamentenherstellern offengelegt werden?

Hier muss wohl einschränkend zur Entlastung der gesetzlichen Krankenkassen gesagt werden, dass selbst wenn sie es wollten, sie diese Rabattverträge nicht offenlegen dürfen, da sich die Pharmaindustrie dies nach
Europäischem Recht erstritten hat. Hintergrund ist, dass die Unternehmen
nicht wollen, dass deren Preispolitik in Deutschland auch von anderen
einzusehen ist und sie damit „handelbarer" werden.

Rabattverträge resultieren aus Verhandlungen gesetzlicher Krankenkassen mit einzelnen Pharmaherstellern, um niedrigere Preise für deren Medikamente zu erzielen, als in der sogenannten „Roten Liste" offiziell als
Verkaufspreise ausgewiesen sind. Das geht meist, aber nicht zwingend,
nur mit den Medikamenten, für die von Gesetzes wegen kein (Entwick-
lungs-)Patentschutz mehr besteht.

Ziel der Krankenkassen ist es, bei ihren Rabattverhandlungen einen möglichst hohen Preisnachlass zu erzielen. Im Gegenzug erhält die jeweilige
Pharmafirma die relative Sicherheit, einen hohen Absatz für ihr rabattier-
tes Medikament zu erreichen, denn der Apotheker ist gesetzlich verpflichtet, möglichst nur *das* Firmenpräparat an den Patienten auszuhändigen, für welches dessen Krankenkasse einen Rabatt ausgehandelt hat.

Die Krankenkassen haben im Jahr 2010 geschätzt mehr als 1,1 Milliarden
Euro an Rabatten auf ihre Arzneimittelausgaben erhalten. Darauf hat
Anfang April der Deutsche Apothekerverband (DAV) hingewiesen. Die
Rabatte fielen um circa 270 Millionen Euro höher aus als im Jahr davor.
Insgesamt gaben die Krankenkassen 2010 für rezeptpflichtige Arzneimit-
tel 27,9 Milliarden Euro aus.

Die Zahlen basieren auf der jüngsten „KV 45"-Statistik des Bundesgesundheitsministeriums. Am meisten profitierte danach die AOK von den
Rabattverträgen. Dort beliefen sich die Einsparungen auf 454 Millionen
Euro, die Ersatzkassen kamen auf 417 Millionen, die Betriebskrankenkassen auf 136 Millionen und die Innungskrankenkassen auf 44 Millionen Euro (143).

Bei den Rabattverträgen zwischen Krankenkassen und Arzneimittelherstellern herrsche allerdings immer noch viel Intransparenz, kritisierte der
DAV-Vorsitzende, Fritz Becker. *„Die Kassen müssen ihre erzielten Einsparungen endlich im Detail offenlegen, um Aufwand und Nutzen beurtei-*

len zu können", forderte er. Denn die Einsparungen würden durch einen stark erhöhten Aufwand in den Apotheken realisiert. Bei jedem neuen Rabattvertrag oder dem Wegfall eines alten entstehe dort gegenüber den Apothekenkunden erheblicher Erklärungsbedarf. Dazu kämen Computer-, Logistik- und Lageraufwand.

Beim Rezeptieren von Arzneimitteln gibt es wohl eine Einschränkung. Und zwar existiert auf den Rezeptformularen vor jedem ausgedruckten Medikament ein Ankreuzfeld mit der Beschriftung „aut idem", was lateinisch ist und bedeutet: „oder das Gleiche" (144).

Kreuzt der verschreibende Arzt dieses Kästchen an, ist der Apotheker *entgegen* der gesetzlichen Vorgabe verpflichtet, nur *dasjenige* Präparat, und auch *nur von der* Pharmafirma dem Patienten auszuhändigen, das explizit auf dem Rezeptformular ausgedruckt ist. – Dass der Arzt sich dieses Kreuzchens bedienen kann, ist durchaus legitim, denn es gibt immer *vereinzelte* Fälle, in denen von einem Patienten das „Nachahmer Präparat" wegen anderer Zusätze in der Tablette nicht vertragen wird. Das ist jedoch – und das möchte ich an dieser Stelle betonen – *selten*. Warum so oft über genau *dieses Kreuzchen* gestritten wird, werde ich Ihnen später im Kapitel „Das Gezerre um WANZ und IGeL" erläutern.

Große Pharmaunternehmen werden sich auf solche „Rabatt-Spielchen" weniger einlassen als die Generika-Anbieter. Insofern finden wir als Rabattvertragspartner oft kleinere und wirtschaftlich schwächere Firmen. Ein Beispiel ist das wirtschaftlich derzeit nicht sonderlich gut dastehende deutsche Pharmaunternehmen Grünenthal, bekannt geworden vor allem durch den „Contergan-Skandal" in den Jahren 1961/62. Grünenthal vertreibt unter anderem das im Jahr 2012 noch unter Patentschutz stehende Präparat „Norspan", ein Opiatpflaster, und bot es der AOK zu einem rabattierten Preis an.

Unter dem Aspekt, dass Deutschland ein Medikamentenhochpreisland ist und die Herstellerkosten für ein Medikament in der Regel sehr niedrig sind, sind solche Rabattverträge gar keine schlechte Sache. Doch als sehr skeptischer Mensch, vor allem wenn über Geld gesprochen wird – denn da wird in der Regel mehr gelogen als die Wahrheit gesagt – möchte ich zu diesen Rabatten Folgendes anmerken: Eigentlich soll die gesamt erzielte Einsparsumme durch diese Arzneimittelrabatte den Versicherten zukommen. Das sähe ich *dadurch* gewahrt, wenn dieses Geld direkt dem Gesundheitsfonds zufließen würde, der es dann wieder versichertenbezogen verteilen könnte. – Das ist vom Gesetzgeber aber *nicht* vorgeschrieben, sondern die Krankenkassen behalten das Geld selbst ein, angeblich, um es – komplett natürlich – an die Versicherten in anderer Weise weiterzugeben. Diese Einsparungen werden derzeit auf über eine Milliarde Euro pro Jahr geschätzt. Wissen tut das niemand genau.

Und noch eine Auffälligkeit aus jüngerer Zeit: Am Samstag, den 9.11.2012 wurde offiziell verkündet, dass zum 1.01.2013 die sogenannte Praxisgebühr abgeschafft wird, die von 2004 bis 2012 eine *reine* Einnahme in Höhe von rund zwei Milliarden Euro pro Jahr für die gesetzlichen Krankenkassen brachte, Ärzten und Patienten aber nur neun lange Jahre völlig unsinnige und überflüssige Verwaltungsarbeit und viel Ärger bescherte. Zwei Milliarden Euro pro Jahr, eine stolze Summe. Mehr noch als das Einsparpotential aus den Rabattverträgen. Und nun plötzlich nicht mehr verfügbar. Haben Sie die Krankenkassen über diese doch recht hohe Einbuße vernehmbar meckern hören? – Ich nicht. Eine Milliarde mehr oder weniger scheint bei den Krankenkassen also nicht das große Problem zu sein.

Erlauben Sie mir nun einige Worte zu den sogenannten „Nettoverwaltungskosten" der gesetzlichen Krankenkassen, die Gleichnamige jährlich auszuweisen haben und in den Tabellen und Datenblättern unseres Statistischen Bundesamtes nachzulesen sind (145), (128), (146).

Ich möchte Ihnen folgend etwas von diesem Datenmaterial zeigen. Wenn Sie der Ansicht sind, jetzt wird's wahrscheinlich „trocken", so kann ich Ihnen versichern, die Vergleiche werden Ihnen das Wasser in die Augen treiben.

Gesetzliche Krankenkassen (Anzahl).
Gliederungsmerkmale: Jahre, Region, Kassenart
Diese Tabelle bezieht sich auf:
Region: Deutschland

Kassenart	Jahr									
	1970	1975	1980	1990	1995	2000	2005	2010	2011	2012
Gesetzliche Krankenkassen insgesamt	.	.	.	.	960	420	391	165	155	145

Die Tabelle wurde am 04.12.2013 16:45 Uhr unter www.gbe-bund.de erstellt (128).

An der vertragsärztlichen Versorgung teilnehmende Ärztinnen und Ärzte (Anzahl).
Gliederungsmerkmale: Jahre, Region, Geschlecht, Teilnahmestatus, Arztgruppe
Diese Tabelle bezieht sich auf:
Region: Deutschland
Geschlecht: Beide Geschlechter
Teilnahmestatus: Teilnehmende Ärztinnen und Ärzte insgesamt

Arztgruppe	Jahr						
	1985	1993	2000	2005	2010	2011	2012
Arztgruppen insgesamt	. [1]	115.469	126.832	131.802	138.472	139.538	141.038
Allgemein-, Praktische Ärztinnen und Ärzte	. [1]	44.075	44.107	43.503	42.051	41.642	41.283
Gebietsärztinnen und Ärzte (ohne Allgemeinärztinnen und Ärzte)	. [1]	71.394	82.725	88.299	96.421	97.896	99.755
Arztgruppen insgesamt	. [1]	115.469	126.832	131.802	138.472	139.538	141.038
darunter: Hausärztinnen und -ärzte	. [1]	.	59.788	59.076	60.397	60.350	60.370
darunter: Fachärztlich tätige Internistinnen und Internisten	. [1]	.	5.026	7.255	8.515	8.769	9.064

Die Tabelle wurde am 04.12.2013 17:22 Uhr unter www.gbe-bund.de erstellt (147).

Jetzt noch die Daten, die die Einnahmen, Ausgaben und die *Netto-Verwaltungskosten* unserer „Gesundheitshüter" aufzeigen:

Einnahmen und Ausgaben der gesetzlichen Krankenversicherung (insgesamt in Mrd. €, je Mitglied in € und je Versicherten in €).
Gliederungsmerkmale: Jahre, Bundesgebiete
Diese Tabelle bezieht sich auf:
Region: Deutschland
Darstellung: Insgesamt (in Mrd. €)

Einnahmen und Ausgaben	Jahr					
	1994	2000	2005	2010	2011	2012
Einnahmen insgesamt	118,79	133,81	145,74	175,60	183,77	189,69
Ausgaben insgesamt	117,38	133,70	143,81	175,99	179,61	184,25
darunter Leistungen insgesamt	111,07	125,94	134,85	164,96	168,74	173,15
darunter:						
Ärztliche Behandlung	18,88	22,01	21,95	27,09	27,63	28,25
Zahnärztliche Behandlung	10,53	11,23	9,92	11,42	11,65	11,75
Arzneimittel	15,17	19,41	24,67	30,18	28,98	29,20
Heil- und Hilfsmittel insgesamt	6,44	8,59	8,90	10,59	11,17	11,45
Krankenhausbehandlung	39,11	44,16	48,53	58,13	59,95	61,66
Krankengeld	8,14	7,06	5,87	7,80	8,53	9,17
Leistungen im Ausland	.	0,38	0,44	0,67	0,79	0,87
Fahrkosten	1,78	2,46	2,84	3,60	3,81	4,01
Vorsorge- und Rehabilitationsleistungen	2,20	2,70	2,38	2,39	2,36	2,42
Soziale Dienste, Krankheitsverhütung	0,77	0,86	1,21	1,60	1,73	1,69
Früherkennungsmaßnahmen	0,66	1,15	1,32	1,93	1,95	1,96
Leistungen bei Schwangerschaft und Mutterschaft	1,17	0,92	0,88	1,03	1,04	1,08
Betriebs-, Haushaltshilfe	.	0,27	0,18	0,18	0,17	0,18
Häusliche Krankenpflege – Regelleistung	1,41	1,59	1,95	3,20	3,61	3,88
Medizinischer Dienst, Gutachter	.	0,28	0,33	0,37	0,38	0,39
Sonstige Aufwendungen ohne Risikostrukturausgleich	.	0,46	0,81	1,52	1,43	1,43
darunter Netto-Verwaltungskosten	5,99	7,30	8,16	9,51	9,44	9,67
Überschuss der Einnahmen	1,11	0,10	1,68	-0,39	4,20	5,44

Die Tabelle wurde am 04.12.2013 18:12 Uhr unter www.gbe-bund.de erstellt (145).

Die Fakten (belegt anhand vorangestellter Tabellen des Statistischen Bundesamtes):

- Im Jahr 2000 gab es noch immer 420 gesetzliche Krankenkassen.
- Politisch gewollt war und ist eine weitere Reduzierung.
- Bis zum Jahr 2011 war die Anzahl der gesetzlichen Krankenkassen geschrumpft auf nur noch 155, ein Minus von über 63 %.
- Zum Vergleich: Im Jahr 2000 nahmen 126.832 Ärzte in ganz Deutschland an der vertragsärztlichen Versorgung teil.
- Von der Politik sind, unter anderem auf Drängen der gesetzlichen Krankenkassen, seit 1993 Niederlassungssperren für die meisten Arztgruppen verhängt worden; das heißt, nur relativ wenige Ärzte durften sich bis heute neu niederlassen.
- Bis zum Jahr 2011, also in 11 Jahren, war die Anzahl der niedergelassenen Kassenärzte im gesamten Bundesgebiet auf 139.538 angestiegen.
- Das Verhältnis: Im gleichen Zeitraum, in der die Krankenkassenzahl um 63 % abnahm, vermehrten sich die Kassenärzte um etwa 10 %.

Das Unfassbare:

- Trotz Rückgang der Krankenkassenzahl um 63 % und auch Reduzierung der dort Beschäftigten um etwa 5,3 % (s. u.) und Rückgang der zu versichernden Bevölkerung um etwa 2 % stiegen im Beobachtungszeitraum die sogenannten *Nettoverwaltungskosten* der gesetzlichen Krankenkassen von 7,3 auf 9,4 Mrd. Euro. Das sind knappe 30 %!!!
- Im Vergleich: Der durchschnittliche Kassenumsatz jedes einzelnen Arztes, also das Geld, das jedem in Deutschland tätigen Vertragsarzt im Durchschnitt von den gesetzlichen Krankenkassen bezahlt wird, wovon er, würde er nicht mit Privateinkünften quersubventionieren können, seinen gesamten Praxisbetrieb finanzieren müsste (Personalkosten, Mieten und Nebenkosten, Kreditabzahlungen, Versicherungen usw.), ist im gleichen Zeitraum um etwa 13,8 %

gestiegen (in 11 Jahren!). – Der Inflationsausgleich wäre für diesen Zeitraum übrigens 19,3 % gewesen. Also ein Umsatzverlust von 5,5 %. Da die Betriebskosten einer ärztlichen Praxis noch nie gesunken sind, sondern immer gestiegen (Lohnsteigerungen, Mieterhöhungen, Versicherungsbeitragserhöhungen usw.) ist dieser 5,5%ige „Umsatzrückgang" gleichzusetzen mit dem minimalsten Gewinnrückgang unter der Voraussetzung, dass die Betriebskosten über 11 Jahre (!) *nicht* gestiegen wären.

– Na Gott sei Dank liegen die „Nettoverwaltungskosten" der gesetzlichen Krankenkassen satte 10 % über der Inflationsrate. Deren angestellte Gehaltsempfänger haben also ein Plus auf ihren Lohnzetteln stehen, wovon auch keine steigenden Betriebskosten zu schultern sind.

Ich muss es noch einmal zusammenfassen: In 11 Jahren sank die Anzahl der gesetzlichen Krankenkassen von 420 auf 155. Das sind 265 Verwaltungseinrichtungen weniger. Erstaunlicherweise nahm für 63 % weniger Krankenkassen die Anzahl der Bediensteten nur um etwa 5 % ab. Anders ausgedrückt, die Anzahl der Bediensteten stieg in diesem Zeitraum pro Krankenkasse um über das Zweieinhalbfache. Trotz der geringen Abnahme des Krankenkassenpersonals insgesamt (minus 5 %) stiegen jedoch die Verwaltungskosten um fast 30 %. – Wohlgemerkt, ich spreche hier nur von den *offengelegten* Netto-Verwaltungskosten dieser staatlichen Körperschaften des öffentlichen Rechts mit Selbstverwaltung!

Das Ganze erhält noch eine besondere Note, wenn man das „Selbsttor" in einer Veröffentlichung des Verbandes deutscher Ersatzkrankenkassen, Landesvertretung Bayern, Stand November 2010, liest (148). Hierin wird unter der Überschrift *„Ein Mythos der Gesundheitspolitik"* Stellung bezogen zur Behauptung der Gesundheitspolitik, dass die Verwaltungskosten der Krankenkassen überproportional hoch seien und laufend ansteigen würden. Es wird ein sogenanntes *„Faktenpapier"* veröffentlicht, um diese Behauptung zu entkräften. – Unter anderem wird darin erklärt, dass die Netto-Verwaltungskosten der Krankenkassen durch annähernd 85 % Personalkosten verursacht wären.

Wie viel „*Personal*" haben die gesetzlichen Krankenkassen denn eigentlich? Hierzu die Statistik:

Personal der Krankenkassen und Eigenbetriebe der gesetzlichen Krankenversicherung (Anzahl).
Gliederungsmerkmale: Jahre, Deutschland, Dienstverhältnis, Art des Personals, Kassenart
Diese Tabelle bezieht sich auf:
Kassenart: Gesetzliche Krankenkassen insgesamt
Art des Personals: Personal insgesamt

Dienstverhältnis	Jahr					
	1993	1995	2000	2005	2010	2011
Tarifangestellte	127.995	130.780	134.697	125.904	120.150	121.188
Dienstordnungs-Angestellte	21.502	20.130	15.848	13.016	10.348	10.129
Mutterschaft/Elternzeit	.	.	.	.	5.695	5.663
Altersteilzeitbeschäftigte	.	.	.	.	6.161	4.972
Unbezahlt Beurlaubte	.	.	.	.	2.185	1.778
Beamte	1.445	1.417	1.153	849	958	965
Betriebs- und Haushaltshelfer	9	23	79	165	124	120
Arbeiter	4.225	4.177	2.616	978	X	X
sonstige für die Krankenkasse tätige Personen	53	265	211	128	168	

Die Tabelle wurde am 04.12.2013 18:28 Uhr unter www.gbe-bund.de erstellt (149).

Wie Sie aus der Tabelle ersehen, gibt es – grob gesehen – genauso viel „verwaltende" Menschen in den gesetzlichen Krankenkassen wie es Kassenärzte in Deutschland gibt. Also *ein* „Verwalter" pro Kassenarzt – das ist schon beachtlich.

Dann wollen wir doch mal rechnen (wir betrachten jetzt den Zeitraum 2000 bis 2010):
Netto-Verwaltungskosten im Jahr 2000: 7,30 Mrd. €, davon 85 % Personalkosten = 6,2050 Mrd.
Netto-Verwaltungskosten im Jahr 2010: 9,51 Mrd. €, davon 85 % Personalkosten = 8,0835 Mrd.
Das entspricht einem Personalkostenzuwachs von 30,27 % (zur Erinnerung: Inflationsrate für den Zeitraum waren 19,2 %).

Jetzt noch etwas Feinschliff:

Die Zahl der Krankenkassenbeschäftigten sank in diesem Zeitraum von 152.883 auf 145.789, das sind nur etwa 4,6 % Bedienstete weniger. Und das vor dem Hintergrund *der* Tatsache, dass die gesamte Anzahl der Krankenkassen in diesem Zehn-Jahres-Zeitraum doch um 255, also um 61 %, abgenommen hatte. Wie ist hier trotzdem ein über 30%iger Personalkostenzuwachs zu erklären?

Wir rechnen das ganze einmal für „Fritzchen":

Ein Unternehmen zahlt 10.000,- Euro für 1.000 Beschäftigte, macht im Durchschnitt 10,- Euro pro Nase,

nach 10 Jahren wird der Ausschüttungsbetrag von 10.000,- Euro um 30 % aufgestockt, macht dann 13.000,- Euro,

würde also für jeden einzelnen nun 13,- Euro ausmachen,

jetzt verlassen aber 4,6 % der Bediensteten das Unternehmen, es bleiben also nur noch 954. Dann macht's für jeden 13.000 : 928 = 13,63 Euro.

Das Ganze jetzt für eine Arztpraxis mit gängigen 50 % Betriebskosten:

Die Ärzte (auch hier wieder zur Vereinfachung angenommen 1.000 an der Zahl) erhalten von den gesetzlichen Krankenkassen insgesamt 20.000,- Euro, macht pro Arzt 20,- Euro, nach Abzug der 50 % Betriebskosten auch 10,- Euro Verdienst pro Arzt (also genau das Gleiche, wie zuvor für unsere Krankenkassenangestellten).

Nach 10 Jahren wird der Ausschüttungsbetrag von 20.000,- Euro um 23 % aufgestockt (= Kassen-Umsatzzuwachs aller Kassenärzte von 2000 bis 2010, siehe Daten des Statistischen Bundesamtes), macht dann 24.600,- Euro, würde also für jeden Arzt jetzt 24,60 Euro *vor* Abzug der Betriebskosten ausmachen, jetzt kommen aber 9,2 % Ärzte neu dazu, wir haben 1092, dann macht's für jeden noch 22,53 Euro. Nun muss der Arzt leider zunächst die Hälfte für seine laufenden Betriebskosten abgeben. Ihm bleiben also 11,27 Euro zu versteuerndes Geld.

Da wir für jeden der beiden, also sowohl für den Unternehmensangestellten als auch den Arzt, die gleiche Ausgangssumme von 10,- Euro hatten und wir die aus obigen Statistiken vorgegebenen realen Auf-, bzw. Abwertungen vorgenommen haben, stehen jetzt die „Endgehälter" zum Vergleich:

13,63 Euro für den Unternehmensangestellten, ein Plus von 3,63 Euro, entspricht einem Gehaltzuwachs von 36,3 %!

11,27 Euro für den Arzt, ein Plus von 1,27 Euro, entspricht einem Gehaltzuwachs von 12,7 % (in 10 Jahren)!

Zieht man nun die Inflationsrate von 19,2 % ab, ergibt sich für den Arzt ein Einkommensverlust von 6,5 %, der Unternehmensangestellte erhält einen Einkommenszuwachs von 17,1 %. Eine Kluft von 23,6 % zu Gunsten der Unternehmensangestellten! – Übrigens, wir rechneten bei dem Unternehmensangestellten mit den Zahlen für Krankenkassenbedienstete…

Unter der von den Kassen selbst genannten Prämisse, dass die „Netto-Verwaltungskosten" der gesetzlichen Krankenkassen zu 85 % Personalkosten sind, hat sich der vdek-Bayern mit dieser Veröffentlichung also mächtig bloßgestellt!

Noch zwei Links, die ich dazu im Internet recherchierte, möchte ich Ihnen nicht vorenthalten:

PVS recherchiert | 20.01.2012

Kontakt: Tel.: 0208 4847-110 · Fax: 0208 4847-106 ·
E-Mail: info@ihre-pvs.de PVS holding GmbH ·
Remscheider Str. 16 · 45481 Mülheim an der Ruhr

Bürokratie im Gesundheitswesen: Einsparpotenzial von
5,3 Mrd. Euro

Der Verwaltungskostenanteil ist um den Faktor 2,9 größer
als die von der GKV offiziell berichteten Verwaltungskosten
von 5,4 % bzw. 9,5 Mrd. Euro (150).

Meldung vom 04.01.2012
Fast ein Viertel der Gesamtkosten im deutschen Gesund-
heitssystem entfällt auf reine Verwaltungskosten. Zu diesem
Ergebnis kommt eine Studie der Unternehmensberatung A.T.
Kearney. Die Bürokratie der gesetzlichen Krankenversiche-
rung hat damit im Jahr 2010 27,5 Milliarden Euro ver-
braucht. Als Fazit geht die Studie davon aus, dass sich bei
vereinfachten Verwaltungsabläufen der allgemeine Kran-
kenkassensatz für die Beitragszahler um 1,3 Prozent auf
14,2 Prozent senken ließe (151).

Jetzt muss man vielleicht noch dazu sagen, dass die Gehälter der Krankenkassenangestellten nicht gleich verteilt sind. Vorstände sind natürlich höher dotiert. Die gesetzlichen Krankenkassen sind seit 2004 gemäß § 35 (6) S. 2 SGB IV gesetzlich verpflichtet worden, unter anderem die Gehälter ihrer Vorstandsvorsitzenden jedes Jahr im Bundesanzeiger zu veröffentlichen. Einige Vorstandsgehälter der größten deutschen Krankenkassen aus dem Jahre 2012, die diese Herrschaften sich „in Selbstverwaltung" genehmigten, also den *Chefs* dieser sogenannten „Körperschaften des öffentlichen Rechts *mit Selbstverwaltung*", die mitverantwortlich sind für die *soziale Verteilung* der Beitragsgelder, möchte ich Ihnen der Vollständigkeit halber an dieser Stelle vielleicht einmal nennen.

Da niemand seinen Gehaltszettel anderen gerne offen darbietet, besteht auch bei diesen Gehaltsnennungen ein kleines „Hintertürchen". Die folgend genannten Gehälter setzen sich nämlich fast immer aus einer „Grundvergütung" und aus einem sogenannten *„zusätzlichen variablen Anteil"* zusammen. Sie können also versichert sein, dass es sich hier jeweils nur um das *minimalste* Gehalt ohne diverse „Zusatzverdienste" handelt, die diese hochrangigen Personen in der Regel obendrein einnehmen (ein Beispiel werde ich Ihnen dazu noch liefern).

Jahresgehälter der Vorstände der gesetzlichen Krankenkassen in Deutschland im Jahre 2012 (jeweils für *eine* Person).
Die Altersversorgungen kommen jeweils noch hinzu (152), (153).

Techniker Krankenkasse	276.450,- €
BEK-GEK:	250.000,- €
Pronova BKK	244.218,- €
AOK Plus	242.710,- €
DAK Gesundheit	242.540,- €
AOK Bayern:	241.132,- €
KKH-Kaufmännische Krankenkasse	231.267,- €
BKK Vor Ort	221.200,- €
AOK Hessen	216.080,- €
AOK Nordost	215.628,- €
SBK	212.688,- €
AOK Baden-Württemberg	212.000,- €

Noch zwei *Körperschaften des öffentlichen Rechts mit Selbstverwaltung* möchte ich erwähnen, mit denen wir *niedergelassenen* Ärzte regelmäßig „zu tun haben", unter dem Aspekt dieses Kapitels vielleicht besser ausgedrückt mit den Worten *„die wir mitzufinanzieren haben"*:

Das sind die 17 (!) **K**assenärztlichen **V**ereinigungen in Deutschland, kurz KVen genannt (gleiche Anzahl natürlich nochmal für die Zahnärzte), deren Spitzenverband, die „Kassen(zahn)ärztliche Bundesvereinigung", ihren Sitz in Berlin hat. Was diese KdöR im Einzelnen alles zu „regeln" hat, mögen Sie bitte selbst recherchieren. Für uns Ärzte ist sie *das* Organ, dem wir zur Ausübung unseres kassenärztlichen Daseins zwangsangegliedert sind. Es handelt mit den gesetzlichen Krankenkassen jeweils die Budgets aus, die die Kassen uns dann mit sogenannter *befreiender Wirkung* als Vergütung ausschütten. Dieses, zunächst nach EBM (siehe Kapitel „Das System der gesetzlichen Krankenversicherung") erwirtschaftete *„Monopoly-Geld"*, sprich Punktevolumen, wird uns dann auf Tonnen von Papier, statistisch links und quer berechnet, in echten Euro ausgezahlt. Das ist eigentlich *das Einzige,* was die meisten Ärzte von ihrer KV mitbekommen.

Dieses Staatsorgan bezahlen wir Ärzte, und damit *alle* gesetzlichen Krankenkassenbeitragszahler, mit derzeit 2,6 % *Verwaltungskostenanteil,* die jedem deutschen Kassenarzt von seinem erwirtschafteten Kassenumsatz *zwangsweise* abgezogen wird. Das waren bei etwa 28 Mrd. Euro jährlicher Kassenärztevergütung durch die gesetzlichen Krankenkassen in 2012 etwa 730 Mio. Euro.

Auch diese staatliche „Verwaltungsgeißel mit Selbstverwaltung", die mehr „Handlanger" der gesetzlichen Krankenkassen als Ärztevertretung ist, möchte keiner so wirklich haben.

Zur Vervollständigung sei an dieser Stelle noch das Jahresgehalt unseres zum 1. März 2014 ausscheidenden Bundes KV-Vorsitzenden, Herrn Dr. med. Andreas Köhler genannt. *„Nach einer Welle der Kritik wurde es 2012 auf 320.000 Euro gekürzt"* (154). Auch ihm werden/wurden die Altersbezüge *zusätzlich* erstattet. Nebenverdienste durch Vorträge à la Peer Steinbrück (SPD, Kanzlerkandidat 2013) sind dem Autor unbenannt aber *nicht* unbekannt.

Eine weitere KdöR ist das Kontrollorgan der Krankenversicherungen, der „Medizinische Dienst der Krankenkassen" (MDK). – Da die Bediensteten der Krankenkassen keine Mediziner sind, insofern von den Verordnungen und Therapien der (Kassen)Ärzte keine Fachkenntnis haben, trotzdem aber Kontrollfunktion über die Ärzte ausüben möchten, beziehungsweise gesetzesgemäß haben sollen, bedienen sie sich dieses oben genannten Beratungs- und Begutachtungsdienstes.

Der Beschreibung in Wikipedia ist eigentlich nichts weiter hinzuzufügen:

> *„Der Medizinische Dienst der Krankenversicherung (MDK) ist der medizinische, zahnmedizinische und pflegerische Be-ratungs- und Begutachtungsdienst der gesetzlichen Kranken-* und Pflegeversicherung *in einem Bundesland. Darüber hin-aus berät er die* gesetzliche Krankenversicherung *(GKV) in* System- und Versorgungsfragen, indem er dem GKV-Spitzenverband im Gemeinsamen Bundesausschuss *(G-BA) zuarbeitet"* *(155).*

Aufgaben des MDK für die Krankenversicherung sind im § 275 SGB V geregelt. Demnach prüft der MDK bei bestimmten medizinischen Frage-stellungen und er berät die Krankenkassen und ihre Verbände.

Der MDK ist eine auf Landesebene von den Landesverbänden der Kran-kenkassen gegründete Arbeitsgemeinschaft (§ 278 SGB V). Die Medizi-nischen Dienste von Berlin und Brandenburg haben zum MDK Berlin-Brandenburg fusioniert, die Medizinischen Dienste von Hamburg und Schleswig-Holstein zum MDK Nord. In Nordrhein-Westfalen gibt es den MDK Nordrhein und den MDK Westfalen-Lippe. Die Zahl der MDKs beläuft sich somit auf 15. Diese Arbeitsgemeinschaften sind in den alten Bundesländern mit Ausnahme Berlins rechtsfähige Körperschaften des öffentlichen Rechts, in den neuen Bundesländern sind die Medizinischen Dienste als eingetragene Vereine, also in einer privatrechtlichen Rechts-form organisiert. Der MDK unterliegt der staatlichen Aufsicht (§ 281 Abs. 3 SGB V). Die Ärzte des MDK sind jedoch bei der Wahrnehmung ihrer medizinischen Aufgaben nur ihrem ärztlichen Gewissen unterwor-fen (§ 275 Absatz 5 SGB V) (73).

Der MDK wird ausschließlich von den Kranken- und Pflegekassen zu je 50 % über eine Umlage bezahlt. Dieser Betrag berechnet sich dabei nach der Anzahl der Mitglieder der gesetzlichen Krankenversicherung des jeweiligen Bundeslandes. Im Jahr 2007 betrugen die Gesamtausgaben der gesetzlichen Kranken- und Pflegeversicherungen für alle Medizinischen Dienste der Krankenversicherung 547 Millionen Euro, dies entsprach einem Anteil von 0,18 % der Gesamtausgaben der gesetzlichen Kranken-versicherungen und 1,49 % der Gesamtausgaben der gesetzlichen Pflege-versicherungen.

Also auch für dieses Verwaltungsorgan drückt der „Kassenbürger" mehr als eine halbe Milliarde Euro jährlich ab.

Die Ärzte an der Schnittstelle zwischen „Freier Wirtschaft" und „Sozial"

Prof. Dr. Harald Walach, Leiter des Instituts für transkulturelle Gesund-heitswissenschaften an der Europa-Universität Viadrina in Frankfurt/ Oder, beschreibt in seinem Buch *„Weg mit den Pillen"* (102) die Ärzte (und damit natürlich auch die von ihnen wirtschaftlich Abhängigen) als diejenigen, die in unserem Gesundheitssystem *„am ärmsten dran"* sind und *„am Ende der Nahrungskette"* stehen. Vergleicht man einmal den Vergütungsanteil von etwa 28 Mrd. Euro für etwa 140.000 niedergelasse-ne Kassenärzte – das sind grob die Hälfte aller in Deutschland tätigen Ärzte, die andere Hälfte arbeitet in Kliniken – mit den Gesamteinnahmen der gesetzlichen Krankenkassen von etwa 190 Mrd. Euro im Jahr 2012, dann sieht das in der Tat schon recht dürftig aus. Diese Gesamtvergütung macht nicht einmal 15 % der Kasseneinnahmen aus, oder anders ausge-drückt: etwa 200.000,- Euro Jahresumsatz im Durchschnitt pro Arzt. – Wohlgemerkt, *Umsatz!* – Bei durchschnittlich 50 % Betriebskosten (Per-sonalkosten, Mieten usw.) bleibt ein zu versteuerndes Einkommen von 100.000,- Euro, und das scheint mir in Deutschland im Vergleich zu Leis-tung, Verantwortung und Ausbildungszeit ein eher niedriges Einkommen zu sein, zumindest, wenn man es mit den Funktionärsgehältern der Krankenkassenbosse vergleicht, die weder mit solch langen Ausbildungszeiten, noch ähnlich hoher Verantwortung am „lebenden Objekt" prahlen können. Bei ihnen sind jedoch 200.000,- Euro das *Minimum des zu versteuernden Einkommens*, im Endeffekt erhalten sie also mindestens das Doppelte, ohne den Druck der Selbständigkeit im Nacken zu haben.

Und dann muss man bei Ärzten noch sehen, dass *nicht jeder* von ihnen so viel Geld verdient. Auch hier gibt es besser verdienende und eine große Zahl, die viel weniger verdient. Ich würde nicht behaupten wollen, dass fachlich und betriebswirtschaftlich einigermaßen kompetente Ärzte zu den Geringverdienern gehören, wie man annehmen könnte. Andererseits würde ich aber auch nicht den System*un*kundigen zustimmen, die behaupten, Ärzte würden alle nur *„auf hohem Niveau jammern"*.

Wie überall auf der Welt gibt es Gewinner und Verlierer. Und wie immer sind Gewinner – zumindest wirtschaftlich – in der Regel diejenigen, die das System für sich ausschlachten und – entschuldigen Sie den Ausdruck – „bescheißen" und Verlierer diejenigen, die korrekt abrechnen.

Der Arzt ist in einem sogenannten *sozialen* Beruf tätig. Sozial bedeutet, für andere, insbesondere Schwächere, mitzusorgen und sie im sozialen Verband zu halten. Die Berufsordnung (142) für die in Deutschland tätigen Ärztinnen und Ärzte (Stand 2011) bestimmt im Speziellen:

§ 1 Aufgaben der Ärztinnen und Ärzte

(1) Ärztinnen und Ärzte dienen der Gesundheit des einzelnen Menschen und der Bevölkerung. Der ärztliche Beruf ist kein Gewerbe. Er ist seiner Natur nach ein freier Beruf.

(2) Aufgabe der Ärztinnen und Ärzte ist es, das Leben zu erhalten, die Gesundheit zu schützen und wiederherzustellen, Leiden zu lindern, Sterbenden Beistand zu leisten und an der Erhaltung der natürlichen Lebensgrundlagen im Hinblick auf ihre Bedeutung für die Gesundheit der Menschen mitzuwirken.

Im Absatz (1) dieser Berufsordnung wird der Arzt als *Freiberufler* bezeichnet. Das bedeutet, seine Qualifikation hat die persönliche, eigenverantwortliche und fachlich unabhängige Erbringung von Dienstleistungen höherer Art im Interesse der Auftraggeber und der Allgemeinheit zum Inhalt. Er ist also *kein Gewerbetreibender*, dessen Maxime in einer Gewinnerzielung durch seine Tätigkeit besteht.

Weiter heißt es in dieser Berufsordnung:

§ 12 Honorar und Vergütungsabsprachen

(1) Die Honorarforderung muss angemessen sein. Für die Bemessung ist die Amtliche Gebührenordnung (GOÄ) die Grundlage, soweit nicht andere gesetzliche Vergütungsregelungen gelten. Ärztinnen und Ärzte dürfen die Sätze nach der GOÄ nicht in unlauterer Weise unterschreiten. Bei Abschluss einer Honorarvereinbarung haben Ärztinnen und Ärzte auf die Einkommens- und Vermögensverhältnisse der oder des Zahlungspflichtigen Rücksicht zu nehmen.

Anzumerken an dieser Stelle wäre: Keiner kann genau definieren, was *„angemessen"* im Sinne des §12 (1) der Berufsordnung bedeutet. „Angemessen" ist ein sehr relativer Begriff, der den ständig wechselnden wirtschaftlichen Zuständen unterworfen ist. Das Problem bei der derzeit gültigen Gebührenordnung für Ärzte (GOÄ) ist, dass bis auf einige kleinere Teilnovellierungen seit über 20 Jahren *keine* Weiterentwickelung mehr stattgefunden hat. Daraus ergeben sich zunehmend Probleme und Fragestellungen nach der „richtigen" gebührenrechtlichen Beurteilung ärztlicher Leistungen auf dieser Grundlage (72).

Auch die Aussage, dass Ärztinnen und Ärzte auf die Einkommens- und Vermögensverhältnisse der oder des Zahlungspflichtigen Rücksicht zu nehmen haben, ist vor dem Hintergrund der großen Menge ärmerer Menschen und damit ärmerer Patienten eine sehr dehnbare Formulierung. Zudem wird dieser Berufsordnungsparagraph fast durchweg durch die gesetzliche Pflichtversicherung außer Kraft gesetzt. Denn wer von ihnen ist schon *privat* versichert und unterliegt somit der Liquidation nach der GOÄ? – Grundsätzlich ist festzuhalten, dass der privatversicherte Patient, der also gemäß Rechnungsstellung nach der GOÄ bezahlen muss, dem Arzt mehr Geld einbringt, als die gleiche Behandlung eines Kassenpatienten, obwohl die GOÄ seit über 20 Jahren in der Vergütung nicht mehr angepasst wurde, noch nicht einmal im Hinblick auf einen Inflationsausgleich.

Daraus resultiert dann unser vielgehörter *„Klassiker"*: Der Kassenpatient muss auf einen Termin drei und noch mehr Monate warten, der „Privatpatient" kann bereits morgen in die Sprechstunde kommen.

Wie der Arzt nun seinen Beruf auszuüben hat, dass die Maxime gelten muss: *„nach bestem Wissen und Gewissen"*, darüber brauchen wir an dieser Stelle nicht zu diskutieren.

Tatsache ist aber auch, dass die meisten niedergelassenen Ärzte ihren Beruf mittlerweile eher im Sinne eines Gewerbetreibenden, also gewinnorientiert ausüben. Das hat meines Erachtens folgenden Grund:

Das Naturell jedes *menschlichen* Tieres, also auch das eines Arztes, ist sein primär egoistischer Hang zum „Höher, Besser, Schneller, Weiter und vor allem Reicher". Eine Berufsordnung, die einem Arzt diese, zu den menschlichen Grundbedürfnissen, beziehungsweise menschlichen Trieben zählende Maxime untersagen will, ist vollkommen widernatürlich.

Als Arzt kann man mit einer reinen Privatpraxis in der Regel *nicht* existieren. Ausnahmen sind nur solche „medizinischen" Einrichtungen, in denen Leistungen angeboten werden, die nicht unbedingt zur Gesundheitserhaltung oder Gesundheitswiederherstellung beitragen, sondern mehr im kosmetischen oder paramedizinischen Bereich angesiedelt sind. Beispielsweise Schönheitsoperationen, viele Leistungen im zahnärztlichen Bereich, heilpraktische und in letzter Zeit die sehr *en vogue* gewordenen osteopathischen Behandlungen. Der Grund: Nur etwa 11 % der Bevölkerung sind privat versichert und der überwiegende, gesetzlich versicherte Rest von 89 % [das sind die in Deutschland etwa 70 Millionen gesetzlich „Zwangsversicherten" (156)] erwartet, dass ihm durch die monatliche Entrichtung seines „unverschämt hohen" gesetzlichen Krankenkassenbeitrages eine *alles umfassende* gesundheitliche Versorgung gewissermaßen als *„Gratisleistung"* angeboten wird.

Insofern ist der weit überwiegende Teil der Ärzte gezwungen, für seinen Lebensunterhalt gesetzlich versicherte Bürger zu behandeln. Dafür muss er zunächst einen Antrag auf Zulassung zur Behandlung dieser sogenannten „Kassenpatienten" stellen. – Die Vergütung für deren ärztliche Behandlungen erfolgt nach dem Budgetierungsdiktat der gesetzlichen Krankenkassen. Die haben nämlich über ihre Helfershelfer in den kassenärztlichen Vereinigungen sowohl *„Punktzahlmaxima"* als auch *„Arbeitszeitobergrenzen"* – bei uns Schmerztherapeuten zusätzlich auch noch „Patientenzahlobergrenzen" (gemäß einer sogenannten *Qualitätssicherungsvereinbarung*) – festgelegt. Kurz gesagt: Man bekommt quasi ein festgezurrtes „Gehalt" von den gesetzlichen Krankenkassen. Wenn man so will, kann man vom *„freiberuflichen Gehaltsempfänger des Staates mit staatlich verhängtem, imperativen, sozialen Mandat"* sprechen. Es läuft also *nicht* in der Weise: Je mehr man arbeitet, desto mehr kann man verdienen. Oder warum denken Sie, lieber Leser, kann man die relativ gleich bleibenden, durchschnittlichen Kassenumsätze der verschiedenen Facharztgruppen überall nachlesen? Ein wesentliches Rauf oder Runter gibt es da nicht. Es ist, wie gesagt, ein mehr oder weniger staatlich festgelegtes Gehalt, tendenziell stetig sinkend.

Und so kommt es, dass Ärzte immer korruptionsanfälliger werden, wie die immer wieder aufgedeckten Skandale, beispielsweise beim Organhandel, zeigen. Dagegen will die neue Regierung jetzt sogar eine neues, in meinen Augen weiteres *Flickenteppichgesetz* erlassen: „Gesundheit: Berlin plant scharfes Gesetz gegen Korruption – Bis zu drei Jahre Haft drohen Ärzten und anderen Gesundheitsberufen bei Bestechung." (157)

Natürlich sucht der „egoistische" Arzt sein Heil in der Bevorzugung von Privatpatienten, bei denen immer noch das Prinzip gilt: Je mehr ich an Leistungen erbringe, desto mehr Geld kann ich verdienen. Auch wenn hier oftmals die Korrektheit der Rechnungsstellungen in Frage zu stellen ist. Man verzeihe es ihm, denn auch er kann nicht menschlicher sein als ein Politiker. Was wollen sie dem Tier *„Arzt"* vorwerfen? Dass er sich von den zur Auswahl stehenden Tortenstücken das schmackhaftere aussucht? Wollen Sie ihm vorschreiben, dass er sich anders zu verhalten hat als *alle* anderen, einschließlich Ihnen, lieber Leser? Was würden *Sie* denn bevorzugen? – Aber so ist es nun mal: *Wenn zwei das Gleiche tun, ist es noch lange nicht dasselbe.* – Aber ich nenne Ihnen an dieser Stelle schon mal einen Punkt meiner angekündigten Alternative: Weg mit dieser

Zwei-Klassen-Medizin. Warum zwei unterschiedliche und teils gravierend differierende Vergütungssysteme für gleiche Leistungen? Und schon hätte man dieses relativ kleine Problem elegant gelöst.

Der gesetzlich zwangsversicherte Bürger echauffiert sich auch darüber, dass ihm beim Arzt immer mehr zuzahlungspflichtige Leistungen angeboten werden. Man nennt sie individuelle **G**esundheits**l**eistungen. Diese sogenannten IGeL sind der Vergütung nach der GOÄ und nicht dem Kassendiktat unterworfen. Sie treiben den Umsatz bei so manchem Arzt deutlich in die Höhe. Mittlerweile gibt es eine neue Gruppe „Trittbrettfahrer", die spezielle Schulungsseminare für den „Verkauf" solcher IGeL anbietet. Die Kosten solcher Seminare wurden bis 2012 sogar noch durch deren steuerliche Abschreibungsmöglichkeit von Vater Staat finanziell unterstützt (158).

Auch die Krankenkassenfunktionäre wollen den Bürgern grundsätzlich plausibel machen, dass solche IGeL-Angebote in der Regel *nicht* nötig sind. – Das ist überwiegend auch wirklich so. – Warum aber echauffieren, wenn ein einfaches und selbstbewusstes *„Nein, danke"* seitens der Patienten genügt, diesen Zuzahlungen aus dem Weg zu gehen. Der Grund: Der Patient ist in der Regel relativ fachunkundig, er durchschaut das System selten und hat in den meisten Fällen kein Geld für solche Privatleistungen, die ihm vom *„geschäftstüchtigen Arzt"* als „notwendig" angepriesen werden.

Das alles könnte man eventuell als „unsozial", da egoistisch, materialistisch und „gewerbetreibend" bezeichnen. Ein *natürlich menschliches* Verhalten ist es dennoch, wenn auch nicht gutzuheißen.

Analoge Beispiele finden wir ebenfalls in einer anderen Berufssparte, die eigentlich das Sozialwohl in ihrem Banner wehen hat (haben sollte). Aber auch hier wird augenscheinlich nur rein egoistischen Motiven gefolgt. Gemeint sind unsere Volksvertreter, beispielsweise Herr Karl Lauterbach (SPD) – seit 2010 auch als Arzt approbiert – der von Juli 2001 bis Juni 2013 gegen ein jährliches Entgelt von zuletzt 62.000,- Euro zusätzlich zu seinen Diäten als Politiker einen Sitz im Aufsichtsrat der Rhön-Klinikum AG inne hatte. Letztere ist eine börsennotierte Betreibergesellschaft von

Krankenhäusern, Kliniken und **M**edizinischen **V**ersorgungszentren (MVZ), die im Jahr 2012 einen Gewinn von 91,97 Mio. Euro erzielte und im Verdacht steht, über Jahre Putzkräfte ausgebeutet zu haben. Übrigens auch Herr Karl-Theodor zu Guttenberg (ehemals CSU), war von 1996 bis 2002 Mitglied in diesem Aufsichtsrat. Vgl. (159) u. (160).

Ein weiterer Politiker, Herr Peer Steinbrück (SPD, Kanzlerkandidat 2013) musste unlängst sicherlich ungern offenlegen, dass er in nur wenigen Jahren *neben* seinem Hauptberuf des „Sozialdemokratischen Politikers" durch Vortragsreden bei Wirtschaftsunternehmen Millionenhonorare einnahm. Auch diese Millionen zahlten letztendlich wir Bürger.

Oder folgend genannte Damen und Herren, die über Plagiatsvorwürfe bezüglich ihrer Doktorarbeiten in die Schlagzeilen gerieten und sich mit diesen, anscheinend zu Unrecht erhaltenen Titeln persönliche Vorteile verschaffen wollten, beziehungsweise verschafft haben: Herr Karl-Theodor zu Guttenberg (CSU), Jorgo Chatzimarkakis (FDP), Silvana Koch-Mehrin (FPD), Margarita Mathiopoulos (FDP), Bernd Althusmann (CDU), Matthias Pröfrock (CDU), Uwe Brinkmann (SPD), Annette Schavan (CDU – hier war das Verfahren bei Drucklegung noch nicht rechtskräftig abgeschlossen), um nur einige zu nennen.

Dass so mancher über das Ziel hinausschießt, dass er, wie ich oben bereits ausführte, das System zu seinen Gunsten ausschlachtet, das „Arzt sein" in die zweite Reihe verbannt und der schnöde Mammon bei ihm in vorderster Linie agiert und dabei viele seiner „Kollegen" mit in den Schatten zieht, rubriziere ich mittlerweile unter das Berufsrisiko eines Arztes. Aber wie gesagt, Ärzte sind auch nur Menschen, und da gibt es solche und solche.

„Solche" erkenne ich beispielsweise auch in einigen Ärzten, die sich vermutlich aufgrund eines Profilneurotizismus in den „Bussi-Bussi-Gesellschaften" der oberen Zehntausend tummeln *müssen*. Nicht wenige dieser Gattung findet man in solchen Vereinigungen wie *Rotarier, Lions, Zonta* oder *Round Table*. Letztere sind philanthropische Vereinigungen von Menschen, die in regelmäßig stattfindenden Treffen ihre (Geschäfts-) beziehungen (neudeutsch „Netzwerke" genannt) pflegen und sich durch soziale Verdienste ihren (guten) Namen machen. Im Vereinskodex einer dieser, allgemeinhin als elitär geltenden Gruppen, fand ich die Aufforderung an seine Mitglieder: „Tue Gutes und rede darüber" (161). Gerade vor dem Hintergrund dieses: „rede darüber" bekommt *die Fahne des Sozialen* in meinen Augen allerdings einen recht egoistischen Beigeschmack. Auch habe ich bisher *keinen* dieser Menschen kennengelernt – und es waren einige (!) –, die ihr „soziales Engagement" nicht aus ihrer Portokasse haben zahlen können.

Extreme Beispiele analogen Verhaltens, das mittlerweile schon an Wettbewerb erinnert, sehen wir unter amerikanischen Milliardären, die große Teile ihres Vermögens für soziale Zwecke herschenken. Vgl. (42 S. 59). Meines Erachtens eine sehr fragwürdige soziale Ader. – Ist es neben dem im Übermaß vorhandenen Geld doch nur das Haschen nach zusätzlichem Ansehensgewinn? Hier fällt mir spontan die Raubtiermoral von Michael Ghiselin ein: „Kratz einen Altruisten, und du siehst einen Heuchler bluten" (162 S. 247), (39 S. 62 u. 324). Trotzdem sei diesen Menschen an dieser Stelle für ihre Güte und soziales Engagement gedankt, denn nötig hätten sie es allemal nicht. Deshalb ist es aus Sicht der Empfangenden schon etwas Positives. Somit also eine *Win-win-Situation,* wie man so sagt.

Es ist festzuhalten, dass soziales Tun grundsätzlich dann eingestellt wird, wenn der sozial Agierende erkennt, dass sein „Wettbewerbsvorteil" demjenigen gegenüber, dem er Gutes tut, zu schwinden beginnt. Das ist das Axiom des naturimplementierten, evolutionären Strebens nach dem „Höher, Besser, Weiter, Schneller und Reicher", um im immerwährenden Überlebenskampf möglichst sehr gut bestehen zu können.

Wie Sie sicherlich bereits bemerkt haben, bin ich ein Freund von *Beispielen aus dem Leben,* damit jeder möglichst auf Selbsterfahrenes reflektieren und so meine Gedankengänge gut nachvollziehen kann. In diesem Sinne möchte ich Ihnen auf dem zuvor bereiteten Reflexionshintergrund zum Menschen *„Arzt"* einige Geschichten aus meinen persönlichen Erfahrungen erzählen:

Beispiel 1

Letztens auf einem unserer großen Schmerzkongresse in Frankfurt gesellte ich mich in einer Vortragspause zu einer Gruppe mir nicht bekannter

Medizinerkollegen. Man sprach anfangs noch über das soeben im Hörsaal Vorgetragene, doch schon nach wenigen Minuten fokussierte sich das Gespräch auf die stringente Budgetierungspolitik, die nur wenigen Privatpatienten, das sinkende Realeinkommen und der daraus resultierende Frust bei der Arbeit.

Beispiel 2

In nicht wenigen Anästhesie-Aufklärungsgesprächen für Narkosen zu kieferchirurgischen Eingriffen beklagten sich Patienten bei mir sehr empörend über die Preise für Zahn-/Kieferimplantate, wo in der Tat für die allermeisten eine absolute und nicht mehr nachvollziehbare Diskrepanz zwischen Zahnarztleistung und Preis besteht, auch nach Abzug der Materialkosten.

Beispiel 3

Im September 2012 erfuhr ich über eine Anästhesieschwester, die aushilfsweise in einer Klinik arbeitet, dass die dortige Operationsfrequenz quasi *von jetzt auf gleich* drastisch angestiegen war. Der Hintergrund für dieses Phänomen ließ sich unschwer recherchieren: Man hatte den dort angestellten Ärzten nämlich *Prämien* versprochen, wenn die Operationsfrequenz stiege. Dieser Sachverhalt ist kein Einzelfall und wurde untermauert durch eine Studie der AOK, die belegt, dass sich die Zahl der Operationen an Menschen von 2005 bis 2010 nahezu verdoppelt hat. Zu verzeichnen ist insbesondere ein Zuwachs an Wirbelsäuleneingriffen und Operationen, für die lukrativere Vergütungen festgelegt sind (163). In diesem Zusammenhang möchte ich auch auf eine im WDR ausgestrahlte Sendung von Meike Hemschemeier, am Montag, den 14. Januar 2013 von 22:45–23:30 Uhr verweisen, die explizit die prämiengeköderten Steigerungen der Zahl insbesondere lukrativ vergüteter Operationen unter die Lupe nahm.

Beispiel 4

Seit der zunehmend stringenten Budgetierungspolitik kommt es häufiger zu Konstellationen zwischen Operateuren und Anästhesisten, wo der Operateur *Geld* vom Narkosearzt fordert, damit dieser ihm die Narkosen für die Operationen in seiner Praxis machen darf. Die geforderten Summen übersteigen oftmals eine vielleicht noch nachvollziehbare realistische Raumkostenbeteiligung. Anders ausgedrückt, geht es hier um „Geldforderung gegen Patientenzuweisung". Mehrere dieser „Kollegen" sind mir persönlich bekannt. Diese Unkollegialität ist laut § 31 (1) (142) der ärztlichen Berufsordnung verboten.

Es liegt in der Natur der Sache, dass der Patient in der Regel primär zum Operateur geht und nicht zum Anästhesisten. Und bei bestimmten Operationen benötigt der Operateur nun mal einen narkotisierten Patienten und dazu braucht er eben den Anästhesisten als Gehilfen. Analog benötigt er ja auch eine OP-Schwester zur Unterstützung seiner Arbeit. Aber diese bezahlt er sogar, obwohl auch sie „seine" Räume mit benutzt. – Da der Anästhesist jedoch seine Leistung bei den Krankenkassen selbst in Rechnung stellen darf, ist der Operateur von der Bezahlung des Anästhesisten befreit, wozu könnte er dann aber noch solche Geldbeträge von ihm fordern außer aus niederer Habgier?

In diesem Zusammenhang möchte ich folgende Frage an hier vielleicht lesende Lions-Club-Mitglieder stellen: Würden Sie *solche* Personen in Ihren *elitären Clubs* dulden oder gar aufnehmen? Selbst kann man Ihren Vereinigungen ja *nicht* beitreten.

Beispiel 5

Werden zu einem operativen Eingriff zwei Anästhesieverfahren parallel eingesetzt, darf den gesetzlichen Krankenkassen nur das jeweils höchstbewertete in Rechnung gestellt werden.

Dazu der Fall: Ein kieferchirurgischer Eingriff wird in Allgemeinanästhesie, sprich Vollnarkose, durchgeführt. Eine zusätzliche Verabreichung eines örtlichen Betäubungsmittels wäre dazu eigentlich *nicht* mehr notwendig. Sie hätte jedoch drei *wesentliche* Vorteile:

1. Der Narkosearzt bräuchte eine deutlich geringere Schmerzmittelkonzentration in seinem „Narkotika-Gemisch".

2. Da das Lokalanästhetikum in der Regel einen Adrenalinzusatz enthält, ist das Operationsgebiet blutärmer und damit besser und übersichtlicher „zu bearbeiten".

3. Der hätte Patient nach dem Erwachen durch die örtliche Betäubung zunächst keine weiteren Schmerzmittel nötig.

Aus medizinischer Sicht fast unschlagbare Argumente. Doch die Gesetzeslage ist eindeutig, auch wenn aus medizinischer Sicht die Lokalanästhesie als „wirtschaftlich, ausreichend, notwendig und zweckmäßig" zu bejahen ist.

Unter einigen Kieferchirurgen entwickelte sich daraufhin die Praxis, den medizinisch unwissenden Patienten, die unter Vollnarkose operiert wurden, die Lokalanästhesie zusätzlich als „IGe-Leistung" zu „verkaufen", anstatt sie beispielsweise als postoperative Schmerztherapie gegen das Krankenkassenveto durchzusetzen. Verständlich, denn der privatliquidierte Preis der Lokalanästhesie war so lukrativ hoch, dass ich mich als Anästhesist schämte, meine „Kassennarkose" gerade einmal doppelt so hoch bezahlt zu bekommen, obwohl sie mit einem unvergleichbar höheren Risiko behaftet ist und ein Vielfaches an Material und Medikamentenkosten beinhaltet.

Beispiel 6

Am 23. September 2012 fiel mir aus den Unmengen Reklame, mit denen unsere Briefkästen Tag für Tag gefüttert werden, ein Sonderdruck ins Auge, betitelt mit: *„Starke Partner für Ihr Wohlbefinden"*. Darin stellten sich jeweils ganzseitig, teils auch doppelseitig, viele ärztliche und zahnärztliche Praxen und naturheilkundliche und altenpflegerische „Institute" mit ihren Leistungsspektren und speziellen „Angeboten" ihres Tuns vor.

Tendieren Sie, lieber Leser, nun mehr zu der Ansicht, dass es sich hier *vor allem* um soziales Engagement handelt oder teilen Sie eher die Meinung, dass der Titel des Heftes zwar nicht an der Wahrheit vorbeizielt, das *primäre* Ansinnen der Initiatoren dieser Anzeigen jedoch in Richtung Generierung von Privatleistungen ausgelegt war? Im Klartext also, um *mehr Geld* neben der budgetierten, gesetzlichen Kassenmedizin einzunehmen?

Beispiel 7

In den Krankenhäusern ist es – auch aus eigener Erfahrung – eine weit verbreitete Unsitte, die Patienten bei deren stationärer Aufnahme aufzufordern, ihre regelmäßig einzunehmenden Medikamente „von zu Hause" mitzubringen – also weiter aus dem vom niedergelassenen Arzt rezeptierten Bestand einzunehmen.

Dem Laien sei hier erklärt, dass alle Leistungen eines unter stationärer Obhut befindlichen Patienten mit der diagnosebezogenen Fallpauschale (DRG) abgegolten sind. Zu diesen Leistungen zählen nicht nur Unterbringung, Verpflegung und die zum Einlieferungsgrund ärztliche Behandlung, sondern auch die Weiterverordnung bereits ambulant bestehender Dauermedikationen. So sind dem zu einer Blinddarmoperation aufgenommenen Patienten weiterhin beispielsweise seine regelmäßig einzunehmenden Schmerz- oder Schilddrüsenmedikamente aus der Krankenhausapotheke zu Lasten des DRGs zur Verfügung zu stellen.

Mit der Aufforderung des Patienten, *seine eigenen* Medikamente von zu Hause mitzubringen, greifen die Kliniken natürlich in den ambulanten Arzneimittel-Budgettopf. Über die Menge sparen sie darüber zum einen natürlich viel ihres DRG-Betrages ein, zum anderen laufen die niedergelassenen Ärzte Gefahr, einen Arzneimittelregress zu erhalten, den sie eigentlich gar nicht zu verantworten haben. Da das System jedoch gesetzlich so kompliziert und undurchsichtig gestaltet ist und ein Arzt von den Verordnungen eines anderen nicht zwangsläufig Kenntnis erlangt, fällt diese *Unart* der Krankenhäuser selten auf.

Soweit die Geschichten aus dem Leben.

Fassen wir zusammen:

Der Arzt

1. ist, wie jeder Mensch, ein egoistisch handelndes Wesen;
2. hat sich – oft nur zu Beginn – einem idealistischen Traum und Beruf hingegeben, der höheres Einkommen und hohen sozialen Status versprach;
3. ist dann einer Staats- und Verwaltungsreglementierung ins Messer gelaufen, die mittlerweile den meisten ein selbstbestimmtes Berufsleben sehr schwer gemacht hat;
4. muss sich durch eine Flut bürokratischer Reglementierungen hangeln;

5. ist einer nicht mehr überschaubaren Anzahl von Qualitätsvorschriften, Behandlungsstrategien, Medikamenten unterschiedlichster Hersteller mit angeblich gleicher Wirkung ausgesetzt;

6. hat Verantwortung für Wirkungen, Nebenwirkungen und Kosten seines Tuns;

7. trägt Verantwortung für Zufriedenheit von Patienten, KV, Politik und, soweit vorhanden, seiner Angestellten.

Ich kann nur aus eigener Erfahrung sagen: Der Preis des *Arztseins* ist hoch. – Und da die Budgetierungspolitik diesen Preis nicht zahlen will oder kann, ergreifen viele diesbezüglich selbst die Initiative und die heißt:

1. Bevorzugung von Privatpatienten;

2. Generierung von Zusatzeinkommen über IGe-Leistungen;

3. Erhöhung der Patientenzahl pro Zeiteinheit;

4. unfreundliche Behandlung oder gar Ablehnung wirtschaftlich nicht lukrativer Patienten durch lange Wartezeiten oder ultrakurze Behandlungen;

5. Knechtung zuweisungsabhängiger Kollegen.

Der Leser möge an dieser Stelle bitte nicht pauschal über das sozialfrevelhafte Verhalten dieser eigentlich für das Sozialwohl zuständigen Gruppe der Ärzte urteilen. Denn im nächsten Kapitel werde ich aufzeigen, dass auch *Sie,* als hier lesender Patient, mitnichten ein heilsamer Samariter sind, obwohl jedem Menschen in einem Sozialverband die Pflicht obliegt, sich sozialbewusst zu verhalten.

Der unsoziale Patient

Nach dem bisher Gesagten könnte man annehmen, dass der Bürger das schwächste Glied in der Kette unseres gesetzlichen Gesundheitssystems ist. Alle im Gesundheitswesen Tätigen wollen anscheinend nur dessen Geld, sind nur egoistisch. Doch Achtung, das scheint nur auf den ersten Blick so.

Stellen Sie sich bitte vor, Sie möchten sich eine neue Stereoanlage kaufen. Das müssten Sie natürlich von Ihrem selbst verdienten Geld tun. – In der heutigen, informierten Welt geht man als Konsument hin und recherchiert – zum Beispiel im Internet – wie teuer das gewünschte Produkt ist und wo man es gegebenenfalls billiger erstehen könnte. Sie doch sicherlich auch? Im deutschen Gesundheitswesen ist das anders …

Eine sehr triviale, aber alltägliche Begebenheit:

Ein Bürger: „Ich habe mir wohl eine Erkältung eingefangen, ich gehe mal zum Arzt, *kostet mich ja nichts*. Der kann mir dann etwas verschreiben und auf der Arbeit ist es zurzeit sowieso etwas fad, vielleicht schreibt er mich ja ein paar Tage krank."

Beim Arzt: „Sie haben nichts sonderlich Schlimmes. Schonen Sie sich etwas, Medikamente brauchen Sie nicht unbedingt einzunehmen, auf Wiedersehen."

Der Bürger: „Der hat wohl einen Knall. Ich bin richtig krank, ich gehe jetzt zu einem anderen Arzt, *das kostet mich ja auch nichts*."

Dort angekommen und untersucht: „Ja Herr XY, ich schreibe Ihnen zwei Medikamente auf, die Sie bitte soundso einnehmen. Für den Rest der Woche schreibe ich Sie krank."

Der Bürger: „Na, das ist ein super Doktor. Dem kann man vertrauen, der kann was. Ich werde meinen alten Hausarzt sofort gegen diesen hier tauschen."

Na, wer erkennt sich wieder? – Ein Einzelfall? – Von wegen!
Zehn Ärzte, zehn Meinungen, der Patient sucht sich *den* heraus, der ihm die für ihn vermeintlich beste Leistung bietet. Wie viel sie kostet, insbesondere unserer Solidargemeinschaft, bleibt völlig unberücksichtigt im

Gegensatz zum Stereoanlagenkauf. Der Grund: Er muss es (vermeintlich) nicht selbst bezahlen.

Eine Frage an Sie, als vielleicht auch „gesetzlich krankenversicherter" Leser: Kennen Sie die Punktzahlen, beziehungsweise Geldbeträge, die Ihr Arzt Ihrer Krankenkasse jeweils für Ihre Behandlung in Rechnung stellt, mal ungeachtet der Tatsache, dass Ihrem Arzt selbst erst vier Monate nach Ihrer Behandlung von der KV bekanntgegeben wird, für wie viel Euro er seine Leistungen erbringen musste? – Wissen Sie immer, wie viel Euro ihre Medikamente kosten, die auf Ihrem Kassenrezept angegeben sind und die Sie vom Apotheker bis auf die gesetzlich eingeforderte Zuzahlung über den Tresen geschoben bekommen?
Wollten Sie diese Beträge gerne wissen oder interessiert Sie das gar nicht? – Egal, es wird Ihnen nach dem sogenannten „Sachleistungsprinzip" auch ohne Ihr Wissen gegeben.
Sie könnten sich zwar informieren, aber warum? Sie müssen es (vordergründig) ja nicht aus eigener Tasche bezahlen. So sieht es jedenfalls fast jeder gesetzlich versicherte Bürger. Man ist zwar kurzzeitig immer wieder entrüstet über Medienberichte, wenn Ärzte um höhere Vergütungen streiken (so *wieder* geschehen im September 2012) oder wenn Krankenkassenbeiträge erhöht werden sollen oder die Nachricht steigender Gesundheitskosten ertönt, aber der Alltag stellt sich schnell wieder ein. Der Krankenkassenbeitrag – wie hoch ist er nochmal? – wird weiter wie bisher vom Lohn einbehalten. Man muss sich ja eigentlich um nichts, aber auch gar nichts in dieser Richtung kümmern. So trottet der Alltag dahin.

Hierzu ein Kommentar von Prof. Dr. Klaus Dieter Kossow, Arzt für Allgemeinmedizin, Facharzt für psychotherapeutische Medizin, Honorarprofessor am Fachbereich 11 Gesundheitswissenschaften der Universität Bremen mit dem Schwerpunkt „Öffentliche Gesundheit, Gesundheitsmanagement, abgedruckt in der Medical Tribune vom 09.12.2011:

> *„Desinteresse der Patienten an mehr Transparenz*
> *Man sollte sich deshalb den Aufwand eines Versichertenkontos sparen – oder zuvor eine faire Vergütung der Ärzte einführen. Sinnvoll wäre die Transparenz des Versichertenkon-*

*tos nämlich dann, wenn eine Kostenerstattung bei Arztrech-
nungen eingeführt würde, wenn die Krankenkassen die Höhe
der Arzneimittelrabatte offenlegen würden und wenn alle pro
Zeiteinheit von der Kasse getätigten Aufwendungen für ärztliche und Klinikbehandlung, Arznei-, Heil- und Hilfsmittel,
Reha, Krankentransport usw. nebeneinander dargestellt
würden.*

*Es sind in den letzten Jahrzehnten immer wieder regionale
Transparenzversuche unternommen worden. Versorgungs-
forscher, Krankenkassenmitarbeiter und Politiker hat das interessiert. Den Patienten war es wurscht. Nicht mal 1 % der
Behandelten hat sich eine Kostenaufstellung geben lassen"*
(164).

Als Zugabe hier noch einige *Original-Aussprüche* von Patienten in *meiner*
Praxis:

a) „Herr Doktor, können wir nicht noch mal eine Kur beantragen, ich
war schon so lange nicht mehr in Urlaub."

b) „Herr Doktor, es wäre schön, wenn ich einen elektrischen Rollstuhl
von der Krankenkasse bekäme, dann bräuchte meine Frau sich beim
Schieben nicht mehr so anzustrengen. Könnten Sie der Krankenkasse dazu nicht etwas schreiben?"

c) „Herr Doktor, ich komme wegen meiner Rückenschmerzen nicht
mehr zum Schneiden an meine Fußnägel. Mein Mann macht mir
das nicht gut genug. Meine Hausärztin meinte, ich solle Sie fragen,
ob da nicht ein Antrag bei der Krankenkasse zu stellen wäre, dass
eine Fußpflege von der Kasse *übernommen* wird."

d) Und das mit Abstand Härteste, was ich hörte: „Herr Doktor, ich hatte Ihnen ja erzählt, dass es mir mit meinen Schmerzen deutlich besser geht, wenn es warm ist. Könnten Sie für mich keinen Antrag bei
meiner Krankenkasse stellen, dass die mir einen Heizkostenzu-
schuss im Winter bezahlen?"

e) Ein Patient, um die 60 Jahre alt, seit einigen Jahren Bezug von
Grundsicherung: „Herr Doktor ich habe fast 40 Jahre in die Kran-

kenkasse einbezahlt und habe meinen Lebtag so gut wie nichts davon in Anspruch genommen. Mein Ziel war es, dieses Geld wieder zurückzubekommen. So habe ich mit meinem befreundeten Anwalt geplant, all meine materiellen Güter meinen Nachkommen „auf dem Papier" zu verschenken, um vom Vater Staat zusätzliches Geld – meine eingezahlten Sozialbeiträge – wieder ausgezahlt zu bekommen. Mir geht es wirtschaftlich sehr gut."

Das bedeutet im Klartext, er hat gemäß Gesetz die Solidargemeinschaft nach Strich und Faden *erfolgreich beschissen.*

f) Ein anderer Patient, seit Jahrzehnten enormer Zigaretten- und Alkoholkonsum, in allen Körperregionen Durchblutungsstörungen, deshalb insbesondere unter körperlichen Belastungen Schmerzen in den Gliedmaßen, bereits beide Halsschlagadern „vom Kalk" freioperiert, zwei Herzinfarkte, Frührentner bereits vor dem 40. Lebensjahr. Laut seiner Aussage „sein Leben lang immer schwer gearbeitet" (also noch nicht einmal bis zum 40. Lebensjahr!). Da erscheint eines Tages einer dieser geliebten Vordrucke des Sozialgerichtes in meiner Post. Dieser Herr hatte, wegen zunächst ablehnendem Bescheid seines Pflegestufenantrags, jetzt Klage vor dem Sozialgericht erhoben (kostet ihn ja nichts). Konkrete Fragen darin an mich als Behandler: ob er Hilfe benötige beim a) Waschen, b) Rasieren, c) Haare kämmen und d) Toilettengang. – Da der Patient mir immer erzählte, dass er mit seinem Sohn ins Fußballstadion gehe, um seine „Borussia" zu gucken und bisher ohne irgendwelche Hilfe zu Fuß in die Praxis kam, hatte ich die oben genannten Anfragen des Sozialgerichtes mit „nein" beantwortet. Ich hielt den Patienten für die angefragten Verrichtungen durchaus in ausreichend körperlicher Verfassung, da diese basalen Tätigkeiten „Waschen, Kämmen, Rasieren, Toilettengang" in meinen Augen sicherlich nicht so körperlich belastend sind, wie der Tribünenaufstieg in einem Fußballstadion und weiterhin über 25 Zigaretten täglich zu rauchen. – Kommt dieser Patient doch mit der Kopie der Sozialgerichtsanfrage und wirft *mir* vor, nicht in seinem Sinne gehandelt zu haben. – Ich fasse es nicht!

Kein Scherz! – Realität! So sehen das *nicht wenige* Patienten.

Wie Sie erkennen, bestimmt letztlich *das Fehlverhalten der Bürger* infolge mangelnden Wissens bezüglich gesundem, sozialbewusstem Verhalten, fehlendem Kostenbewusstsein, Ignoranz und/oder Selbstsucht die Systemorientierung. Denn *der Bürger* fühlt sich krank und behandlungsbedürftig, *er* wählt die jeweiligen Regierungen, *er* initiiert damit die Gesundheitsgesetzgebung, *er* lanciert damit grundsätzlich die (wiederum egoistischen) Aktionen der am Gesundheitssystem beteiligten.

Fünftes Sozialgesetzbuch

„§ 1 Solidarität und Eigenverantwortung

Die Krankenversicherung als Solidargemeinschaft hat die Aufgabe, die Gesundheit der Versicherten zu erhalten, wiederherzustellen oder ihren Gesundheitszustand zu bessern. Die Versicherten sind für ihre Gesundheit mitverantwortlich; sie sollen durch eine gesundheitsbewusste Lebensführung, durch frühzeitige Beteiligung an gesundheitlichen Vorsorgemaßnahmen sowie durch aktive Mitwirkung an Krankenbehandlung und Rehabilitation dazu beitragen, den Eintritt von Krankheit und Behinderung zu vermeiden oder ihre Folgen zu überwinden. Die Krankenkassen haben den Versicherten dabei durch Aufklärung, Beratung und Leistungen zu helfen und auf gesunde Lebensverhältnisse hinzuwirken“ (73).

Eine wichtige Festlegung in diesem ersten Paragraphen des SGB V ist, dass die Versicherten im Interesse der Solidargemeinschaft *Mitverantwortung* für ihre Gesundheit tragen müssen. Wussten Sie das? Haben Sie daran schon mal gedacht?

Reflektieren Sie, lieber Leser, diese Forderung bitte einmal vor folgenden Tatsachen:

1. Die meisten Patienten/Bürger sind aufgrund mangelnder Aufklärung im Hinblick auf gesundheitsbewusstes Verhalten häufig Laien.

Auch Desinteresse oder Ignoranz bezüglich ihres gesundheitlichen Zustandes spielen eine Rolle.

Insofern ist das mit der Eigenverantwortung schon eine recht eingeschränkte Sache!

2. Der Patient hat nach meinen Recherchen selten Kenntnis davon, wie teuer seine abverlangten medizinischen Leistungen oder Medikamente sind.

   Wie soll er wirtschaftliche Verantwortung entwickeln, wenn er die Kosten gar nicht kennt?

3. Er hat die gesetzliche Zusicherung, dass *alles* medizinisch Notwendige für ihn getan wird.

   Warum soll er sich dann überhaupt Gedanken um Mitverantwortung machen?

4. Jeder gesetzlich Krankenversicherte hat eine Chipkarte, die ihm, ungeachtet seines gesundheitlichen Verhaltens, die Möglichkeit eröffnet, unbegrenzt medizinische Leistungen abzurufen.

   Für wen denn dann sparen?

5. Er ist, wie jeder Mensch, ein egoistisch handelndes Wesen.

   Bedeutet, selbstlose Verantwortung für andere gibt es für ihn nicht.

Und genau deshalb ist nicht nur allen anderen zuvor beschriebenen Gruppen die Schuld für solches egoistische, kosten*un*bewusste und damit *un*solidarische Verhalten zu geben, sondern auch den Bürgern. Ihnen wird die im SGB V geforderte Verantwortung durch die praktische Umsetzung dieses Gesetzes aus der Hand genommen. Unser Gesundheitssystem *erzieht* die Bürger in keinster Weise zu kostenbewusstem Konsumieren von Gesundheitsleistungen, sondern zu maximaler Passivität und unkritischem „Doktorhopping und -shopping" wie man heute so sagt. Das bestehende gesetzliche Krankenkassensystem stellt jedem Individuum gesundheitliche Maximalversorgung in Aussicht, ohne wirklich und ernsthaft eine Gegenleistung zu fordern. *Rauchen, Saufen, Fettfressen, zu wenig Bewegung, Risikosportartenbetreiben* und so weiter. All das bleibt seitens des Gesetzgebers nicht sanktioniert, sogar toleriert und führt entweder zu höheren Krankenkassenbeiträgen für alle oder zu noch stringenterer Budgetierung der Leistungserbringer. Keinesfalls werden aber Verwaltungsorgane darunter finanziell leiden, im Gegenteil, es kommen höchstens noch weitere *Controller* hinzu, wie zum Beispiel jüngst der Gesundheitsfonds (Geschichte von den sieben Zwergen im Kapitel *„Das System der gesetzlichen Krankenversicherung"*).

Wann wird eine Regierung begreifen, dass der Mensch nur etwas beurteilen, bewerten und danach handeln kann, wenn er es mit seinen Sinnen auch wahrnehmen kann. Beispielsweise als Eurobeträge auf Rechnungen über Medikamente und Behandlungskosten.

Es ist davon auszugehen, dass sich *so gut wie kein* Bürger darüber im Klaren ist, dass es ihm von Gesetzes wegen gestattet ist, alternativ zum Sachleistungsprinzip, also *nur* der *sachlichen* Entgegennahme medizinischer Leistungen ohne Geld dafür auf den Tisch legen zu müssen, auch die sogenannte *Kostenerstattung* bei seiner Krankenkasse wählen kann. – Aber das hat seine Tücken!

„SGB V

§ 13 Kostenerstattung

(...)

(2) Versicherte können anstelle der Sach- oder Dienstleistungen Kostenerstattung wählen. Hierüber haben sie ihre Krankenkasse vor Inanspruchnahme der Leistung in Kenntnis zu setzen. Der Leistungserbringer hat die Versicherten vor Inanspruchnahme der Leistung darüber zu informieren, dass Kosten, die nicht von der Krankenkasse übernommen werden, von dem Versicherten zu tragen sind. Eine Einschränkung der Wahl auf den Bereich der ärztlichen Versorgung, der zahnärztlichen Versorgung, den stationären Bereich oder auf veranlasste Leistungen sind möglich.

(...)

Anspruch auf Erstattung besteht höchstens in Höhe der Vergütung, die die Krankenkasse bei Erbringung als Sachleis-

tung zu tragen hätte. Die Satzung hat das Verfahren der Kostenerstattung zu regeln. Sie kann dabei Abschläge vom Erstattungsbetrag für Verwaltungskosten in Höhe von höchstens 5 Prozent in Abzug bringen. Im Falle der Kostenerstattung nach § 129 Absatz 1 Satz 5 sind die der Krankenkasse entgangenen Rabatte nach § 130a Absatz 8 sowie die Mehrkosten im Vergleich zur Abgabe eines Arzneimittels nach § 129 Absatz 1 Satz 3 und 4 zu berücksichtigen; die Abschläge sollen pauschaliert werden. Die Versicherten sind an ihre Wahl der Kostenerstattung mindestens ein Kalendervierteljahr gebunden" (73).

Jeder normale Bürger der diesen § 13 SGB V liest und der das Geld in seinem Portemonnaie zusammenhalten möchte, wird zusammenzucken und den Teufel tun, diese Kostenerstattung zu wählen. Er wüsste dann zwar immer, was medizinische Versorgung im Einzelnen kostet, denn er bekommt ja dann vom Arzt eine Rechnung auf Grundlage der derzeit gültigen GOÄ im *sogenannten* Kassensatz, sprich 1,0-fachen Satz, aber im Klartext besagt dieser § 13 nichts anderes, als dass die Krankenkassen den Leistungserbringern, sprich Ärzten, noch nicht einmal diese niedrigste, angegebene Vergütung dieser seit über 20 Jahren nicht mehr an wirtschaftliche Verhältnisse angepassten Gebührenordnung zahlen.

Dass der Arzt diese Vergütung von den Kassen nicht erhalten würde, interessiert den Patienten wohl am wenigsten, aber dass *er* die noch klaffende Differenz zwischen dem, was ihm die Kassen nur erstatten würden und diesem GOÄ-Gebührensatz aus eigener Tasche zahlen müsste, zuzüglich natürlich wieder irgendwelcher *Verwaltungskosten* und Kosten für die der Krankenkasse entgangene Rabatte, *das* ist seine größte Furcht. Und deshalb, und *nur* deshalb, habe ich persönlich noch *nie* gehört, dass *jemals* ein Patient diese Kostenerstattung für sich gewählt hat.

So wird der Patient durch Paragraphendrohung immer schön dumm und unmündig gehalten und erscheint für andere oftmals unsozial, obwohl er es unter anderen Bedingungen vielleicht gar nicht in dem Ausmaß wäre.

Das Gezerre um WANZ und IGeL

Was sich hier so anhört wie das Märchen vom *Hasen und Igel*, hat leider nichts mit dieser amüsanten Geschichte zu tun, sondern sind Beschreibungen für zwei Arten medizinischer Leistungen, deren Einordnung in zwei unterschiedliche Kategorien schon viel Ärger heraufbeschworen haben und immer wieder Stein des Anstoßes sind. Grundlage ist natürlich wieder ein *„Gummi"*-Paragraph aus unserem SGB V, der die „**w**irtschaftliche, **a**usreichende, **n**otwendige und **z**weckmäßige" medizinische Behandlung fordert, kurz WANZ genannt.

Der beklagte § 12 des SGB V lautet:

> *„(1) Die Leistungen müssen ausreichend, zweckmäßig und wirtschaftlich sein; sie dürfen das Maß des Notwendigen nicht überschreiten. Leistungen, die nicht notwendig oder unwirtschaftlich sind, können Versicherte nicht beanspruchen, dürfen die Leistungserbringer nicht bewirken und die Krankenkassen nicht bewilligen" (73).*

Ich möchte in diesem Kapitel *nicht* näher auf die im Gegensatz zur WANZ-Medizin in Arztpraxen zunehmend offerierten, meist *nicht notwendigen* Leistungen eingehen, die man „**i**ndividuelle **Ge**sundheitsleistungen", kurz „IGeL" nennt.

Folgend möchte ich Ihnen jedoch die juristisch korrekte Form in der ein Arzt sie Ihnen offerieren müsste und anschließend eine sicherlich nur unvollständige Auswahl von IGe-Leistungen wiedergeben. Grundsätzlich sind solche medizinisch nicht notwendigen „Gesundheitsangebote" der klassische Ausdruck der immer stringenteren Budgetierungs- und Sparpolitik der gesetzlichen Krankenkassen und dem wirtschaftsegoistischen Gewerbetreiben der Mediziner.

Zur Angebotsform:

> *1. Sachliche Information*
> *Sachliche Informationen über das jeweilige Angebot individueller Gesundheitsleistungen sind zulässig. Sie dürfen den*

Leistungsumfang der GKV nicht pauschal als unzureichend abwerten. Unzulässig sind marktschreierische und anpreisende Werbung und eine Koppelung sachlicher Informationen über individuelle Gesundheitsleistungen mit produktbezogener Werbung. Individuelle Gesundheitsleistungen dürfen nicht aufgedrängt werden. Gleiches gilt, wenn die Information durch das Praxispersonal erfolgt.

2. Zulässige Leistungen

Das Angebot individueller Gesundheitsleistungen muss sich beziehen auf Leistungen, die entweder notwendig oder aus ärztlicher Sicht empfehlenswert bzw. sinnvoll, zumindest aber vertretbar sind. Es darf sich nicht um gewerbliche Dienstleistungen handeln.

3. Korrekte und transparente Indikationsstellung

Bei Leistungen, die bei entsprechender Indikation als Leistungen der GKV zu erbringen sind, besteht eine besondere Verantwortung, eine etwaige Indikation korrekt und zugleich transparent zu stellen. Das gilt insbesondere deshalb, weil oftmals keine klare Grenzziehung möglich ist und weil Patientinnen und Patienten ohne transparente Darlegung der Indikationsstellung deren Richtigkeit kaum überprüfen und nicht eigenverantwortlich über die Inanspruchnahme einer individuellen Gesundheitsleistung entscheiden können.

4. Seriöse Beratung

Jegliche Beratung im Zusammenhang mit individuellen Gesundheitsleistungen muss so erfolgen, dass die Patientin oder der Patient nicht verunsichert oder gar verängstigt wird, dass nicht zur Inanspruchnahme einer Leistung gedrängt wird und dass keine falschen Erwartungen hinsichtlich des Erfolges einer Behandlung geweckt werden. Ratgeber IGeL – Vorversion der 2. Auflage, Mai 2012

5. Aufklärung

Die erforderliche Aufklärung richtet sich nach den für die Patientenaufklärung generell geltenden Regeln. Bei Leistungen, die nicht dem anerkannten Stand der medizinischen Wissenschaft entsprechen, muss umfassend über mögliche Alternativen sowie darüber aufgeklärt werden, warum eine Behandlung mit nicht anerkannten Methoden in Betracht zu ziehen ist. Eine besondere ärztliche Darlegungslast besteht bei Leistungen, die durch Beschluss des Gemeinsamen Bundesausschusses von der Leistungspflicht der GKV ausgeschlossen sind oder die aus ärztlicher Sicht nicht als empfehlenswert oder sinnvoll zu betrachten sind. Im Übrigen besteht eine Pflicht zur wirtschaftlichen Aufklärung über die zu erwartenden Behandlungskosten.

6. Angemessene Informations- und Bedenkzeit

Das Recht der Patientinnen und Patienten, eine Zweitmeinung einzuholen, muss nicht nur respektiert werden, ggf. sollten sie sogar aktiv auf diese Möglichkeit hingewiesen werden. Ebenfalls sollten sie darüber informiert werden, dass sie leistungsrechtliche Fragen ggf. mit ihrer Krankenkasse oder mit Dritten klären können. Dem Patienten und der Patientin muss vor Abschluss des Behandlungsvertrages eine der Leistung angemessene Bedenkzeit gewährt werden.

7. Schriftlicher Behandlungsvertrag

Für den Fall, dass individuelle Gesundheitsleistungen von Vertragsärzten gegenüber gesetzlich Krankenversicherten erbracht werden, schreibt der Bundesmantelvertrag einen schriftlichen Behandlungsvertrag zwingend vor. Er sollte die Leistungen anhand von Gebührenpositionen der Amtlichen Gebührenordnung für Ärzte (GOÄ) konkretisieren und den Steigerungssatz festlegen sowie den ausdrücklichen Hinweis enthalten, dass die Leistungen mangels Leistungspflicht der GKV privat zu honorieren sind. Ein solcher Behandlungs-

vertrag sollte auch in Fällen geschlossen werden, in denen er nicht zwingend vorgeschrieben ist.

8. Koppelung mit sonstigen Behandlungen
Von Ausnahmen abgesehen, sollten individuelle Gesundheitsleistungen nicht in Zusammenhang mit Behandlungsmaßnahmen zu Lasten der GKV, sondern grundsätzlich davon getrennt erbracht werden.

9. Einhaltung von Gebietsgrenzen und Qualität
Ärztinnen und Ärzte müssen die Grenzen ihres jeweiligen Fachgebiets auch bei Erbringen individueller Gesundheitsleistungen beachten. Qualitätsanforderungen der GKV sind zu beachten, wenn sie zugleich dem medizinischen Standard entsprechen.

10. GOÄ-Liquidation
Die Rechnungsstellung bezüglich individueller Gesundheitsleistungen erfolgt nach allgemeinen Regeln. Dementsprechend ist Grundlage für die Behandlungsabrechnung ausschließlich die GOÄ. Pauschale Vergütungen sind unzulässig" (165).

„Eine allgemeingültige IGeL-Zusammenstellung gibt es nicht. Hier finden Sie einige typische Beispiele für diese Leistungen:

– Früherkennungs-IGeL
  - zusätzliche, jährliche Gesundheitsuntersuchungen
  - Glaukomfrüherkennung
  - Ultraschall-Untersuchungen von Organen
  - Bestimmung des Prostataspezifischen Antigens, ohne Hinweise auf Prostata-Krebs.

– Freizeit-, Urlaub-, Sport-IGeL
  - Reisemedizinische Beratung einschließlich Impfberatungen und Impfungen
  - Tauglichkeitsuntersuchungen für Extremsportarten
  - Sportmedizinische Beratungen

- Kosmetische IGeL
  - Ästhetische Operationen (z. B. Facelifting, Lidkorrektur, Fettabsaugung etc.)
  - Entfernung von Tätowierungen
- Service-IGeL
  - Bescheinigung für den Besuch des Kindergartens, der Schule, der Sportvereins oder bei Reiserücktritt
  - Ärztliche Berufseingangsuntersuchungen
  - Ärztliche Begutachtung zu Beurteilung der Wehrtauglichkeit auf Wunsch des Patienten
- Labor-IGeL
  - Blutgruppenbestimmung
- Psychotherapie-IGeL
  - Stressbewältigungstherapie
  - Paartherapie" (166)

Für Patienten ist oft schwer zu unterscheiden, ob das Angebot des Arztes seriös ist oder ob nur der Profitgedanke dahintersteckt. Hier ist vor allem die Überzeugungskraft des Arztes ausschlaggebend. Oft verhält es sich bei den IGeL-Angeboten – ähnlich wie bei Versicherungen – um ein *„Geschäft mit der Angst"*. Angst vor irgendetwas, was höchst unwahrscheinlich eintreten wird. Aber eben nur „unwahrscheinlich", es bedeutet also nicht 100%ig. Und Angst ist bei jedem sehr unterschiedlich ausgeprägt, wie ich Ihnen im Beispiel 2 dieses Kapitels noch zeigen werde.

Aber es gibt auch eine ganze Reihe sinnvoller medizinischer Leistungen, die als IGe-Leistungen nur deshalb angeboten werden müssen, weil sie durch den **G**emeinsamen **B**undes**a**usschuss (G-BA, siehe Kapitel „Das System der gesetzlichen Krankenversicherung") (noch) nicht als gesetzliche Krankenkassenleistung anerkannt sind. Das muss jedoch noch lange nicht bedeuten, dass diese IGeL der Gesundheit oder Psyche *im Einzelfall* nicht sogar sehr zuträglich sind. Denn die gesetzlichen Krankenkassenleistungen sind, wenn Sie so möchten, nur für den „Durchschnittspatienten" gedacht, der nur am vielzitierten „grünen Tisch" durch oben genannten G-BA bedacht wird. Mitarbeiter der gesetzlichen Krankenkassen interpretieren mangels medizinischem Sachverstand diese, vom G-BA „freigegebenen" Leistungen meist als das einzig Wirtschaftliche, Ausreichende, Notwendige und Zweckmäßige und verteufeln somit alle darüber hinausgehenden Behandlungsoptionen als „Geschäftemacherei" der Ärzte, gar als „Wegelagerei". Das kann und darf man nicht pauschalisieren. Meines Erachtens rücken auch die immer mehr im Rampenlicht erscheinenden „Leitlinien" an diese Stelle der einzig richtigen und damit wirtschaftlich, ausreichend, notwendig und zweckmäßigen Behandlungsoption. *Leitlinien* sind Behandlungsstrategien, die von medizinischen Fachkreisen, unabhängig von Krankenkassen und G-BA, für bestimmte Krankheits- und Beschwerdebilder erarbeitet wurden und werden. Sie sind zwar leider auch nicht immer zielführend, aber wenn man als Arzt danach behandelt, ist man, zumindest juristisch und damit natürlich gegenüber den Krankenkassen, auf der sicheren Seite. Auch Leitlinien basieren auf vielfachen statistischen Auswertungen und Erhebungen, die aber eben auch nur einen „Durchschnittspatienten" repräsentieren. Sowohl das Ansprechen als auch Nichtansprechen auf G-BA-zugelassene Behandlungsoptionen oder leitliniengerechte medizinische Versorgung zeigt immer wieder die große Individualität und Relativität, die im einzelnen menschlichen Organismus herrschen. Aber genau diese Individualität und Relativität geben natürlich auch viel Raum für Scharlatanerie und Geldschneiderei, macht das seriöse Arbeiten in Grenzfällen oft zu schweren Entscheidungen und führt nicht selten zu heftigen Auseinandersetzungen bezüglich der Vergütung mit Patienten, deren Angehörigen oder den Krankenkassen.

Woran könnte man die oft schwierige Entscheidung, ob eine medizinische Leistung nun „**w**irtschaftlich, **a**usreichend, **n**otwendig und **z**weckmäßig" ist (WANZ), oder nur eine **i**ndividuelle **Ge**sundheits**l**eistung (IGeL) darstellt, nun besser erläutern, als an Beispielen aus der täglichen Praxis:

Beispiel 1

Ein Mann, Mitte 50, kommt zur schmerztherapeutischen Betreuung in meine Praxis. Die Vorgeschichte: Im Mai 2000 erlitt er als Motorradfahrer im Rahmen eines nicht selbst verschuldeten Verkehrsunfalls eine Brustwirbelkörperfraktur, die zu einer Querschnittslähmung etwa ab

Handbreite oberhalb seines Bauchnabels führte und ihn in Folge in den Rollstuhl verbannte. Nun leidet der Patient nicht nur daran, dass er nicht mehr laufen und seinen Stuhl- und Harndrang nicht mehr kontrollieren kann, sondern auch an starken Schmerzen bedingt durch Muskelkrämpfe, insbesondere im Bauchbereich. Schmerztherapeutische Behandlungen hat er schon jahrelang *genossen*. Alle möglichen Therapieoptionen *hatte er quasi durch*, zum Teil in wiederholten Versuchen. Was könnte ich noch für ihn tun? Er offenbarte mir, dass er Linderung durch den Konsum von Marihuana hätte, das er sich „im Nachbarland" ab und zu kaufte.

Mitte 2012 kam er nach längerer Zeit wieder zu mir und erzählte, dass er von einem Medikament namens „Satifex®" gehört hätte, das im Wirkstoff doch seinen Marihuana-Zigaretten ähnlich wäre, und ob man das denn nicht nochmal versuchen könnte, sprich ihm es „per Rezept" zu verordnen.

Satifex® ist ein seit Juli 2011 auf dem deutschen Markt befindliches Cannabis-Oral-Spray, das *nur* als Zusatztherapeutikum für Patienten zugelassen ist, die an Multipler Sklerose erkrankt sind und durch diese Erkrankung unter mittelschwerer bis schwerer Spastik (Muskelkrämpfen) leiden.

Ich wollte dem Patienten helfen und überlegte, dass die muskuläre Spastik meines Patienten doch in der Tat einen ähnlichen pathophysiologischen Hintergrund haben könnte wie der von Multiple-Sklerose-Patienten. Da das Präparat jedoch *nur* für letztgenannte Patientengruppe in Deutschland zugelassen ist, wäre es in diesem Fall eine sogenannte „Off-label-use"-Verordnung.

Das bedeutet zunächst, dass man als Arzt den Patienten auf diesen Umstand hinweisen muss, ansonsten für unerwünschte Nebenwirkungen gegebenenfalls haftet. Viele Medikamente werden mittlerweile jedoch „off-label" eingesetzt (167), (168) und sind sogar in medizinischen Behandlungsleitlinien aufgenommen worden. Nicht wenige Präparate kristallisierten sich in Jahren bewussten oder auch unbewussten Einsatzes als sehr effektiv für primär nicht indizierte Bereiche heraus.

Folgendes muss man noch anmerken: Die Zulassungsanträge der Pharmaunternehmen für neue Arzneimittel bei den Arzneimittelbehörden sind aus verschiedenen Gründen oftmals sehr eng gefasst, und Anträge auf Erweiterung bestehender Zulassungen sind selten. Ein wichtiger Grund dafür liegt in den *hohen Kosten* für die geforderten klinischen Prüfungen.

Diese beschriebenen Dinge spielten in unserem Behandlungsverhältnis jedoch keine Rolle. Der Patient *wollte* das Risiko der Einnahme des eigentlich uralt bekannten Wirkstoffes aus der Cannabis-Pflanze, den er ja schon aus seinem Marihuana-Konsum kannte, auf sich nehmen, damit diese unerträglichen Krampfschmerzen gelindert würden.

Für genau dieses Präparat Satifex® gibt es bisher jedoch keinerlei mir bekannte Studien für positive Effekte bei schmerzhaften Muskelkrämpfen durch eine Querschnittslähmung. Insofern *kann* die Bezahlung des Präparates von Seiten der gesetzlichen Krankenkassen verweigert werden, beziehungsweise mir persönlich von der Krankenkasse als „Verursachung eines wirtschaftlichen Schadens" in Rechnung gestellt werden.

Deshalb forderte ich den Patienten auf, seine Situation und den frustran „austherapierten" Zustand seiner Krankenkasse, in dem Fall der AOK Rheinland/Hamburg, darzulegen und um Erstattung der Medikamentenkosten zu bitten. Ich hatte ihn aber aufgrund meiner negativen Erfahrungen diesbezüglicher *Kassen-Anfragen* bereits vor zu großem Optimismus gewarnt.

Es kam wie befürchtet, der Antrag wurde abschlägig beschieden. Die AOK hatte sich ihres „Medizinischen Dienstes" bemüht, der in Person einer MDK-Ärztin „nach Aktenlage", also ohne den Patienten jemals gesehen und begutachtet zu haben, die Kostenübernahme auf Grundlage geltender Rechtsprechung verweigerte.

Die Erstattungsfähigkeit derartig verordneter Arzneimittel durch die **ge**setzlichen **K**ranken**v**ersicherungen (GKV) war immer wieder Gegenstand von Rechtsstreiten. In einem Grundsatzurteil des Bundessozialgerichts (BSG) vom 19. März 2002 (B 1 KR 37/00 R) wurden daher die Kriterien für eine Erstattung von Arzneimitteln außerhalb der zugelassenen Indikation (off-label use) durch die gesetzlichen Krankenversicherungen festgelegt:

Es muss sich

1. um die Behandlung einer schwerwiegenden Erkrankung handeln, für die

2. keine andere Therapie verfügbar ist und

3. aufgrund der Datenlage die begründete Aussicht auf einen Behandlungserfolg besteht.

Jetzt zu den „Problemkreisen": Ich als Arzt würde den medizinischen Versuch mit dem genannten Medikament vertreten, es also rezeptieren. Die kleinste Verpackungseinheit kostet 597,14 € (Stand Dez. 2012). Der Patient lebt von der Grundsicherung, kann es sich also definitiv nicht leisten, und die Solidargemeinschaft wird durch Veto der AOK im wahrsten Sinne des Wortes „zu Recht" nicht mit der Kostenübernahme belastet.

Wir haben also die Konstellation: Der Patient leidet, der Arzt möchte helfen, die Krankenkasse verweigert die Leistungsübernahme.

Nun geht es aber weiter. Der Patient ist natürlich aufgebracht darüber, dass man ihn „hängen lässt". Und *stiefelt* zum Rechtsanwalt. Er hat ja nichts zu verlieren. Grundsicherung bleibt Grundsicherung. Das bedeutet, ein Sozialgerichtsverfahren fällt zu Lasten des Steuerzahlers, also genau zu Lasten *der* Menschen, die letztlich auch sein Medikament bezahlt hätten. Um Schlimmeres zu vermeiden, wollte ich den *kleinen Dienstweg* einschlagen, um diesen „Bürokratiewahnsinn" vielleicht umgehen zu können. Ich telefonierte im Sinne des Patienten eine halbe Stunde mit dieser MDK-Ärztin und wollte ihr klarmachen, dass sie mit ihrer Entscheidung jetzt mehr Kosten für uns alle produziert (Sozialgerichtsverfahren!) als der Therapieversuch kosten würde. Und wenn die Therapie anschlagen sollte, hätte man einen Präzedenzfall, eine Pionierleistung, für ähnliche Fälle konstatiert. – Die Amtsärztin ließ sich jedoch nicht erweichen. – *Richtig, man soll Terroristen auch nicht nachgeben. Sonst werden sie nie aufhören. Es gibt strenge Gesetze!*

Es vergingen einige Wochen, mittlerweile erhielt ich zwei Anwaltsschreiben meines Patienten „zur Kenntnisnahme", in denen die AOK abermals vergeblich gebeten wurde, der Patientenbitte nachzugeben. Ferner wurde ich aufgefordert, Studien vorzubringen, die den *erfolgreichen* Einsatz des Medikamentes in gleichen speziellen Fällen belegen könnten. – Das kann ich natürlich *nicht*, weil es solche Studien *nicht gibt* und es einfach nur ein Versuch wäre, da Satifex® in meiner Ansicht nach *analogen* Fällen (MS-Patienten) hilfreich war und auch der Cannabis-Konsum dem Patienten in der Vergangenheit Linderung gebracht hatte.

Also setzte ich mich wieder ans Telefon, diesmal eine geschlagene Stunde, und erklärte den Fall lang und breit einer AOK-Apothekerin aus den angeblich „oberen Etagen" in der NRW-Hauptstadt. Eisiges Bürokratiegebaren dröhnte mir durch den Hörer. Unter anderem hörte ich Ratschläge wie: „Ich solle meine Energie doch nicht hier verpulvern, sondern mich irgendwelchen Ärztegruppen anschließen, die das System ebenso schlimm fänden wie ich". – Das waren Momente, in denen ich tatsächlich überlegte, warum ich dieses Buch hier eigentlich schreibe. Mir geht es doch verhältnismäßig gut und „solche Rollstuhlfahrer" könnten mir doch nun wirklich egal sein. – Stimmt alles. – Aber das ganze System finde ich an dieser Stelle sehr unbefriedigend und deshalb schreibe ich.

Das oben genannte Verfahren verfolgte ich einige Monate, bis es seitens des Patienten und seines Anwaltes erfolglos eingestellt wurde. Es hat letztlich mehr Geld, Zeit und Arbeit gekostet, als der Betrag von 597,14 Euro. Und der Patient leidet immer noch.

Beispiel 2

Eine 16-jährige, gesunde, schlanke Patientin kommt mit ihrer Mutter zum Kieferchirurgen. Der Kieferorthopäde hatte befunden: Die Weisheitszähne müssen raus. Diese liegen noch in den Kieferknochen, müssen also chirurgisch entfernt werden. Für den Fachmann ein relativ kurzer Routineeingriff, für den Teenager natürlich *das* Horror-Ereignis. Die 16-Jährige hat die „Hosen voll", wie man so sagt. – Verständlich. – Bei all ihren Schulkamerad(inn)en, denen ebenfalls bereits die Weisheitszähne entfernt worden sind, wurde die Entfernung aller vier Weisheitszähne *auf einen Schlag* unter „Vollnarkose" durchgeführt. Einschlafen – aufwachen – fertig – von nichts etwas mitbekommen. *So* wollte unsere Patientin das auch. Von kieferchirurgischer als auch meiner anästhesiologischen Seite kein Problem, wenn auch der Hinweis erfolgen muss, dass dieser Eingriff grundsätzlich unter örtlicher Betäubung durchzuführen geht, gegebenenfalls in mehreren Sitzungen und man mit der Narkose ein zusätzliches, unverhältnismäßiges Risiko eingeht.

Da Gefühle der Menschen immer etwas *Relatives* sind („shifting baselines"!), stand bei *unserer* jungen Patientin die Angst, diesen Eingriff „bei vollem Bewusstsein" über sich ergehen lassen zu müssen, weit über dem Risikolevel der ausführlich erläuterten Vollnarkose. Sie bekniete also auch ihre Mutter, der Narkose zuzustimmen, zumal mehrere Sitzungen gar keine Alternative wäre, da das mit den Klassenarbeitsterminen in der Schule nicht zu vereinbaren wäre.

Jetzt zum eigentlichen Problem, weshalb man dieses Beispiel nicht nur unter „Gezerre zwischen WANZ und IGeL, sondern auch gut in das Kapitel „money, money, money – Dreh- und Angelpunkt im deutschen Gesundheitssystem" hätte stellen können: Wer kommt für die Kosten der Vollnarkose auf?

Im Rahmen des drastischen Sparzwanges auf allen *Kochflächen* unseres Sozialsystems ist in diesem Fall die Vollnarkose aus Sicht der Verteiler des Gesundheitsetats *keine* gesetzliche Kassenleistung. Sollte nun in unserem Fall der Kieferchirurg die medizinische Notwendigkeit der Narkose als gegeben sehen und damit deren Kosten zu Lasten des Solidartopfes schieben, steht seitens der Krankenkassen die perfide Drohung im Raum, ihn in Form eines Regresses wegen „Verursachung eines wirtschaftlichen Schadens" eventuell persönlich in die Pflicht zu nehmen. Der Kieferchirurg müsste dann die Kosten der Narkose aus eigener Tasche zurückzahlen. Wegen ihrer fachlichen Inkompetenz bedienen sich die Krankenkassen bei den Versuchen, solche wirtschaftlichen Verfehlungen festzustellen, eines ärztlichen Prüfungsgremiums. Kassenärzte, die solch einem Gremium bereits gegenüber saßen, erzählten mir, dass dort ein parteiisches Gebaren herrsche, bei dem es zugehe wie auf einem „orientalischen Basar". Dort gehe es nicht mehr um die Sache, sondern nur um eine möglichst hohe Geldsumme, die vom Arzt zurückzuzahlen wäre. Da im Vorhinein niemand weiß, ob und wann Krankenkassen solche *Wirt-*

schaftlichkeitsprüfungen durchführen, und mit diesen Gremien *nicht* mit Fach- und Sachverstand zu diskutieren ist, macht der Kieferchirurg verständlicherweise den *egoistischen Rückzieher* und äußert dem Patienten gegenüber, dass *die Krankenkassen* die Kosten der Narkose nicht übernehmen, weil *er* beim Patienten natürlich nicht der Buhmann sein möchte. – Das ist, zumindest gemäß § 12 SGB V, aber eine Unsinns-Aussage. Denn, und das sei zur Klarstellung deutlich gesagt: *Die medizinische Notwendigkeit einer Behandlungsweise wird einzig und allein durch den behandelnden Arzt festgelegt, nicht durch irgendwelche nichtmedizinischen Krankenkassenfunktionäre.* Insofern ist auch der Gang, beziehungsweise die Anfrage vieler Patienten bei den Krankenkassen der komplett falsche Weg, auch wenn diese Krankenkassenangestellten – und oftmals leider auch die Bürger – der Meinung sind, dass Ärzte *Angestellte* der Krankenkassen seien und diese so etwas entscheiden dürften und vor allem auch könnten. – Das ist schlichtweg falsch! – Zu dieser Fehldarstellung hat vor allem unser netter Herr Horst Seehofer beigesteuert, zurzeit bayerischer Ministerpräsident. Er prägte in seiner Amtszeit als Bundesgesundheitsminister (1992–98) den Begriff des *„Vertragsarztes"*, das sind diejenigen Ärzte, die gesetzlich versicherte Menschen behandeln dürfen. *Vertragsarzt* deshalb genannt, weil sie einen *Vertrag* mit den gesetzlichen Krankenkassen geschlossen haben. – Allein die Wahl dieser Titulierung degradiert nach dem deutschen Wortsinn den Arzt in der Tat zum *Angestellten* der Krankenkassen. Selbst das höchstrichterliche Urteil vom 20. Juni 2012 (5 StR 115/11), in dem der deutsche Bundesgerichtshof im Rahmen seiner Urteilsverkündung mitteilte, dass niedergelassene Ärzte *weder als Amtsträger noch als Beauftragte der gesetzlichen Krankenkassen fungieren,* ändert an dieser Empfindung in der Bevölkerung und auch bei den *Verwaltungsangestellten* der gesetzlichen Krankenversicherungen nichts an diesem weitverbreiteten Irrtum (169). – „Vielen Dank, Herr Seehofer. – Ach ja, Herr Seehofer, Sie gehören ja zu den beamteten Staatsdienern. Auch wenn der Vergleich zu den *(nicht)* bei Krankenkassen angestellten Ärzten jetzt hinkt, könnte man böswillig sagen, dass Beamte ihre Gesundheitsversorgung zum größten Teil von unseren Steuergeldern zusätzlich zu ihrer Besoldung bezahlt bekommen. Diese sogenannten „Beihilfen" mögen ja in der bundesrepublikanischen Geschichte ihre rechtmäßige Verankerung haben, aber sehen Sie, Herr Seehofer, für mich ist die Aussage, dass Beamte ihre Gesundheitsversorgung vom Steuerzahler „schnorren" in der Bedeutung nicht viel anders, als dass man sagt, die Kassenärzte seien *Angestellte* der Krankenkassen."

Zurück zu unserem Fall. Ist die Vollnarkose bei der Patientin nun medizinisch notwendig? Würden Sie, lieber Leser, urteilen, dass der *Jungspund* sich nicht so anstellen soll, da es Schlimmeres im Leben gibt? Oder würden Sie darüber nachdenken, dass man dem jungen Menschen ein „psychisches Trauma" ersparen müsse, das ihn sein Leben lang verfolgen und von zukünftig notwendigen Zahnarztbesuchen abhalten könnte?

Wie Sie eventuell schon erahnen, könnte der einzige Grund, der die Narkose zur *medizinischen Notwendigkeit* mutieren ließe, in einer „psychischen Störung", sprich *Angststörung*, Begründung finden, denn ansonsten fehlt der Jugendlichen ja absolut nichts.

Warum eine Narkose zum Entfernen der Weisheitszähne im Einzelfall medizinisch notwendig ist, muss der Narkosearzt, nicht der Zahnarzt oder Kieferchirurg, der KV, beziehungsweise den Krankenkassen mit einer begründenden ICD-Diagnose verschlüsselt mitteilen. Daraus entwickelte sich der „Run" der Teenies samt Eltern auf die Hausärzte, die ihnen bitte ein „Gefälligkeitsattest" ausstellen sollten, dass sie vor Spritzen panische Angst hätten. Der Beweggrund für solche *Atteste* ist jedoch weit überwiegend, dass man *finanziell* nicht belastet werden möchte. – Das ist natürlich unlauter. Denn hier liegt keine Erkrankung, keine Indikation, im eigentlichen Sinne vor, sondern meist nur durch Angst geprägte Bequemlichkeit, die ein Narkoserisiko *völlig* außer Acht lässt. Bei dem einen ist „die Angst vorm Zahnarzt" stärker ausgeprägt – unter den Teenies bei der breiten Mehrheit – bei den anderen weniger. Auf Grund der unkorrekten „Gefälligkeitsatteste" kam von der Rechtsabteilung der Kassenärztlichen Vereinigung Nordrhein und der kassenärztlichen Bundesvereinigung in Berlin in schriftlicher Form die Maßgabe, dass eine Angststörung weder vom Zahnarzt/Kieferchirurgen, noch vom Anästhesisten, noch von Hausärzten ohne die Zusatzqualifikation „Psychotherapie" bescheinigt werden dürfe. Der Hintergrund ist einleuchtend. Gewünscht und sinnvoll ist natürlich eine psychotherapeutische Behandlung einer diagnostizierten Angststörung, damit man nicht ein Leben lang zu jedem größeren zahnärztlichen Eingriff unter Umständen eine eigentlich unnötige Vollnarkose benötigt, die die Solidargemeinschaft finanziell tragen muss. Mehrere Haken sind jedoch bei der Sache: Erstens findet man auf die Schnelle keinen Psychotherapeuten, da es leider diese versorgungseinschneidenden Niederlassungssperren gibt, und zweitens bleibt solch eine einmal diagnostizierte Angststörung *lebenslänglich* dokumentiert. Und *das* will von den Teenies und deren Eltern natürlich niemand. So *pathologisch* scheint die Angst also meist doch nicht zu sein.

Unabhängig davon gibt es natürlich Fälle, wo diese Diagnosestellung ihre volle Berechtigung findet und wo meines Erachtens eine psychotherapeutische Behandlung auch dringend angeraten wäre. Aber das ist für meine ärztliche Empfindung die Ausnahme. Da würde ich am ehesten noch mit den Eltern einige Takte reden, die die Jugendlichen meist zu diesem ängstlichen Dasein erziehen und bestärken oder mir solche Geschichten erzählen, dass ein Zahnarzt ihr Kind früher bezüglich deren Zutrauens zu Zahnärzten „versaut" hätte (es sind ja immer die anderen schuld).

Wie würden *Sie* nun entscheiden. Ist die Narkose für den angstbehafteten Teenie eine medizinisch *notwendige* Leistung, die die Solidargemeinschaft, also *auch Sie*, zahlen müssen, oder würden Sie diese Angst als persönliche *Normvariante* ansehen, die der Betroffene selbst zu bezahlen hat?

Bevor Sie antworten, erzähle ich Ihnen noch drei, mir in dieser Hinsicht zu Ohren gekommenen Vorfälle:

a) Ein Schüler wurde wegen eines solchen bekanntgewordenen „Angststörungs-Attestes" vom Schüleraustausch ausgeschlossen, weil keine Aufsichtsperson Verantwortung übernehmen wollte.

b) Ein junger Mann wollte von der gesetzlichen in eine private Krankenversicherung wechseln. Nachdem der privaten Krankenversicherung gemäß der erteilten Schweigepflichtentbindung zur Einholung von Auskünften über Vorerkrankungen/-diagnosen, die attestierte „Angststörung" bekannt wurde, schloss man für ihn alle neurologisch-psychiatrischen Erkrankungen vom Versicherungsschutz aus.

c) Ebenfalls ein junger Mann wollte eine Eigentumswohnung kaufen und über eine Lebensversicherung finanzieren. Die über den gleichen Weg wie in b) an die Information über die Diagnose einer „attestierten Angststörung" gekommene Lebensversicherungsgesellschaft verweigerte daraufhin den Kredit.

Beispiel 3

Ein Patient kommt zu mir in die Praxis mit der Bitte um weitere schmerztherapeutische Betreuung, da sein Hausarzt, der das bisher eigentlich ganz gut mit Opiatpflastern hinbekommen hatte, ihn quasi vor die Tür gesetzt hat mit der Begründung: Sein Arzneimittelbudget wäre erschöpft, er könne ihm die teuren Medikamente nicht weiter verschreiben, das müsse jetzt ein *Schmerztherapeut* tun.

Unter dem sogenannten Arzneimittelbudget leiden wir alle. – Da werden seitens der Systemverwaltung, sprich Krankenkassen – natürlich in Absprache und Konsens mit *Sachverständigen* – quartalsmäßig maximale Eurobeträge festgesetzt, bis zu denen man den Patienten unbehelligt Medikamente verordnen darf. Werden diese Maximalbeträge mit einem bestimmten Prozentsatz dann doch überschritten, kann es zu Anhörung, Belehrung und schlimmstenfalls zur Rückzahlungsforderung eines wirtschaftlichen Schadens im Arzneimittelbereich kommen. – Sinnvoll ist das einerseits schon, weil es wirklich Mediziner gibt, die ungeachtet besseren Wissens oder anderslautender Leitlinien die vielfach überteuerten Medikamente der Pharmaindustrie verordnen. Andererseits ist das Medikamentenaufkommen, insbesondere der Generika-Präparate, unüberschaubar geworden. Allein von den oben angesprochenen Opiat-Pflastern gibt es mittlerweile über 20 verschiedene Hersteller, die jeder ihre Pflaster, bei angeblich gleicher Medikamentenabgabemenge an die Patientenhaut, in der Gesamtkonzentration anders bestücken, andere Kunststoffe als Medikamentenreservoir benutzen und andersgearteten, damit für den Patienten unterschiedlich hautverträglichen Klebstoff verwenden. Zu allem Überfluss sind diese angeblich gleichen und natürlich immer viel besseren Pflaster als die des Konkurrenzunternehmens auch oft noch unterschiedlich teuer.

Das war jetzt nur die Beschreibung für *ein einziges* Medikament. Für andere gilt das Gleiche. – Das kann *kein* Arzt mehr auseinanderhalten. Und ihm die „gesetzliche" Auflage zu machen, dass *das* zu *seinen* Aufgaben zählt, wie es mir eine AOK-Mitarbeiterin mitteilte, davor kann ich persönlich nur kapitulieren.

Aber zurück zu unserem Patienten. Den Hausarzt verstehend, willigte ich in die Weiterverordnung der Opiatpflaster ein und rezeptierte ihm das derzeit bei seiner Krankenkasse als Rabattvertragspflaster verzeichnete. Unbesehen des Rezeptaufdrucks ging der Patient geradewegs in die nächste Apotheke und bekam auch das von mir ausgewiesene Pflaster.

Aufgebracht erschien der Patient wieder bei mir in der Praxis und beschwerte sich, das wäre nicht *das* Pflaster, was er immer vom Hausarzt bekommen hätte. Das hätte er schon mal gehabt und das würde „ganz schlecht kleben". Der Apotheker hätte ihm gesagt, ich dürfte ihm sein favorisiertes Pflaster verordnen, ich müsse „nur" das sogenannte „aut idem-Kreuzchen" auf dem Rezept vor das gewünschte Präparat setzen und schon bekäme er von ihm genau das Gewünschte. – Aber das „Kreuzchen" wäre halt wichtig.

Und schon sind wir wieder bei einem Punkt, wo ich dieser *ausgeuferten* deutschen Gesundheitsbürokratie ins Genick springen könnte.

Im Kapitel *„Gesetzliche Krankenkassen und andere KdöR"* habe ich Ihnen bereits die *Spielregeln* der Rabattverträge erläutert. Wenn ich nun also dem Patienten sein Wunschmedikament „aut idem" verordne, damit er mit dem „Klebstoff" zufrieden ist, laufe *ich* Gefahr, wegen Verursachung eines wirtschaftlichen Schadens für die Zufriedenstellung des Patienten persönlich zu haften. – Oder würden Sie oder sogar die Krankenkasse einsehen, dass *der andere Klebstoff* die Forderung nach einer „medizinischen Notwendigkeit" erfüllt? Man könnte ja eigentlich noch die 19 anderen Pflaster „ausprobieren" – oder wie meinen Sie?

Meine zwei Standardantworten zu den Patientenanfragen zur „Aut-idem-Regelung" sind:

Erste Antwortvariante:

„Den Teufel werde ich tun. Gehen Sie (Patient) zu Ihrer Krankenkasse und klären das mit der. Lassen Sie es sich vor allem *schriftlich* geben." Aber *das* tun sie nicht. Deren Begründung: „Wir sind doch keine Mediziner und können das nicht entscheiden." – *Richtig*! Aber wieso ist es korrekt, dass diese *Nichtmediziner* im Nachhinein mit angeblichen „Sachverständigen" kommen dürfen und eine Regressforderung stellen, nach dem Motto: *Lass das Kind erst mal in den Brunnen fallen und dann kann ich dich beschimpfen?!*

Zweite Antwortvariante:

„*Kaufen* Sie sich in der Apotheke mit meinem (Kassen-)Rezept Ihr gewünschtes Pflaster selbst, reichen Sie Ihrer Krankenkasse dann die Apothekenquittung ein, und *die* muss Ihnen dann *das* Geld erstatten, was das Rabattvertragsmedikament gekostet hätte, natürlich – wie immer bei Staatsämtern – noch abzüglich *Verwaltungskosten*. Sie werden Augen machen, wie viel Geld mit Rabattverträgen gespart wird, beziehungsweise wie wenig Geld Sie zurückerstattet bekommen. Wie ich bereits erwähnte, ist offiziell nicht bekannt, wie hoch die Rabatte bei den einzelnen Medikamenten jeweils sind und insofern besteht für die gesetzlichen Krankenkassen die theoretische Möglichkeit, Geld für Zwecke zu verwenden, die eventuell *nicht* unmittelbar der Patientenversorgung dienen. – Ob sie es tun? Wer weiß?

Auch dieses Beispiel zeigt meines Erachtens sehr schön dieses systembedingte Heraufbeschwören von Disharmonie zwischen Patienten, Ärzten und Krankenkassen. Im Kapitel „Der Mensch ist ein Relativwesen" habe ich Ihnen das Phänomen der *„shifting baselines"* beschrieben, die gewissermaßen einen Teil des Fundaments unserer Individualität sind. Wie Sie in diesem Kapitel lasen, beurteilt *jeder* die Notwendigkeit seiner Behandlung aus seiner ganz individuellen und damit relativen Perspektive zu anderen. In unserem Gesundheitssystem findet diese Individualität leider Ausdruck in diesem „Gezerre um WANZ und IGe-Leistungen".

Resümee:
Wo die Katze beginnt, sich in den Schwanz zu beißen

Fakten im gesetzlichen deutschen Krankenkassensystem:

1. Unsere vergleichsweise sehr gute medizinische Versorgung mit seiner in wirtschaftlicher Hinsicht für den Einzelnen höchst intransparenten Struktur, produziert genau *das* Produkt im Übermaß, das das System zunehmend unbezahlbar macht, nämlich den überalternden, langfristig chronisch kranken und sozialignoranten Bürger/Patienten.

2. Die gesetzlich versicherte Solidargemeinschaft bringt über ihre Krankenkassenbeiträge nur eine „endliche Menge" Geldes zusammen, mit der krankheitsheilende, krankheitslindernde, gesundheitsfördernde und gesundheitsvorbeugende Produkte und Leistungen zu bezahlen sind. Die Betonung liegt auf „endliche Menge".

3. Medizinische Leistungen und Produkte können die Bürger bei denjenigen erhalten, die diese Leistungen erbringen oder herstellen können. Das sind, um die Wichtigsten zu nennen, Ärzte, Krankenpflegepersonal, Psychologen, Physio- und Ergotherapeuten, die herstellende Industrie für Medikamente und technische Medizinprodukte.

4. Zwischen den Leistungsempfängern (Patienten) und Leistungserbringern (stellvertretend *Ärzte* genannt) sind kostenintensive, staatliche „Verwaltungsorgane" geschaltet, die versuchen, die Leistungen und Geldflüsse zu kanalisieren.

5. Die gesetzlichen Krankenkassen haben den Leistungsempfängern der Solidargemeinschaft eine „Zahlkarte" zur Verfügung gestellt, die faktisch erlaubt, eine „unendliche" Menge Geldes für Gesundheitsleistungen auszugeben. Die Betonung liegt hier auf „unendliche" Menge. Da dem Bürger jedoch mit Vorsatz und gesetzlicher Drohung (§ 13 SGB V) ein kostentransparentes System verwehrt ist, wird ein Solidarbewusstsein nicht unbedingt gefordert und gefördert.

6. Da die „endliche" Menge Geldes nicht ausreicht, alle – mittlerweile auch anerzogenen – „egoistischen und unendlichen Bedürfnisse"

von Patienten und den anderen Systembeteiligten zu bezahlen, hat der Gesetzgeber mehrere *Notbremsen* installiert, die den Kostensteigerungen Einhalt gebieten sollen.

7. Die bekanntesten *Notbremsen* sind:

a) eine seit 1993 eingeführte Sperre für niederlassungswillige Ärzte in sogenannten *überversorgten* Gebieten. Es werden also so gut wie keine neuen Ärzte mehr zur ambulanten Behandlung zugelassen, obwohl gemäß der demographischen Entwicklung in Deutschland immer mehr Menschen aufgrund ihres hohen, biologischen Alters behandlungsbedürftig werden (übrigens, in Nordrhein-Westfalen, dem menschenreichsten Bundesland, gelten derzeit alle Niederlassungsgebiete als *überversorgt*).

Die Folge: enorme Wartezeiten für gesetzlich versicherte Patienten

b) Einfrieren der ärztlichen Vergütung und damit letztlich auch aller, von Ärzten beauftragten und abhängigen, im Gesundheitswesen tätigen Disziplinen, ungeachtet dessen, dass immer mehr Leistungen von der „überalternden" und vielfach „chronisch erkrankten" Bevölkerung abverlangt werden. Man nennt es Budgetierungspolitik.

Die Folge: hohe Unzufriedenheit bei den Ärzten, Mangel an Leistungsansporn für Ärzte gegenüber gesetzlich versicherten Patienten

c) Man versucht, die Ausgaben für Medikamente zu drosseln und zusätzliche Einnahmen zu akquirieren über Festbetragsregelungen für Medikamente, Rabattverträge mit Pharmaherstellern, Medikamentenzuzahlungen in Apotheken und Arztpraxen (von 2004 bis 2012 gab es noch zusätzlich die „10 € Praxis- oder Krankenkassengebühr").

Die Folge: hoher Erklärungs- und Verwaltungsaufwand, hohe Unzufriedenheit und Vertrauensverlust bei den Patienten

d) Man hat die gesetzlichen Krankenkassen in einen Wettbewerb gesetzt mit dem Ziel, deren Anzahl und Kosten zu senken.

Die Folge: Durch Fusionen sind mächtige und große Versicherungsunternehmen entstanden, die bisher nur das Gegenteil von Einsparungen erzielt haben.

e) Man hat zusätzlich eine, ich nenne sie mal „übergeordnete Krankenkasse" mit dem Namen „Gesundheitsfonds" geschaffen, um die „endliche" Menge Geldes (siehe Punkt 2.) besser kanalisieren zu können.

Die Folge: Es kam nur eine zusätzliche, auch wieder kostenträchtige Verwaltungslast hinzu.

Anmerkungen:

1. Man kann für eine „endliche Menge Geldes" keine „unendliche Leistungsmenge" anbieten, ohne ein Preisdumping für diese Leistungen zu fordern.

2. Eine „greifende" gesundheitsbewusst solidarische Erziehung der Bürger hat bisher nicht stattgefunden.

3. Die Verwaltungsstruktur und das Abfließen großer Geldmengen in die „Verwaltungsorgane" erreichen unverständliche Dimensionen.

4. Die Schnittstelle zwischen dem Sozialsystem der gesundheitlichen Bürgerversorgung und freien, marktwirtschaftlich agierenden Berufs- und Industriezweigen ist eine Dauerbaustelle der Unzufriedenheit.

6. Wer wäre der richtige Dirigent?

Diesen Buchabschnitt möchte ich mit Zitaten von Richard David Precht einleiten:

> *„ ... hätte unser System nicht eine ganze Reihe von Schwie-*
> *rigkeiten, die die Fortsetzung des Altbewährten nicht nur in*
> *Frage stellen, sondern definitiv unmöglich machen.*
> *Das Problem ist die Zukunft des Sozialstaates. Er ist längst*
> *an seine finanziellen Grenzen gestoßen. Der soziale Frieden*
> *in unserem Land aber ist so untrennbar mit dem Sozialstaat*
> *verbunden, dass sich kaum ein Politiker traut, öffentlich*
> *über einen grundlegenden Umbau nachzudenken. (...) Was*
> *muss anders verteilt werden oder umverteilt? Und wie viele*
> *Trittbrettfahrer kann sich unser System eigentlich (noch)*
> *leisten? (...) Das Hauptziel eines Politikers ist nicht der*
> *Umbau unserer Gesellschaft, sondern seine Wiederwahl.*
> *(...) Nur die sozial Schwachen vertrauen auf den Staat –*
> *weil sie müssen" (39 S. 451 ff.). (Quelle: Precht, Egoist,*
> *S. 451 ff.)*

R. D. Precht bringt es hier prägnant auf den Punkt.
Speziell für unser „altbewährtes" deutsches Gesundheitssystem erkenne ich seine folgenden Kernaussagen als definitiv zutreffend:

a) Es ist nicht zuletzt durch (zu) viele Trittbrettfahrer nicht mehr finanzierbar, dadurch ist

b) der soziale Frieden gestört, aber

c) kein Politiker hat den Mut zu einem grundlegenden Umbau aus Angst um seine Wiederwahl.

Somit fallen, nach meinen bisherigen Ausführungen in diesem Buch folgende, „derzeitige Dirigenten" als Alternative aus:

a) Politiker, die nicht den notwendigen Mut haben etwas zu ändern,

b) die systemimmanenten Trittbrettfahrer des Unternehmertums, hier zu nennen Industrie, Ärzteschaft und die **K**örperschaften **d**es öffentlichen **R**echts **m**it **S**elbstverwaltung (KdöR m.S.), die allesamt überwiegend ihrer eigenen Bereicherung zu frönen scheinen und

c) die Bevölkerung selbst, da in ihr zu große soziale Unterschiede und ein zu großer Individualegoismus herrschen.

Nachdem wir gehört haben, dass der Mensch im Grunde ein triebgesteuertes Wesen ist, der nur relativ behelfsmäßig die kybernetischen Axiome der Natur durch selbst erschaffene Gesetze zu umgehen versucht und zu diesem Zweck kommerzorientierte Monster schuf, stellt sich nun die grundsätzliche Frage dieses Buches. – Was wäre eine Alternative? Wer wäre der richtige Dirigent?

Hierzu gingen mir viele Gedanken und Fragen durch den Kopf, die ich Ihnen in den folgenden Kapiteln vorstellen möchte.

Wie viel ist ein Leben wert?

Betrachten wir, wie anscheinend leichtfertig Jäger Hasen, Rebhühner und Rehwild bei ihrer Jagd mit Gewehren totschießen, wie kleine Kinder, im Sandkasten spielend, Ameisen vorsätzlich zu Tode bringen, wie wir mutwillig, gar erzürnt, eine Fliege totschlagen, deren Gebrumme uns nervt, wie wir millionenfach Tiere zu unserer Ernährung schlachten.

Das sind doch „nur Tiere" wird der ein oder andere jetzt vielleicht sagen. Tiere scheinen also *keinen* hohen Lebenswert für uns zu besitzen, es sei denn, es sind unsere Haustiere: Hunde, Katzen, Vögel, um die wir ähnlichen Aufwand betreiben wie mit uns Menschen, wenn sie zum Beispiel gesundheitlich angeschlagen sind.

Bei genauerer Analyse müssen wir jedoch feststellen, dass *alle* Getöteten gleichwohl einen Gegenwert für uns realisieren, nämlich in der Hinsicht, dass durch die Jagd ein gesunder Bestandsschutz der Tiere gewahrt wird, dass die Ameisen uns „zum Spielen" gereichen, dass die getötete Fliege uns nicht mehr nervt, dass das Schlachtvieh unsere Gaumenfreuden befriedigt. Zugegeben, das sind sehr niedrige (Gegen-)Werte.

Daraus lassen sich aber zwei wesentliche Dinge ableiten:

1. Der Bemessung des Wertes einer Sache bedarf es immer eines externen Betrachters, also eines „Bewertenden" und

2. die Bewertung ist immer eine „relative", abhängig vom Standpunkt des Bewertenden. Also ähnlich dem Beispiel mit dem Waggon, der auf die fünf Gleisarbeiter, nur den einen Gleisarbeiter oder ihr eigenes Kind zurollt. Wir haben es also wieder mit unseren „shifting baselines" zu tun.

Jetzt betrachten wir gleiche Fragestellung, wenn es um Menschenleben geht:

Warum titulieren wir in den Krieg entsandte Soldaten, deren Tod wir billigend in Kauf nehmen, ja nehmen müssen, nicht als Menschen, sondern *unpersönlich* und einer Sache gleichend als ein Heer von zum Beispiel „1000 Mann"?

Warum befahl US-Präsident Harry S. Truman die Atombombenabwürfe auf Hiroshima und Nagasaki vom 6. und 9. August 1945, bei denen über 200.000 Menschen sofort oder noch im gleichen Jahr den Tod fanden und in der Folgezeit noch viele weitere Menschen an den Strahlenfolgen starben?

Warum betreiben wir entgegengesetzt solcher menschlichen Verhaltensweisen einen *unvergleichlich* hohen Aufwand, um das Leben von *Einzelpersonen* aus unserer Mitte zu retten, angefangen von Verkehrsverunfallten, die mit riesigem Feuerwehr- und Notarztaufgebot versorgt werden, das gleiche bei Badeunfällen, Bergunfällen, und warum unterhalten wir intensivmedizinische Maximalmedizin bei – ich überziehe meine Äußerung jetzt vorsätzlich – biologisch „ausgelebten", dem Tod geweihten, vielfach weit über 80- oder gar 90-jährigen Menschen?

Eine vernünftige Relation erkenne ich hier nicht!

Wir könnten hierüber sicherlich lange philosophieren. Jede menschliche Handlung ist vom einen Standpunkt begründbar, von einem anderen wieder nicht. Eine allgemeingültige Klarstellung, Regelung, Verhaltensweise in dieser Hinsicht und die Bewertung eines Menschenlebens, insbesondere in Geldwert, werden wir wohl nie abschließend geben können.

Anscheinend ist alles auf der Welt mit Geld aufzuwiegen, aber bei Menschenleben scheint die Preisspanne enorm zu sein. Deshalb kommt in mir die Vermutung auf, dass unsere oft unnatürliche und vielfach menschen- und gesellschaftsquälende Medizin mittlerweile selbstläuferisch in *die* Zweckerfüllung gerutscht ist, auf Kosten oder unter Zuhilfenahme der Menschen nur eine gigantisch teure Wirtschaftssparte (sehr gut) am Leben zu halten.

Schalten wir eine kleine Stufe zurück. Wenden wir uns im nächsten Kapitel der Frage zu, wie weit muss die Solidargemeinschaft dem Einzelnen in gesundheitlicher Not helfen, also der Frage: Was ist sozial?

Was ist sozial?

In diesem Kapitel werde ich Ihnen größtenteils ganz alltägliche Beispiele *gesetzlich* Krankenversicherter erzählen, teils auch auf *Ihre* Person projiziert, und *Sie* bitten, sich die daran anschließend gestellten Fragen selbst zu beantworten. Diese Fragen sollen Ihre Sinne schärfen, die Finanzierung unseres derzeitigen Gesundheitssystems zu überdenken. Der ein oder andere mag sich in den Beispielen wiederfinden. Und insbesondere in diesem Fall bitte ich um *möglichst ehrliche* Eigenbeantwortung.

Stellen Sie sich vor, Sie sind Fußgänger und gehen bei grün leuchtender Fußgängerampel über die Fahrbahn, natürlich haben Sie sich zuvor noch versichert, dass die Straße auch wirklich frei ist. Ein mit überhöhter Geschwindigkeit bei Rot über die für ihn geltende Signalanlage heranbrausender Autofahrer, der zudem alkoholisiert ist, übersieht Sie und fährt Sie an. Schwerverletzt müssen Sie ins Krankenhaus transportiert und operiert werden. Es schließen sich langwierige Rehabilitationen an, eine vollständige Wiederherstellung Ihrer früheren Gesundheit gelingt nicht mehr.

Geben Sie *dem Autofahrer* die Schuld an Ihrem Schicksal?

Das gleiche Beispiel, jetzt nur in vertauschten Rollen. Der gleiche Autofahrer, nicht alkoholisiert, fährt regelachtend über seine grüne Ampel. Sie, im angetrunkenen Zustand, laufen dem in angemessener Geschwindigkeit herannahenden Autofahrer bei für Sie nun roter Fußgängerampel völlig unvorhersehbar vor den PKW. Sie erleiden die gleichen gesundheitlichen Einschnitte.

Geben Sie in diesem Fall *sich selbst* die Schuld an Ihrem Schicksal?

Für das allgemeine Gerechtigkeitsempfinden eigentlich keine Frage, oder? – Bei solch klarem Sachverhalt zahlt in der Regel die jeweilige Haftpflichtversicherung der *Schadenverursachenden*. Es herrscht also das *Verursacherprinzip*.

Sie sind in der glücklichen Lage, in deutschen Landen in den Skiurlaub fahren zu dürfen. Aber wie das Schicksal so spielt, am dritten Tag stürzen Sie ohne Fremdeinwirkung und erleiden einen sehr komplizierten Beinbruch. Sie müssen mit dem Helikopter zur versorgenden Klinik gebracht werden, auch hier schließen sich wieder langwierige Rehabilitationsmaßnahmen an, eine vollständige Wiederherstellung Ihrer früheren Gehfähigkeit gelingt nicht mehr. Sie sind zeitlebens auf medizinische und personelle Hilfe angewiesen.

Wem geben Sie *in diesem Fall* die Schuld?

Bei solchen Verletzungen, die man sich bei sogenannten „Risikosportarten" zufügen kann, zahlt Ihre Krankenkasse die notwendige medizinische Versorgung auf Dauer. Auch wenn Ihnen solche Unfälle mehrmals in Ihrem Leben passieren sollten (was ich Ihnen nicht wünsche!) und die Kosten der medizinischen Versorgungen die Summe Ihrer eingezahlten Krankenkassenbeiträge *bei Weitem* übersteigen – somit also die häufig gehörte Argumentation, dass man schließlich „genug" Krankenkassenbeiträge eingezahlt hätte, *nicht* zutrifft – ist über die gesetzliche Solidarversicherung Ihre medizinische Versorgung „gewährleistet". Andere Mitglieder der Solidargemeinschaft, die einerseits das Glück haben, sich zeitlebens nicht so zu verletzen wie Sie, andererseits jedoch auch *nie* in der wirtschaftlichen Lage sein werden, solch schöne Sportarten betreiben zu können, übernehmen im Kollektiv weiterhin die Kosten für Sie.

Finden Sie das gerecht, oder würden Sie hier eher das „Verursacherprinzip" wie bei den vorbeschriebenen „Ampelunfällen" favorisieren? – Nicht zu vergessen, der Verursacher sind beim Skiunfall zweifelsfrei *Sie selbst*. (Denken Sie bei der Beantwortung dieser Frage vielleicht einmal über die „shifting baselines" nach).

Ein anderes Beispiel: ein sogenannter Kettenraucher (40–60 Zigaretten pro Tag) – nein, jetzt kommt nicht das was sie sicherlich erwarten: die Geschichte mit dem Lungenkrebs – also, dieser Kettenraucher wird Jahr ein, Jahr aus wegen der sich infolge des hohen Zigarettenkonsums entwickelten COPD (**c**hronic **p**ulmonary **d**isease) immer wieder mit teuren Medikamenten, Kurmaßnahmen, Raucherentwöhnungstherapien und mit viel Geld aus dem „Solidartopf", in den *alle* einzahlen, in einem, sagen wir mal, stabilen Zustand gehalten. Seine selbstbestimmte Sucht gibt er jedoch zeitlebens nie auf.

Das seitens des Patienten für seine Sucht und Gesundheitsschädigung – ich nenne es „mutwillig" – verpulverte Geld, könnte einem unverschuldet in gesundheitliche Not geratenen Menschen, zum Beispiel einem Verkehrsverunfallten, zu Gute kommen. Nun ist dieses Geld aber nicht mehr da, dem Verunfallten muss und wird aber nach „sozialer Pflicht" geholfen. – Da das Geld aber nicht mehr da ist – die Solidargemeinschaft kann ja nur eine „endliche Menge" Geldes aufbringen – geht man nach aktuellem gesundheitspolitischen Gesetz hin und kürzt es nur einer kleinen Gruppe Menschen weg, die das einzige Glied in der Kette ist, die die Menschen in diesem Staat medizinisch versorgen können, und das sind die medizinisch Ausgebildeten, keine Krankenkassen, keine Verwaltungen, auch die Abermillionen verschlingenden Werbekampagnen der Krankenkassen in Zeitungen, Funk und Fernsehen leisten das nicht. Das können nur Menschen, die die Qualifikationen haben, Menschen medizinisch zu behandeln.

Verhält sich dieser Kettenraucher, lieber Leser, sozial der Solidargemeinschaft gegenüber? Verhält sich die Politik mit ihren Budgetierungsmaßnahmen gegenüber den Medizinern und dem medizinischen Personal sozial?

Würden Sie es tolerieren oder sogar gutheißen, wenn solch ein starker Raucher einen zusätzlichen, persönlichen Beitrag, eine zusätzliche, persönliche, wirtschaftliche Verantwortung übernehmen müsste? Zum Beispiel in Form eines ganz persönlichen, eigenen Budgets, aus dem er seine gesundheitliche Versorgung, insbesondere seiner chronisch kranken Lunge finanzieren müsste? Denken Sie bitte daran, dass auch *Sie selbst* damit angesprochen sein könnten!

Folgend möchte ich Ihnen einen exemplarischen Ablauf schildern, der sich in unseren Kliniken, speziell den Intensivstationen, seit Jahrzehnten tagtäglich aufs Neue abspielt. Vorab zu erwähnen ist vielleicht noch, dass die diagnostischen und therapeutischen Möglichkeiten von der Wissenschaft immer weiter entwickelt, immer besser und natürlich auch immer teurer werden:

Während meiner Zeit als Intensivmediziner betreute ich einen schwer erkrankten, 80-jährigen Mann, der uns von der Inneren Abteilung unseres Krankenhauses wegen zunehmend „respiratorischer Insuffizienz", also der Unfähigkeit, ausreichend atmen zu können, überstellt worden war, damit wir seinen Organen den lebensnotwendigen Sauerstoff zuführten. Diese Unfähigkeit basierte darauf, dass die Kraft seines Herzmuskels infolge zweier vorausgegangener Herzinfarkte, die sich aufgrund einer ausgeprägten Herzkranzgefäßverengung mit starken Durchblutungsstörungen des Herzmuskels ereignet hatten, mit den Jahren zu schwach geworden war. Der Patient war über viele Jahrzehnte starker Raucher, massiv übergewichtig, hatte hohen Blutdruck und bereits seit vielen Jahren „Alterszucker". Auf Grund der Herzmuskelschwäche staute sich nun vermehrt Flüssigkeit in der Lungenstrombahn, die Wege für den Gasaustausch (für Sauerstoff und Kohlendioxid) bei der Atmung wurden durch die vermehrte Flüssigkeit im Gewebe immer länger, sprich, die Versorgung der Organe, ja des ganzen Organismus, mit lebensvoraussetzendem Sauerstoff wurde grenzwertig. Letztendlich trat immer mehr Flüssigkeit in die Lungenbläschen über, was man als „Lungenödem" bezeichnet. Trotz aller intensivmedizinischen Bemühungen (Entwässerung, Herzkraftstärkung) wurde der Patient beatmungspflichtig, das hieß, wenn man ihn nicht hätte ersticken lassen wollen, musste man jetzt einen Beatmungsschlauch in die Luftröhre einführen, um ihn darüber an ein externes Beatmungsgerät anschließen und ihn künstlich beatmen zu können.

Frage: Darf man als Arzt einen älteren, biologisch „aufgebrauchten" Menschen bei lebendigem Leib ersticken lassen?

Wenn „Ja", soll man ihm zuvor ein Schlafmittel spritzen, damit er seinen Erstickungstod nicht mitbekommt und man auch billigend in Kauf nehmen muss, dass man diesen Erstickungstod damit auch künstlich beschleunigt? – Darf man das als Arzt?

Haben Sie die vorigen Fragen mit „Nein" beantwortet, dann lesen Sie bitte weiter.

Wir beatmeten den Patienten nun künstlich. 3 Tage, 4 Tage, 1 Woche, mit zeitweise hohem Sauerstoffanteil, um seine respiratorischen Messwerte zu verbessern, zu stabilisieren und hoffentlich unter kontinuierlicher Gabe von Katecholaminen das Krankheitsbild zu verbessern (letztere sind Medikamente, die sie unter anderen bei den Intensivpatienten oft, wie an einem Binsenbaum aufgereiht, an einer Stange oder Schiene am Bett des Patienten in diesen kleinen Motorpumpen sehen können). Prophylaktisch wurden auch hochdosiert teure Breitband-Antibiotika verabreicht, um eine sogenannte „nosokomiale Infektion" (das sind die gefürchteten Infektionen im Krankenhaus) zu verhindern. – Das Pech war leider auf unserer, bzw. des Patienten Seite. Er entwickelte hohes Fieber, die Körpertemperatur stieg auf über 40°C. Im angefertigten Röntgenbild der Lunge sah man eine großflächige Verschattung im Sinne einer Pneumonie (Lungenentzündung).

Frage: Sollten wir Ärzte jetzt aufgeben? – Sollten wir den Patienten jetzt seinem Schicksal allein überlassen, ohne unser weiteres Zutun, sprich, ihn sterben lassen?

Haben Sie obige Fragen mit „Nein" beantwortet, dann lesen Sie bitte weiter.

Es wird ein Bronchialabstrich gemacht, ein Antibiogramm im Labor angefordert, um nach der Austestung ein geeignetes anderes Antibiotikum ansetzen zu können, um Lungenentzündung und Fieber „in den Griff zu bekommen". – Bevor das Ergebnis da war, ereignete sich eine weitere Komplikation: Im Rahmen der Lungenentzündung kam es, wahrscheinlich über eine Bakterienstreuung (Sepsis), zum Nierenversagen. Im Klartext, die Nieren schieden keine *Giftstoffe* mehr aus dem Körper aus, der

Patient pinkelte nicht mehr. – Ohne Nieren geht gar nichts, die sogenannten harnpflichtigen Stoffe müssen aus dem Körper, sonst kommt es zum Multiorganversagen und damit zum Tod. – Die „harten Daten", sprich der Kreislauf, war unter den genannten intensivmedizinischen Maßnahmen zunächst noch einigermaßen *stabil* und die Blutgasmessungen *passabel*.

Da die Überlebenschancen des 80-Jährigen statistisch als sehr schlecht einzustufen waren, wieder die Frage: Sollten wir jetzt, nach zusätzlichem Versagen der Nierenfunktion, den Patienten seinem Schicksal allein überlassen?
Nein? Dann lesen Sie bitte weiter.

Nächster Akt des Schauspiels: Der Patient wurde an eine „Hämofiltrations-Apparatur" angeschlossen. Dazu wurden in beiden Leisten große Blutgefäße mit großen Kanülen anpunktiert, aus der einen floss das Blut heraus, wurde mittels Rollerpumpe durch eine Filterpatrone gepresst, dabei von den harnpflichtigen Substanzen befreit und auf der anderen Leistenseite dem Patienten wieder zugeführt. – Klappte super. – Zweimal täglich wurde der fiebernde, schwere Männerkörper mit all seinen Schlauchanschlüssen, Beatmungs- und Hämofiltrations-Anschlüssen, Dauerkatheter usw. zum Waschen und Wechseln der Bettbezüge von häufig schon allein körperlich überforderten Pflegekräften hin und her gedreht, damit er „menschenwürdig" und nicht zuletzt für die kurzen Besuchszeiten der Angehörigen einigermaßen gepflegt aussah.

Keine Sorge, der Patient war, jedenfalls äußerlich betrachtet, nicht bei Bewusstsein, er wurde die ganze Zeit medikamentös im *künstlichen Koma* gehalten.

Das Fieber ging leider auch mit der neuen Dreierkombination an Antibiotika nicht hinunter.

Wir beatmeten mittlerweile in der dritten Woche, hämofiltrierten seit einer Woche. Die Prognose erschien uns, entgegen der ersten Behandlungswoche, nun doch infaust.

Der Patient verstarb an der Beatmungsmaschine unter Maximaltherapie nach knapp vier Wochen, ohne alles bewusst miterlebt zu haben. Das

Wort „Lebensqualität" möchte ich an dieser Stelle nicht benutzen. *Die relativ kurz dauernde Barmherzigkeit* hat enorm viel „man power" gefordert und unser Sozialsystem mit X-zehntausenden Euro belastet.

Fragen:

Was hätten Sie anders gemacht?

War dieses Vorgehen sozial? – Wenn „Ja", dem Patienten gegenüber, den Angehörigen gegenüber, der Solidargemeinschaft gegenüber?

Wie würden *Sie für sich* entscheiden, wenn *Sie* in diese Situation gekommen wären? – Hätten *Sie* sich gewünscht, dass die Ärzte früher aufgegeben hätten?

Wäre der Patient *Ihr Hund* gewesen, hätten Sie ihn frühzeitiger einschläfern lassen?

Wäre Ihnen *Ihr Hund* genauso viel wert gewesen wie dieser Mann? – Sprich, hätten Sie dem Tierarzt aus Ihrer Tasche so viel Geld bezahlt?

Wenn *Sie* diese intensivmedizinische Behandlung selbst hätten bezahlen müssen und auch hätten bezahlen können, hätten Sie *das* dann getan, ohne zu wissen, ob Sie überlebt hätten? Bedenken Sie: über 80 Jahre alt, herzkrank, zuckerkrank, stark übergewichtig. – *Hoffnung stirbt bekanntlich zuletzt.*

Anmerkung: Das gerade geschilderte ist ebenfalls *kein* Einzelfall, es ist der Alltag auf Intensivstationen! – So habe ich es fast zehn Jahre lang erlebt!

Kommen wir zu einem anderen Fall:

Ein 16-jähriger Junge wird im Rahmen eines *selbstverschuldeten* Verkehrsunfalls schwer polytraumatisiert. – Er wird vom Notarzt bereits beatmet zu uns auf die Intensivstation gebracht. – Der Verlauf gestaltet sich sehr ähnlich dem des zuvor geschilderten: Pneumonie mit hohem Fieber, Nierenversagen mit Hämofiltration, ebenfalls zwischenzeitlich infauste Prognose.

Der Unterschied: Der Junge überlebte, konnte nach etwa einem halben Jahr intensivmedizinischer Betreuung das Krankenhaus verlassen, die Eltern waren überglücklich.

Zu den Einschränkungen: Der Junge blieb, wahrscheinlich infolge gehirnorganischer Sauerstoffunterversorgung im Rahmen des Unfalls, geistig behindert, hatte muskuläre Spastiken und, wahrscheinlich auch als Schockfolge, einen Diabetes mellitus (Zuckerkrankheit) entwickelt; er war fortan wohl bis zum Ende seiner Tage auf fremde Hilfe angewiesen. – Er kannte sich vor dem Unfall als völlig gesunden Menschen.

Was der beschriebene Junge über die weiteren Lebensjahre denkt, wie glücklich, wie verzweifelt er manchmal sein wird, wissen wir nicht. – Dafür kam er in das große *Sammelbecken der Psychotherapie*.

Fragen: Da Sie quasi einen Teil der Geschichte des jungen Patienten kennen, was würden Sie für sozialer halten: dass er am Unfallort besser bereits verstorben wäre oder dass er die geschilderte Prozedur durchstand und nun sein Leben lang mit dauerhaft „medizinischer und psychotherapeutischer Anbindung" weiterlebt?
Sehen Sie zwischen den „Fällen" (alter und junger Patient) einen Unterschied bezüglich der Wertigkeit der beiden Leben?
Wenn „Ja", bezieht sich dieser Unterschied auf das chronologische Alter, nach dem Motto *„Der alte Mann hat sein Leben ja schon gelebt, der Teenager aber noch nicht."*, und würden Sie daraus ein unterschiedliches Anrecht auf Einsatz moderner medizinischer Rundumbetreuung ableiten?
Versuchen Sie, sich bitte in die Rolle der Eltern zu versetzen. – Wenn Sie es dann als positiv erachten, dass Ihr Junge überlebte, inwieweit müssen Sie Ihrer Freude rein egoistische Gedanken unterstellen, ungeachtet, wie Ihr Kind über sein Schicksal urteilen würde?

Das sind schwere Fragen, nicht wahr? – Wer kann hier Entscheidung übernehmen? Wer wäre der richtige Dirigent?

Thilo Sarrazin hat in vielen Punkten Recht

Thilo Sarrazin hat sich in seinem stark kritisierten Buch „Deutschland schafft sich ab" zu einem Thema in der deutschen Politik geäußert, das meines Erachtens noch zu sehr durch unsere nationalsozialistische Vergangenheit beeinflusst wird. Deshalb werden eine ehrliche Debatte und dringend notwendige Korrekturen in unseren Sozialgesetzen leider nicht zugelassen.

Es ist nicht Thema meines Buches, das sicherlich vorhandene Migrationsproblem aufzugreifen. Für diejenigen, die Sarrazins Ausführungen dazu nicht kennen oder gelesen haben, möchte ich die für mich daraus ersichtlichen Essenzen und frappierenden Parallelen zu unserem Gesundheitssystem hier ganz kurz zusammenfassen.

Im Grunde beschreibt er das darwinsche Modell des „survival of the fittest". Diese Tatsache will zwar nie jemand so recht wahrhaben, aber trotzdem blitzt sie, wenn auch mittlerweile etwas modifiziert, in allen Lebensbereichen immer wieder durch. Er beklagt vor allem den in Deutschland zunehmenden Verfall der Werte *Fleiß* und die zu 50–80 % vererbte *Intelligenz* [vgl. (25)] und macht dafür insbesondere unsere Sozialgesetzgebung verantwortlich. Sie erzieht nämlich dazu, *nicht mehr* fleißig zu sein, da Sozialgelder auch dann, beziehungsweise *erst recht* dann zugeteilt werden und somit ein auskömmliches Leben finanzieren, wenn *keine* Gegenleistung erbracht wird. Vor allem werden gerade *jene* Migranten aus muslimischen Ländern durch das deutsche Sozialsystem angelockt, die bereits in ihrer Heimat die selektiert weniger Intelligenten waren und mit den deutschen Sozialleistungen, insbesondere durch hohe Kinderzahl, *mehr* Einkommen erzielen können, als sie in ihrem Heimatland je erzielt hätten und dort sogar *mit* Arbeit. Sie werden als wenig integrationswillig beschrieben und deren Reproduktionsrate liegt deutlich über der von uns Deutschen. Durch ihre anteilig sehr hohe Arbeitslosenquote und vielen Kinder treiben sie unsere Soziallast in die Höhe und führen so zu einer Verdrängung und Verminderung der deutschen Bevölkerung und infolge der zunehmenden Volksdurchmischung zu einer Senkung des Intelligenzniveaus. Konsekutiv ergibt sich damit auch ein deutscher Kultur- und insbesondere Sprachverfall. Eine wichtige Ursache sieht Sarrazin im mangelnden Selbstbewusstsein der Deutschen, das leider auf den immer noch nicht überwundenen, geschichtlichen Hintergründen beruht. Durch die kontinuierliche Zunahme der Erdbevölkerung, die mitverantwortlich ist für Völkerwanderungen, sieht auch er ein Schlüsselproblem.

Sarrazin beschreibt in seinen Ausführungen sehr gut das klassische Streben der Menschen nach dem „Besseren" [Migranten kommen ins gelobte (Deutsch-)Land]. In seinem Buch wird das unlautere *„Handeln von Migranten mit Krankenversichertenkarten"* beschrieben, das zum Beispiel die darauf hingewiesene AOK wenig interessierte, da den Ärzten ja nur Budgets zugeteilt würden, egal wie viel sie dafür arbeiten.

Er hat Recht mit dem Postulat, dass sich Leistung lohnen muss; dass nur *eigene* Leistung stolz macht und keine geschenkte Unterstützung; dass eine Bringschuld seitens jedes Bürgers zur Gesunderhaltung unserer Art besteht; dass vielfach Geld dort verprasst wird, wo keine Gegenleistung in Form (allseits bekannter) gesünderer Lebensweise zurückgefordert wird; dass unser aktuelles Gesundheitssystem aufgrund seiner „Vollkaskomentalität" *gar keinen* Anreiz setzt, sich in den Medien nicht nur zu informieren, was Gesundheit für den Einzelnen und für die Solidargemeinschaft bedeutet, sondern dass jeder diese Informationen auch und dauerhaft bei sich umsetzt; dass ein geeignetes Druckmittel her muss, um das zu erreichen, und das ist das, was des jeden höchstes Gut zu sein scheint, nämlich Geld, also finanzieller Druck.

Nun liest man zunehmend, auch in wissenschaftlichen Publikationen, dass in der natürlichen menschlichen Veranlagung auch das Gute, das Soziale stecken soll. Vgl. (50) u. (170). Anscheinend reicht diese Anlage aber *bei Weitem* nicht dazu aus, Sozialgesetze überflüssig zu machen, sondern es muss über diesen Gesetzesweg wohl weiterhin Solidarität erzwungen werden – *„erzwungene Solidarität", ein Widerspruch in sich.* Der meines Erachtens ungeeignetste Weg ist jedoch der, den nicht solidarischen Teil der Bevölkerung darin zu unterstützen, ihre Nichtsolidarität aufrechterhalten zu können.

Dazu ein Beispiel:

In NRW erschien in den Medien Ende November 2012 die Nachricht, dass man Arbeitslosengeld II-Empfängern 200,- € auszahlen wollte, damit sie bereit wären, Arbeitsstellen anzunehmen.

Zielgruppe dieser „Prämie" waren also eindeutig *nicht* die arbeitswilligen und unverschuldet arbeitslos Gewordenen, sondern Menschen, die es nicht einsehen und sich nicht mehr bemühen, mit selbst verdientem Geld für sich und die Solidargemeinschaft etwas zu leisten. – Warum auch? Sie bekommen *ohne jegliche* Eigenleistung Unterkunft und Verpflegung von der Solidargemeinschaft gestellt. Eigenleistung, zum Beispiel in Form einer Arbeitsaufnahme, sofern sie denn überhaupt eine Anstellung bekommen würden, brächte sie kaum über *das* Niveau, das sie aktuell haben. – Also bemüht man sich von vornherein doch gar nicht erst.

Wollte man diesen Menschen durch einmalige Geldzuweisung den Anreiz zu einer Arbeitsaufnahme geben, würde man eigentlich nur *das* erreichen, was Arbeitslose auch *ohne* diesen Anreiz erreichen würden, nämlich mehr Geld, eben durch Aufnahme von Arbeit. Staatsegoistischer Hintergrund dieser „Prämienaktion" konnte, neben der Schönung der Arbeitslosenstatistik, eigentlich nur sein, die Sozialkassen zu entlasten, vielleicht sogar noch Steuereinnahmen zu generieren und diese Menschen „von der Straße(nstatistik) zu bekommen".

Man erkennt zwei Dinge:

1. Das Steuerinstrument ist wieder einmal das liebe und völlig unpersönliche Geld.

2. Es wird überhaupt nicht versucht, da anzusetzen, wo das Problem liegt, nämlich an der Einsicht der Menschen, durch ihr persönliches Engagement nicht nur *für sich* etwas zum Positiven zu verändern, sondern auch für das Solidargefüge, das letztendlich *auch sie* als Gemeinschaft trägt.

Ob solch eine Einsichtsförderung auf anderem Wege zu erreichen wäre als über Geld, wage ich derzeit zu bezweifeln. Ein menschliches Gehirn wird nur *das* befolgen und als „Output" nach außen geben, was es über die Jahrmillionen der Evolution über das Prinzip des „trial and error" und

„survival of the fittest" *gelernt* hat oder was ihm sein Bewusstsein gerade als „positiver" darstellt. Mit liebem Bitten oder einmaligen Prämienzuweisungen und auch vielen anderen derzeitigen Sozialprogrammen wird man die an solchen basalen, evolutionären und gehirnorganischen Prämissen vorbeilaufenden Ziele, zum Beispiel Arbeit zu suchen und aufzunehmen oder Solidarbewusstsein zu entwickeln, nie erreichen.

Krankheit ist an dieser Stelle jedoch nicht ganz mit dem Migrantenproblem zu vergleichen, da die körperliche Unversehrtheit nicht nur etwas mit Eigeninitiative und Eigenleistung zu tun hat, sondern auch leistungsbereite Menschen zum Beispiel in Form von Infektionskrankheiten oder Unfällen ereilen kann. Hier soll und muss eine primär solidarische Absicherung stattfinden ohne jedoch eine zudem geforderte Eigenleistung zu ersticken.

Angst und Eigentum

Ich möchte dieses Kapitel mit zwei Beispielen beginnen. Das erste dürfte fast jedem persönlich bekannt sein:
Sie gehen in den Supermarkt zum Einkaufen. An mehreren Stellen des Parkplatzes davor stehen ineinandergeschobene Einkaufswagen, die mit kleinen Ketten aneinanderhängen. Durch Einstecken einer 50 Cent oder Ein-Euro-Münze können Sie sich einen Einkaufswagen heraussondern. Nach dem Einkauf bekommen Sie Ihre Münze wieder zurück, *wenn* Sie den Wagen ordnungsgemäß mit der Arretierungskette in die Einkaufswagenschlange einkuppeln. Wenn Sie sich heutzutage auf einem Supermarktparkplatz umsehen, werden Sie keinen einzigen Einkaufswagen entdecken, der allein in der Gegend herumsteht. Vor mehreren Jahrzehnten – ich erinnere mich noch – als es dieses „Pfandsystem" noch nicht gab, wimmelte der Parkplatz oft vor lauter herrenloser, nicht wieder ineinander gestellter Einkaufswagen. Keinen interessierte der Verbleib des Wagens, nachdem man sein Einkaufsgut entnommen hatte.
Der Grund, warum die Supermarktparkplätze heutzutage *nicht* vor herumstehenden Einkaufswagen wimmeln, dürfte Ihnen klar sein: weil *Ihr*

Eigentum, *Ihre* 50 Cent oder *Ihr* Ein-Euro-Stück in dem Wagen steckt und *nur* wieder in Ihr Portemonnaie kommt, wenn *Sie* den Wagen ordnungsgemäß zurückschieben. Schon der drohende Verlust eines vergleichsweise kleinen Geldbetrages lässt Sie handeln. – Sie haben „Angst" um den Verlust *Ihres* „Eigentums". Ein recht simples, aber perfektes und effizientes System.

Das folgende, zweite Beispiel, hat hoffentlich kaum jemand erlebt:

Ein Verkehrsunfall. Ein kleines Kind wurde auf der Straße angefahren und liegt bewusstlos auf der Fahrbahn. In kürzester Zeit steht eine Menschentraube da und schaut auf das verletzte Kind. Nur ein Passant beugt sich darüber, um nach dessen Befinden zu schauen. Plötzlich dreht er sich hilflos um und ruft in die Menschentraube: „Einen Arzt, einen Arzt, schnell." – Was passiert? – Zunächst nichts! Keiner der Schaulustigen fühlt sich angesprochen. Wertvolle Zeit verstreicht, bis sich jemand bequemt, den Notarzt zu rufen.

(Anmerkung des Autors: Bitte in solchen Situationen immer ganz gezielt eine Person auffordern, Hilfe zu organisieren!)

Mit diesen beiden Geschichten möchte ich Ihnen verdeutlichen, dass der unmittelbare Zwang zum Handeln *nur dann* empfunden wird, wenn es um das *eigene* Geld oder die *eigene* Gesundheit geht. „Der Einkaufswagen ohne Pfandstück wird stehengelassen", „bei Unfällen wird häufig nur untätig geguckt", man ist ja – gottseidank – *nicht* selbst betroffen.

Kommt man jedoch *persönlich* in eine Notsituation – bleiben wir beim Beispiel Unfall oder Krankheit – ist man froh darüber, ja man erwartet sogar, dass einem schnellstmöglich Hilfe durch die Solidargemeinschaft zuteil wird. Diese Erwartungshaltung wird in unserem Gesundheitssystem noch dadurch gefördert, dass aus allen Rohren der Medien Abhilfe in Form von Medikamenten und Behandlungsmethoden für oder gegen fast jede Art von Gebrechen versprochen wird. Zudem scheinen viele dieser Leistungen auch noch „umsonst" zu sein, sprich „auf Krankenschein". Bei solch repetitiven Offerten ist der Lerneffekt, *das* als normal anzusehen und auch zu jeder Tages- und Nachtzeit abrufen zu können, unausweichlich.

Hinter diesem, heutzutage selbstverständlichen In-Anspruch-Nehmen medizinischer Leistungen, steckt aber auch noch das urinstinktive Gefühl der *Angst*. Wir haben Angst, unsere Arbeit zu verlieren, wir haben Angst, unser Erspartes zu verlieren, wir haben Angst um unsere Kinder, wir haben Angst um unsere Gesundheit, wir haben Angst um unser Leben.

Das Wörtchen *„unser"* gehört zu den Personalpronomen, den sogenannten „besitzergreifenden Fürwörtern". Auch in der Ihnen sicherlich bekannten Sparkassenreklame: *„Mein Haus, mein Auto, mein Boot, ... mein Anlageberater"* kommt das Personalpronomen „mein" regelmäßig und *sehr betont* vor. Viele umgangssprachliche Sätze beinhalten Personalpronomen: *mein* Freund, *mein* Mann, *meine* Frau, *unser* Urlaub, *unser* Garten und so weiter und so fort. Wir bezeichnen damit *„unser"* Eigentum. Und genau um *dieses* Eigentum ranken sich unsere Ängste und die leider daraus entstehenden Sorgen.

Bereits im 17. Jahrhundert beschrieb der französische Schriftsteller Jean de la Fontaine (1621–1695) *genau diese Angst* mehr als trefflich in den zwei Fabeln: *„Der Schuster und der Reiche"* und *„Der Geizhals, der seinen Schatz verlor"*. Die erstere möchte ich zu Ihrem Verständnis hier wiedergeben (171):

„Ein heitrer Schuster sang vom Morgen bis zur Nacht;
Ihn anzusehn war eine Pracht,
'ne Pracht, zu hören ihn; er sang so lust'ge Weisen,
Zufriedner als die sieben Weisen.
Sein Nachbar, der im Golde schwimmt, war minder froh,
Da Sang und Schlaf ihn ewig floh:
Ein Banker war's, der lieh und borgte.
Wann morgens früh sein Äug ein leichter Schlummer deckt',
Gleich ward vom lust'gen Sang des Schusters er geweckt;
Dann flucht' er wohl, aufs Bett gestreckt,
Dem Himmel, der nicht dafür sorgte,
Daß man sich auf dem Markt den Schlaf auch kaufen kann
Wie Trank und Speise für den Magen.
Einst rief zu sich der reiche Mann
Den Sänger und fragt' ihn: „Könnt, Meister, Ihr mir sagen,
Was Ihr verdient im Jahr?" – „Im Jahr, ich? Meiner Treu" –

Erwidert lächelnd ohne Scheu
Der lust'ge Schuster – „Herr, es ist nicht meine Sache,
Also zu rechnen, kaum daß ich 'nen Abschluß mache
Von Tag zu Tag; ich hab nicht Not,
Und sehe, wenn das Jahr vorüber,
Ich hatte stets mein täglich Brot." —
So sagt mir, was verdient Ihr wohl den ganzen Tag,
mein Lieber?"
– „Mal mehr, mal weniger. Das Schlimmste sind fürwahr
(Und ohne das könnt ich um den Verdienst nicht klagen),
Das Schlimmste sind für uns die Feste all im Jahr;
Glaubt mir, man macht uns tot mit Feiertagen:
Eins jagt das andere, und der Herr Pfarrer macht
In jeder Predigt uns bekannt mit neuen Heil'gen." —
Der Reiche sagt, indem er dieser Einfalt lacht:
„An einem großen Glück will ich Euch heut beteil'gen.
Nehmt hundert Taler hier, doch nehmet mit Bedacht
Sie als Notpfennig wohl in acht." –
Dem Schuster ist, als sah er allen Golds Gefunkel,
Das seit Jahrhunderten die Erd
An Schätzen dieser Welt beschert.
Heim kehrt er und vergräbt in seines Kellers Dunkel
Sein Geld, mit ihm auch seine Lust.
Kein Sang entquoll mehr seiner Brust,
Seit er besaß, womit die Sorgen stets anfangen;
Sein Lager floh der Schlummer, und
Statt seiner kamen Kummer und
Argwohn und eitel Angst und Bangen.
Bei Tag war stets er auf der Lauer, und bei Nacht,
Wenn ein Geräusch 'ne Katze macht',
War's um sein Geld geschehn! Zuletzt lief er voll Kummer
Zu dem, dem er nicht mehr gestört des Schlafes Glück:
„Gebt wieder" – sprach er – „mir mein Lied und meinen
Schlummer,
Und nehmet Euer Geld zurück!"

Vor persönlichem Verlust und persönlicher Einschränkung, vor allem von Macht, Geld und Gesundheit, haben Menschen also große Angst.

Aber noch ein dritter Aspekt scheint eine Rolle zu spielen, und das sind wieder die unser Leben so gravierend mitbestimmenden Dimensionen „Raum und Zeit". – Das Empfinden von Angst wird umso geringer, desto größer die räumliche oder zeitliche Distanz dazu ist, sein Eigentum oder seine Gesundheit zu verlieren. Gesunde Jugendliche beschäftigen sich in der Regel nicht mit dem Gefühl der Angst vor ihrem Tod, der gemäß ihrer durchschnittlichen Lebenserwartung *zeitlich* viel zu weit von ihnen entfernt liegt. Im Gegensatz dazu bezeugten mir Gespräche mit alten Menschen jedoch häufig deren Gedanken und Ängste vor dem nahenden Tod, vor dem Verlust des „gesundheitlichen und Lebens-Eigentums".

Eigenes Handeln wird somit vor allem von drei Dingen initiiert:

1. persönlichem Betroffensein

2. Angst

3. räumliche und zeitliche Nähe

Persönliche Krankheit, Verletzung und nahender Tod erfüllen diese Kriterien in klassischer Weise. – Und deshalb ziehen wir oft alle möglichen Register unserer medizinischen Versorgung, sobald unsere Messfühler, sprich Sinne, eine Krankheit signalisieren oder – leider allzu oft – eine profitorientierte Pharmaindustrie in Form manipulierter und angeblicher Normvorgaben eine angebliche Erkrankung für uns beschreibt.

Warum allerdings trotzdem nicht wenige wider besseres Wissen mit ihrer Gesundheit oft unbekümmert und fahrlässig umgehen, zum Beispiel durch Rauchen, massives Übergewicht oder Extremsport, erscheint schleierhaft.

Vielleicht liegt es mit daran, dass unser gesetzliches Gesundheitssystem aktuell so konzipiert ist, dass es entsprechende medizinische Behandlung meist zu 100 Prozent zielführend, also heilend, und sogar noch (vermeintlich) umsonst anbietet. Das wäre in der Tat eine Erklärung für die heutzutage vielfach beklagte, sehr freizügige und dadurch systemverteuernde Inanspruchnahme unseres Gesundheitssystems: In Deutschland sucht jeder Bürger im Jahresdurchschnitt 18 Mal einen Arzt auf (172). Grundsätzlich muss für diese ärztlichen Behandlungen kein einziger Euro aus dem persönlichen Geldbeutel fließen. Ausnahmen sind hier die Zuzahlungsbeträge für die überteuerten Medikamente, die die Regierenden zur Minimierung der Gesundheitsausgaben eingeführt haben.

Die Abzweigung Ihres Krankenkassenbeitrages unterliegt im aktuellen System einer psychologisch gefährlichen Routine: Er wird regelmäßig, Monat für Monat, von ihrem Einkommen/Ihrem Konto abgeführt. Und jetzt kommt eine „verblindende", bereits erläuterte Eigenart des Menschen ins Spiel: *Er ist ein „Relativwesen".* Er kann immer nur *„im Unterschied zu ..."* empfinden. Und wenn es keinen Unterschied mehr gibt, wenn die Regelmäßigkeit den „empfindenden Blick" verstellt hat, wenn die Kassenbeiträge „regelmäßig" abgezogen werden, dann bemerken Sie nicht mehr, dass es *Ihr* Geld ist, *Ihr* Eigentum, *Ihre* monatlich zu entrichtenden Beiträge sind, die für *Ihre* Behandlung hergenommen werden.

„Eigentum" ist bei näherer Betrachtung aber nicht nur das, was uns „gehört", mit dem wir machen können, was wir wollen, sondern es bedingt auch gewisse Pflichten. So besagt bereits Artikel 14 Absatz 2 unseres Grundgesetzes:

> *„Eigentum verpflichtet. Sein Gebrauch soll zugleich dem Wohle der Allgemeinheit dienen"* (49).

Im Falle unserer Krankenkassenbeiträge bedeutet das, dass wir mit „unserem Eigentum", in unserem Zusammenhang gleichzusetzen mit der Gesamtheit unserer Krankenkassenbeiträge, sorgsamen, das heißt gesundheitsbewusst umgehen sollen.

„Eigentum" hat für den Menschen in unserer heutigen Gesellschaft aber *vor allen Dingen* und leider *den* Sinn, sich selbst, sein „Ego", darzustellen, sich nach außen zu repräsentieren. Es wird zum Beispiel Freunden, Bekannten, Nachbarn präsentiert, die dieses Eigentum dann möglichst „höher, besser, schneller, weiter und reicher" bewerten sollen, indem sie es in Relation zu ihrem eigenen, (hoffentlich) geringeren Eigentum stellen. Man möchte sich unterscheiden, meist im „überbietenden" Sinne (*„Mein Haus, mein Auto, mein Boot, ... mein Anlageberater"*). Nicht wenige Menschen, die es sich leisten können, sind deshalb heutzutage dem Verlangen erlegen, Eigentum anzuhäufen. Hier sind es insbesondere materielle Güter aus der Klasse der „Statussymbole", beispielsweise Autos der Marke Porsche, Rolex-Uhren, teure Markenkleidung oder teure Clubreisen, die dieses Verlangen stillen sollen. Im Grunde erkennen diese Menschen nicht mehr, dass sie einem regelrechten Suchtverhalten verfallen sind, das sie ständig antreibt, neue Statussymbole anzuschaffen (32 S. 351). Denn *nicht das Haben* verleiht ihnen den Kick und macht sie glücklich, *sondern das Erwerben*, das sich dadurch immer wieder neuerliche Abgrenzen gegenüber anderen. Nachweislich gehört das ständige Neuerwerben von Luxusartikeln zu den wichtigsten Glücksstiftern in der industrialisierten Welt. Vgl. (32 S. 326 ff.) u. (173).

Auch der Gesundheitsmarkt hat dieses Abgrenzungsbestreben für sich entdeckt und lanciert die Menschen zum Beispiel zu solchen Wünschen wie: „gesünder" zu sein als andere, „schöner und jünger auszusehen" als andere, „erholter zu sein" als andere und viele Dinge mehr. Aus diesem Grund boomen Märkte für Wellness, Fitness, Schönheitschirurgie, medizinische Vitamin- und Aufbaupräparate, Verjüngungsspritzen und so fort. Hier werden Milliarden Euro umgesetzt und das nicht selten über Umwege zu Lasten des Solidarsystems.

Die Medien mindern durch ständiges Aufzeigen von Schönheitsidealen für mein Empfinden in erschreckender Weise das Selbstbewusstsein von Menschen. Ein mir gut bekanntes Beispiel sind sogenannte „Schlupflid-Operationen", wo die eitlen Damen um die 50 ihre physiologisch erschlafften, und damit *altersbedingt etwas hängenden Augenoberlidfalten* von einem willfährigen Augenarzt als „Gesundheitseinschränkung" im Sinne einer „Gesichtsfeldeinschränkung" diagnostizieren lassen und dann auf Solidarkosten, sprich „auf Krankenschein", unter dem Aspekt des „*medizinisch Notwendigen*" operieren lassen. Eigentlich müsste dann auch jedem von seiner Veranlagung her Übergewichtigen, der sich nicht mehr attraktiv genug fühlt, eine Fettabsaugungsoperation zu Lasten der Krankenkassen genehmigt werden. Das erachte ich alles als groben Unfug und Missbrauch unseres Solidarsystems!

Wer ist verantwortlich für das, was eigentlich nicht passieren dürfte?

Zunächst möchte ich Sie auf eine kleine Besinnungsreise mitnehmen. In der Überschrift zu diesem Kapitel stecken drei Begrifflichkeiten: Ereignis, Verantwortung, Verfehlung.

Sie erinnern sich sicher noch an die Medienberichte des „Loveparade-Zwischenfalls" in Duisburg am 24. Juli 2010. Eine Massenpanik endete in einer Katastrophe mit 21 Toten und über 500 Verletzten. Die Hauptschuld wurde letztendlich dem damaligen Duisburger Oberbürgermeister Adolf Sauerland (und dem Veranstalter Rainer Schaller) gegeben, der in einem Abwahlverfahren am 12. Februar 2012 aufgrund eines Bürgerentscheides abgewählt wurde (174). Bitte betrachten Sie diese Abwahl auch vor dem Hintergrund, dass Sicherheitsunternehmen zunehmend Aufträge wegen gestiegener Gewaltbereitschaft in der Bevölkerung gerade bei Großveranstaltungen ablehnen, eine anscheinend allgemeine Entwicklung (175). Trotzdem wird überall, wo Menschen zu Schaden kommen, zunächst gefragt: *„Wer ist schuld, wer zahlt?"* Persönliches, menschliches Versagen, eine Überforderung menschlicher Sinne, eine Schuld bei denjenigen zu suchen, die zu Schaden kamen, wird höchst selten ins Kalkül gezogen. Gerade in meinem Fachbereich, der Anästhesie, wo es schnell um Leben oder Tod gehen kann, stehen sofort verklagungswillige Juristen vor der Tür, die hier infolge der meist recht hohen Streitwerte gutes Geld verdienen können und verständlicherweise auch wollen (176).

Dazu folgende Bemerkungen:

- Menschen sind egoistische, gleichzeitig aber auch *fehlbare* Wesen.

- Ein *Ereignis*, wie zum Beispiel das der Loveparade, kann nie und von keinem Menschen in all seinen Dimensionen vorausberechnet werden, im Nachhinein ist man immer schlauer und redet von hätte, könnte, würde man ...

- *Verantwortung* darf nicht nur von einer Seite gefordert werden.

Hier noch einer der vielen tausend eingegangenen Leserkommentare zu dem tragischen Geschehen:

„Persönlich ziehe ich daraus keine Lehre, sondern eine Bestätigung: Menschenmassen meide ich, wenn nur irgendwie möglich. Ob das nun eine Loveparade ist, Public Viewing, Rock Festivals oder die Mitternachtseröffnung eines Elektromarktes(...)" (177).

Im Kapitel *„Das Unheil des Machbaren"* schrieb ich: *„Uns scheint nicht bewusst zu sein, dass alles, was sich außerhalb der Reaktionsfähigkeit unserer fünf Sinne bewegt und befindet, für uns nicht mehr beherrschbar ist."*

An dieser Stelle weiter das Duisburger Ereignis zu erörtern, würde am Thema dieses Buches vorbeigehen. Es spiegelt in meinen Augen jedoch trefflich den Tenor in unserem Gesundheitssystem wider: Kein Patient wird für einen vielleicht selbst verschuldeten Krankheitsfall zur Verantwortung gezogen, zum Beispiel in der Form, dass er für den entstandenen Schaden aufkommen muss, so wie Herr Sauerland.

Ein sicherlich überstrapaziertes, aber mit Sicherheit viele Hunderttausende Male in Deutschland vorkommendes Beispiel aus meiner Praxis:

Ein Mann, Anfang 40, über Jahre massives Übergewicht, aktuell 137 kg Körpergewicht bei 172 cm Körpergröße, Diabetes mellitus Typ II (= aufgrund relativen Insulinmangels infolge starken Übergewichts erworbene Zuckerkrankheit), Raucher (>20 Zigaretten pro Tag), körperliche Betätigungen: Fehlanzeige, arbeitslos.

Beschwerden: chronische Rückenschmerzen, chronische Bronchitis.

Feststellung: Der Mann stellt einen „sozialwirtschaftlichen Schaden" dar, der in hohem Maße durch ihn selbst aufrechterhalten wird, eine Katastrophe.

Die beiden Fragen die eigentlich analog dem „Loveparade-Zwischenfalls" zu stellen wären: Wer ist schuld und wer zahlt?

Ich sage Ihnen die Antwort: *Wir* zahlen, *wir*, die *Solidargemeinschaft.*

Nach Schuld fragt hier *keiner.*

Und genau *das, dieses Nichtbeschuldigen,* unterscheidet diesen „Patienten" von *den* Menschen, die *gleichermaßen* durch ihre menschliche Verfehlung Personenschäden hervorrufen, zum Beispiel bei unserer „Loveparade, bei Kernreaktorunfällen, bei Ausschreitungen in Fußballstadien, bei Überschwemmungen oder ähnlichen, die im Gegensatz zu unserem Patienten aber für schuldig befunden und zur Verantwortung gezogen werden. Unter Umständen und irrwitzigerweise kann unser Patient mit einer dieser Personen sogar identisch sein, beispielsweise als Randalierer in einem Fußballstadion. Für die eine Verfehlung wird er zur Verantwortung gezogen und bestraft, für die andere, sogar vorsätzliche Verfehlung an sich selbst und darüber letztlich auch an der Solidargemeinschaft, unterbleibt der Schuldnachweis und erst recht die Bestrafung. Hier tritt der Geschädigte, die Solidargemeinschaft, sogar noch als Kollektivbüßer ein.

Ich formuliere einen allbekannten Satz einmal um: *Wenn einer zweimal das Gleiche tut, ist es noch lange nicht dasselbe.*

Warum wird der Gesundheits-*un*-bewusste nicht zur persönlichen Verantwortung gezogen? Gesundheitsbewusstsein wird doch im § 1 des SGB V gefordert. Warum eine Zuwiderhandlung dann nicht sanktioniert?

> *„§ 1 Solidarität und Eigenverantwortung*
>
> *Die Krankenversicherung als Solidargemeinschaft hat die Aufgabe, die Gesundheit der Versicherten zu erhalten, wiederherzustellen oder ihren Gesundheitszustand zu bessern. Die Versicherten sind für ihre Gesundheit mitverantwortlich; sie sollen durch eine gesundheitsbewußte Lebensführung, durch frühzeitige Beteiligung an gesundheitlichen Vorsorgemaßnahmen sowie durch aktive Mitwirkung an Krankenbehandlung und Rehabilitation dazu beitragen, den Eintritt von Krankheit und Behinderung zu vermeiden oder ihre Folgen zu überwinden (...)" (73).*

Warum diese Eigen- und Mitverantwortung in unserer Solidargemeinschaft völlig anders praktiziert wird, weiß ich nicht. Und ich will es auch gar nicht wissen. Denn stattdessen plädiere ich für die unausweichliche Alternative: *„Jedem sein Budget".*

Ich möchte an dieser Stelle aber zumindest von meiner Person Entwarnung geben für alle Übergewichtigen, alle Raucher, Bewegungsmuffel, Extremsportler, die körperlichen Raubbau betreiben: Ich bin *kein* militanter Nichtraucher, ich bin der Meinung, dass *jeder* die Sportarten betreiben soll, die er gerne möchte, dass *jeder* essen soll, was und wie viel er möchte, ob Fast Food, Süßigkeiten, zuckergesättigte Limonadengetränke und so weiter. Ich denke, dass *jeder* ein Recht darauf hat „Jopi" Heesters nachzueifern und 100 Jahre oder noch älter zu werden, jeder soll sein „metabolisches Syndrom" mit Diabetes, Hypertonus, Fettstoffwechselstörungen, bedingt durch wohlweisliche Fehlernährung, behandeln lassen dürfen. Viele können doch *angeblich* nichts dafür, „Übergewichtige essen kaum etwas", „Raucher rauchen nur ganz wenig", Fallschirmspringen birgt kaum ein Verletzungsrisiko. – Die Ärzte, die Süßwarenindustrie, die Tabakindustrie, die Sportangebote, *alle* sind schuld – nur nicht *Sie* selbst! Ich kann mich eigentlich nur dem zur Loveparade zitierten Leserkommentar anschließen: *„Wer sich in Gefahr begibt, kann darin umkommen".* So viele Individuen auf engem Raum sind unberechenbar. Ähnlich sehe ich das bei den Ausschreitungen in Fußballstadien: Viele wollen sicherlich nur „in Live-Atmosphäre" ihren geliebten Verein gewinnen sehen. Einige wenige toben sich hier jedoch auch in der Weise körperlich aus, dass es zu Krawallen, Zerstörung, Verletzten, gar Toten kommt. – *Welch ein „Tier" ist doch der Mensch.* – Wer dafür zahlt, ist immer die Allgemeinheit.

Gehören Sie auch zu denjenigen, die sich über Prügeleien und Entzünden von Molotowcocktails in unseren Fußballstadien entrüsten? Dann beantworten Sie sich bitte einmal folgende Frage: Was würde passieren, wenn man zuließe, dass zu einem Bundesliga-Fußballspiel alle Interessierten ins Stadion hineingelassen würden, darin und vor der Arena aber *kein* Sicherheitspersonal und *keine* Polizei Ausschreitungen überwachen und verhindern würden? Jeder müsste also selbst auf seine körperliche Unversehrtheit achten. Kämen Sie nicht auch zu dem Schluss, dass *viele* Menschen, die Angst vor Schlägereien hätten, auch wenn diese nur von Minderheiten angezettelt werden, *nicht* mehr in die Stadien gingen, insbesondere zu Spielen mit bekannt hohem, emotionalen Level? *„Angst und Eigentum"* spielen hier wieder die entscheidenden Rollen. Unter Umständen wäre es dann vorbei mit hohen Vereinseinnahmen aus Eintrittsgeldern, aus lukrativer Werbung, aus Fernsehrechten und kaum jemand könnte sich noch beklagen über die (zu) vielen Millionen, die unsere Bundesligaprofis abkassieren. Dies entspräche einem ganz simplen und natürlichen *Regelkreis*. – Sie erinnern sich doch noch an das Kapitel *Kybernetik*? Aber um so etwas zu realisieren, braucht es Mut.

Für jedes bekanntermaßen ungesunde und gesundheitsgefährdende Verhalten zahlt im Krankheits-/Schadensfall die Allgemeinheit. – Leider ist es jedem Einzelnen immer noch gestattet, nach dem uralten Spruch zu verfahren: *„Wenn die Münze im Kasten klingt, die Seele in den Himmel springt"*. Oder anders ausgedrückt: Ich habe (meinen Krankenkassenbeitrag) bezahlt, also bin ich für meine Gesundheit nicht mehr verantwortlich. – So geht es nicht, so darf es nicht gehen!

Diesen *heiligen Kokon* würde man sofort zerstören und die Bürger sofort aus ihrem Dornröschenschlaf erwecken, wenn man jedem Einzelnen *wirkliche* Verantwortung aufs Auge drücken würde. – Stellen Sie sich vor, Sie fahren auf der Autobahn mit Geschwindigkeitsbegrenzung 100 km/h. Wie schnell fahren die meisten wirklich? 100, 110, 120 oder gar noch schneller? Sie werden maximal 100 km/h fahren, wenn Ihnen der sofortige und dauerhafte Entzug der Fahrerlaubnis drohte. Natürlich, diese Strafe wäre „unverhältnismäßig". Aber wollen Sie erreichen, dass ein (sinnvolles) Gebot eingehalten und Unfälle verhindert werden oder wollen Sie Einnahmen durch „Knöllchen" generieren? Menschen müssen einschneidend zu verantwortungsvollem Handeln „gezwungen" werden, nicht zur Verantwortung „gebeten" werden. Erinnern Sie sich an das Kapitel *„Der Mensch ist ein Relativwesen"*? Darin habe ich Ihnen erläutert, dass der Mensch *immer* das für ihn Angenehmere, Wichtigere, Positivere wählt. Auf der Autobahn kommt man mit 120 km/h schneller ans Ziel als mit den erlaubten 100 km/h. Die Wahrscheinlichkeit, erwischt zu werden, ist auch nicht sehr hoch, also ist das Positivere, schneller als erlaubt zu fahren. Das nennt man „Relativität". Obwohl wir mit zu hoher Fahrgeschwindigkeit noch mehr zu potenziellen Mördern werden, droht uns dafür eine vergleichsweise sehr geringe Strafe, im Gegensatz dazu, wirklich einen Menschen mit unseren Händen umzubringen.

Wir eröffnen für unsere menschlichen Sinne mit solchen „Kavaliersdelikten" wie Geschwindigkeitsüberschreitungen *nicht kalkulierbare Risiken*. In vielen Bereichen in unserem Staat werden derartige Überschreitungen des eigentlich nicht Zulässigen toleriert. Beispiele weit größerer Dimension sind die nicht und *noch nie dagewesene* Lösung für eine Endlagerung und Entsorgung radioaktiver Kernkraftwerksbrennelemente, die eigentlich die gesetzliche Grundlage zum Betrieb jeglichen Kernkraftwerkes sind. – Somit besitzt eigentlich *kein einziges Kernkraftwerk auf der Welt* eine rechtlich zulässige Betriebsgenehmigung [vgl. (3 S. 127)].

Ein anderes Beispiel sind die Genmanipulationen von Pflanzen und Nahrungsmitteln, die, einmal in eine unerwünschte Richtung gegangen, *nie mehr* rückgängig zu machen sind, oder die Bestrebung der stetigen Steigerung des BIP. Keiner macht sich hier Gedanken zu einem Ziel. Aber genau nur damit kommen wir immer zu unserem „Höher, Besser, Schneller, Weiter und vor allem Reicher" als andere. Genau *das* ist unsere evolutionäre Bestimmung, unser innerer Drang, den niemand aufzuhalten vermag.

Nur „mit dem aktuellen Weg als Ziel" geben wir uns zufrieden, ohne ernsthaft in biokybernetischen und evolutionären Zeiträumen zu denken, nicht einmal unseren Nachkommen zuliebe.

Könnten Sie demnach unseren Politikern für eine Ihrer Meinung nach insuffiziente und verantwortungslose Politik einen Vorwurf machen?

Könnten Sie die Patienten für deren oft verantwortungslosen Umgang mit ihrer Gesundheit und deren Ansinnen, immer mehr und immer bessere medizinische Versorgung zu verlangen, verurteilen?

Könnten Sie den Ärzten als Freiberufler vorwerfen, betriebswirtschaftlich effizient, eigennützig und damit oft verantwortungslos zu arbeiten?

Könnten Sie den Vorständen der gesetzlichen Krankenkassen und anderer KdöR mit Selbstverwaltung vorwerfen, sich verantwortungslos zu hohe Gehälter zu genehmigen?

Man sollte vorsichtig mit dem Begriff „Verantwortung" umgehen. Eine wirkliche Verantwortung gibt es strenggenommen nicht. Bereits im Kapitel „Homo homini lupus est" habe ich zwei fundamentale Aussagen des Philosophen David Hume zitiert, die ich folgend noch einmal wiederholen möchte:

1. Nicht Verstand oder Vernunft regieren den Menschen, sondern seine Gefühle.

2. Wenn 1. so ist, dann gibt es schlussfolgernd auch keinen freien Willen. Vgl. (39 S. 113).

… und Verantwortung zu übernehmen, setzt eine freie Willensentscheidung voraus.

Strenggenommen ist keinem ein Vorwurf zu machen, alle handeln nur nach ihren Trieben, die ihnen sicherlich zeitweise bewusst werden, aber längerfristig nicht zu unterdrücken sind. Der Übergewichtige nimmt nicht vorsätzlich übermäßig Kalorien zu sich, um das Gesundheitssystem durch Folgekosten von Diabetes, Hochdruck, Rückenschmerzen etc. zu belasten. Hier spielen Lernprozesse, genetische, sozioökonomische und andere Faktoren eine große Rolle. Der Raucher wird nur schwerlich seine Sucht einstellen können, obwohl er genau weiß, dass er sich und der Solidargemeinschaft Schaden zufügt. Seien Sie versichert, auch *Sie* werden, wenn bei Ihnen in einer bestimmten Sache über die Jahre eine gewisse Gewöhnung, Betriebsblindheit, Sucht oder wie Sie es auch ausdrücken mögen, eingetreten ist, diesem erlernten und verinnerlichten Verhalten nicht mehr widerstehen können. So wie die Reichen ständig dem schnöden Mammon hinterherlaufen, wie der Suchtraucher nicht von den Zigaretten lassen kann, wie der Übergewichtige seine Pfunde höchst selten wieder loswird. Da helfen langfristig keine „Blaue Post-Diäten" oder sonstiger, kommerziell angebotener Unsinn.

Die Gefahr, die ich sehe, ist nur, dass dieses „Höher, Besser, Schneller, Weiter und Reicher" genau *den* Ast absägt, auf dem wir, unsere Kinder und Kindeskinder sitzen. Und dieser Ast ist unsere Gesundheit, unser sogenanntes „höchstes Gut" (neben unserem Geld). Ich finde, es ist der falsche Weg, allen eine Krankenversichertenkarte in die Hand zu drücken, die den Preis für die Gesundheit blind schaltet und somit eine Scheinsicherheit in Form des „alles Machbaren" offeriert, die es in Wirklichkeit nicht gibt. Es werden keinerlei durchgreifende Maßnahmen bereitgehalten, das Sägen an diesem Ast einzustellen. Seien Sie versichert, mit finanziellen Sanktionen werden Sie selbst die Dümmsten und weniger Intelligenten der an diesem System beteiligten, vom Patienten über Ärzte bis zur Industrie lenkend erreichen, die oftmals bewusst, vorsätzlich und frevelhaft gegen gesundheitsbewusste Lebensführung und unsere

Volksgesundheit agieren. Politiker versuchen das ständig mit ihren „Reförmchen", weil sie ja immer ihre Wiederwahl als eigentliches Ziel verfolgen, aber Nachhaltigkeit sieht anders aus.

Die große Frage ist, wo, womit und wie ist die Grenze zu ziehen oder erneut gefragt: „Wer könnte der Dirigent sein"?

Zusammenfassende Gedanken zu einer Alternative

Heiner Geißler hat im Rahmen einer Diskussion über die zunehmende Finanzmittelknappheit im deutschen Gesundheitswesen in der Polittalkshow *„Sabine Christiansen"* bereits vor über 10 Jahren gesagt: *„Der Staat müsse sich bald überlegen, wie viel Medizin er sich leisten kann und will."* Viele, der am System beteiligten Akteure haben sich über die Jahrzehnte mit ihren individualegoistischen und bereichernden Trieben Geld- und Vorteilsadern eröffnet, die das System zusehends leerbluten lassen und dabei Unzufriedenheit in fast allen Bereichen hervorrufen.

Das derzeitige deutsche Gesundheitssystem war und ist immer noch ein Pfeiler der sozialgesetzlichen Einrichtung, die bereits Ende des 19. Jahrhunderts etabliert wurde. Zurzeit erleben wir jedoch ein wirtschaftlich asymptotisch verendendes System, das durch seine ureigene Produktion vieler chronisch Kranker und eines hohen Altersstandes merklich den Zenit überschritten hat zwischen einer guten und gleichzeitig finanzierbaren medizinischen Versorgung. Immer drängender wird deshalb die bisher noch nie deutlich und vor allem öffentlich gestellte, in Hinsicht auf das bestehende System auch rücksichtslose Frage:

Welche Alternative gäbe es zu diesem System, das überwiegend dem Einzelnen gerecht werden möchte, dadurch jedoch nicht das Gemeinwohl fördert?

Eine zentrale Aufgabe dabei wäre, die geldgeilen Hyänen und die im wahrsten Sinne des Wortes „Aasfresser" im System zu stoppen, für die die Geldhähne durch die betriebsblinden Reform-Offerten der Politiker nur ständig weiter sprudeln.

Sollte man weiterhin nicht einen Punkt festlegen, ab dem die Solidargemeinschaft in finanzieller Hinsicht nicht mehr für die „bewusst" Gesundheits-*un*-bewussten verantwortlich wäre, um dem ständigen Verlangen nach frischen Geldzuflüssen ein Ende zu setzen? Oder andersherum gefragt: Bis zu welchem Punkt hat der Einzelne ein Anrecht auf Ansprüche an die Solidargemeinschaft, vor allem vor dem Hintergrund, dass sich Einzelindividuen vielfach ebenfalls zu *diesen* Hyänen entwickelt haben, die das System ausnutzen?

Halten Sie sich bei diesen Fragen bitte immer Folgendes vor Augen: Durch eine solidarische Gesetzgebung wird gewissermaßen eine Zwangsumverteilung geregelt, die dem Reichen Geld wegnimmt und dem Armen Geld dazugibt. – Das unterscheidet uns vom Tier. Da die Menschen jedoch genau die gleichen Relativwesen sind wie Tiere, werden sich viele, die das Gefühl haben, weniger am System zu partizipieren als andere, irgendwann fragen: „Wofür setze ich meine körperlichen, geistigen, glücklichen oder andere Vorteile eigentlich ein, wenn sie mir persönlich nicht zum Besseren gereichen, sondern durch sogenannte *solidarische Umverteilung* sofort wieder abgenommen werden? – Also höre ich doch damit auf, mich letztlich für andere einzusetzen." – Diese Schlussfolgerung hätte dann unweigerlich zur Folge, dass der Gemeinschaft mit solch einer solidarischen Umverteilung gar nicht gedient ist. Diesem Punkt, an dem der vermeintlich nicht Partizipierende „den solidarischen Löffel hinschmeißt", scheint man sich immer deutlicher zu nähern. Ein Beispiel dafür sind unsere Privatversicherten und Beamten, denen die gesetzliche Möglichkeit offensteht, sich durch Abschluss einer privaten Krankenversicherung der gesetzlichen Solidarversicherung zu entziehen. – In meinen Augen nicht unverständlich.

Wenn ich jemandem seinen durch Mehrleistung erlangten Reichtum durch gesetzliche Manipulation schmälere, reduziere ich dessen Arbeitsantrieb und schade so letztendlich der gesamten Population und deren Weiterentwicklung. Dass auf der anderen Seite die Ärmeren durch solch eine Umverteilung genau in die entgegengesetzte Richtung erzogen werden, dass sie also erkennen, dass es sich gar nicht lohnt, mehr zu arbeiten, ist die Kehrseite der Medaille. So beschrieben von Herrn Sarrazin in seinem Buch „Deutschland schafft sich ab". Vgl. (94).

Während meiner alltäglichen Arbeit kommen mir immer wieder Klagen über unser Gesundheitssystem zu Ohren: dass *die Krankenkassen* kaum noch etwas bezahlen würden, dass *die Ärzte* keine physiotherapeutischen Verordnungen mehr aufschreiben, dass *kein Aut-idem-Kreuzchen* für das gewünschte Medikament gezeichnet wird, dass Ärzte sich viele Dinge nebenher extra bezahlen lassen usw.

Dazu möchte ich noch einmal Folgendes zusammenfassen:

Die besseren Überlebenschancen drücken sich im Tierreich zum Beispiel durch Größe, körperliche Kraft, Schnelligkeit, Fähigkeiten sich zu tarnen und Anpassung an extreme Klimaverhältnisse aus. Bei uns Menschen ist es neben den genetischen Voraussetzungen vor allem das materielle Vermögen, sprich Geld, was den Vorteilen im Tierreich gleich zu setzen ist. Daraus ergibt sich auch der Satz: *„Weil du arm bist, musst du früher sterben"*. Scheint sich diese Weisheit immer mehr zu bewahrheiten? In dieser Hinsicht hört man in der Bevölkerung immer öfter die Aussprüche „Zweiklassenmedizin", „Patient zweiter Klasse", „man bekommt schneller Arzttermine, wenn man privat versichert ist", und so fort. Das ist in der Tat auch oft so. – Wie können wir diese Entwicklung aufhalten, wie könnte man eine stabile Solidarität unter den Menschen herstellen? – „Homo homini lupus est", das Zitat von Titus Maccius Plautus scheint ein unumstößlicher Fakt zu sein.

Das derzeitige deutsche Gesundheitssystem beschreibt in meinen Augen sehr plastisch das Wegspülen des gesetzlich etablierten „Sandwalls", der aus korrupten, nach Geld geifernden Wölfen besteht, die ihre eigentlich gesetzlich zugeschriebenen Wallpositionen verlassen, weil an anderer Stelle ihre erstrebte Beute, das Geld, zu holen ist. Und somit ist der Weg frei für das „drückende Wasser", Symbol vor allem für die „Stärkeren", dorthin, wo es von Natur aus hin will. Ein enormer Drang, eine Sucht, der man nicht widerstehen kann, jeder ist sich selbst zu allererst der Nächste. Am Geld scheint die Solidarität zu zerbrechen, ihr Ende zu haben. Oder wie man umgangssprachlich sagt: *„Beim Geld hört die Freundschaft auf"*.

Aber man sollte über Heiner Geißlers Worte nachdenken:

> *„(...) Man muss über den Sinn des Lebens nachdenken. Und zwar insgesamt, nicht nur über den Sinn des jeweils indivi-*

duellen Lebens, sondern über den Sinn des Lebens der Menschen überhaupt. Denn es gibt keine Ausnahme: Von hundert Menschen sterben hundert. Der Tod ist auch total demokratisch. Er packt den Josef Ackermann genauso wie den Arbeiter bei der Müllabfuhr. Darüber muss man sich im Klaren sein. (...)" (178).

Bei einem Suchtverhalten haben wir keine Ratio als Verantwortlichen, hier agiert das blanke „Craving" (Verlangen). – Gewiss, als Politiker, der im Vorfeld zu Gesetzeserlassungen zeitliche, räumliche und damit geistige Distanz zu solch triebhaftem Verhalten hat, ist es relativ einfach, Vorgaben zu entwickeln. Doch die Umsetzung beim und durch den Einzelnen wird in der Regel nicht mehr durch Ratio gesteuert, sondern durch unreflektierte Suchtbefriedigung. – Ich denke, diese Schieflage zwischen Theorie und Praxis wird mit keiner Politik, keiner Philosophie, keiner Juristerei in die Waage gebracht werden können. Bevor die menschliche Gesamtpopulation sich – wie unter den „richtigen" Tieren – weiter darüber zerfleischt, dass der Stärkere immer das meiste und der Schwächere immer das wenigste abbekommt, sollte man sich dann nicht überlegen, jedem von vornherein ein *gleiches*, festes Budget zuzuteilen, dass der eine dem anderen nicht mehr abspenstig machen kann? Und sollte man konsequent nicht *mehr* von einer Solidargemeinschaft fordern, als sie willens oder fähig ist, aufzubringen? Die bittere Konsequenz wäre jedoch, dass Schwächere in wenigen Fällen schlussendlich zu kurz kämen. Aber – und dieses „*Aber*" versehe ich mit großem Nachdruck – ich bin überzeugt, dass genug Geld *durch* die Solidargemeinschaft *für* die Solidargemeinschaft zusammengebracht werden kann und bereits schon zusammengebracht wird! Meines Erachtens liegt es *nur* an den unzählig vielen „Zwischenstationen", die dieses Geld zurzeit „verbrennen" und nicht beim Bedürftigen ankommen lassen. Des Weiteren bemängele ich die bisherige, staatspolitische Erziehung durch ein menschenverdummendes Sachleistungsprinzip. Dieses Sachleistungsprinzip kann *keinen* Blick für wirtschaftliches und sozialförderliches Verhalten öffnen, geschweige denn schärfen.

Wie sollen Patienten beurteilen können, wie teuer ihre gerade laufende medizinische Behandlung ist, wenn noch nicht einmal der behandelnde Arzt seinen aktuellen „Punktwert" kennt, für den er gerade arbeiten muss, oder wenn den Patienten gegen einen rosa Zettel, ein sogenanntes *Kassenrezept*, das sie beim Apotheker abgeben, als Gegenleistung nur ein Päckchen mit Tabletten über den Tresen geschoben wird, von dem sie ebenfalls den Preis nicht kennen. Dieses Spiel *„Du darfst nicht wissen, was es kostet"* wird seit einigen Jahren noch mit den sogenannten Rabattverträgen zwischen den gesetzlichen Krankenkassen und der Pharmaindustrie auf die Spitze getrieben. – Keiner weiß irgendetwas in diesem sozialmedizinischen Karussell. – Das ist fast eine Katastrophe!

Dazu ein Kommentar von Ruth Schimmelpfennig-Schütte, ehemals Vorsitzende Richterin des Landessozialgerichts Niedersachsen-Bremen; Artikel aus der Süddeutschen Zeitung, Oktober 2003 zum Sachleistungsprinzip der gesetzlichen Krankenversicherung:

> *„Das seit 120 Jahren geltende Sachleistungsprinzip ist nur noch für wenige Eingeweihte verständlich. Es ist durch eine Vielzahl von Gesetzesänderungen chaotisch und undurchschaubar geworden. Wenn es auch auf einer genialen Grundidee beruht und sich in der Vergangenheit bestens bewährt hat:*
> *Heute ist es überholt. Es entmündigt den Versicherten, statt ihm die Verantwortung für sich selbst zuzutrauen. Deshalb sollte es vom Kostenerstattungsprinzip abgelöst werden. Dieses System ermöglicht dem Versicherten nicht nur die Kontrolle. Mit Basisleistungen, Bonusregelungen, Mehrkostenleistungen und anderen Mechanismen zur Stärkung der eigenen Verantwortung bei deutlicher Beitragssenkung würde das Kostenerstattungsprinzip ihm endlich auch die Entscheidung darüber erlauben, was ihm eine Behandlung wirklich wert ist"* (179).

Das Zahlmittel, oder sagen wir besser Zahlmedium für diese Sachleistungen, das die gesetzlichen Krankenkassen ihren Versicherten dafür zur Verfügung stellen, heißt **K**rankenversicherten**k**arte (KVK).

Überall spricht man von Haushaltsplänen, überall gibt es begrenzte, budgetierte Geldmittel. Für Forschung, Rüstung, Bildung, selbst wir Ärzte haben ein Budget. Wer jedoch keines hat, sind die gesetzlich krankenversicherten Bürger. Auf dieser KVK steht sinngemäß das Wort *„umsonst"*. Wer jetzt etwas anderes behauptet, möge den Gegenbeweis antreten.

Grundsätzlich geht die Initiative zum Abrufen medizinischer Sachleistungen immer vom einzelnen Bürger aus, der sich krank fühlt, oder meint, krank zu sein. Er kann mit dieser KVK heute zum Orthopäden gehen, morgen zum Kardiologen, übermorgen zum Zahnarzt, über-übermorgen zum Neurologen, über-über-übermorgen zum Hausarzt, Gynäkologen, Dermatologen und so fort, ohne dass ihm für deren Dienste vom System eine zusätzliche, finanzielle Belastung außer seinem Krankenversicherungsbeitrag auferlegt wird. Keiner sagt ihm, das Budget auf der Versichertenkarte sei erschöpft.

Weil hinter dieser KVK als finanzielle Deckung aber nur eine „endliche" Menge Geldes steckt, nämlich die im Gesundheitsfonds über die gesetzlichen Krankenkassen eingesammelten Beiträge plus einem begrenzten Steuerzuschuss, geht das politische System hin und verhängt Budgettöpfe, Regelleistungsvolumina, Punktwertverfall, DRGs für Krankenhäuser usw. Diese Budgetierungsklauseln sind an Perfidität nicht mehr zu überbieten. – Das aus meiner Sicht Unsoziale daran ist, dass diese Last der Budgetierung nicht auf *alle* Bürger verteilt wird, sondern nur auf den relativ kleinen Teil der eigentlichen Leistungserbringer im System. Das sind in erster Linie Ärzte, deren Weisungsgebundene und alle anderen, für Patienten medizinisch tätigen Menschen in Deutschland. Und denen wirft man auch noch vor, dass *sie* ja diejenigen wären, die das Geld verschwenden, *sie* würden doch letztendlich zu viel Geld aus dem Solidartopf ziehen, zum Beispiel durch zu viele unnötige Röntgenuntersuchungen, zu viele Arzneimittelverordnungen, zu viele Krankenhauseinweisungen, zu viele…, zu viele…, zu viele … Das hat unter anderem dazu geführt, dass für Ärzte seit 1993 eine sogenannte Niederlassungssperre besteht. Fast überall in Deutschland sind – nach welchen Kriterien oder Berechnungen auch immer – freie Kassenarztsitze nicht mehr verfügbar. Kein zusätzlicher Arzt darf sich mehr niederlassen. Dem beitragszahlenden *„Goldesel Patient"* droht jedoch *keine* wirkliche Sanktionierung, wenn er sich beispielsweise *nicht* nach aktuellem Stand der Wissenschaft gesund ernährt, *nicht* aufhört zu rauchen, sich *nicht* genügend bewegt.

Ist das, lieber Leser, so richtig?

Als Besitzer solch einer **Krankenversichertenkarte** (KVK) würde ich natürlich „Ja" zum bestehenden System sagen. – Einschränkend natürlich in Bezug auf die Niederlassungssperren für Ärzte, denn das bedingt ja zum Beispiel, dass ich Wartezeiten für Arzttermine in Kauf nehmen muss. Und das ist ja eine „unverschämte" Einschränkung für mich als Patient.

Als Arzt beantworte ich diese Frage mit „Nein". Denn aufgrund dieses selbstbestimmten Verhaltens der Patienten, vor allem im Hinblick auf eine vielfach zu beklagende, nicht gerade zuträgliche und das System finanziell belastende Lebensführung, kommt es zum Werteverfall der medizinischen Leistung, die ihren Ausdruck unter anderem in der „ärztlichen Budgetierung" findet.

Wir sollten an dieser Stelle einen Kompromiss finden.

> *„Gemeinnutz geht vor Eigennutz."*

Diese Maxime stammt von dem französischen Schriftsteller und Staatstheoretiker Montesquieu (1689 bis 1755), der in seinem außergewöhnlich erfolgreichen Hauptwerk „Vom Geist der Gesetze" (Buch 26, Kapitel 15, „Die verschiedenen Arten der Gesetze") schrieb: *„Le bien particulier doit céder au bien public"* (wörtlich übersetzt: „Das Wohl des Einzelnen muss dem öffentlichen Wohl weichen") (180).

Der Grundsatz „Gemeinnutz geht vor Eigennutz" ist auch heute – mit Einschränkungen – die Grundlage vieler Gesetze und Bestimmungen.

Auch meine Meinung ist, dass die Solidarität der Gemeinschaft dem Einzelnen gegenüber da aufhören muss, wo durch nicht gemeinschaftskonforme Handlungen des Einzelnen die Gemeinschaft oder Teile derselben beginnen, Schaden zu nehmen. Zu solch schadenden Handlungen im Gesundheitsbereich sind eindeutig zu zählen: Rauchen, falsche Ernährung, zu wenig körperliche Bewegung und auch Risikosportarten.

Man kann nun all diese *Laster*, die das Leben oft versüßen, aber leider auch zu einer kostenträchtigen Gesundheitsversorgung beitragen, den Bürgern nicht verbieten oder vorwerfen. Denn einerseits bereiten genau diese Laster dem Individuum oft große Lebensfreude, andererseits sind sie Motor für eine riesige Industrie und generieren gigantische Wirtschaftsumsätze. Die Kehrseite ist jedoch die dadurch mitbedingte Verteuerung und Unzufriedenheit mit unserer medizinischen Versorgung.

Besonders über die politisch offerierte, unerschöpflich scheinende Geldquelle der Krankenversichertenkarte (KVK) setzen die Manipulationshebel all *der* Unternehmen beim medizinischen Laien, sprich Bürger, an, die Medizinprodukte vertreiben. Allen voran die pharmazeutische Industrie. Ein Mensch bemerkt in den meisten Fällen früher oder später selbst, ob ihm etwas weh tut, er organische Störungen zeigt, schwach wird oder sich eine Verletzung zugezogen hat. Aber die soeben zitierten Unternehmen positionieren, wie wir schon gehört haben, Gesundheits-, beziehungsweise Krankheitsansichten ins Gehirn der Menschen, die sie eben nicht selbst an sich fühlen oder bemerken. Sie können nur mutmaßen oder glauben, ob die ihnen dargelegten „harten Daten", wie zum Beispiel *erhöhte* Blutwerte, ein „Kranksein" belegen. Ob eine Behandlung dann wirklich notwendig ist, kann oftmals auch wissenschaftlich nicht eindeutig bewiesen werden.

Zur Therapie dieser als „krank" etablierten/propagierten Symptome und „harten Daten" wird speziell den Ärzten mittlerweile eine unüberschaubare Anzahl von Behandlungsmöglichkeiten zur Verfügung gestellt, zum Beispiel verschiedenste Operationstechniken, was nicht selten unnütz und überflüssig ist oder ihn in Kur zu schicken, was meist auch nur einem „Urlaub auf Krankenschein" gleichzusetzen ist. Man sieht es auch an der beinahe endlosen Menge wirkstoffgleicher Medikamente unzähliger Pharmafirmen, die selbst unter strengen Laboruntersuchungen kaum Wirkunterschiede zeigen. Nur der Bürger, der Patient, scheint vielfach Unterschiede in den Behandlungen zu bemerken – vielleicht auch nur medienmanipuliert (?) – und fordert seinen Arzt häufig auf, zum Beispiel das „Aut-idem-Kreuzchen" auf dem Rezept zu setzen, was meist wieder die Rabattverträge der Krankenkassen unterläuft, da solche „gewünschten" Medikamente eines bestimmten Herstellers in der Regel zu teuer sind. Oft ist auch ein erfahrener Mediziner mit der hohen Erwartungshaltung seiner Patienten überfordert. Sehr schnell ist er als „schlechter Arzt" verschrien, wenn er die Erwartungen der Patienten nicht erfüllt. Somit entsteht für ihn nicht selten ein enormer wirtschaftlicher Druck.

Damit sich der Gesetzgeber und die Krankenkassen solcher Diskussionen und individueller Bedürfnisanfragen der Patienten entledigen, wälzen sie mit gesundheitsgesetzlichen Bestimmungen die Verantwortung für individuelle und korrekte Durchführung medizinischer Aufgaben auf die Ärzte ab. So behalten sie sich vor, über *Medizinische Dienste der Krankenkassen, auch einer KdöR,* Entscheidungen der Ärzte in Frage zu stellen, sogar zu verwerfen und die Ärzte dann für ein durch sie angeblich verursachtes Fehlverhalten, persönlich zur Kasse zu bitten. – *„Verursachung eines wirtschaftlichen Schadens"* – heißt das dann.

Das derzeitige Gesundheitsreglement geht also den Weg, dass es dem Bürger zunächst Sachleistungen in unbegrenzter Menge gewährt. Da die „endliche" Menge eingezahlter Krankenkassenbeiträge den Geldabfluss durch Leistungsabrufe, Verwaltungsapparat und Medizinprodukte in der Regel aber übersteigt, wird die Vergütung der Gruppen, die sich am wenigsten wehren können, durch inflationäre Budgetierung und Regressforderungen gedrosselt. Die billige Entschuldigung lesen Sie im Paragraph 12 des SGB V. Dort heißt es:

> *„(1) Die Leistungen müssen ausreichend, zweckmäßig und wirtschaftlich sein; sie dürfen das Maß des Notwendigen nicht überschreiten. Leistungen, die nicht notwendig oder unwirtschaftlich sind, können Versicherte nicht beanspruchen, dürfen die Leistungserbringer nicht bewirken und die Krankenkassen nicht bewilligen"* (73).

Vor dem Hintergrund der individualegoistischen Eigenarten des Evolutionsproduktes „Mensch" ist der Vorwurf der Politik allein an die Leistungserbringer, dass das System nicht so funktioniert wie gewünscht und die Politik damit in das Recht versetzt, Budgetierungssanktionen zu verhängen, eine große Lachnummer. In diesem Zusammenhang möchte ich an die vielen Verfehlungen von Politikern, gerade in jüngster Zeit, erinnern, deren Karrieren gerade über deren „individualegoistische Eigenarten", die sie bei anderen sanktionieren, in die Brüche gingen. – Sie sollten sich an die eigene Nase greifen: *„Was du nicht willst, dass man dir tu', das füg' auch keinem andern zu."*

Wir halten fest: Wenn Herr Sarrazin von allen Menschen in der Republik fordert, dass, wenn jemand etwas haben möchte, dafür eine Gegenleistung erbringen muss, wird er als Faschist beschimpft. Wir halten weiterhin fest, dass die Menschen sich in der Regel vom Tier unterschieden wissen wollen.

Gut, dann möchte ich Ihnen gleich *meine* Alternative für ein Gesundheitssystem vorstellen, in dem der Mensch *beweisen* kann, dass er sich vom Tier unterscheidet, dass er *kein* Faschist ist, dass er ein überaus sozial denkendes Wesen ist, dass er in der Lage ist, mit Geld wirtschaftlich umzugehen, auch im Hinblick auf seinen Nächsten, dass viele, nur geldvernichtende „Trittbrettfahrer" aus unserem Gesundheitssystem eigentlich verschwinden können. – Bekommt jetzt schon jemand „kalte Füße"?

Bisher ist es ja so, dass die Bevölkerung Geld, sprich Krankenversicherungsbeiträge für ihre gesundheitliche Versorgung bei Krankenkassen einzahlt. Früher gab es davon noch mehrere Tausend, heute gibt es den etwas fortschrittlicheren *Einheitstopf* namens Gesundheitsfonds, der aber immer noch unnötigerweise von weiterhin dazu parallel bestehenden, über 130 gesetzlichen Krankenkassen *zwischenbedient* wird. Aus diesem Einheitstopf kann jeder, der sich krank fühlt, wieder mit Umweg über die (noch) bestehenden Krankenkassen, fast unbegrenzt sogenannte Sachleistungen zu seiner Genesung oder Beschwerdelinderung abrufen, natürlich mit der Maßgabe, nur das **W**irtschaftliche, **A**usreichende, **N**otwendige und **Z**weckmäßige in Anspruch zu nehmen. Mit dieser sogenannten WANZ-Medizin läuft es natürlich nicht immer optimal. Es wird im Übermaß zum Fehlverhalten manipuliert, insbesondere durch Werbekampagnen der medizinisch unternehmerischen Industrie, allen voran der Pharmabranche. Denn wer darf und wie kann man darüber entscheiden, was für den Einzelnen eine wirtschaftliche, ausreichende, notwendige und zweckmäßige medizinische Versorgung ist, insbesondere im Hinblick auf eine gute biopsychosoziale Funktionsfähigkeit im persönlichen sozialen Umfeld und für den Arbeitsmarkt?

Der Dirigent ist …

Haben wir in diesem Buch in der Basis eigentlich schon einmal über etwas anderes geredet als über Geld?
Ja. – Und zwar über die Natur des Menschen. Über sein evolutionäres Streben nach dem „Höher, Besser, Schneller, Weiter". Aber genau dieses Streben hat sich der Mensch wieder kanalisiert in den Wert des Geldes, das all diese Komparative in sich vereint.

Je begehrter ein Artikel ist, desto teurer ist er,

je „höher, besser, schneller, weiter" ein Sportler ist, desto mehr Geld bekommt er,

je mehr Geld, je mehr Reichtum jemand besitzt, desto mehr Einfluss hat er,

je mehr Geld jemand besitzt, desto mehr kann er sich kaufen,

je mehr Geld jemand besitzt, desto mehr kann er sich von anderen in Richtung „höher, besser, schneller, weiter" absetzen.

Geld birgt jedoch die große Gefahr des Suchtmittels, genau *des* Stoffes, der mich relativieren kann, der Relativität zum eigenen Ich-Gefühl entwickeln lässt, der andere mir gegenüber in Relation setzt. Es gibt wohl kaum jemanden, der nicht neidvoll auf relativ Reichere schaut oder mitleidvoll auf relativ Ärmere, sei es nach außen erkennbar, zum Beispiel in Form von „Spenden an Ärmere", lautstarkes „Schimpfen auf die Reichen" oder sei es nur im Stillen.
Jeder schaut auf den anderen, wie viel er von *diesem Geld* nun hat und wie er sich demgegenüber positionieren muss, will oder kann. Das allererste Ziel in der Gesundheitspolitik müsste also sein, diesen Unterschied zu eliminieren. Geht das? – Nein! Sicher nicht. Auf dieser Welt wird es *nie* etwas Gleiches und damit auch *nie* etwas „gleich Verteiltes" geben. Man würde damit den natürlichsten Antrieb der Natur, nämlich das Gefälle, das Leben, Natur und Evolution überhaupt erst ermöglicht, abschalten. Insofern müssen wir dem vielzitierten Ausspruch: *„Weil du arm bist, musst du früher sterben"* leider beipflichten. Da wir jedoch eine Gemein-

schaft sind, die vom sozialen Miteinander sowohl in der Gesamtheit als auch als Einzelner profitiert, müssen wir versuchen, gerade im Bereich der sozialen Sicherung, hier im speziellen der Gesundheitsfürsorge, dieses Gefälle so gering wie möglich zu gestalten.

Da der Mensch ein Relativwesen ist, wird sich in einem über längere Zeit konstant bleibenden System eine neue Dynamik entwickeln. Alle Teilnehmer des Systems werden naturinstinktiv beginnen, wieder Gefälle zu erzeugen. Allen voran natürlich immer die Triebigeren, Mächtigeren, Einflussreicheren, Intelligenteren. Genau *das* erleben wir zunehmend in unserem seit über 100 Jahren relativ unveränderten Gesundheitssystem, das bis auf kleine „Reförmchen" nie grundlegend geändert wurde. Es etablieren sich immer mehr und immer erfolgreichere Institutionen, wie der zuletzt 2009 neu eingerichtete Gesundheitsfonds und die durch Wettbewerb konfluierenden, immer größer und einflussreicher werdenden, gesetzlichen Krankenversicherungsgesellschaften. Wir müssen erkennen, dass das soziale Gleichgewicht in unserem bereits über relativ lange Zeit unverändert bestehenden Gesundheitssystem natürlicherweise wieder eine soziale Gefälledynamik entwickelt hat, dem nur noch mit stetig steigendem Energie- und Kostenaufwand entgegengetreten werden kann. Der in uns naturimplementierte Drang nach Gefälle wird sich immer wieder neu einstellen.

Was wäre konsequenter, als diesem natürlichen Drang nach (zumindest moderatem) Gefälle einfach nachzugeben, als ständig unter zeit-, arbeits-, nerven- und finanzaufwändiger Nachjustierung, sprich Reformpolitik, eine Unnatürlichkeit aufrecht zu erhalten. Vor allem muss *das* Instrument, das in unserer heutigen Zeit am allermeisten dieses Gefälle repräsentiert, nämlich das Geld, schleunigst *den* Händen entrissen werden, die es in der Weise zweckentfremden, dass sie davon zunächst Anteile zur eigenen Bereicherung abzweigen. Es muss zurück zu *denen*, die es letztlich mit ihrer eigenen Hände Arbeit erwirtschaften. Um trotzdem die Komponente einer sozialen Verantwortung zu implementieren, sollte ein Kunstgriff erfolgen: *Alle* Vermögenden sollten mehr, alle weniger Vermögenden weniger Geld in den Gemeinschaftstopf werfen und dann sollte daraus jeder zumindest die gleiche finanzielle Startbedingung bekommen. – Mit der derzeitigen (Krankenkassen-)Beitragsbemessungsobergrenze und der gesetzlichen Möglichkeit, gänzlich in privatwirtschaftliche Versicherungsunternehmen zu entfliehen, wird diese solidarische Umverteilung zum großen Teil unterlaufen.

Unser derzeitiges System bietet in meinen Augen neben maximaler Intransparenz und Kosten-*un*-bewusstsein nur die Plattform: *„Nimm was du kriegen kannst, es kostet dich nichts"*.

Der Dirigent sollte also am besten *die Natur selbst* bleiben, mit ihrem systemimmanenten Gefälle, das wir aber unter Zuhilfenahme unseres stärksten Suchtmittels, des Geldes, in einem moralisch und ethisch vertretbaren Rahmen „sozialverträglich" modulieren sollten.

Im folgenden Kapitel werde ich versuchen, Ihnen meine Vorstellung eines alternativen Systems darzulegen, wohlwissend, dass es sich dabei nur um eine grobe Fassung handeln kann. Um sich auf diese Alternative einlassen zu können, ist es unabdingbar, sich vom jetzigen Gesundheitssystem mit seiner Vollkaskomentalität gedanklich zu befreien, ein „Verursacherprinzip" zu akzeptieren und echtes Solidardenken zu praktizieren, damit es der Gemeinschaft nicht nur in gesundheitlicher Hinsicht besser geht.

7. „Jedem sein Budget"

Vorweg nenne ich Ihnen die allerwichtigsten Prämissen – wenn Sie so wollen „Leitlinien" – für mein folgendes, alternatives Gesundheitssystem:

1. Information und Aufklärung der Bürger zu gesundheitsbewusster und damit solidarischer Lebensführung;
2. Kostentransparenz für die Leistungen des Gesundheitssystems für jeden;
3. Zwang des Einzelnen zur Übernahme wirtschaftlicher und damit sozialer Verantwortung;
4. Meine Überzeugung, dass der Gesamtsolidargemeinschaft nur eine begrenzte wirtschaftliche Verantwortung für die Gesundheit des Einzelnen auferlegt werden darf;
5. Elimination möglichst vieler unnützer und nur geldvernichtender Verwaltungsstrukturen;
6. Zulassen von Wettbewerb und Leistungsgefälle zwischen allen Systembeteiligten nach dem Vorbild der Natur, in ihrer Tendenz zum Extremen allerdings gepuffert durch die Höhe der Geldflüsse.

An mehreren Stellen dieses Buches habe ich Ihnen das Phänomen der „shifting baselines" beschrieben, die gewissermaßen ein Teil des Fundaments unserer Individualität sind. Jeder beurteilt Notwendigkeit oder notwendiges Handeln aus seiner ganz individuellen und damit relativen Perspektive zu anderen/m. In unserem aktuellen Gesundheitssystem findet diese Individualität, diese „shifting baselines", bei gesetzlich Krankenversicherten vor allem Ausdruck im „Gezerre um WANZ und IGe-Leistungen".

Trotzdem ist unser Gesundheitssystem Teil einer nur solidarisch, nur gemeinschaftlich zu bewältigenden Aufgabe.

In dem Wort Solidarität schwingt immer etwas *„Altruismus"* und etwas *„Freiwilligkeit"* mit.

Vor allem aus meiner beruflichen Warte musste ich bisher jedoch erkennen, dass weder vom einzelnen Bürger, noch von den am Gesundheitssystem beteiligten Institutionen, gehören sie nun der legislativen, organisierenden, ausführenden oder unternehmerischen Zunft an, ein besonderes Solidarbewusstsein erwartet werden kann. Das ist wohl auch der Grund, warum Volkssolidarität immer *durch Gesetze erzwungen* werden muss und somit *nie* den Charakter der Freiwilligkeit, geschweige denn altruistisches Denken in sich trägt.

In einer fiktiven Projektion mögen Sie sich bitte einmal folgende Frage beantworten: Stellen Sie sich vor, dass in Deutschland ab sofort die Zahlung von Kirchensteuer nur auf freiwilliger Basis zu entrichten sei, ähnlich, wie *weltweit* die meisten christlichen Kirchen nur auf Spenden angewiesen sind. Glauben Sie – „Glauben" passt hier sehr gut, nicht wahr? –, dass Stund' um noch genauso viel Geld in die Kirchenkassen fließen würde? Ich behaupte *„Nein"*, denn beim Geld hört das Gemeinschaftsdenken, der Solidargedanke, ganz schnell auf.

Ich bin der Ansicht, dass in unserem über hundert Jahre bestehenden Gesundheitssystem Ignoranz, zunehmender, solidaritätsferner Egoismus, mangelnde Intelligenz, Unbekümmertheit und auch die Fehlerziehung zu vielfach deutlich überzogenem Anspruchsdenken die entscheidenden Rollen für ein Scheitern spielen. Es sollte endlich der Mut für eine durchgreifende Andersgestaltung, um das diesbezüglich überstrapazierte *Unwort „Reform"* zu vermeiden, aufgebracht werden. Das gesetzliche Zwangsreglement zur Aufrechterhaltung unseres derzeitigen Gesundheitssystems erfordert von der Allgemeinheit zu viel Energie und Kosten, schürt zu viel Unzufriedenheit. Ich frage mich beim Beobachten und Einschätzen meiner Patienten mittlerweile fast täglich, ob dieser sozialpolitische Aufwand, diese bürokratisch ausgeuferten Regelungen, diese teils aufopfernden Belastungen, insbesondere für die sozialen Berufsgruppen, überhaupt zielführend sind, insbesondere vor dem bereits erläuterten Hintergrund, dass unser gesamtes, teures und oft nervenstrapazierendes Gesundheitssystem in den letzten 50 Jahren *nicht* wesentlich dazu beigetragen hat, dass wir gesünder und glücklicher sind.

Ich möchte Ihnen ein System vorstellen, das sein Vorbild in der Natur hat. Es wird Ihnen auf den ersten Blick streng und unsozial erscheinen, vor allem, wenn Sie es *nur* auf sich persönlich beziehen, jedoch gerecht und sozial, wenn Sie es auf die Gesamtheit der deutschen Bevölkerung projizieren, zu der letztendlich aber *auch Sie* gehören. Da *Sie*, lieber Leser, ebenso wie die volksfürsorgende Legislative, fast alle Menschen in Deutschland nicht persönlich kennen, wäre es meines Erachtens mehr als gerecht, als Legislative primär das Gesamtwohl im Auge zu haben. Als unmöglich habe ich erkannt, es jedem Einzelnen recht zu machen. Es würde bedeuten, auf jeden einzugehen, auf jede emotionale Ebene hinabzusteigen. Der mich faszinierende Aspekt der „shifting baselines" hat mich dazu geführt, eine Alternative zu entwickeln, die zwar dem individuellen Betrachtungsstandpunkt und individuellen Wünschen Platz einräumt, davon aber *gleichzeitig und unabdingbar* das Gemeinwohl abhängig macht.

Aktuell haben wir es, wie beschrieben, mit einem gesetzlichen Gesundheitssystem zu tun, das den Bürgern einen Teil ihres selbst verdienten Geldes per Gesetz zunächst wegnimmt und dann als abzurufende, medizinische Sachleistung *denen* zur Verfügung stellt, die behandlungsbedürftig krank oder verletzt sind oder sich zumindest so fühlen. Eine Mengenbegrenzung dieser Leistungen ist vom Gesetz *nicht* festgelegt. Nur *welche* Leistungen „im Angebot sind", wird von einer *Bewertungsstelle (GB-A)* beschlossen und ist in einem Leistungskatalog niedergelegt. Es wird somit überwiegend fremdbestimmt, was der Einzelne mit eigentlich *seinem* Geld „erkaufen" darf.

Da es mit dem „Fühlen" so eine Sache ist, da hier Individualität, Fremdmanipulation und zunehmend *Übermaß* eine Rolle spielen, kommt es oft zu einer individuell übermäßigen Inanspruchnahme dieser Sachleistungen. Und weil sich neben den Patienten auch viele andere Player im System reichlich bedienen, herrscht ein ständiger Kampf um fehlendes oder zu wenig Geld. Die einzigen, die man über die Entwertung ihrer Dienstleistungen, sprich durch Budgetierungspolitik und Personalbeschränkungen, zu fassen bekommt, sind Menschen in sozialen und medizinischen Berufen und nachrangig oft leidtragende Patienten. Die Pharmabranche zum Beispiel operiert weltweit und ist nur schwer zu beeinflussen, die outgesourcten Staatsorgane wissen auch sehr geschickt, wie man der Sparpolitik ein Schnippchen schlägt und auch unter den medizinischen

Berufen tummeln sich immer mehr, die am Kassensystem vorbei definitiv unternehmerisch erfolgreich agieren.

Mein Vorschlag nun: Kehren wir das Ganze doch einfach um und geben den Bürgern das viele Geld, das sie in Form ihrer Krankenkassenbeiträge bezahlen – in 2012 waren das knapp 190 Milliarden Euro – doch einfach wieder selbst in die Hände, allerdings solidarisch aufgeteilt. Dann soll und kann *jeder selbst entscheiden*, welche medizinische Behandlung er für sich als notwendig erachtet, nach heutigen Kriterien also als wirtschaftlich, ausreichend, notwendig und zweckmäßig ansieht. Vgl. (42 S. 259 ff.). Also *keine* Fremdbestimmung durch einen *Gemeinsamen Bundesausschuss* (G-BA) in Form eines Leistungskataloges für medizinische Behandlungen, für die er Geld ausgeben darf. Und *ohne* das Geld zuvor durch die riesige Geldvernichtungsmaschine der Körperschaften des öffentlichen Rechts zu schleusen. Die einzige Vorgabe, und damit die obere Belastungsgrenze für die Solidargemeinschaft, ist die *Höhe* des dafür zur Verfügung stehenden Geldbetrages. Sie ist festgelegt durch *die Summe*, die alle Bürger zusammen an Krankenkassenbeiträgen pro Jahr einzahlen. *Keine* zusätzlichen Steuerzuschüsse, *keine* zu tilgenden Verschuldungen, *keine* Inflation der medizinischen Leistungen.

Als Kriterien zur Beurteilung ihres Gesundheitszustand und vor allem zu gesundheitszuträglichem oder nicht zuträglichem Lebenswandel *muss* zu allererst allen deutschen Bürgern – natürlich auf freiwilliger Basis – von staatlicher Seite eine gute, gesundheitliche Aufklärung flächendeckend angeboten werden. Nur aufgeklärte und informierte Bürger können zielführende Entscheidungen treffen. Und da es um deren höchstes, beziehungsweise *nach* dem Geld um deren zweithöchstes Gut geht, unterstelle ich hier, dass er sich informieren lassen wird. Denn sollte er das *nicht* tun, wird er, resultierend aus der nur begrenzten Solidarleistung, allein die Konsequenzen tragen müssen.

Wie sieht meine Alternative jetzt konkret aus?

1. Die Gesundheitsversorgung muss wieder zur „Chefsache" erklärt werden.

Das bedeutet, es gibt eine gesetzliche Leitlinie, analog dem heutigen SGB V, jedoch in wesentlich verständlicherer Form; *keine* „outgesourcten" **K**örperschaften **d**es **ö**ffentlichen **R**echts (KdöR) mit Selbstverwaltung mehr, die bei der von mir folgend erläuterten, schlanken Verwaltungsstruktur auch gar nicht mehr nötig wären.

2. Etablierung einer professionellen, bundesweit angebotenen, regelmäßigen Aufklärung zu gesundheitsbewusster Lebensführung nach wissenschaftlich anerkannten und einheitlichen Richtlinien, wie bereits im § 1 des SGB V vorgesehen (73).

„Warum einen Patienten bei einer für ihn ungesunden Lebensweise belassen und die Schäden durch immer neue Medikamente oder gar Eingriffe in sein Erbgut, unsere genetische Basis bekämpfen – ein Aufwand, der ohnehin nicht mehr bezahlbar ist –, anstatt ihn frühzeitig auf dem Weg einer Verhütung und Vorbeugung zu unterstützen, der unter Mobilisierung der körpereigenen Selbstheilungskräfte nicht nur nichts kostet, sondern durch aktive Mithilfe bei der Aufrechterhaltung der physischen auch die psychische Gesundheit stärkt" (3 S. 145).

Diese Institutionen für gesundheitsbewusste Aufklärung wären sowohl ein neues und sehr lohnendes, als auch Arbeitsplätze generierendes Betätigungsfeld für Mediziner, Pflegepersonal, *ihres Arbeitsplatzes beraubte* KdöR-Angestellte, und andere. Bereits in der Schule sollte diese immens wichtige Aufgabe beginnen.

„Non scholae set vitam decimus."
(Nicht für die Schule, sondern für das Leben lernen wir.)

Könnten Sie sich nicht auch sehr gut vorstellen, dass auf dem Stundenplan Ihrer Kinder nicht nur die Fächer Deutsch, Mathematik, Sport und Religion sondern auch die Unterrichtsstunde *„Gesundheit"* steht?

3. Ausbau des bestehenden **I**nstituts für **Q**ualität und **W**irtschaftlichkeit **im G**esundheitswesen (IQWiG) (181) zu einer qualitätskontrollierenden und zulassenden Institution, insbesondere der medizinischen Produkte, die unserem Staat von Industriezweigen angeboten werden.

Hier zu nennen und zu kontrollieren sind insbesondere pharmazeutische Produkte, die bisher nur gegen Placebo bestehen mussten, um eine Verkaufs- und Verschreibungszulassung in Deutschland zu erhalten. Was spräche dagegen, neue Medikamente gegen altbekannte zu testen, mit gleichem therapeutischem Ziel?!

4. Aufhebung der Niederlassungssperren für Ärzte und somit freier Wettbewerb.

Natürlich drosselt man eine Überschwemmung, wenn man den Wasserhahn abdreht. Und so war die Niederlassungssperre unter dem bestehenden System sicherlich *eine* Möglichkeit der Kostendämpfung. Man sollte jedoch nicht nur in die eine Richtung denken, nämlich in die einer drohenden Überschwemmung, sondern spätestens jetzt erkennen, dass eine Dürre und ausgetrocknete Wüste entstehen könnte, in der eine immer älter werdende, immer mehr chronisch überkrankende Bevölkerung Wasser, sprich medizinische Versorgung, benötigt. Lange Wartezeiten und mürrische Patienten sind das heutige Ergebnis dieser, wie so oft, politisch kurzsichtigen Fehlplanung. Es mutet im Nachhinein mehr an Hilflosigkeit gegenüber den ausufernden Kosten im Gesundheitssystem an, als man den „Wasserhahn" niederlassungswilliger Ärzte 1993 zudrehte, als dass man sich wirklich im Klaren darüber war, was man damals eigentlich initiierte.

Unter meinem „Jedem sein Budget" sind Niederlassungssperren überflüssig, hier wird Konkurrenz das Geschäft deutlich beleben.

5. Ärzte dürfen nur noch den Medikamentenwirkstoff nebst Applikationsform, also Tablette, Pflaster, Lösung, Salbe etc. und Menge verordnen. Die Angabe einer Herstellerfirma auf dem Rezept unterbleibt.

Das Fazit: Jeder Patient hat die Freiheit, in der Apotheke den Medikamentenwirkstoff von der Firma seiner Wahl abzurufen. Das unter 3. genannte IQWiG sorgt vorab für möglichst geringe Qualitätsunterschiede gleicher Präparate, jedoch unterschiedlicher Hersteller, so dass der Patient relativ beruhigt auf das preisgünstigste zugreifen kann.

Sparen könnten sich die Pharmafirmen ihre reklametreibenden Außendienstmitarbeiter, die bei Ärzten „Klinken putzen" müssen, und deren Kosten sich in den Medikamentenpreisen natürlich niederschlagen.

Das „Aut-idem-Kreuzchen" wäre nun überflüssig. Keine langwierigen Rechtfertigungen des ärztlichen Arzneimittelbudgets. Keine Rabattvertragsverhandlungen mehr.

Sind Sie nicht auch der Ansicht, dass diese Vorgehensweise die Arzneimittelpreise etwas nach unten korrigieren könnte?

6. Vereinheitlichung der Begriffe „krank", „verunfallt", „pflegebedürftig". Damit meine ich, dass man diese drei Verwaltungsstrukturen vereinen sollte.

Sowohl Menschen, die erkrankt sind, sich krank fühlen, auf der Arbeit oder im privaten Umfeld verunfallen oder pflegebedürftig sind, sind aus sozialem Aspekt in medizinischer Hinsicht hilfsbedürftig. „Krank" ist überhaupt ein „kranker" Begriff; vielmehr sollte man von „lebens- und leistungseingeschränkt" sprechen, gewissermaßen „biologisch funktionseingeschränkt".

Warum um alles auf der Welt werden hier künstliche Unterteilungen gemacht in Krankenversicherung, Unfallversicherung und Pflegeversicherung? Alle drei Systeme bedingen doch nur drei unterschiedliche Verwaltungsstrukturen, die ein und das gleiche Ziel haben: Menschenleid zu heilen, zu lindern und/oder Lebensqualität und Arbeitsfähigkeit wieder herzustellen. Das Geld, um das zu finanzieren, kommt letztendlich von den gleichen Menschen.

7. Jeder Bürger zahlt von seinem *steuerpflichtigen* Einkommen einen festen, prozentualen „Krankenversicherungsbeitrag" (um zunächst bei diesem Begriff zu bleiben).

Bereits Heiner Geißler hat unlängst diesen Vorschlag unterbreitet, der auch meine uneingeschränkte Zustimmung findet:

„Wir brauchen eine Bürgerversicherung: alle bezahlen von allem für alle" (178).

Es gibt in meinem alternativen System *keine* „gesetzlich Versicherten", *keine* „Privatversicherten" und *keine* „Beihilfeberechtigten" mehr. Jeder Bürger „sitzt versicherungsrechtlich im gleichen Boot".

Hierzu das versprochene Finanz-Beispiel (siehe Kapitel „Das System der gesetzlichen Krankenversicherung"):

Das zu versteuernde Jahresgehalt eines *Kleinunternehmers* beträgt 50.000,- €. Gemäß der gesetzlich festgelegten Beitragsbemessungsobergrenze in 2013 von 47.250,- € zahlt er davon 7.323,75 € (15,5 %) Krankenkassenbeitrag im Jahr.

Lassen Sie einen relativ vermögenden *Krankenkassenfunktionär*, mit sagen wir 200.000,- € zu versteuerndem Jahreseinkommen, „ausnahmsweise" auch einmal gesetzlich versichert sein. Auch der zahlt, gemäß dieser gesetzlich festgelegten Beitragsbemessungsobergrenze (47.250,- €) „nur" 7.323,75 € Krankenkassenbeitrag im Jahr. Beide zusammen erbringen somit einen Solidarbeitrag von 14.647,50 €.

Der Unterschied: Der „reiche" Krankenkassenfunktionär hat nach Abzug seines Krankenkassenbeitrages immer noch 192.676,25 € zu versteuerndes Einkommen, also gerade einmal 3,66 % weniger. Der „Kleinunternehmer" hätte dagegen nur noch 42.676,25 € zu versteuerndes Einkommen, was 14,65 % weniger bedeutet.

Würde man nun den Krankenkassenbeitrag grundsätzlich vom zu versteuernden Einkommen erheben, hier im Beispiel also einmal von 200.000,- € und einmal von 50.000,- €, käme man mit einem Beitragssatz von nur sage und schreibe knapp 5,9 % aus, um von beiden zusammen etwa die gleiche Summe an Solidarbeitrag zu generieren. Denn 5,9 % von 250.000,- € (200.000,- € + 50.000,- €) macht 14.750,- €.

Der „reiche Kassenfunktionär" müsste sich nun allerdings mit dem um 5,9 % statt 3,66 % geschmälerten Einkommen begnügen, verblieben immer noch stolze 188.200,- €. Der „Kleinunternehmer" wäre dagegen nach Abzug des Krankenversicherungsbeitrages um 4.373,75 € pro Jahr entlastet, es verblieben ihm 47.050,- €. Das entspräche einem Einkommensplus von 10,25 % gegenüber der bisherigen Gesetzesregelung. Und das nur, weil der wirtschaftlich Stärkere ihm natürlich *gerne* mit seinem recht hohen Einkommen „solidarisch unter die Arme greift". – Oder?

8. Der Einzug des Geldes – von den Reichen viel, von den Armen wenig oder gar nichts – erfolgt in einen einzigen Solidartopf für Gesundheitsversorgung.

Einen Gesundheitsfonds als dazu notwendige, zentrale Geldeinzugsstelle haben wir bereits. So war es ja auch schon einmal geplant. Erahnen Sie es bereits? Fast alle der outgesourcten staatlichen KdöRs mit ihren teuren *Selbstverwaltungen*, allen voran die gesetzlichen Krankenkassen, derzeit immer noch 134 an der Zahl (Stand 1. Quartal 2013), sind in meinen Augen völlig überflüssig. Sie fallen weg und allein von ihnen würden damit „zugegebene", knapp zehn Milliarden Euro Nettoverwaltungskosten pro Jahr freigesetzt.

Ein weiterer Vorteil: Die viele unsinnige Reklame der gesetzlichen Krankenkassen würde uns nicht mehr *belästigen*.

Und noch eine Erlösung: Können Sie ermessen, wie viel Tonnen Papier in Form von Krankenkassen- und KV-Formularen plötzlich nicht mehr notwendig sind? – Ich glaube, das ist kaum vorstellbar.

9. Jeder Bürger ist pflichtversichert und bekommt ab Geburt ein fiktives „Primärbudget", in Folge „Lebensbudget" genannt

Dieses „Lebensbudget" berechnet sich aus den drei folgenden Variablen:

a) Gesamteinnahmen aller Krankenversicherungsbeiträge des zuletzt abgeschlossenen Jahres

dividiert durch

b) die Anzahl der in diesem Vorjahr zu versichernden Bürger

multipliziert mit der jeweiligen

c) aktuellsten, durchschnittlichen *Lebenserwartung*
(= berechnet für die im letztabgeschlossenen Jahr Geborenen)

Es ist ersichtlich, dass das fiktive „Lebensbudget" somit von Jahr zu Jahr variiert. Das ist vor allem deshalb notwendig, um das gerade aktuelle volkswirtschaftliche Leistungsvermögen nicht zu überfordern. Diese Schwankungsbreite könnte durch jährliche Änderung der prozentualen Einzahlungshöhe, sprich durch Änderung des prozentualen „Krankenkassenbeitrages", minimiert/gesteuert werden.

Das fiktive „Lebensbudget" spiegelt also immer die aktuellste Leistungs-
fähigkeit der Solidargemeinschaft wider und ist von der Schaffenskraft
und -möglichkeit jedes einzelnen Mitglieds dieser Solidargemeinschaft
abhängig. Ist die Gemeinschaft produktiv und umsatzstark, steht mehr
Geld für jeden zur Verfügung, ist sie umsatzschwach, sinkt die finanzielle
Kraft. Aus meiner Sicht könnte in „dünnen Jahren" die Subsidiarität
(182) unter kleinen Gruppen, zum Beispiel in Familienverbänden, eine
kompensatorische Rolle einnehmen, zum Beispiel bei der Unterstützung
von Pflegebedürftigen.

Zur Verdeutlichung ein Zahlenbeispiel, allerdings anhand gerundeter
Zahlen der jahresbezogen aktuellen Lebenserwartung und jeweils aktuel-
ler Zahlen im gesetzlichen Gesundheitssystem, bei denen man fairerweise
auch nur die jeweils gesetzlich versicherten Staatsbürger als Bevölkerungszahl zugrunde legen darf:
Für ein im Jahr 2001 geborenes Mädchen betrug die zuletzt (im Jahr
2000) für Mädchen/Frauen ermittelte Lebenserwartung 81 Jahre. Im Jahr
2000 nahmen die gesetzlichen Krankenkassen knapp 134 Milliarden Euro
für damals etwa 71 Millionen zu Versichernde ein (wohlgemerkt, hier
sind nur die gesetzlich Versicherten gemeint).
Mit seiner Geburt errechnet sich für dieses Mädchen im Jahr 2001 ein
fiktives „Lebensbudget" von:

 a) 134 Mrd. € : 71 Mio. = 1887,32 €, multipliziert mit zu erwartenden
 81 Lebensjahren = 152.872,92 €

Für das gleiche Mädchen beträgt das (variierende) „Lebensbudget" als
12-Jährige, also im Jahr 2013, berechnet mit den Eckdaten aus dem Jahr
2012: (gesetzlich) versicherte Bürger 70 Millionen, Einnahmen der gesetzlichen Krankenkassen ~190 Milliarden Euro und zu erwartendes Le-
bensalter der in 2012 neugeborenen Mädchen ~83 Jahre:

 b) 190 Mrd. € : 70 Mio. = 2.714,29 €, multipliziert mit 83 zu erwartenden Lebensjahren = 225.286,07 €

Sie erkennen, alle drei Berechnungsgrößen für das „Lebensbudget" sind
variabel: die zu versichernde Bevölkerungszahl, die Lebenserwartung
und das Gesamtvolumen der „Krankenkasseneinnahmen". Letzteres ist

über den Prozentsatz des „Krankenversicherungsbeitrages" jedoch *das* wesentliche Steuerelement für den Finanzhaushalt der Gesundheitsversorgung. Bürgerzahl und Lebenserwartung werden wohl kaum beeinflussbar sein.

Dieses „Lebensbudget" wird – jährlich zu aktualisieren – jedem Bürger als Euro- und Cent-Betrag auf einer Art „EC-Karte" hinterlegt. Diese Art EC-Karte könnte man analog der heutigen KVK betrachten.

Mit dieser *„Kranken-EC-Karte"* kann nun der Karteninhaber nur in staatlich autorisierten Stellen und nur unter seiner Mitwirkung, also nur unter beidseitiger „Freischaltung", Geld für seine gesundheitliche Versorgung nach den von ihm im Vorhinein einzusehenden Gebührensätzen abfordern, so zum Beispiel beim Arzt, im Krankenhaus, beim Physiotherapeuten oder Apotheker. Auch beim Arbeitgeber wäre über diese Karte das im Falle einer krankheitsbedingten, längerfristigen Arbeitsunfähigkeit notwendige „Krankengeld" zur Bestreitung der weiteren Lebenshaltung abzurufen. Letztendlich sind darüber *alle* Kosten, die mit gesundheitlichen Einschränkungen einhergehen, unmittelbar zu bestreiten. In der Regel erfolgen alle Geldflüsse *unbar*.

Alle Kosten, die ein Bürger, ein Patient, im Laufe seines Lebens an individuell notwendigen und/oder gewünschten Gesundheitsleistungen über diese Kranken-EC-Karte auslöst, subtrahieren sich laufend und unwiederbringlich vom (variablen) „Lebensbudget". Im *solidarischen* und vor allem *persönlichen* Interesse sollte also jeder Bürger nur *solche* Leistungen in Anspruch nehmen, die wirklich notwendig sind.

Unabhängig davon steht es natürlich jedem Bürger frei, medizinische Dienste als Privatleistung, also nicht über die Kranken-EC-Karte, abzufordern. Sie würden vom Lebensbudget also *nicht* abgezogen.

Ein Sonderfall:

Eine Zuwanderin schlüpft erst mit ihrem 60. Lebensjahr unter die Decke des deutschen Gesundheitssystems. Ihr ab diesem Alter das volle Primärbudget zu eröffnen, wäre sichtlich ungerecht. Durchschnittliche Kosten für medizinische Versorgung bis zum 60. Lebensjahr wären anhand vieler, bisher erhobener statistischer Zahlen zwar darstellbar, und man könnte das errechnete Lebensbudget um diese Summe primär verringern, aber die diesbezüglich bekannten, statistischen Zahlen finde ich in vielerlei Hinsicht nicht unbedingt valide. Hier ziehe ich die lineare Berechnung vor. Das bedeutet: Vom regulär berechneten Gesamt-Lebensbudget dieser 60-jährigen Person werden für eine beispielsweise 83-jährige Lebenserwartung 60/81-stel subtrahiert.

Ein Beispiel: 2012 beträgt das reguläre Lebensbudget 225.286,07 €, davon werden nun 2.714,29 € (190 Mrd. € : 70 Mio.) × 60 Lebensjahre = 162.857,40 € abgezogen. Es verbleibt ein Lebensbudget in Höhe von 62.428,67 €.

Ein weiteres Argument für dieses lineare Verfahren sehe ich darin, dass, wenn für die ersten Lebensjahrzehnte nur deutlich niedrigere Abzüge vom Lebensbudget zum Tragen kämen, eine Zuwanderung überwiegend älterer Menschen nach Deutschland gefördert würde, die einerseits unser System bis dahin mit *keinem* Cent unterstützt hätten, andererseits trotzdem in den Genuss relativ hoher Restbeträge für das für sie zu berechnende Primärbudget kämen.

Mit diesem „Sonderfall" rückt auch der politische Nebenschauplatz der deutschen Einwanderungspolitik in den Fokus und lässt für Einheimische doch die Frage aufkommen, ob solche *Sonderfälle* zukünftig nicht auf Integrationswillen, Sprachkenntnisse, Ausbildungsstand und vorhandenen finanziellen Rückhalt überprüft werden sollten. Bitte bedenken Sie, beim nichtlinearen Verfahren könnten wir ohne Ansprüche an Integrationsvoraussetzungen Gefahr laufen, *unsere* Einzahlungen, die für *unsere* gesundheitliche Versorgung gedacht sind, ohne jegliche Gegenleistung zu verschenken. Sicherlich mag der ein oder andere solches *Verschenken* mit dem Wort „sozial" umschreiben, aber ich gebe an dieser Stelle zu bedenken, dass es schon viele Streitigkeiten, gar Kriege und Blutvergießen um derartige „soziale Ausflüsse" gegeben hat.

Vor dem Hintergrund des vorhin beschriebenen Zahlenbeispiels zur Berechnung des *Lebensbudgets* wurden Ihre Erwartungen zu dessen Höhe sicherlich weit unterboten. – So ging es mir jedenfalls. – Sie waren wahrscheinlich der Meinung, dass das „Lebensbudget" *viel höher* hätte ausfallen müssen. – Die Versorgung unseres höchsten Gutes, unserer Gesundheit, ist doch sehr teuer? – Ohne belegende Zahlen zu kennen, schätzt man das auf den ersten Blick auch wirklich so ein. Und wenn man dann noch darüber nachdenkt, dass sich so manch *reicher* Mensch in unserem Staat für *diese* Summe ein oder zwei teure Autos kauft, ist das schon ungeheuerlich. Aber es ist in der Tat so, dass die meisten von uns die gesundheitliche Versorgung ihres ganzen Lebens *nur* mit Summen in dieser Größenordnung bestreiten. Das belegen jedenfalls die folgenden, offiziellen Daten. – Der Vergleich mit dem Kaufpreis von Luxusautos ist aber ein sehr gutes Beispiel dafür, wie niedrig in unserem Staat der Wert unserer Gesundheit im Vergleich zu Luxusgütern angesiedelt ist.

In den beiden folgenden Tabellen des Statistischen Bundesamtes sind die Gesundheitskosten vollständig wiedergegeben bis zum Jahr 2008 (Stand 1. Quartal 2013).

Krankheitskosten je Einwohner in €.
Gliederungsmerkmale: Jahre, Deutschland, Alter, Geschlecht, ICD10, Einrichtungen
Diese Tabelle bezieht sich auf:
Jahr: 2008

Krankheitskosten	Geschlecht		
	Beide Geschlechter	Männlich	Weiblich
Krankheitskosten je Einwohner insgesamt	3.100	2.740	3.440
nach Alter ...			
Unter 15 Jahre	1.360	1.450	1.260
15 Jahre bis unter 30 Jahre	1.320	1.010	1.640
30 Jahre bis unter 45 Jahre	1.700	1.440	1.980
45 Jahre bis unter 65 Jahre	3.010	2.960	3.060
65 Jahre bis unter 85 Jahre	6.520	6.580	6.470
85 Jahre und älter	14.840	11.920	15.87

Die Tabelle wurde am 06.12.2013 19:03 Uhr unter www.gbe-bund.de erstellt (183).

In diesem Zusammenhang ist vielleicht noch folgende Tabelle interessant, die die jeweiligen Gesamtkosten gesundheitlicher Versorgung von Geburt bis jenseits des 90. Lebensjahres in 5-Jahresabschnitten wiedergibt:

Bevölkerung zum Stichtag 31.12. des jeweiligen Jahres.
Gliederungsmerkmale: Jahre, Region, Alter, Geschlecht, Nationalität
Diese Tabelle bezieht sich auf:
Jahr: 2012
Region: Deutschland
Nationalität: Alle Nationalitäten

| Alter | Geschlecht | | |
	Beide Geschlechter	Männlich	Weiblich
Alle Altersgruppen	82.020.578	40.346.853	41.673.725
Unter 1 Jahr	674.773	346.169	328.604
1 Jahr bis unter 5 Jahre	2.736.562	1.402.794	1.333.768
5 bis unter 10 Jahre	3.500.125	1.796.267	1.703.858
10 bis unter 15 Jahre	3.825.538	1.962.187	1.863.351
15 bis unter 20 Jahre	4.071.631	2.091.757	1.979.874
20 bis unter 25 Jahre	4.885.718	2.501.184	2.384.534
25 bis unter 30 Jahre	5.057.244	2.586.090	2.471.154
30 bis unter 35 Jahre	5.047.401	2.563.922	2.483.479
35 bis unter 40 Jahre	4.734.939	2.402.172	2.332.767
40 bis unter 45 Jahre	6.037.687	3.079.331	2.958.356
45 bis unter 50 Jahre	7.126.656	3.643.267	3.483.389
50 bis unter 55 Jahre	6.610.492	3.343.817	3.266.675
55 bis unter 60 Jahre	5.648.383	2.812.652	2.835.731
60 bis unter 65 Jahre	5.060.514	2.478.851	2.581.663
65 bis unter 70 Jahre	3.993.242	1.922.351	2.070.891
70 bis unter 75 Jahre	4.879.214	2.269.990	2.609.224
75 bis unter 80 Jahre	3.665.865	1.606.845	2.059.020
80 bis unter 85 Jahre	2.360.392	923.688	1.436.704
85 bis unter 90 Jahre	1.396.085	424.580	971.505
90 Jahre und älter	708.117	188.939	519.178

Die Tabelle wurde am 06.12.2013 19:22 Uhr unter www.gbe-bund.de erstellt (184).

Nach obigen Zahlen geben die Krankenkassen für einen Bundesbürger im Mittel, männlich/weiblich, über alle ICD-Diagnosen 3.100,- Euro pro Jahr aus. Bis zum 15. Lebensjahr verursacht der einzelne Bürger *nur* Kosten in Höhe von 1.360,- Euro pro Jahr, jenseits des 85. Lebensjahres kostet man im Mittel 14.840,- Euro jährlich. Ab dem 65. bis zum 85. Lebensjahr ist man *bedeutend billiger*, nämlich *nur* 6.520,- Euro pro Jahr. Auch hier erkennen Sie schon, je älter desto teurer wird der Mensch.

Für einen Mann würden sich nach obiger Statistik durchschnittliche Kosten für die medizinische Versorgung über sein ganzes Leben (Lebenserwartung 2008 ~77 Jahre) von 210.980,- Euro errechnen, für eine Frau (Lebenserwartung 2008 ~82 Jahre) 282.080,- Euro. Nähmen wir für beide Geschlechter die Durchschnittszahlen (durchschnittliche Lebenserwartung von 80 Jahren und 3.100,- Euro pro Jahr) ergäbe sich ein Betrag von 248.000,- Euro.

Sie sehen, wir bewegen uns mit diesen Summen nicht so weit entfernt von dem von mir am Beispiel des 12-jährigen Mädchens errechneten „Lebensbudgets" (225.286,07 Euro), und das bereits *ohne* die Einsparungen zu berücksichtigen, die durch Abschaffung *aller* Krankenkassen und diverser anderer „Verwaltungsorgane" frei würden, und *ohne*, dass auf ein sogenanntes „Sekundärbudget" zurückgegriffen werden kann, das *meine Alternative* noch *zusätzlich* vorsieht für den Fall, dass das „Lebensbudget" nicht ausreichen sollte. Dieses „Sekundärbudget" werde ich Ihnen im nächsten Punkt erläutern.

Und noch etwas, wir sprachen bisher immer von Durchschnittswerten. Nicht jeder Mensch braucht für seine gesundheitliche Versorgung jedoch so viel Geld. In den statistischen Zahlen sind *alle* mit einbezogen: *„lebenslang Gesunde"* bis *„schwer chronisch Kranke"*. Vor allem eins sei hier nochmal in aller Deutlichkeit gesagt: Von den Krankenkasseneinnahmen, im Jahr 2012 waren es knapp 190 Milliarden Euro, wurde und wird *vor allem eins* mitbezahlt und mitbedient, eine ausgeuferte Bürokratie und viele dunkle Kanäle, die ich durch mein Modell eliminieren möchte. Das dadurch frei werdende Geld käme den Bürgern in ihrem „Lebensbudget" *zusätzlich* zugute.

10. Für den Fall, dass das „Lebensbudget" eines Menschen/Patienten durch dessen medizinischen Finanzmittelbedarf im Laufe des Lebens ausgereizt wurde, wird ein sogenanntes „Sekundärbudget" bereitgehalten.

Viele Menschen werden mit ihrem „Lebensbudget" unbekümmert ihre gesundheitliche Versorgung ihr Leben lang bestreiten können und am Ende sogar noch Geld von ihrem *Lebensbudget* im Solidartopf übriglassen. Leider führen auch traurige Ereignisse zu solchen Überschüssen, denken Sie in diesem Zusammenhang an das Versterben Frühgeborener, den „plötzlichen Kindstod" oder tödlich endende Verkehrsunfälle junger, gesunder Menschen. Andere dagegen könnten durch schlechte genetische Voraussetzungen, durch chronische Erkrankung, nicht tödlich verlaufende Unfälle oder auch durch gesundheitsferne Ignoranz oder mindere Intelligenz, die einem gesundheitsbewussten Verhalten nach geltenden Richtlinien entgegenstehen, irgendwann an ihre *Primär-Budgetgrenzen* stoßen.

Erstgenannte speisen mit ihren „Lebensbudget-Überschüssen" ständig das *Sekundärbudget*. Es hält Geld für weitere medizinische Versorgung der zweiten Gruppe bereit, also *der* Menschen, deren Lebensbudget bereits erschöpft ist.

(Anmerkung des Autors: Bei der Erst-Etablierung meines *alternativen Gesundheitssystems* könnte dieses „Sekundärbudget", das ja anfänglich geldlich noch nicht bestückt sein kann, zum Beispiel durch die derzeitigen 20 Milliarden Euro Überschuss der gesetzlichen Krankenkassen, durch die Altersrücklagen bei den privaten Krankenkassen und den eingeplanten Steuermitteln für Beamtenbeihilfen eingerichtet werden).

Dieses *Sekundärbudget* ist gewissermaßen *der eigentliche „solidarische Geldstock"* für die „Schwächeren und Kränkeren" unter uns. Selbstverschuldet oder nicht, sei hier unbesehen, denn das wird auch im heute bestehenden System nicht anders gehandhabt. Auch der starke Raucher, der sich ein Lungenkarzinom „angeteert" hat, kann sich mit allen zur Verfügung stehenden medizinischen Maßnahmen ohne Schuldnachweis versorgen lassen. Denn auch auf seiner Krankenversichertenkarte steht natürlich: *„umsonst"*.

Viele Gedanken habe ich mir dazu gemacht, ob man nach Aufbrauchen seines persönlichen „Lebensbudgets" (Primärbudget) eine kritische Bewertung, zum Beispiel eine Prüfung zum bisherigen gesundheitlichen Verhalten einziehen sollte, die einen weiteren Zugriff auf das „Sekundärbudget" erlaubt oder verwehrt. – Hieraus würde sich jedoch eine unüberschaubare Menge nicht zu beantwortender Fragen ergeben. Zum Beispiel: Wer kann und darf beurteilen, was für das Leben und die Gesundheit des Einzelnen heilbringend, zuträglich, lebensaufwertend und leistungsfördernd ist? Soll man den Zugriff auf das Sekundärbudget für versorgungspflichtige Verletzungen durch die begehrten Risikosportarten verweigern? Die aktuellen Begriffe „wirtschaftlich, ausreichend, notwendig und zweckmäßig" („WANZ"-Medizin) sind sehr dehnbar und repräsentieren vorwiegend die Sichtweise des jeweiligen Betrachters. Und wo soll man bei solchen Überprüfungen Grenzen ziehen? Soll man die Behandlung eines an Lungenkrebs Erkrankten, der sein Leben lang in allgemein anerkannt gesunder Weise gelebt hat aus dem „Sekundärbudget" bezahlen aber einen anderen, ebenfalls an Lungenkrebs Erkrankten, der durch jahrzehntelangen Zigarettenkonsum seine Erkrankung höchstwahrscheinlich in hohem Maße mitverschuldet hat, nicht?

Oder denken Sie an unsere 16-jährige Patientin, die sich ohne Narkose die Weisheitszähne nicht ziehen lassen möchte. Im Falle sie hätte in höherem Alter ihr „Lebensbudget" aufgebraucht, soll man dann die damals von ihrem *Lebensbudget* veranlasste Vergütung der Narkose von einem beanspruchten „Sekundärbudget-Anteil" einbehalten, sofern man die damalige Anästhesieleistung im Nachhinein als nicht notwendig einstuft? Weitere „Stolpersteine" wären übergewichtsbedingte Gesundheitsschäden, wie vielfach der Typ-2-Diabetes, Rückenschmerzen, frühzeitiger Gelenkverschleiß, Fettstoffwechselstörungen, Arterieller Hypertonus. Wo setzen Sie hier die Verschuldungsgrenze, bei 100 kg Körpergewicht, bei 120, gar erst bei 140? Oder Extremsportarten, die Verletzungen und damit medizinisch notwendige Behandlung geradezu heraufbeschwören. – Sie erkennen, eine Grenzziehung wird nicht möglich sein.

Und jetzt die drohende Zäsur *für jeden Einzelnen*, wenn die Gemeinschaft sich *nicht* solidarisch, sondern wie habgierige Diebe, wie heißhungrige Tiere verhält:

Wenn das *jedem Einzelnen* garantierte, gleichgroße „Lebensbudget" und zusätzlich auch das *für die gesamte Solidargemeinschaft* vorgehaltene

„Sekundärbudget" aufgebraucht ist, dann ist der *„endliche Topf"* leer – *Ende, aus*!

Es wäre töricht, in den Glauben zu verfallen, sein persönliches und garantiertes *Lebensbudget* risikolos und unsolidarisch ausschöpfen zu können und sich „für alles Weitere" auf ein unerschöpfliches Sekundärbudget verlassen zu können. Denn stellen Sie sich vor, sie hätten Ihr Lebensbudget bewusst mit unnötigen medizinischen Inanspruchnahmen verprasst, ihre Lebensuhr würde aber noch weitere zehn Jahre laufen, und stellen Sie sich weiter vor, es bräche dann eine bundesweite Seuche aus, die auch *Sie* erkranken ließe und die natürlich auch *Sie* nun mit medizinischen, kostenverursachenden Maßnahmen bekämpfen wollten. Der Topf des Sekundärbudgets wäre aber leer durch ähnlich initiierte, unnötige und damit unsoziale Ausgaben durch *Ihre* Sozialgenossen. Die Solidargemeinschaft tritt *nicht mehr* für Sie ein. Würden Sie sich dann nicht daran erinnern und darüber ärgern, dass vielleicht *Sie selbst* zuvor mit nicht notwendigerweise abverlangten medizinischen Leistungen – beispielsweise einem Augenlidlifting wegen eines angeblich eingeschränkten Blickfeldes – mit dazu beigetragen haben, dass sowohl Ihre Sozialgenossen aber auch und *vor allem Sie* keinerlei finanzielle Unterstützung mehr aus der Krankenversicherungskasse zu erwarten hätten?!

Zwar darf weiterhin niemandem eine medizinisch *notwendige* Behandlung verwehrt werden, aber nur noch gegen persönliche Bezahlung, beziehungsweise persönliche Vermögenshaftung. Die Solidargemeinschaft ist nach Aufbrauchen von „Lebens- und Sekundärbudget" finanziell außen vor. Sie hat *alles* gegeben, was als Solidarbeitrag aus ihrer wirtschaftlichen Macht vereinbart wurde (= prozentualer Krankenversicherungsbeitrag). Damit ist sie aus der Verantwortung entlassen. *So und nicht anders regelt auch die Natur ihren Bestand.* Wenn das Vermögen eines Sozialverbandes ausgeschöpft ist, dann ist es ausgeschöpft, dann muss das zu schwache, zu kranke, zu finanziell schlecht gestellte Tier „Mensch" einer übergeordneten Selektion zum Opfer fallen.

Diesem Gedanken, dass der Topf irgendwann leer sein könnte, müssen wir uns bei *meiner Alternative* tatsächlich stellen. – Aber ich sage Ihnen, *genau diese Furcht,* die mein alternatives Gesundheitssystem zu erwecken scheint, dass nämlich *jeder* die Gefahr empfindet, dass für ihn persönlich irgendwann kein Geld mehr übrig sein könnte, ist *genau die*, die am meisten heilt, am meisten einspart und am meisten unser Solidardenken fördert! (Kapitel „Angst und Eigentum"!) Denn *niemand* kann bei meinem System verlässlich abschätzen, ab wann für ihn persönlich „nichts mehr zu holen ist". Sein Argwohn dem Nächsten gegenüber, sein Kontrollzwang, sein persönliches Interesse, dass in diesem Gesundheitssystem möglichst sparend mit den nun auch und besonders für die eigene Person offensichtlich „begrenzten" Ressourcen umgegangen wird, wird sicherlich enorm sein. Die heutige Vollkaskomentalität, das unbekümmerte Abgreifen von medizinischen Leistungen, auch solchen, die nicht unbedingt notwendig sind, die teils hohe Kosten verursachen und die zur Zeit leider nicht als eigene finanzielle Belastung empfunden werden, auch nicht bei vielen verordnenden Ärzten, wird ein jähes Ende haben.

Ich bin davon überzeugt, dass die Furcht, irgendwann im Verlauf seines Lebens nicht mehr genügend Geld zu haben, um sich medizinisch versorgen lassen zu können, ein enormes Druckpotential hat, die ständig den Blick dafür schärft, seine jeweilige Lebensweise zu bedenken. – Da werden sich *Überprüfungen* einer solidarisch verantwortungsvollen Lebensführung nach aktuell anerkannten Gesundheitsregeln erübrigen. Ebenso wird ein übermäßiges Ärztehopping sistieren, die unkritische Akzeptanz vielerlei medizinischer Leistungsangebote, das häufige Bestehen auf Verordnung überteuerter, pharmazeutischer Originalpräparate und so weiter.

Ich habe schon vor Augen, wie ein Patient, der die Apotheke betritt, plötzlich nicht mehr das „angeblich bessere" (und natürlich teurere) Originalpräparat fordert, möglichst noch unterstützt durch das „Aut-idem-Kreuz" des Arztes, sondern nach einem preisgünstigeren fragt, weil er es diesmal von *seiner* EC-Gesundheitskarte, von *seinem* „eigenen Budget", was irgendwann erschöpft sein könnte, abbuchen lassen muss. Sie werden sehen, wie schnell die Pharmaindustrie auf einmal Preise senken kann, ganz ohne „Rabattverträge".

Auch in der Arztpraxis oder im Krankenhaus wird der Patient immer genau kontrollieren, welche Leistungen er erhält, wie lange seine Behandlung, seine Liegezeit dauert, wie teuer seine Behandlung letztendlich wird. Jeder Bürger, der bisher unbekümmert medizinische Leistungen abverlangte, weil er bezüglich der Kosten durch ein „Sachleistungsprinzip" politikinduziert dumm gehalten wurde, wird plötzlich zum größten Kontrolleur des Systems. Wir benötigen dafür keinen KdöR-Kontrollstaat mehr, der sich daraus nur die Lizenz – nicht zum Töten – sondern zur Selbstbedienung machte.

Da wird dann nicht mehr so einfach eine Krankengymnastik oder ungezielte Physiotherapie verordnet oder abgebettelt, weil der Doktor oder der Patient das „aus dem Bauch heraus" gerade mal für angebracht halten oder keine andere Behandlungsidee mehr haben. Gerade diese wöchentlich 20-minütigen „Bewegungstherapien auf Rezept", zum Beispiel für chronische Rückenschmerzpatienten, einer sehr kostenträchtigen Patientenspezies – ich weiß als Schmerztherapeut wovon ich rede – ist in meinen Augen vielfach ein Quatsch sondergleichen. Wer sich bewegen müsste, sollte das auch tun. Es gibt tausende von Möglichkeiten, auch für die Ärmsten, sich eigenständig körperlich zu bewegen. Der Schmerz als Stimme unseres Körpers sagt schon, ab welchem Punkt etwas nicht zuträglich ist, man sollte nur einmal auf diese Stimme hören und nicht direkt Ärzte und Physiotherapeuten aufsuchen, die erstens Ihren Schmerz nicht fühlen und zweitens primär ja an Ihnen Geld verdienen möchten. Vgl. (185). Meine Erfahrung aus jahrelanger Praxis besagt, dass diese 6x, 12x oder 18x 20-minütigen Krankengymnastik-Verordnungen nur ein Tropfen auf den heißen Stein sind. Ein Muskel- und Skelettsystem muss kontinuierlich in Bewegung gehalten werden, um keine Insuffizienzzeichen zu entwickeln. – Stellen Sie sich diese Verordnungen einmal bei einem Patienten mit 120 kg Körpergewicht vor, die natürlich oftmals unter Rückenschmerzen leiden. So ein Unsinn! Das kostet unser derzeitiges Gesundheitssystem Milliarden. Eine von den gesetzlichen Krankenkassen in Auftrag gegebene Studie bestärkt nach Einschätzung des Gesundheitsexperten Prof. Dr. Gerd Glaeske meine Vermutung:

> „ ... für Heilmittel wie Massagen, Physio- oder Ergotherapie wurden 2011 4,9 Milliarden Euro aufgewendet. (...) Deren Einsatz gleiche oft jedoch einem „wohlgemeinten therapeutischen Streuschuss" (186).

Was noch aufhört, sind Anträge von Krankenkassen, Rentenversicherungsträgern und Stadtverwaltungen bezüglich Krankengeld, Rentenanträgen, Anfragen, ob ein vor dem Sozialgericht auf Geld oder Rente klagender Patient „in mäßig gebückter Haltung, bei wenig Staub in der Luft, ausreichender Helligkeit usw. noch drei Stunden ein Pförtnertelefon bedienen könnte". – Kein Witz. Mit solchen, an hirnverbr... nicht zu überbietender Anfragen werden Ärzte behelligt.

Wer jetzt immer noch die Behauptung aufstellt: *„Wer arm ist, der muss früher sterben"*, den kann ich nur warnen. Denn er verfällt in die Gefahr, wieder einmal Qualität mit Quantität zu verwechseln. Denn das Wort „früher" ist hier ein rein quantitativer Begriff, der bei weitem nichts über die Qualität eines „quantitativ" längeren Lebens aussagt. Hier sei auf das Beispiel des über 80-Jährigen im Kapitel „Was ist sozial?" verwiesen, der auf der Intensivstation in meinen Augen „zu Tode gequält" wurde, dessen durch die Solidargemeinschaft zur Verfügung gestelltes Budget vielleicht aufgebraucht gewesen wäre, der aber eventuell noch so viel Eigenkapital gehabt hätte, dass er seine „lebensverlängernden" Maßnahmen aus eigener Tasche hätte weiterbezahlen können. Aber zum Preis welcher Lebensqualität? Hätte er das wirklich gewollt? Der im gleichen Kapitel beschriebene Jugendliche hätte mit Sicherheit aufgrund seines geringen Alters noch ein ausreichendes „Lebensbudget" zur Verfügung gehabt und wäre von solch finanziellen Engpässen gar nicht erst bedroht gewesen.

Auf dem Weg dieses *Lebens- und Sekundärbudget* für unsere gesundheitliche Versorgung aufzubrauchen – und das ist mit unseren bereits derzeitigen Krankenkasseneinnahmen mit an Sicherheit grenzender Wahrscheinlichkeit kaum möglich – wird sich zeigen, wie sehr der Mensch sich vom Tier unterscheidet, dass er kein Faschist ist, dass er ein überaus sozial denkendes Wesen ist, dass er in der Lage ist, mit Geld wirtschaftlich umzugehen. Bedenken Sie dabei Folgendes: Bei dem von mir favorisierten System kämen, um nur bei den derzeitigen 15,5 % Krankenkassenbeitrag zu bleiben, noch große Geldsummen zur jetzigen hinzu, denn diese 15,5 % würden vom steuerpflichtigen Einkommen berechnet, also auch von Einkünften aus Kapitalvermögen. Insgesamt käme damit *wesentlich mehr* Geld zusammen, als der zurzeit durch die „Beitragsbemessungsgrenze" gedeckelte Krankenkassenbeitrag. Hier wäre mit Sicherheit eine Neu- und Tieferfestlegung dieses Prozentsatzes möglich, wie ich unter Punkt 7. dieses Kapitels bereits andeutete. Zusätzlich kämen nun noch Beiträge aus den steuerpflichtigen Einkommen der derzeit über zehn Millionen Privatversicherten und Beamten hinzu, die im Verhältnis zu den Gesundheitsausgaben dieser Gruppe sicherlich überproportional hoch sind. Im Jahr 2012 nahmen die gesetzlichen Krankenkassen in Deutschland etwa 190 Mrd. Euro ein, bezahlt von *nur* 52 Millionen Bürgern und Arbeitgebern. Im gleichen Jahre gab es im Verhältnis zu jungen Menschen bereits sehr viele alte und chronisch kranke Patienten, die dank dieser 190 Mrd. Euro (hoffentlich zufriedenstellend) betreut werden konnten. Weiterhin konnten davon ein in meinen Augen ausgeuferter Bürokratismus mit vielen Trittbrettfahrern, vorzugsweise in Eigeninteresse handelnde Ärzte, Patienten und Industriezweige bedient und finanziert werden. Obendrein entstand bei den gesetzlichen Krankenkassen über wenige Jahre noch eine geschätzte Rücklage von weiteren 20 Milliarden Euro.

Sind Sie mit mir nicht auch einer Meinung, dass die persönliche Verantwortlichkeit für ein *eigenes* Gesundheitsbudget jeden von uns 82 Millionen Bundesbürgern zu einem gehörigen Maß an *gesundheitlicher Eigenverantwortung* „verdonnern" würde? Dass wir durch Einsicht und Kostentransparenz plötzlich zu den größten *Kontrolleuren* des Systems werden würden? Dass wir dadurch im Gesundheitswesen am ehesten zu einer *geeinten* Solidargemeinschaft kämen, die durchaus in der Lage ist, eine ausreichende Geldsumme zusammenzubringen, die eine gute medizinische Versorgung sicherstellt, ohne einen derzeitigen, teuren *Bürokratiewahnsinn* mitfinanzieren zu müssen?

Haben Sie also *keine* Angst davor, dass diese beiden Töpfe: „Lebens- und Sekundärbudget", zusammengetragen von *allen* in Arbeit stehenden Bundesbürgern, *jemals* zur Neige gehen könnten. Ich sage es deshalb noch einmal: Das größte Damoklesschwert, was diese Töpfe ausreichend gefüllt halten wird, ist die *ur-instinktive* Angst eines jeden Einzelnen unserer Gesellschaft, dass für ihn persönlich irgendwann – vielleicht nach einem Unfall oder im Alter – doch nicht mehr genügend Geld da sein könnte, ihn in gesundheitlicher Hinsicht finanziell zu versorgen und er in der Tat in sein eigenes Portemonnaie greifen müsste.

Bitte behalten Sie im *Hinterkopf*: Die größten Werte, die jeder Einzelne in seinem Leben hat, sind seine Gesundheit und sein Geld (siehe Kapitel „Angst und Eigentum").

11. In dem derzeitigen Arbeitgeberzuschuss zum Krankenkassenbeitrag, analog die staatliche „Beihilfe", sehe ich keinen Sinn mehr. Er ist in meinen Augen ein überflüssiges, verwaltungstechnisches Monsterwerk und gehört in den Reißwolf. Dieser Betrag sollte sich besser in Form eines höheren Lohns niederschlagen.

12. Es gibt in meiner Alternative nur noch eine einzige, sehr umfangsreduzierte, staatliche Gebührenordnung.

Diese Gebührenordnung soll für alle Ärzte und auch für die Zahnärzte gelten. Letztere tragen in ihrem Spezialgebiet ebenso zur ganzheitlichen Gesundheitsversorgung bei wie andere Fachärzte. Es ist eindeutig ein politisches Desaster, immer noch eine komplette Unterteilung in eine ärztliche und eine zahnärztliche Vergütung zu dulden.

Grundsätzlich möchte ich an dieser Stelle für eine Änderung in der zahnärztlichen Ausbildung plädieren. Auch Zahnärzten sollte – entgegen der derzeitigen Praxis – eine ausreichende, ganzheitlich anatomische und allgemeinmedizinische Ausbildung zuteil werden. Erst sie sollte die Basis für eine Weiterbildung zum Zahnmediziner sein. Meines Erachtens bedingt gerade diese, nach den Ausbildungsrichtlinien unterrepräsentierte Vermittlung allgemeinmedizinischen Wissens deren Unterscheidung zu „richtigen" Fachärzten, die sie in meinen Augen sein sollten.

Vor diesem Hintergrund ist für mich auch nachvollziehbar, warum sich nicht wenige Zahnärzte von einer allgemeingesundheitlichen Sichtweise entfernen und sich vor allem im Bereich *kosmetiklastiger, nicht* gesetzlich vergüteter Leistungen engagieren. Hier werden den Patienten oft Preise offeriert, die kaum noch in Relation zur zahnärztlichen Kunst stehen. Nur betuchte Bürger sind noch in der Lage, das zu bezahlen. Als Beispiel seien hier die derzeitigen Kosten für Zahnimplantate genannt. Eine diesbezüglich kritische Stellungnahme strahlte der WDR am 20. Januar 2014 aus unter dem Titel: Gute Zähne nur für Reiche? (187).

Im Zeitalter, wo *standardmäßig* Knie- und Hüftprothesen eingesetzt werden, sei im Hinblick auf Zahnimplantate jedoch folgende Frage gestattet:

Warum werden sie einerseits bereits als „medizinischer Standard" betrachtet – jedenfalls wenn man Zahnärzten und Kieferchirurgen Glauben schenken mag – andererseits aber von den gesetzlichen Krankenkassen kostenmäßig *nicht* übernommen? Diese Versorgungsart ist in deren „Standardleistungskatalog" *nicht* verankert. Mediziner werden jedoch belangt, wenn sie *nicht* nach „medizinischem Standard" behandeln. (Wenn zwei das Gleiche tun …)

Voraussetzung zur Gründung einer eigenen Praxis soll sein, dass jeder niederlassungswillige Arzt *und auch Zahnarzt* zuvor eine klinische Mindestausbildungszeit von beispielsweise vier Jahren absolviert. Orientierend blicke ich da auf die gute Lösung der Abschaffung des „praktischen Arztes" im Rahmen EU-rechtlicher Bestimmungen im Jahr 2003. Zuvor konnte man sich nach dem Medizinstudium bereits nach nur zwei Jahren Klinikarbeit als meist völlig unerfahrener Arzt niederlassen. Nicht selten waren vor allem die „Dollarzeichen in den Augen" der Antrieb, sich selbständig zu machen. (Zwei Ärzte sind mir in dieser Hinsicht persönlich bekannt.)

Die neu zu entwickelnde Gebührenordnung soll nicht, wie aktuell, auf Einzelleistungen bezogen sein, beispielsweise „Kurznarkose", „Magenspiegelung", „kleine Wundversorgung", „Gehörgang ausspülen" usw. Genau das würde ein ständiges Aktualisieren erfordern und hat gerade diesbezüglich die derzeitige GOÄ, die seit über 20 Jahren nicht mehr dem aktuellen medizinischen Stand angepasst wurde, bereits sehr in Misskredit gebracht.

Meine neue Gebührenordnung sieht eine Vergütung in drei Anteilen vor, jeweils Zeit getaktet (zum Beispiel pro 15 min.) für:

a) die persönliche Beschäftigung des Arztes mit einem Patienten*fall*, wobei der persönliche Patientenkontakt mindestens zwei Drittel der Zeit, in unserem Beispiel also 10 Minuten, betragen muss und maximal ein Drittel, also 5 Minuten, als Dokumentationszeit für erhobene Befunde zu veranschlagen ist.

Dieser Vergütungsanteil sollte prozentualen Steigerungen (oder auch Senkungen) unterworfen sein, zum Beispiel gleich den Erhöhungen (oder auch Senkungen) der Diäten unserer Politiker.

Ein Arzt, der also acht Stunden am Tag seine Patienten behandelt, hätte demnach mindestens 320 Minuten (5 Stunden und 20 Minuten) direkten Patientenkontakt zu leisten und 160 Minuten (2 Stunden 40 Minuten) zur Befunddokumentation zur Verfügung.

Die Höhe dieser Zeit getakteten Vergütung ist sicherlich eine „Gretchenfrage". Da der Arzt/Zahnarzt gemäß Gesetz ja *kein* Unternehmer sein soll, schlage ich als Kompromiss vor, ihm ebenso eine „Endlichkeit" seines Gesamtverdienstes zu setzen, wie es auch für das *Budget der Solidargemeinschaft* gilt.

Diese *Endlichkeit* sähe ich am einfachsten darin realisiert, einen festen Vergütungssatz pro Stunde festzusetzen (Dokumentationszeiten inbegriffen).

Eine gewisse „unternehmerische Freiheit", und damit die Möglichkeit eines Mehr- oder Minder-Verdienstes, blieben jedem Arzt/Zahnarzt dann in der Zeitmenge, die er arbeiten möchte, so zum Beispiel mehr oder weniger als 40 Stunden pro Woche

b) das technische Praxis-Equipment.

Hier wäre mein Vorschlag, dass jeder Praxisinhaber ab Praxisstart der Ärztekammer, als Prüf- und Überwachungsgremium, jeweils zeitnah, mindestens jedoch einmal jährlich, seine steuerlich angesetzten Abschreibungsbeträge für medizintechnische Geräte, die der Abschreibung für Anlagegüter (AfA) unterliegen, mitteilt. Diese Summe wird dann durch 1840 Jahresarbeitsstunden dividiert (40-Stunden-Woche, 46 Arbeitswochen im Jahr, 6 Wochen Pause). Der Quotient entspricht dann dem Stundensalär für das technische Praxisequipment, das natürlich noch auf die persönliche Beschäftigungszeit des Arztes mit dem Patienten*fall* zu berechnen ist.

Jeder Bürger hat das Recht, den Kostenzuschlag für die jeweilige technische Ausstattung einer Praxis zu erfahren, bevor er sich zur Konsultation dort vorstellt. So kann er beispielsweise einer *techniküberfrachteten*, und damit für ihn (zu) teuren Praxis mit hohem „Kostenanteil b" von vorne herein aus dem Weg gehen.

c) Personal- und Mietkosten.

Hierfür ist in der Gebührenordnung für jede Fachgruppe eine durchschnittlich notwendige Praxisfläche und notwendiger Personalbedarf festgelegt, gegebenenfalls erhöht bei zusätzlichen, vom Praxisinhaber quartalsweise nachzuweisenden Spezialisierungen. Hierfür wird wiederum eine durchschnittliche, jährliche Kostennote in der Gebührenordnung verankert, in die der jährlich zu aktualisierende, regionsabhängige Mietzins und die Tariflöhne für Angestellte eingehen. Auch diese Summe wird durch 1840 Jahresarbeitsstunden dividiert (siehe b), und auf die persönliche Beschäftigungszeit des Arztes mit dem Patienten*fall* berechnet. Mehr oder Minderkosten für größere oder kleinere Praxisflächen und mehr oder weniger Personal bleiben unberücksichtigt.

Jeder Arzt kann nun selbst entscheiden, wie viel größer oder kleiner seine Praxis sein mag, ob er mit seiner Praxis aufs Land oder in die Stadt zieht, wie viel mehr oder weniger Personal er beschäftigen möchte, mit wie viel Medizintechnik er sie ausstatten oder auch wie viel Stunden mehr oder weniger er in der Woche arbeiten möchte. Außer seiner eigenen Schaffenskraft und vor allem Arbeitsqualität wird nichts seine Vergütung wesentlich beeinflussen.

Folgend ein Beispiel, bei dem ich nur auf den ärztlichen Vergütungsteil a) fokussieren möchte, da ich die gesamten Betriebskosten bei der hier zugrunde gelegten 40-Stunden-Woche im Wesentlichen durch die Gebührenanteile b) und c) auf +/- 0 neutralisiert sehe:

Ein *fiktives* Stundensalär eines Arztes betrage (vor Steuer) 100,- Euro. Nimmt sich der Arzt 10 Minuten Zeit für Sie (zusätzlich werden ihm fünf Minuten zur Dokumentation ihrer Befunde zugestanden, er „arbeitet" also 15 Minuten), stellt er Ihnen das mit 25,- Euro in Rechnung = Gebührenanteil a).

Würde der Arzt nun täglich vier Patienten pro Stunde und das 40 Stunden pro Woche tun, und nähme er 6 Wochen Auszeit (Urlaub) pro Jahr, dann käme er auf ein zu versteuerndes Jahreseinkommen *inklusive* seiner Altersrücklagen von 184.000,- Euro.

An dieser Stelle wieder eine Frage an Sie als Leser:

Sind Sie der Meinung, dass einem Arzt, gemessen an einer Studienzeit von mindestens sechs Jahren, weiterer Mindestausbildungszeit von vier Jahren an einer Klinik, Mitverantwortung für Gesundheit und Wohlergehen für seine Patienten, Leitung und Verantwortung eines kleineren Betriebes mit mehreren Angestellten ein gleiches (zu versteuerndes) Einkommen zustehen sollte wie einem Krankenkassenvorstand? – Sie erinnern sich: deren (offenzulegende) zu versteuernde Einkommen liegen regelhaft und *mindestens* um die 200.000,- bis 280.000,- Euro pro Jahr, sogar noch *zuzüglich* ihrer Altersversorgungen. – Sind Sie der Meinung, ein Arzt müsse weniger verdienen? Oder sind Sie der Ansicht, Krankenkassenfunktionäre dürften gar nicht so viel verdienen? – Einer dieser Personen, ich erwähnte sein Jahressalär bereits im Kapitel *„Gesetzliche Krankenkassen und andere KdöR"*, erhielt als Vorstandsvorsitzender einer gesetzlichen Krankenkasse im Jahr 2012 (offengelegte) 242.540,- Euro *zuzüglich* Altersvorsorgegeld. Obendrein hatte er anscheinend noch so viel Zeit und die Möglichkeit, *nebenher* als Honorarprofessor an einer Universität zusätzlich gutes Geld einzustreichen. Auch an Buchveröffentlichungen ist er beteiligt. Das Einkommen dieses, *im sozialen Geldverteilungswesen tätigen Herrn* mag ich mir nicht anmaßen zu schätzen. Doch eines weiß ich genau: Auch er ist nur ein Mensch, der eine bestimmte Zeit des Tages schlafen, essen und andere Dinge tun *muss*, die *nicht* zur Einkommensgenerierung beitragen. Leisten solche, ebenfalls im Gesundheitswesen tätigen Menschen so viel mehr als Ärzte?

Mein Vergütungsvorschlag würde bedeuten: keine Vergütungsunterschiede der Ärzte/Zahnärzte verschiedener Fachrichtungen, jeder kann seinen Neigungen folgen und kommt nicht in die Verlegenheit, mit der Fachrichtungswahl um Umsatz oder Gewinn zu *pokern*. Auch wird den „Stückzahlpraxen" – zum Beispiel Dermatologie, Augenheilkunde, HNO, Orthopädie – Einhalt geboten, die nicht selten 1500 bis 2000 Patienten in einem Quartal *durchschleusen*. – Wo soll da Zeit für die Beurteilung der Beschwerden eines Menschen bleiben?

Nun gibt es ärztliche Fachrichtungen, deren patientenbezogene Arbeitszeit nach dem vorgenannten Modus dem Zahlungspflichtigen nicht ersichtlich ist. Es findet nämlich kein oder nur ein sehr kurzer Arzt-Patientenkontakt statt. So ist es beispielsweise bei Laborärzten, Pathologen und größtenteils auch Radiologen, die Ihre Arbeit gewissermaßen im *stillen Kämmerlein* verrichten. Also in Laboren, Sektions- und Mikroskopier-Räumen und radiologischen Dunkelkammern. Diesen Kollegen möchte ich nicht zu nahe treten, aber auch sie sollten sich aus ihrer sicherlich vorhandenen Solidarität zu ihren Kollegen einer gewissen Kontrolle nicht entziehen. Hier schlage ich vor, zwar die Vergütungsanteile b) und c) anzusetzen, für den Vergütungsteil a) jedoch bei der derzeitigen Einzelleistungsvergütung zu bleiben. Ein Beispiel solch einer Einzelleistung wäre die mikroskopische Begutachtung einer Gewebeprobe durch einen Pathologen mit der dazu notwendigen Vor- und Nachbereitung des Gewebepräparates. Jeder Einzelleistung soll eine Zeitvorgabe zugeordnet werden, die auch diesen Fachgruppen die gleiche, zeitbezogene Vergütung beschert, wie den unter direkter Patientenkontrolle stehenden Kollegen, beispielsweise ein Stundensatz von 100,- Euro. Kontrollorgane könnten die staatlichen Steuerbehörden sein, die die Einkommen dieser Ärzte jährlich speziell auf unglaubwürdige Wochenarbeitszeiten überprüfen. – Eigentlich das gleiche Vorgehen, wie es *bereits derzeit* seitens der KV erfolgt.

Grundsätzlich sollen Bund und Länder für die bedarfsgerechte Planung und Errichtung von Krankenhäusern zuständig sein. Sie werden auf Staats- und damit Steuerkosten errichtet, turnusmäßig renoviert und in der Ausstattung aktualisiert. Auch kirchlichen und privaten Institutionen ist es gestattet, sich an der Deckung dieses Bedarfs zu beteiligen, wobei Kosten für Errichtung, Ausstattung und Renovierung dann in deren Verantwortung liegen. Die Deckung der laufenden Betriebskosten ist – *trägerunabhängig* – durch bundeseinheitlich vier verschiedene Behandlungs-Tagessätze zu bestreiten. Diese sollen den unterschiedlichen Leistungsanforderungen und Unterhaltskosten für die Krankenhauskategorien Grund-, Regel-, Maximalversorgung und Spezialkliniken gerecht werden.

Die jeweiligen Tagessätze werden von der Kranken-EC-Karte des Patienten im jeweiligen Krankenhaus abgebucht.

In die Berechnung der Tagessätze sollen eingehen:

a) die Summe der Gehälter der Ärzte des Krankenhauses
(Vorzugeben ist hier ein Personalschlüssel für die jeweiligen Fachbereiche.)

b) die Summe der Pflegepersonalkosten
(Hier ist ebenfalls ein Personalschlüssel für die jeweiligen Fachbereiche vorzugeben.)

c) die Unterhaltung des technischen Equipments des Krankenhauses und akut notwendiger Instandsetzungen/Reparaturen (*nicht* turnusmäßig notwendige Renovierungen)
(Diese sind von der Krankenhausverwaltung anhand Rechnungsstellungen auch hier wieder der Ärztekammer jährlich nachzuweisen.)

d) ein Verwaltungskostenanteil
(Ein Personalschlüssel ist jeweils für ein Krankenhaus der Grund-, Regel-, Maximalversorgung und für Spezialkliniken vorzugeben.)

Die Kosten für Heil-, Hilfsmittel, Endoprothetik und Medikamente werden zusätzlich zum Tagessatz von der Patienten-EC-Karte abgebucht. Sie und die Tagessätze werden dem Patienten in einer Rechnung dargelegt.
Den einzelnen Kliniken bleibt es selbst überlassen, ihre Personalstruktur *über* den vorgegebenen Schlüssel zu ändern, eine Unterschreitung ist unzulässig. Die Tagessatzvergütungen bleiben hiervon unbeeinflusst.
Welcher Kategorie Krankenhaus ein Patient zugeführt werden muss, ergibt sich aus dem medizinisch zu beurteilenden Behandlungsbedarf und -umfang. Soweit möglich, sollen auch Präferenzen der Patienten berücksichtigt werden.

Das *derzeitige* Vergütungssystem für Krankenhäuser, das sogenannte DRG-System (188), bei dem bestimmte, diagnosebezogene Krankheiten/Operationen eine kompliziert errechnete Pauschale generieren, ist in meinen Augen ein bürokratisches Monsterwerk. Es fördert im Prinzip nur

„Akkord- und Betrugsarbeiten". Das spiegelt sich derzeit in Prämiens-kandalen wider, wo von „Belohnungen" für höhere Operationszahlen die Rede ist und seitens der Krankenhäuser angeblich Falschangaben von Operationsumfängen gemacht wurden, analog dem bereits thematisierten „Up- oder Rightcoding" bei der ICD-Klassifizierung von Krankheitsdi-agnosen im ambulanten Bereich. Auch in Arztpraxen sollen sogenannte OPS-Ziffern (noch ein Klassifizierungssystem!), die jeweils bestimmte Operationsleistungen abbilden, falsch angegeben worden sein, um dem Leistungserbringer, sprich Operateur, eine höhere Vergütung seitens der Kassenärztlichen Vereinigung zu generieren. Beispielsweise wird aus einer „kleinen Wundversorgung" eine „große" gemacht. – Das wäre Be-trug, der sich in der Gesamtheit zu immensen Summen addiert. Welche derzeitige Verwaltungsstruktur vermag das im Einzelnen zu prüfen?

An dieser Stelle wieder zwei persönliche Erlebnisse:

– Aus Neugier auf deren Reaktion habe ich mein hier dargelegtes Vergütungskonzept natürlich anderen Kollegen vorgestellt. Insbe-sondere eine Fachgruppe, die aus relativ kurzen operativen Eingrif-fen hohe Vergütungen erzielt und deren *Tagesumsätze* deshalb sicherlich nicht selten in der Größenordnung meines halben *Monatsumsatzes* liegen, verwarfen es sofort lautstark mit der Be-gründung, dass fachlich inkompetentere und langsamer arbeitende Kollegen dann pro Zeiteinheit das Gleiche verdienen würden wie sie und dass man deshalb die Vergütung so *niemals* gestalten dürfe.

– Wir orderten bei uns zu Hause einen Rollladenbauer, der uns einen neuen Motor für einen elektrisch angetriebenen Rollladen einbauen sollte. Ich selbst hatte mich, als handwerklich nicht ganz Unge-schickter, bereits daran versucht, musste aber kapitulieren. Mein Gedanke: „Gelbe Seiten", da kommt dann der *richtige* Fachmann. Der kam dann auch und meinte vollmundig: „Halbe Stunde Arbeit, höchstens." Auf Grund meiner persönlichen Einschätzung nahm ich ihn beim Wort und vereinbarte mit ihm einen Festpreis für seine Dienste über eine ganze Stunde Arbeitslohn zuzüglich Materialkos-ten. – Das Ende der Geschichte war: Der „Fachmann" *werkelte* fast vier Stunden schwitzend und fluchend und musste sich mit dem vereinbarten Festpreis begnügen.

Jetzt zum Fazit: Wer nach Stückzahl bezahlt wird, versucht schnell zu arbeiten. Wer nach Zeit bezahlt wird, arbeitet in der Regel langsamer. Das bedeutet: Das Verwerfen meines Vergütungsmodells durch die Kollegen im 1. Erlebnis war im Grunde ein reines und egoistisches Wahren ihrer Pfründe, weil das bestehende System sie bevorzugt. Denn derzeit wird primär die Quantität belohnt und Qualität, von der immer so viel die Rede ist, findet erst zweitrangig Beachtung. – Die Kollegen offenbarten also primitives (aber nachvollziehbar) evolutionäres Gebaren.

Wer jedoch letztendlich die Arbeit beurteilt, ist *derjenige*, der sie empfängt, und zwar *nur* nach den für ihn erkennbaren und ausschlaggebenden Kriterien. Er wird einen Arbeiter zukünftig nur *dann* wieder in Anspruch nehmen und die Qualität seiner Arbeit weiterempfehlen, wenn Kosten und langfristiger Nutzen für ihn im Verhältnis stehen.

Also Vorsicht liebe Frau Doktor, lieber Herr Doktor. Ein Patient wird Ihnen ihre Qualität als Mediziner aufgrund seiner in der Regel mangelnden Fachkenntnis zwar nicht an der Nasenspitze ablesen können, doch er sondiert ergebnisorientiert. *Er merkt genau, welchen Flachbildschirm er aus Ihrem „Mediamarkt" herausträgt.*

Für mein Vergütungsmodell bedeutet das: Eine stundenlange „Beschäftigungstherapie" mit wenigen Patienten, die Ihnen das gleiche Einkommen bringen würde wie einem „Akkord-Mediziner", aber den Patienten überwiegend negative Ergebnisse beschert, können Sie sich langfristig nicht leisten. Umgekehrt wird auch ein Akkordarbeiter mit schlechten Behandlungsresultaten nicht lange bestehen können. Denn Ihr Patient wird einerseits darauf achten, dass seine Behandlung bei Ihnen nicht zu lange dauert, damit sein höchstpersönliches Budget nicht zu sehr belastet wird, andererseits wird er gegebenenfalls Ihr Phlegma oder Ihre aus seiner Sicht empfundene Insuffizienz herumerzählen. All das wird Ihre Praxis oder ein Krankenhaus Dank fehlender Niederlassungsbeschränkungen und damit mannigfaltiger Konkurrenz binnen kürzester Zeit in den Ruin treiben. Hier entscheidet also wirklich die für den Patienten *erkennbare* Qualität, unabhängig davon, wie schnell oder langsam Sie arbeiten.

13. Noch ein ganz wichtiger Punkt: Jeder Patient *muss* die bei ihm erhobenen Untersuchungsdaten und Befunde, die ihm oder seinem gesetzlichen Vertreter bei oder nach seinen Behandlungen auszuhändigen sind – in Papierform oder auf elektronischem Datenträger – *selbst* verwalten und sollte bemüht sein, darauf Acht zu geben.

Also nicht das schon einmal geplante Speichern persönlicher Daten auf irgendwelchen *zentralen Datenservern*. Jeder soll auf „seine Geldbörse" selbst aufpassen. Kein *Datenklau*, den man wieder anderen in die Schuhe schieben könnte, kein Vorwurf an die mangelhaften Kommunikationsschnittstellen der Ärzte und Kliniken. Denn in der von mir vorgeschlagenen Weise werden eventuell notwendige Doppeluntersuchungen, zum Beispiel „Verschludern" irgendwelcher Befunde durch den Patienten, dessen persönliches Budget unmittelbar belasten. Im *aktuellen* System werden solche Doppeluntersuchungen kostenmäßig in der Regel mitgetragen, da sie kaum kontrollierbar sind. Und dass *das nicht* geschieht, darauf wird jeder Patient *mit Sicherheit* sehr achten. – Ein weiterer Vorteil: Bei jeder Patientenvorstellung wären alle Vorbefunde präsent, kein mühseliges Nachforschen, keine Telefonate, keine E-Mails, keine Faxanforderungen wären mehr notwendig.

Wer nach Beurteilung meines *„Jedem sein Budget"* weiterhin der Ansicht ist, dass man *niemandem* zumuten kann, für seine Gesundheit zu guter Letzt vielleicht doch etwas aus eigener Tasche zu zahlen und weiterhin der Überzeugung ist, dass Maximalmedizin und -pflege nach Ausschöpfung des persönlichen Primär- und auch des Sekundärbudgets weiter *unentgeltlich* zur Verfügung stehen müssen, der möge doch dafür plädieren, einen weiteren Staatssteuerfonds „hintendran" zu hängen, der – analog unserem *Währungsfonds* – noch nicht einmal einen Staat in die Eigenverantwortung entlässt und dafür sogar mehrere hundert Milliarden Euro *Ihrer Steuergelder* spendiert.

„Die Kooperation mit der Natur – statt gegen sie
zu arbeiten – wird sich letztlich immer rechnen und
sogar dazu beitragen, Kosten zu sparen" (3 S. 172).

8. Schlussplädoyer

Mein Anliegen in diesem Buch ist unter anderem, Ihnen das Grundprinzip des *evolutionären Imperativs* aufzuzeigen. Ohne spezielles Ziel, aber immer mit dem permanenten Streben danach, am bestem an die jeweiligen ökologischen Gegebenheiten angepasst zu sein, wird *jedes* Lebewesen dieser Erde von ihm angetrieben. – Für diese Entwicklung, dieses Streben, ist immer ein Gefälle notwendig, wie ich es eingangs am Beispiel des fließenden Wassers erläutert habe. Dieses Gefälle impliziert, dass Leben, welches sich in Randbereichen ökologischer Überlebenschancen bewegt, immer wieder bedingungslos der evolutionären Selektion zum Opfer fällt, so zum Beispiel als Nahrung für Stärkere (Wolf/Rentier) oder durch gänzliche Elimination seiner Art (Dinosaurier).

Wir Menschen haben diese Brutalität der Evolution erkannt. Die Grundlage dafür wurde durch die Evolution selbst hervorgebracht – durch die hohe Entwicklung unseres Gehirns, unserer Intelligenz. Auf sie richtet sich zunehmend unser wissenschaftlicher Fokus – anfangs mangels naturwissenschaftlicher Erkenntnisse überwiegend in Form rein philosophischer Ausschweifungen, dann zunehmend durch psychologische Erklärungen und heute intensiv über neurobiologische und neurophysiologische Forschungen. Allesamt scheinen sie nach jetzigen Erkenntnissen darin zu münden, dass all unser Denken ein elektrochemisches und damit materielles Korrelat hat. Das hat zur Folge, dass heutzutage auch der sogenannte „freie Wille" in Frage gestellt wird. – Das an dieser Stelle weiter auszuführen, würde die Zielrichtung dieses Buches zu sehr verlagern. Die menschliche Fähigkeit zu denken hat dazu geführt, dass wir Angstgefühle entwickelten. Angst um unsere Vergänglichkeit, Angst vor der als brutal empfundenen, evolutionären Selektion unserer ganzen Art oder auch nur der „zu schwachen" Anteile von ihr. Angst oder Schmerz fördern Gegenreaktionen, wie wir aus dem täglichen Leben vielfach erfahren. Unsere Sozialgesetzgebungen kann man als eine Art Versuch der Gegenregulation zum evolutionären Prozess ansehen. Sie sollen unter Mithilfe der „Starken" die „Schwachen" vor der *vorzeitigen evolutionären Elemination* bewahren. Eine spezielle Sozialgesetzgebung, die im Hauptfokus dieses Buches liegt, regelt unsere gesundheitliche Versorgung.

In den vorangehenden Kapiteln konnte ich Ihnen hoffentlich genügend Einblick in das deutsche Gesundheitssystem, speziell das gesetzliche Krankenkassensystem, geben; Ihnen anhand vieler Beispiele die Disharmonie darin aufzeigen und Ihnen Fragen stellen, die Sie vielleicht zum Nachdenken angeregt haben. Wir versuchen gleichsam, fließendes Wasser in einem Bett zu halten, wo es aufgrund seiner natürlichen Fließeigenschaften nicht bleiben möchte. Die Energie, das zu tun, ist größtenteils vergeudet, das Wasser wird es nie danken, denn es denkt nicht darüber nach. Ich hoffe, Sie erkennen die *Unmöglichkeit, fließendes Wasser aufzuhalten.*

Während langer Abende, Nächte und Freizeit, in der dieses Buch entstand, und vielmehr noch durch viele, teils sehr kontrovers geführter Gespräche mit vielen Menschen, habe ich mich oft gefragt: Muss ich meine in diesem Buch vorgeschlagene Denkrichtung in Frage stellen? – Darf man die hier dargelegte Meinung vertreten, ja sogar äußern? – Ich bin zu dem Schluss gekommen: Ja.

Noch einmal: Dieses Buch soll grundsätzlich zum Nachdenken anregen. – Häufig ändert man einen falschen Weg, eine falsche Denkweise oder ein falsches Agieren deshalb nicht, weil man in seiner Konzentration auf die Details so *betriebsblind* wird, dass man sein Tun nicht mehr in Frage stellt. Zudem etablieren sich auf solchen Wegen teils mächtige Konstrukte, die später, wenn doch Zweifel über die Richtigkeit des Tuns aufkommen, so unumstößlich erscheinen, so mächtig geworden sind, dass sie zwingend zum Weitergehen auf diesem Weg mahnen. In meinen Augen ist in unserem aktuellen Gesundheitssystem der wirtschaftliche Aspekt einer der größten, scheinbar unumstößlichen Mahner. Immerhin arbeiten in Deutschland fast fünf Millionen Menschen im Gesundheitswesen und damit in einem der wichtigsten Beschäftigungszweige. Jedes Rütteln an den Grundfesten dieses Systems jagt einem Schauer über den Rücken. Politiker, die es wagen würden, daran etwas zu ändern, sind sich im Klaren, dass *das* Pionierarbeit bedeuten würde, und das hieße unter Umständen, keine persönlichen Vorteile zu erlangen. Ferner die Gefahr, auch keine weitere Legislaturperiode mehr an der Regierung zu sein. Und *das* Risiko geht wohl *kein* Politiker ein. So viel Uneigennützigkeit ist diesen Herrschaften nicht zuzutrauen. Zu mächtig sind mittlerweile Pharmalobby und Selbstverwaltungsstrukturen dieses Systems. Auch viele Ärzte nutzen es mittlerweile sehr zu ihrem Vorteil. Und nicht zu vergessen die Bürger, die immer Angst vor Neuem haben, Angst, ihr Eigentum, sprich Geld, Gesundheit oder Leben zu verlieren. Jede Veränderung des Bestehenden lässt sie sofort auf ihre persönlichen Belange reflektieren. *„Jedem sein Budget"* würde auf den ersten, den affektiven Blick, wahrscheinlich niemand für sich als persönlichen Vorteil erkennen.

In Deutschland wird jedoch versucht, mit dem bestehenden Gesundheitssystem *das Grundprinzip der Evolution aufzuhalten*, das „survival of the fittest", das wir überall um uns herum in Flora und Fauna finden. Und wenn wir unterstellen, und das müssen wir, dass die Natur sich *nur* nach diesem Prinzip weiterentwickelt, werden wir mit *der* Tatsache konfrontiert, dass *auch wir* Teil dieses „survival of the fittest" sind, auch wenn immer wieder Psychologen auf die Bühne treten, die uns einreden wollen, dass wir *von Natur aus soziale Wesen* sind. Denen halte ich aber die Frage vor: Zu welchem Zweck sind wir sozial? Denn ohne Überlebenszweck, funktioniert Evolution nicht und wird sie auch keine sozialen Wesen entstehen lassen.

Hierzu folgendes Zitat von Theodosius Dobzhansky (1900–1975), einem russisch-US-amerikanischen Genetiker, Zoologen und Evolutionsbiologen, der zusammen mit Ernst Mayr als einer der führenden Vertreter der synthetischen Evolutionstheorie gilt, welche die Genetik (Mendelsche Regeln) mit der Evolutionstheorie vereinigte:

> *„Nichts in der Biologie ergibt einen Sinn außer im Licht der Evolution" (189).*

Also warum in alles auf der Welt produzieren wir „Sozialgesetze"? Hat es etwa *den* Sinn, dass die Natur in uns, als deren Produkt, erkennt, dass wir uns aufgrund unseres hohen Intellektes *ohne* solch selbstauferlegte Schranken binnen evolutionsmäßig kürzester Zeit von dieser Welt wieder verabschieden würden? Oder verfolgt sie damit gar den Hintergedanken, uns *gerade durch diese*, von uns erschaffenen, unnatürlichen Sozialgesetze frühzeitig wegzurationalisieren? Und zwar in der Weise, dass wir durch solche sozialen Bestimmungen *überaltern, überkranken* und vielfach nur noch durch unnatürliche Kunstgriffe, wie künstliche Befruchtungen, zur Reproduktion gelangen können? Agiert die Evolution über die *Etablierung der uns selbst auferlegten Sozialgesetze* nicht in gleicher Richtung wie wir es bereits auch mit der Schaffung anderer Vernichtungsstrukturen in evolutionsgeschichtlich kürzester Zeit tun? Hier zu nennen wären: Atombomben, Kernkraftwerke, Ozonschichtvernichter, Genmanipulation, Giftgase, Umweltverschmutzung, Raubbau mit Naturreserven an Bodenschätzen, Fischbeständen und Regenwäldern, deren Vernichtungspotenzial unser hochdifferenzierter Organismus im Grunde schutzlos ausgeliefert ist?

Wenn wir genauer hinschauen, erkennen wir, dass unsere Sozialgesetze langfristig gesehen in der Tat Vernichtungspotential haben. Speziell das derzeitige deutsche Gesundheitssystem ist eine nicht nur finanziell sehr teuer bezahlte Ignoranz und Leugnung eines der wesentlichsten Merkmale der Evolution, nämlich der natürlichen Selektion. Da wir Menschen als Teil dieser Evolution dieses Sozialsystem jedoch selbst einrichteten, hat es in meinen Augen tatsächlich die Aufgabe, die Welt von der sich als „Krönung der Schöpfung" titulierten Spezies Mensch schnellstmöglich zu befreien. Das in der heutigen Form in Deutschland bestehende Gesundheitssystem bedient längerfristig *keine* zum Überleben unserer Art notwendige ökologische Nische, im Gegenteil.

Grundsätzlich besitzt der Mensch die Befähigung, sein Denken und Tun reflektieren zu können. Dieses Denken und Reflektieren ruft jedoch immer emotionale Bewertungen dieses Tuns hervor. Selbst wenn er rückblickend erkennen musste, dass sein Agieren für seine Mitmenschen negativ war, sehen wir in der Geschichte trotzdem, dass er *genau das* immer wieder ignorierte und immer weiter nur nach den evolutionären Instinkten und egoistischen Maximen des „Höher, Besser, Schneller, Weiter und Reicher" agierte. All unsere modernen Errungenschaften, die sich in un-

serem evolutionsmäßig relativ sehr jungen und *bewussten* Denken widerspiegeln, die uns so intelligent, so überragend, so naturwissenschaftlich
weit entwickelt und so überaus sozial vorkommen lassen, spielen sich in
dem Pionier- und Erprobungsfeld der menschlichen Evolution ab. *Im
tiefen Grunde, in unserem unterbewussten Ich, sind wir jedoch noch pri-
mitive, egoistische „Ichs"*. Wir sind Tiere, die „instinktiv" nach ihrem
Vorteil trachten, ob für unseren Nächsten gut oder schlecht, sozial oder
unsozial. Wir Menschen sind eben immer noch *des Menschen Wolf*.
Wer immer noch der Ansicht ist, dass das *nicht* stimmt und damit meiner
daraus resultierend vorgeschlagenen Alternative *„Jedem sein Budget"*
nicht zustimmen könnte, kann den Inhalt dieses Buches eigentlich vergessen.
An dem egoistischen Streben des Menschen änderte bisher auch *die* Tatsache nichts, dass er das einzige Wesen zu sein scheint, das seine Erfahrungen, positive wie negative, auch zukünftigen Generationen in Form
verschiedenster Datenträger, wie Wandmalereien, Papyrus, Papier, Ton-
band, Filmstreifen und aktuell unseren digitalen Medien, mitteilen und
überliefern kann. *„Aus Fehlern lernt man"* trifft für die Spezies Mensch
anscheinend nur sehr bedingt und kurzfristig zu. Das drückt sich umgangssprachlich sehr schön in dem Satz aus: *„Jeder muss seine Erfahrungen selber machen"*. Ständig wiederholen sich die Dinge in der
Menschheitsgeschichte, nur auf jeweils anderem Niveau – seien es nun
grausame Kriege, die früher mit Steinen, Speeren, Pfeil und Bogen,
Schwertern und Vorderladern geführt wurden oder heute mit Bomben,
Nuklearsprengköpfen und unbemannten Drohnen. Früher gab es den
Menschenhandel in Form der Sklaverei, heute bezeichnet man es als Ar-
beitsvermittlung über Leiharbeiterfirmen. Früher kämpften sogenannte
Gladiatoren in Amphitheatern gegen wilde Tiere und sich selbst, heute
schauen wir in großen Sportarenen, wie Fußballspieler mit großem sportlichen Ehrgeiz versuchen, den Ball ins gegnerische Tor zu befördern.
Früher gab es Geisterbeschwörer und Medizinmänner, heute haben wir
hochdotierte Medizinerprofessoren mit Leitlinien und einer maximal
hochgerüsteten Industrie im Hintergrund.
Jeder war und ist zu seiner Zeit mehr oder weniger gleich zufrieden oder
unzufrieden. Der Grund, so denke ich, ist sicher darin zu sehen, dass man

durch oben genannte Möglichkeiten der Erfahrungsüberlieferung zwar Einblick in die Vergangenheit hat und deshalb nur Vergangenes vielleicht trauriger, schlechter, ärmlicher, kurz gesagt: *als veraltet und überholt* einschätzt, aber umgekehrt ist es nicht möglich. In die Zukunft können wir nicht schauen. Obwohl wir aus Fehlern in der Vergangenheit so wenig lernen, sollten wir doch eines daraus ableiten, nämlich dass Menschen immer nach Gefühlen handelten und handeln werden, nicht nach Fakten. Warum führen wir Menschen sonst immer noch Kriege? Die Fakten zählen uns Tote auf, Milliardenschäden, tausende trauriger Schicksale. Aber Gefühle des Hasses und des Neids überflügeln solche Fakten auch heute noch – und deshalb führen wir weiter Kriege. Hier scheinen Gesetze der Natur am Werk zu sein, denen wir *niemals* widerstehen können, obwohl wir es ständig versuchen. Wir versuchen es, weil wir uns den Schwächen bewusst werden, aber sie nicht wahrhaben wollen.

Hierzu ein kleines Beispiel, dass Sie vielleicht an sich selbst schon bemerkt haben: Sie erkennen in bestimmten Bewegungsabläufen, Charakter- und Wesenszügen Teile ihrer elterlichen Abstammung, was Sie anscheinend nicht mögen. Immer wieder versuchen Sie, diese zu verbergen, zu negieren oder zu unterlassen. Aber vergeblich. Die Natur der Gene lässt sich nicht unterdrücken.

Und solche naturvorgegebenen Grundsätze bedingen zum Beispiel auch unsere biologische Alterung, unser Sterben an bisher immer noch nicht beherrschbaren Erkrankungen oder Entwicklungen wie Krebs, Hunger und bestimmten Infektionskrankheiten. Diese uns bewusst werdende Ohnmacht treibt uns an, diese Dinge ändern und beherrschen zu wollen, der Herr über Hunger, Krankheit, Tod und das Altern zu werden. Da das Jungbleiben, das Überlebenwollen der stärkste evolutionär implementierte Trieb ist, ist es mehr als verständlich, dass der Mensch seit jeher versucht, die Unsterblichkeit zu finden. Medizinische Pionierleistungen finden wir vor allem in der ersten Hälfte des 20. Jahrhunderts (siehe Kapitel *„Das Unheil des Machbaren"*). Die Taktik und Systematik die wir uns dafür zurechtlegten und -legen, wurde und wird immer komplexer. Wir haben uns in eine Betriebsblindheit verrannt, die uns, fast im biologischen End-Alter angekommenen, die Grenzen des Machbaren, die hier herrschende körperliche und mentale Insuffizienz, nicht mehr erkennen lässt. Trotzdem geben wir nicht auf, versuchen in ethisch und moralisch kaum zu vertretender Weise auch einen aus Sicht der Natur – entschuldigen Sie bitte die folgende Deutlichkeit – eigentlich nicht mehr lebensfähigen Menschen am Leben zu erhalten oder in *unnatürlicher Weise* ein neues Leben zu erschaffen (siehe Kapitel *„Unheil des Machbaren"*). Die Menge zunehmend chronischer Erkrankungen, eine überalternde Bevölkerung, zunehmende Unzufriedenheit unter den Menschen, Depressionen, Erschöpfung, Fatigue-Syndrom und Burnout sind das gesellschaftliche Spiegelbild dieser Tatsache. Was jedoch so gut wie *nicht mehr* zunimmt, ist der Anteil an dazugewonnener und gleichzeitig qualitativ höherer Lebenszeit. Wir scheinen nicht wahrhaben zu wollen, dass unserer evolutionären Biologie nur ein *endliches* Dasein beschert ist und auch vom heutigen Standpunkt betrachtet dieses Leben trotz Beherrschung fast aller externen Bedrohungen einen *internen OFF-Schalter* besitzt. Den ignorieren wir vielfach in uns oft selbst kasteiender Weise, sowohl in körperlicher als auch in finanzieller Hinsicht. Zum einen durch die dazu eingesetzte, nicht selten quälende und unethische Maximalmedizin, zum anderen durch das „Kasernieren und Durchfüttern" oftmals dementer 80, 90, 100-jähriger in Altenheimen, die eigentlich gar nicht so lange leben wollten und das alles für Unsummen Geld und große Unzufriedenheit bei den dafür Arbeitenden. Wir scheinen auch *nicht* zu bemerken, welchen kommerziell egoistischen Motivationen einer Gesundheitsindustrie wir dadurch riesigen Raum für ihre Geschäfte mit altersbedingten und mittlerweile auch nur „inszenierten" gesundheitlichen Einschränkungen verschaffen, die die Finanzkraft unseres deutschen Gesundheitssystems zunehmend an den Rand bringen.

Ich wünsche jedem, dass er gesund und bei klarem Verstand, mit ausreichend körperlicher Kraft in einem guten sozialen Umfeld ein hohes Alter erreicht. Doch ich befürchte, diese Wünsche werden nur Wenigen erfüllt. Die meisten werden trotz unserer Maximalmedizin und -pflege oder gerade durch sie zwar in ein relativ hohes Alter vorstoßen, aber meist ohne hohe Lebensqualität. Versuchen Sie deshalb, mit Ihrer eigenen Gesundheit sorgsam umzugehen, denn dadurch werden Sie automatisch auch sehr solidarisch handeln. Denken Sie vor allem daran, dass Sie nur *ein einziges Leben* haben. Je mehr Sie Ihrem Organismus mit Fastfood, Tabakwaren, Bewegungsmangel, Schönheitszwängen und dergleichen vorsätzlich schaden, desto weniger werden Sie von Ihrem irdischen Dasein profitieren und desto mehr schaden sie dadurch auch der Solidargemeinschaft. Und fangen Sie am besten gleich damit an. Denn, und da möchte ich Ihnen einen Gesangstitel von Udo Jürgens nennen: *„Heute beginnt der Rest Ihres Lebens"* – Heute!!!

Denken Sie daran, die Medizin ist bei weitem nicht so effektiv, wie Ihnen vorgegaukelt wird. Viele medizinische Therapien, insbesondere medikamentöser Art, auch wenn sie uns „leitliniengerecht" von großen Koryphäen und Professoren gepredigt werden – wie ich Anfang 2013 wieder auf unserem großen Frankfurter Schmerzkongress empfand – beschreiben meines Erachtens einen überwiegend chemischen Blindflug in einem für uns nach wie vor äußerst unbekannten, biokybernetischen Makrokosmos, dessen biochemisches und elektrisches Agieren uns durch unsere unermüdliche Forschung nach wie vor immer nur minimale Einblicke gewährt. Davon zeugen die ständigen Diskrepanzen zwischen den wunderschön und schlüssig dargebotenen Forschungsergebnissen und deren praktischer Umsetzung in unserer alltäglichen Patientenbehandlung.

Der Gesundheitssektor ist in erster Linie ein gigantischer Wirtschaftszweig. Auch westeuropäische *Alternativmediziner* bieten Ihnen mit ihrer „Guru-Medizin, Bioresonanzauspendelei (bitte *nie* verwechseln mit Biofeedback!), homöopathischer Globuliverteilung, osteopathischem Getatsche, Irisdiagnostik, Akupunktiererei und Schlangengiftspritzerei" oftmals nur viel alternativen Quatsch an, um vornehmlich an Ihr Geld zu kommen. Die eigentlich sehr löbliche und ganzheitliche Betrachtung des menschlichen Organismus beherrschen die Wenigsten. Seien Sie also immer auf der Hut. Vgl. (8 S. 174) (185).

Vielfach hört man von Leuten auch immer wieder diese eingebrannten Unwahrheiten, dass der „niederländische" Physiotherapeut der Beste sein soll, weil in den Niederlanden eine andere Ausbildung stattfindet, der asiatische, oder zumindest dort in Ausbildung gewesene Akupunkteur die TCM (traditionell chinesische Medizin) am perfektesten beherrscht. Dazu kann ich nur sagen: Sowohl in den Niederlanden als auch in China oder Deutschland gibt es Menschen mit zwei linken Händen und einem niedrigeren IQ. Die Qualität liegt immer im Individuum begründet, in seiner naturgegebenen Voraussetzung sowohl für körperliches Geschick, Einfühlungsvermögen als auch in seiner geistigen Intelligenz. Was jeder daraus macht oder machen kann, liegt primär an ihm selbst, nicht an China, den Niederlanden oder Deutschland. Somit kann auch ein deutscher Physiotherapeut durchaus effektiver sein als der niederländische.

Wir sollten umdenken und einlenken in der Weise, dass wir auf die Natur hören, deren biokybernetische Regeln befolgen, auch wenn sie für das kurzzeitige Erdendasein des Einzelnen leider nicht immer Erfolgserlebnisse bereithält. Wir sollten den betriebsblinden Pfad des medizinisch Machbaren zu Gunsten einer allgemein höheren Zufriedenheit verlassen. Der Preis wäre allerdings, den Überlebenstrieb der Gesamtpopulation im Wert über den des Einzelnen zu stellen, so wie es die Natur immer vorsieht. Da der Mensch mittlerweile alles auf dieser Welt in Geldwerten beziffert, so auch ein Menschenleben, würde sich diese Bewertung auch im finanziellen niederschlagen. Das derzeitige Vorgehen, auch die kleinsten Befindlichkeitsstörungen mit ärztlicher Hilfe zu befriedigen, medizinische Maximalversorgung auch in den aussichtslosesten Fällen zu betreiben, unablässig chronische Krankheiten zu fördern und den dazu notwendigen, riesigen kommerziellen Überbau zu finanzieren, scheint in vielerlei Hinsicht für die Gesamtpopulation zu belastend zu sein.

„Jedem sein Budget" habe ich auch von der Warte aus konzipiert, unseren Kindern und Kindeskindern hoffentlich noch eine langfristigere und stabilere gesundheitlich auskömmliche Perspektive aufzuzeigen und um vielleicht vielen Menschen eine individuellere und damit vielleicht positivere Lebensqualität bescheren zu können. Man muss nur genau darüber nachdenken und erkennen, wie man auf dem Weg der eigenverantwortlichen Gesundheitsüberwachung aus vielen Verhaltensweisen und Behandlungsmöglichkeiten, die einem in sowohl seelischer als auch körperlicher Hinsicht weiterhelfen könnten, viel bewusster und geradliniger selektieren könnte. Denn niemand würde Unnützes im Sinne seines natürlichen und egoistischen Strebens aus *seinem eigenen Budget* bezahlen. Ich frage Sie: Wer von Ihnen, der heute in der sogenannten chronologischen „Mitte seines Lebens" steht, würde zu einer intensivmedizinischen Maximaltherapie *seiner* Person in hohem Alter „Ja" sagen, wer sieht sich gerne einsam in einem Altenpflegeheim dahinvegetieren, ohne noch ein konkrete-

res Lebensziel außer dem Tod zu haben, wer sieht bei einer ganz offensichtlich infausten Krebsdiagnose noch den Nutzen in lebensverlängernden Operationen, Bestrahlungen oder Chemotherapie? Ist es nicht oft nur der medienmanipulierte Mensch, der so etwas mit sich machen lässt? – Aber zugegeben, die Hoffnung stirbt immer zuletzt, und die Ratio wird am Lebensende zunehmend von einem häufig irrationalen Überlebenswillen verdrängt.

Eine wahre Begebenheit:

Bei mir stellte sich vor etwa einem Jahr eine Patientin vor, Apothekerin, Anfang 40, Diagnose: Vaginal-Karzinom (Scheidenkrebs), mehrfach operiert, bestrahlt, chemotherapiert. Prognose infaust. Sie kam zu mir wegen Schmerzen im Unterbauchbereich. Man hatte ihr bereits gesagt, weitere Maßnahmen wären im Grunde zwecklos und ein erneutes, invasives Vorgehen wurde für die Zukunft von den behandelnden Ärzten *definitiv* ausgeschlossen. Trotzdem riet man ihr, in sechs Monaten zu einer erneuten, (teuren) MRT-Untersuchung (Magnetresonanztomographie) zu kommen, um zu schauen, ob und in wieweit das Tumorwachstum vorangeschritten sei. Zur Unterdrückung vorhandener Schmerzen gab ich ihr Morphin und führte mit ihr lange Gespräche. Unter anderem habe ich ihr vermitteln können, dass *das Einzige*, was sie durch die geplante MRT-Untersuchung „bewegen" würde, ihr Kopf, ihre Gedanken wären, sonst gar nichts. Und so konnte ich ihr die Untersuchung ausreden. Die Patientin verstarb vier Monate nach unserem Erstkontakt relativ plötzlich an ihrem Krebs, hatte mir über den Hausarzt aber noch mitteilen lassen, dass sie durch unsere Gespräche noch eine sehr zufriedene Zeit bis zu ihrem Tod hatte. – Nähmen wir nun mal an, sie hätte an der MRT-Untersuchung festgehalten, dann wäre ihre Restlebenszeit überflüssigerweise mit vier bangen Gedankenmonaten hin auf diese MRT-Untersuchung bestückt worden, obwohl sie von vorne herein *ohne jegliche Konsequenz* gewesen wäre. Ohne über diese MRT-Untersuchung nachdenken zu müssen, waren ihre letzten Monate – von ihr selbst gesagt – lebenswerter gewesen.

Mitleid ist eine von der Natur in unsere Spezies implementierte Gefühlskompetenz, die anscheinend je nach Bedarf an- und abgeschaltet werden kann. Wenn wir Tiere zu unserem Verzehr töten oder Menschen aus Hass umbringen oder Soldaten sich im Krieg gegenseitig erschießen, scheint Mitleid keine große Rolle zu spielen. In unserer organisierten Betreuung von kranken und alten Menschen scheint aber die dazu eingerichtete Sozialpolitik, speziell unsere Gesundheitspolitik, neben Erhaltung und Wiederherstellung von Arbeitskraft, die modernere Bezeichnung für Mitleid geworden zu sein. Dieses Mitleid ist der stärkste Motor für eine gigantische Wirtschaft und ein Bürokratiemonster in Form unseres Gesundheitssystems. Aber beachten Sie, alles auf dieser Welt ist relativ. Auch dieses Mitleid, diese Sozialpolitik, fördert genau das, was sie letztendlich hervorbringt, nämlich das, was wir zu bemitleiden haben. Insofern ist es ein sich selbst unterhaltendes System. Da es aber kein *Perpetuum mobile* gibt, wird diese Sozialpolitik, dieses Mitleid, uns genau dahin befördern, wohin es der Lauf der Evolution hintreibt, nämlich in die Elimination der Spezies Mensch von diesem Planeten.

Man sollte nicht unbedingt unterstellen, dass ein Hinwenden mehr *zum natürlichen Lauf der Dinge* ein Entwicklungsrückschritt bedeutet. Ich würde sogar behaupten, es wäre die Umkehr aus einer Sackgasse. – Oder würden Sie unsere elektroniküberfrachtete Welt mit Fortschritt gleichsetzen? Fortschritt sollte immer „Vorteile" für die Menschheit implementieren. Sehen Sie darin einen Fortschritt, dass junge Leute kaum noch miteinander reden, sondern überwiegend mittels „SMS, MMS oder WhatsApp"-Nachrichten kommunizieren? Dass wir kaum noch leserlich schreiben können, weil im Rahmen der Bedienung der QUERTZ-Tastatur rund um die Uhr unsere „manuelle Federführung" zum Rudiment verkümmert? Dass wir immer und überall „mobil-telefonisch" erreichbar sind? Ist der innerhalb Sekunden nicht nur mögliche, sondern auch stattfindende, weltumspannende Informationsaustausch für die Menschheit nur vorteilhaft? Über Nachrichten erfahren wir in Sekundenschnelle, wo auf der Welt wieder Krieg ausgebrochen ist, wo eine Wirtschaftskrise droht, wo Regierungen gestürzt werden. Das ist für unser Zentralnervensystem Reizüberflutung pur, auch „Stress" genannt. – Ich denke, es ist einfach nur das *vermeintliche* Erkennen einer bequemeren Lebensweise gegenüber früher, das wir gemeinhin als „Fortschritt" bezeichnen. Die damit einhergehende Reizüberflutung wird uns jedoch nicht bewusst. – Einen alten oder auch jüngeren Menschen, dessen Biologie einfach erschöpft ist, *einfach mal sterben zu lassen* empfinde ich als fortschrittlicher, ethisch und moralisch vertretbarer, als an ihm *den sportlichen Ehrgeiz* des medizinisch Möglichen zu praktizieren, insbesondere durch unerfahrene und darüber noch nicht reflektierende Jungmediziner. Einen *ausgelebten* Menschen unter Umständen wochenlang zu quälen, die Solidargemeinschaft für diesen „Sport" mit Unsummen Geldes zu belasten, um am Ende doch zweiter Sieger zu bleiben oder einen biologisch alten Menschen durch „Reanimation", mit den en vogue gewordenen Laien-Defibrillatoren ins Leben zurückzuerobern, ihn Wiederzubeleben, was er vielleicht gar nicht wollte, und der dann tagtäglich wieder in den Spiegel seiner selbst schaut, der ihm brutal vor Augen führt, welch drastische Leistungseinbußen er nach seiner Rettung nun zu tragen hat, erachte ich in höchstem Maße als unsozial. – Jedes sich analog so quälende Tier würde man einschläfern lassen. Aber besonders in Deutschland lässt man Menschen – medizinunterstützt – häufig elendiglich und langsam *verrecken*. – Es ist in meinen Augen ein eher unsoziales und unnatürliches Sozialsystem, welches wir als *fortschrittlich* bezeichnen.

Ich bin der Ansicht, dass viele unserer derzeitigen medizinischen Möglichkeiten unter dem bekannten Strich wirklich *nicht* zu einem zufriedenen und besseren Leben beitragen. Aber das ist immer persönliche Ermessensfrage, die jeder für sich entscheiden dürfen sollte und weder durch ein politisches Imperat noch den medizinischen Eid unpersönlich und oft unabhängig vom Empfinden des eigentlich Betroffenen entschieden werden darf.

Da das komplette „sich selbst überlassen bleiben" des Einzelindividuums, also Mensch gegen Natur, ohne finanzielle Unterstützung durch die Solidargemeinschaft das andere Extrem darstellen würde, sähe ich in meinem Vorschlag des *„Jedem sein Budget"* einen guten Kompromiss.

Wer im Hinblick auf medizinische Versorgung, die zur Zeit – systeminduziert – durch immer weniger werdende Beitragszahler (zu alt, zu krank) und budgetierte medizinische Berufsgruppen geschultert wird, weiterhin strikt gegen eine finanzielle Deckelung der Gesamtbevölkerung und damit auch des Einzelindividuums ist, dem empfehle ich, zum Kitzeln seiner sozialen Gehirnwindungen einmal auf einer internistischen Intensivstation zu hospitieren. Dort versuchen Gutmenschen tagein, tagaus mit enormem körperlichen, zeitlichen, medizintechnischen und chemischem Aufwand *biologisch ausgelebtem Leben* gemäß „harter Daten", sprich Blut- und Beatmungsparametern und sonstiger bekannter Statistiken leitliniengerecht immer noch ein paar Wochen oder Monate vermeintlich „lebenswerte" Zeit abzuringen. Alternativ kann er sich auf einem Schlachthof einmal umschauen, wo wie am Fließband *Lebewesen* mit Schlachtschussapparaten, elektrischen Stromschlägen und Kohlendioxid für Ihre Steaks getötet werden, oder – für unsere jüdischen und islamistischen Mitbürger – Tiere durch Schächten verenden (ihnen werden bei lebendigem Leibe Halsschlagadern, Luft- und Speiseröhre aufgeschnitten, infolge dessen die Tiere erst Minuten später unter Schmerzen und Erstickungsnot verenden). Wenn Sie sich dann vor lauter Ekel oder mentaler Hilflosigkeit vom dortigen Geschehen abwenden und nicht entscheiden können, was „sozial" bedeutet, sollten Sie an der Diskussion um die Begrenzung finanzieller Mittel im Gesundheitswesen *nicht* weiter teilnehmen. Denn Menschen, die nicht das Rückgrat haben, auch für sie unangenehme Entscheidungen zu treffen, sollten es dann wirklich anderen überlassen. Eine Vogel-Strauß-Politik nach dem Motto „Ich kann es nicht mit ansehen, aber irgendwer wird's schon richten" gibt es in der Natur nicht.

Ausnahmslos jeder, dem ich meinen Vorschlag *„Jedem sein Budget"* unterbreitet habe, reflektierte sogleich auf zwei Dinge – erstens: *„ich"* und zweitens: wenn zum Schluss *„für mich"* kein Geld mehr da wäre. Man erkennt immer wieder, dass Lebewesen, in dem Fall wir Menschen, bei Veränderungen ihres Umfeldes grundsätzlich erst ihre *persönliche* Betroffenheit und *persönliche* Bedrohung abchecken, nicht die ihrer Artgenossen. Nur „Gesundheit und Überleben" ist ihr naturimpliziertes, höchstes Gut. Und das drückt sich heutzutage in hoffentlich ausreichend vorhandenem und „über alles geliebtem *Geld"* aus. – Meine Gesprächspartner bedachten bei der Reflexion über das *„Jedem sein Budget" nie* den doch eigentlich immensen Finanzrahmen, den das Modell vorsieht, sondern selektierten zielstrebig sofort nur *ihren persönlichen „worst case"* heraus, also *ihre* persönliche finanzielle Grenze, nicht etwa die des

Sozialverbandes. Und genau an solchen persönlichen Grenzen agiert ständig unser evolutionärer Verstand. Ab dieser Grenze wird immer nur nach dem *„Ich"*, dem „Höher, Besser, Schneller, Weiter und Reicher" getrachtet oder andersherum, gegen den Verlust von Gesundheit und Geld gekämpft. Ein primitives aber klassisches Denkmuster. „Was passiert *mir*, wenn ich an *meine* Grenzen komme, was passiert *mir*, wenn *ich* krank und pflegebedürftig werde, was passiert *mir*, wenn *für mich* kein Geld mehr da ist, was passiert *mir*, wenn *meine* eigene Kraft nicht mehr reicht?" Auf solchen Fragen basiert unser ganzes Sozialsystem.

Solange in finanziell unbegrenztem Maße medizinische Versorgung in Aussicht gestellt wird, werden viele, zu viele, das dafür notwendige Geld unbekümmert und im wahrsten Sinne des Wortes „verfressen, versaufen, verrauchen" oder mit anderem gesundheitswirtschaftlichen Fehlverhalten unethisch und unsolidarisch verprassen. Es führt zu einer übermäßigen und überflüssigen Inanspruchnahme häufig nicht notwendiger medizinischer Leistungen. Und solange kein pekuniäres Damoklesschwert eines *„eigenen Budgets"* dieses Verhalten zumindest teilweise eindämmt, werden obendrein auch ausführende Medizinergruppen, Verwaltungsorgane und Industriezweige gerade *denen* das bitter notwendige Geld wegnehmen, die Sie in ihrer Argumentation häufig als (noch) lebende Schutzschilde hernehmen. So zum Beispiel *krebskranke Kinder* oder die unverschuldet *gesundheitlich Ärmsten der Armen*.

Will man die derzeitigen Norm- und Wertevorstellungen erhalten, hat jeder einzelne Bürger in diesem Staat einzusehen, dass auch er aktiv dazu beitragen muss. – Hat jemand von Natur aus Gebrechen oder kommt er unverschuldet zu solchen, soll ihm die Unterstützung der Allgemeinheit sicher sein, unterstützt er das System jedoch nicht selbst aktiv, so soll er auch die Nachteile zu spüren bekommen. – Das Argument, dass es in der Regel immer die Armen trifft, lasse ich hier nicht gelten, sondern behaupte im Umkehrschluss, dass Menschen unter anderem dadurch arm werden, dass schon der Einzelne nicht von Beginn an *aktiv* etwas dagegen unternimmt. Wenn man erst einmal hinten in der Schlange steht, ist es kaum noch möglich, sich an den Wölfen des eigenen Rudels vorbei nach vorne zu bewegen.

Wer hingegen argumentiert, dass wir uns unbegrenzte medizinische Versorgung leisten können, weil Deutschland ein reiches Land sei, das ja nicht einmal bankrotte Länder „sterben lässt", sondern dafür sogar noch zusätzlich *hunderte Milliarden Euro* locker mache, den kann ich auch verstehen. Unverständlich ist mir *dann* allerdings, weshalb bei unserem *zweithöchsten* Gut mit derart harten Bandagen um unser *höchstes* Gut gefeilscht wird, wo es hier doch um vergleichsweise geringere Summen geht.

Der englische Philosoph und Staatsmann *Francis Bacon* (1561–1626), beschrieb bereits zu seiner Zeit, was auch heute noch gilt, insbesondere im Hinblick auf eine Sozialgesetzgebung:

> *„Wer die Natur beherrschen will, muss ihr gehorchen".*
> *Vgl. (3 S. 351).*

Literaturverzeichnis

1. *Vom Schwinden der Solidarität.* **Schröder, Lothar.** Rheinische Post Düsseldorf, Ausgabe Mönchengladbach/Rheydt von Montag, 10. Dez. 2012, S. C6.

2. *Armutsflüchtlinge: Minister fordert Städte zu schärferen Kontrollen auf.* **Hüwel, D./Mayntz, G.** Rheinische Post Düsseldorf, Ausgabe Mönchengladbach/Rheydt von Samstag, 23. Feb. 2013, S. A1 - Titelseite.

3. **Vester, Frederic.** *Die Kunst vernetzt zu denken. Ideen und Werkzeuge für einen neuen Umgang mit Komplexität.* 8. Auflage, München : dtv, 2011. ISBN 978-3-423-33077-0.

4. **Wikipedia.** Sozialdemokratie. [Online] http://de.wikipedia.org/wiki/Sozialdemokratie; Tag des letzten Zugriffs 17. Nov. 2013.

5. **Aschenbrenner, Cord.** Wie viele Menschen kann die Erde ernähren? *natur – Das Magazin für Natur, Umwelt und besseres Leben.* 10/2011. nachzulesen unter: http://www.natur.de/de/20/Wie-viele-Menschen-kann-die-Erde-ernaehren,1,, 1060.html?search=Wie%20viele%20Menschen%20kann%20die%20Erde%20ern %C3%A4hren?; Tag des letzten Zugriffs: 17. Nov. 2013.

6. **Hamburg, Statista GmbH.** Statistiken zur Weltbevölkerung. [Online] http://de.statista.com/themen/75/weltbevoelkerung/; Tag des letzten Zugriffs: 17. Nov. 2013.

7. **Deutsche Stiftung Weltbevölkerung (DSW), 30459 Hannover.** Wie viele Menschen werden in Zukunft auf der Erde leben? [Online] http://www.weltbevoelkerung.de/ fileadmin/user_upload/PDF/Infoblaetter/infoblatt-entwicklung-und-projektionen.pdf; Tag des letzten Zugriffs: 17. Nov. 2013.

8. **Lovelock, James.** *Gaias Rache.* 2. Auflage, Berlin : Ullstein, 2010. ISBN 978-3-548-37210-5.

9. **Deutsche Gesellschaft für Biomedizinische Technik, 60596 Frankfurt am Main.** Chronische Erkrankungen und Demographie. [Online] http://www.praeventive-mikromedizin.de/WBB/PMM/Chronische+Erkrankungen+und+Demographie/; Tag des letzten Zugriff: 17. Nov. 2013.

10. **Organisation-for-Economic-Cooperation-and-Development, OECD -.** OECD Health Data 2013 - How Does Germany Compare. [Online] http://www.oecd.org/ health/health-systems/Briefing-Note-GERMANY-2013.pdf; Tag des letzten Zugriffs: 23. Nov. 2013.

11. **Berlin, Institut für Chemie der Freien Universität.** Der Mensch: chemische Zusammensetzung. [Online] http://www.chemie.fu-berlin.de/medi/suppl/ mensch.html; Tag des letzten Zugriffs: 17. Nov. 2013.

12. Griechische Götter. [Online] http://www.tabelle.info/griechische_goetter.html; Tag des letzten Zugriffs: 18. Nov. 2013.

13. **Hawking, Stephen / Mlodinow, Leonard.** *DER GROSSE ENTWURF. EINE NEUE ERKLÄRUNG DES UNIVERSUMS.* 1. Auflage, Hamburg : Rowohlt Verlag, 2010. ISBN 978-3-498-02991-3.

14. **Geißler, Heiner.** *Sapere aude! Warum wir eine neue Aufklärung brauchen.* 2. Auflage, Berlin : Ullstein, 2012. ISBN 978-3-550-08881-0.

15. **Die Bibel.** Stuttgart : Stuttgarter Vereins=Buchdruckerei, 1915. Großoktav=Ausgabe.

16. **Risi, Armin.** Kritik am Darwinismus. [Online] http://science-of-involution.org/de/Kritik_am_Darwinismus.html; Tag des letzten Zugriffs: 18. Nov. 2013.

17. **Lennox, John.** *Stephen Hawking, das Universum und Gott.* 2. Auflage, Witten : SCM-Verlag GmbH & Co. KG, 2012. ISBN 978-3-417-26389-3.

18. DINOSAURIER.TK. [Online] http://home.arcor.de/daniel.bodach/dino/00000091e50903501/index.html; Tag des letzten Zugriffs: 18. Nov. 2013.

19. **Wikipedia.** Mensch. [Online] http://de.wikipedia.org/wiki/Mensch#cite_ref-1; Tag des letzten Zugriffs: 18. Nov. 2013.

20. **Darwin, Charles.** *Die Entstehung der Arten.* [Übers.] Deutsche Übersetzung von Carl W. Neumannn. Stuttgart : Philipp Reclam Jun., 2010. ISBN 978-3-15-003071-4.

21. **Dawkins, Richard.** *DIE SCHÖPFUNGSLÜGE. Warum Darwin Recht hat.* 1. Auflage, Berlin : Ullstein Buchverlage, 2012. ISBN 978-3-548-37427-7.

22. **Wikipedia.** Survival of the Fittest. [Online] http://de.wikipedia.org/wiki/Survival_of_the_Fittest; Tag des letzten Zugriffs: 18. Nov. 2013.

23. —. Rangordnung (Biologie). [Online] http://de.wikipedia.org/wiki/Rangordnung_%28Biologie%29; Tag des letzten Zugriffs: 18. Nov. 2013.

24. **Haus, K.-M./Held, C./Kowalski, A./Krombholz, A./Nowak, M./Schneider, E./Strauß, G./Wiedemann, M.** *Praxisbuch Biofeedback und Neurofeedback.* Berlin, Heidelberg : Springer, 2013. ISBN-13 978-3-642-30178-0.

25. **Zimmer, Dieter E.** *Ist Intelligenz erblich?* 2. Auflage, Reinbek : Rowohlt Verlag, 2012. ISBN-10:3-498-07667-1.

26. **Rost, Detlef H.** *Intelligenz - Fakten und Mythen.* Weinheim/Basel : Psychologie Verlagsunion, 2009. ISBN-10:3-621-27646-7.

27. **Rüegg, Johann Caspar.** *Gehirn, Psyche und Körper.* 5. Auflage, Stuttgart : Schattauer GmbH, 2011. ISBN 978-3-7945-2652-9.

28. **Vester, Frederic.** *Denken Lernen Vergessen. Was geht in unserem Kopf vor, wie lernt das Gehirn, und wann läßt es uns im Stich?* Stuttgart : dva, 1975. ISBN 3-421-02672-6.

29. **Rensing, Ludger/Koch, Michael/Rippe, Bernhard/Rippe Volkhard.** *Mensch im Stress. Psyche, Körper, Moleküle.* 1. Auflage, München : Spektrum Akademischer Verlag, 2006. ISBN 3-8274-1556-X.

30. **Fette, Harald.** Psychoakustik - Hören Sie den Unterschied? [Online] http://www.spektrum.de/alias/psychoakustik/hoeren-sie-den-unterschied/829642; Tag des letzten Zugriffs: 18. Nov. 2013.

31. **Rief, Winfried/Birbaumer, Niels.** *Biofeedback.* 3. Auflage, Stuttgart : Schattauer GmbH, 2011. ISBN-10:3-7945-2748-8.

32. **Precht, Richard David.** *WER BIN ICH und wenn ja, wie viele? EINE PHILOSO-PHISCHE REISE.* 1. Auflage, München : Goldmann Verlag, Oktober 2012 (Taschenbuchausgabe). ISBN 978-3-442-15528-6.

33. **Ledoux, Joseph.** *DAS NETZ DER GEFÜHLE. WIE EMOTIONEN ENTSTEHEN.* 5. Auflage, München : dva, 2010. ISBN 3-446-19308-1.

34. **Pöppel, Ernst / Wagner, Beatrice.** *Je älter desto besser. Überraschende Erkenntnisse aus der Hirnforschung.* München : Gräfe und Unzer, 2010. ISBN 978-3-8338-1867-7.

35. **Schmidt, R.F./Thews, G.** *Physiologie des Menschen.* 19. Auflage, Würzburg : Springer Verlag, 1977. ISBN 3-540-08378-2.

36. **Klammer, Paul.** Nie wieder krank. *focus.* 48/12.

37. **Hoeh, Matthias.** Illusionen. [Online] http://www.optischetaeuschungen-online.de/optischet%E4uschungen/kipp.php; Tag des letzten Zugriffs: 18. Nov. 2013.

38. **Singer, Peter.** *Animal Liberation.* s.l. : Perennial, 2009. ISBN 0-06-171130-6.

39. **Precht, Richard David.** *Die Kunst, kein Egoist zu sein. Warum wir gerne gut sein wollen und was uns davon abhält.* 2. Auflage, München : Goldmann-Verlag, 2012 (Taschenbuchausgabe). ISBN 978-3-442-15631-3.

40. **Dunbar, R.I.M.** Coevolution of neocortical size, group size and language in humans. *Behavioral and Brain Sciences.* 1993, 16(4), S. 681-735.

41. **Krotoski, Aleks.** Robin Dunbar: we can only ever have 150 friends at most.... [Online] 14.3.2010. http://www.guardian.co.uk/technology/2010/mar/14/my-bright-idea-robin-dunbar; Tag des letzten Zugriffs: 18. Nov. 2013.

42. **Skidelsky, Robert & Edward.** *Wie viel ist genug?* München : Antje Kunstmann, 2013. ISBN 978-3-88897-822-7.

43. **Lyne, Adrian.** *Ein unmoralisches Angebot.* [Aut.] Roman: Jack Engelhardt. [Interpr.] Robert Redford/Demi Moore/Woody Harrelson. Paramount, 1993. nachzulesen unter: http://www.kino.de/kinofilm/ein-unmoralisches-angebot/23350; Tag des letzten Zugriffs: 23. Nov. 2013.

44. **Thewes, Frank, et al.** Wen würde Ihr Geldbeutel wählen? *Focus.* Nr. 36/2013, S. 21.

45. **Aachener Stiftung Kathy Beys - 52062 Aachen.** LEXIKON DER NACHHALTIGKEIT - Happy Planet Index. [Online] http://www.nachhaltigkeit.info/artikel/happy_planet_index_1866.htm; Tag des letzten Zugriffs: 14. Dez. 2013.

46. **Centre for Well-being - wellbeing@neweconomics.org.** Happy Planet Index. [Online] http://www.happyplanetindex.org/data/; Tag des letzten Zugriffs: 14. Dez. 2013.

47. **Wikipedia.** Geld. [Online] http://de.wikipedia.org/wiki/Geld; Tag des letzten Zugriffs: 23. Nov. 2013.

48. —. homo homini lupus. [Online] http://de.wikipedia.org/wiki/Homo_homini_lupus#cite_note-0; Tag des letzten Zugriffs: 23. Nov. 2013.

49. **Der-Deutsche-Bundestag.** Grundgesetz für die Bundesrepublik Deutschland. [Online] http://www.gesetze-im-internet.de/bundesrecht/gg/gesamt.pdf; Tag des letzten Zugriffs: 23. Nov. 2013.

50. **Bauer, Joachim.** *DAS KOOPERATIVE GEN. Evolution als kreativer Prozess.* München : Heyne Verlag, 2010. ISBN 978-3-453-60133-8.

51. *Callcenter betrügen 33000 Senioren.* **Schwerdtfeger, Christian.** Rheinische Post Düsseldorf, Ausgabe Mönchengladbach/Rheydt, von Freitag, 20. Dez. 2013, S. A1 - Titelseite.

52. **Busch, Wilhelm.** *Julchen. Julchen,das Wickelkind.* [Hrsg.] Rolf Hochhuth. 12. Auflage, München : Bertelsmann Lesering, 2008. S. 274. Bd. II. ISBN 3570030040.

53. **Wikipedia.** Sozialdemokratie. [Online] http://de.wikipedia.org/wiki/ Sozialdemokratie, Tag des letzten Zugriffs: 23. Nov. 2013.

54. —. Karl Kautsky. [Online] http://de.wikipedia.org/wiki/Karl_Kautsky, Tag des letzten Zugriffs: 23. Nov. 2013.

55. *Depardieu schreibt verbitterten Brief.* **Kaelberlah, Juliane.** Rheinische Post Düsseldorf, Ausgabe Mönchengladbach/Rheydt, von Mittwoch, 19. Dezember 2012, S. A8.

56. **Spitzer, Manfred.** *Dopamin & Käsekuchen. Hirnforschung à la carte.* Stuttgart : Schattauer Verlag, 2011. ISBN 978-3-7945-2813-4.

57. **Winter, Jan Hendrik.** ADENAUER MACHT SCHULE. [Online] Didaktische Materialien der Stiftung Bundeskanzler-Adenauer-Haus, 2009. PDF-Datei Seite 17. http://www.adenauerhaus.de/downloads/Adenauer_macht_Schule/ PRPraesident AdenauerEndversionneu.pdf; Tag des letzten Zugriffs: 23. Nov. 2013.

58. **Hauke, Reinhard.** Skrupellose Menschenzucht. [Online] 16. August 2006. http://nachrichten.freenet.de/wissenschaft/geschichte/skrupellose-menschenzucht_738216_533364.html; Tag des letzten Zugriffs: 23. Nov. 2013.

59. **FOCUS-online.** Francis Galton: Bemühungen um den „perfekten" Menschen. [Online] 11.03.2009. http://www.focus.de/wissen/mensch/francis-galton-bemuehungen-um-den-perfekten-menschen_aid_375562.html; Tag des letzten Zugriffs: 23. Nov. 2013.

60. **Meier, Christiane.** Wunschkind @us dem Internet. [Online] Südwestrundfunk; Aus der Reihe: Teleglobus, 2000. http://www.materialserver.filmwerk.de/arbeitshilfen/ wunschkind_ah.pdf; Tag des letzten Zugriffs: 23. Nov. 2013.

61. **Von Blech, Jörg/Lakotta, Beate/Noack, Hans-Joachim.** Babys auf Rezept. *Der Spiegel.* 4/2002, 21.01.2002. auch nachzulesen unter: http://www.spiegel.de/ spiegel/print/d-21251310.html; Tag des letzten Zugriffs: 23. Nov. 2013.

62. **Bild.de.** Künstliche Eizellen und Sperma aus Stammzellen – Sind Männer UND Frauen zukünftig überflüssig? [Online] http://www.bild.de/ratgeber/gesundheit/sperma/stammzellen-10262904.bild.html; Tag des letzten Zugriffs: 23. Nov. 2013.

63. **Spiegel-online-Wissenschaft.** Mäuseversuch: Forscher züchten funktionsfähige Eizellen aus Stammzellen. [Online] 4.10.2012. http://www.spiegel.de/wissenschaft/medizin/forscher-zuechten-eizellen-aus-stammzellen-in-der-maus-a-859489.html; Tag des letzten Zugriffs: 23. Nov. 2013.

64. **stern.de.** Britische Klinik verlost menschliche Eizelle. [Online] 14.03.2010. http://www.stern.de/wissen/mensch/fragwuerdige-werbeaktion-britische-klinik-verlost-menschliche-eizelle-1550821.html; letzter Zugriff: 23. Nov. 2013.

65. **focus.msn.de-(Quelle).** Europäisches Patent auf menschliches Sperma - kommerzielle Menschenzucht? [Online] 5.10.2004. http://www.shortnews.de/id/540487/europaeisches-patent-auf-menschliches-sperma-kommerzielle-menschenzucht; Tag des letzten Zugriffs: 23. Nov. 2013.

66. **iTection-in-35447-Reiskirchen.** Eizelle zu gewinnen! [Online] http://www.ich-sag-das.de/partnerschaft-gesundheit-familie/eizellen-bei-preisausschreiben-zu-gewinnen; Tag des letzten Zugriffs: 23. Nov. 2013.

67. **Holt, D.** Amerikanische Forscher erzeugen 30 genmanipulierte menschliche Babys. [Online] 4.07.2012. http://info.kopp-verlag.de/drucken.html?id=8937; Tag des letzten Zugriffs: 23. Nov. 2013.

68. **Then, Christoph, Tippe, Ruth.** Schwarze Liste erteilter europäischer Biotech-Patente 2009-2011. [Online] Testbiotech e.V., Frohschammerstr. 14, 80807 München, 11/2011. http://www.testbiotech.de/sites/default/files/BlackList_Patente_de_0.pdf; Tag des letzten Zugriffs: 23. Nov. 2013.

69. **Sauer, Birgit.** Entstehung der privaten Krankenversicherung. [Online] http://www.parteien-online.de/finanzen/entstehung-der-PKV/; Tag des letzten Zugriffs: 23. Nov. 2013.

70. **Szarek, Danuta.** Beitragspreller schulden deutschen Krankenkassen Hunderte Millionen Euro. [Online] focus-online, 22.08.2012. http://www.focus.de/finanzen/versicherungen/krankenversicherung/dramatische-finanzierungsluecke-beitrags-preller-schaedigen-deutsche-krankenkassen-um-hunderte-millionen-euro_aid_803985.html; Tag des letzten Zugriffs: 23. Nov. 2013.

71. **Gesundheitsberichterstattung-des-Bundes.** Bevölkerung zum Stichtag 31.12. des jeweiligen Jahres. [Online] nach Eingabe o.g. www.: unter Recherche und Themen > Rahmenbedingungen > Bevölkerung > Bevölkerungsstand > Tabelle: Bevölkerung am Jahresende. http://www.gbe-bund.de/; Tag des letzten Zugriffs: 23. Nov. 2013.

72. **Bundesministerium der Justiz.** Gebührenordnung für Ärzte (GOÄ). [Online] 9.02.1996. http://www.gesetze-im-internet.de/go__1982/BJNR015220982.html; Tag des letzten Zugriffs: 23. Nov. 2013.

73. **Bundesministeriums der Justiz.** Sozialgesetzbuch (SGB) Fünftes Buch (V). [Online] http://www.gesetze-im-internet.de/bundesrecht/sgb_5/gesamt.pdf; Tag des letzten Zugriffs: 23. Nov. 2013.

74. **Gesundheitsberichterstattung des Bundes.** Mitglieder der gesetzlichen Krankenversicherung im Jahresdurchschnitt (Anzahl). [Online] Startseite > Rahmenbedingungen > Gesetzliche Krankenversicherung > GKV, Mitglieder/Versicherte
> Tabelle (gestaltbar): GKV-Mitglieder im Jahresdurchschnitt.
http://www.gbe-bund.de/; Tag des letzten Zugriffs: 23. Nov. 2013.

75. **Gemeinsamer Bundesausschuss.** [Online] Gemeinsamer Bundesausschuss,
Wegelystr. 8, 10623 Berlin. http://www.g-ba.de/;
Tag des letzten Zugriffs: 24. Nov. 2013.

76. **Wikipedia.** Gemeinsamer Bundesausschuss. [Online] http://de.wikipedia.org/wiki/
Gemeinsamer_Bundesausschuss; Tag des letzten Zugriffs: 24. Nov. 2013.

77. **Kicherer, Max.** Die 7 Zwerge AG, ein modernes Märchen. [Online]
http://www.siski.de/~max/fun/zwerge.html;
Tag des letzten Zugriffs: 24. Nov. 2013.

78. **WIKIPEDIA.** Medizinischer Dienst des Spitzenverbandes Bund der Krankenkassen.
[Online] http://de.wikipedia.org/wiki/Medizinischer_Dienst_des_
Spitzenverbandes_Bund_der_Krankenkassen;
Tag des letzten Zugriffs: 22. Dez. 2013.

79. **Universität Düsseldorf.** Steuerung und Regulation. [Online] http://www.uni-
duesseldorf.de/MathNat/Biologie/Didaktik/Thomas/seiten/allgem/frallg.html;
Tag des letzten Zugriffs: 24. Nov. 2013.

80. **Wunderlich, Dieter.** Kybernetik, Systemtheorie. [Online] 2008.
http://www.dieterwunderlich.de/kybernetik_systemtheorie.htm;
Tag des letzten Zugriffs: 24. Nov. 2013.

81. **Fa. Vetion.de.** Regelkreise (Kybernetik). [Online] http://v.vetmed.fu-
berlin.de/v/nhv/preview/Inhalte/NHV_allgemein/Regelkreise/index.html;
Tag des letzten Zugriffs: 24. Nov. 2013.

82. **Statistisches Bundesamt.** Durchschnittliche weitere Lebenserwartung nach
Altersstufen. [Online] https://www.destatis.de/DE/ZahlenFakten/
GesellschaftStaat/Bevoelkerung/Sterbefaelle/Tabellen/Lebenserwartung.pdf?__
blob=publicationFile; Tag des letzten Zugriffs: 24. Nov. 2013.

83. **Essig, Rolf-Bernhard.** Früher Abschied. *Die Zeit.* Nr. 20, 2005. nachzulesen unter:
http://www.zeit.de/2005/20/Dr__Essig_20;
Tag des letzten Zugriffs: 24. Nov. 2013.

84. **Leonhardt, Rudolf Walter.** Des Menschen Leben währet ... *Die Zeit.* 48/1998.
nachzulesen unter: http://www.zeit.de/1998/48/Des_Menschen_Leben_waehret_/
seite-1; Tag des letzten Zugriffs: 24. Nov. 2013.

85. **Wikipedia.** Penicilline. [Online] http://de.wikipedia.org/wiki/Penicilline;
Tag des letzten Zugriffs: 24. Nov. 2013.

86. —. Sulfonamide. [Online] wikipedia.org/wiki/Sulfonamide;
Tag des letzten Zugriffs: 24. Nov. 2013.

87. —. Insulin. [Online] http://de.wikipedia.org/wiki/Insulin;
Tag des letzten Zugriffs: 24. Nov. 2013.

88. —. Tuberkulose. [Online] http://de.wikipedia.org/wiki/Tuberkulose;
Tag des letzten Zugriffs: 24. Nov. 2013.

89. —. Poliomyelitis. [Online] http://de.wikipedia.org/wiki/Poliomyelitis;
Tag des letzten Zugriffs: 24. Nov. 2013.

90. **Deutsche Gesellschaft für Internistische Intensivmedizin und Notfallmedizin (DGIIN).** Die Geschichte der internistischen Intensivmedizin in Deutschland.
[Online] Register: Geschichte. http://www.dgiin.de/ueber-uns/geschichte.html;
Tag des letzten Zugriffs: 24. Nov. 2013.

91. **Statista GmbH Hamburg.** Verteilung der häufigsten Todesursachen in Deutschland im Jahr 2011. [Online] http://de.statista.com/statistik/daten/studie/240/umfrage/
verteilung-der-sterbefaelle-nach-todesursachen/;
Tag des letzten Zugriffs: 24. Nov. 2013.

92. **Rogosch, Joachim.** Der gordische Knoten bleibt zu. *Die ZEIT-ONLINE | Wissen.*
29/2000, 13.07.2000. nachzulesen unter: http://www.zeit.de/2000/29/
Der_gordische_Knoten_bleibt_zu; Tag des letzten Zugriffs: 24. Nov. 2013.

93. **Huber, Carola Alexandra.** *Kostenbeteiligungen: Schaden oder Nutzen für die Gesundheitsversorgung? Eine vergleichende Wirkungsanalyse zwischen Deutschland und der Schweiz.* 1. Auflage, Bern : Hans Huber, 2009.
ISBN 978-3-456-84733-7.

94. **Sarrazin, Thilo.** *DEUTSCHLAND SCHAFFT SICH AB. Wie wir unser Land aufs Spiel setzen.* 7. Auflage, München : DVA, 2010. ISBN 978-3-421-04430-3.

95. **Statistisches Bundesamt, Zweigstelle Bonn.** Gesundheitsausgaben in Deutschland als Anteil am BIP und in Mio. € (absolut und je Einwohner).
Gliederungsmerkmale: Jahre. [Online] Startseite > Ausgaben, Kosten, Finanzierung > Ausgaben > Gesundheitsausgabenrechnung > Tabelle (gestaltbar):
Gesundheitsausgaben, Zeitreihen. http://www.gbe-bund.de/;
Tag des letzten Zugriffs: 24. Nov. 2013.

96. **Open Knowledge Foundation Deutschland e.V.** Offener Haushalt - Bundeshaushalt 2011. [Online] http://bund.offenerhaushalt.de/?reference_year=2011;
Tag des letzten Zugriffs: 24. Nov. 2013.

97. **Statistisches Bundesamt Wiesbaden.** Gesundheitsausgaben - Gesundheitsausgaben 2011: 3590 Euro je Einwohner. [Online]
https://www.destatis.de/DE/ZahlenFakten/GesellschaftStaat/Gesundheit/
Gesundheitsausgaben/Aktuell.html; Tag des letzten Zugriffs: 24. Nov. 2013.

98. **Bundesministerium der Finanzen.** Steuereinnahmen nach Steuergruppen – Tabelle.
[Online] 30.4.2013. http://www.bundesfinanzministerium.de/Content/DE/
Standardartikel/Themen/Steuern/Steuerschaetzungen_und_Steuereinnahmen/2013
-05-02-steuereinnahmen-nach-steuergruppen-2009-2012.pdf?__blob=
publicationFile&v=6; Tag des letzten Zugriffs: 24. Nov. 2013.

99. **Statistisches Bundesamt.** Statistik über das Steueraufkommen. [Online]
https://www.destatis.de/DE/ZahlenFakten/GesellschaftStaat/OeffentlicheFinanzen
Steuern/Steuern/Steuerhaushalt/Tabellen/KassenmaessigeSteuereinnahmen.html;
Tag des letzten Zugriffs: 24. Nov. 2013.

100. *Barmer-Chefin Fischer verdoppelt Einkommen.* **Schmitt, Thomas.** s.l. : Verlagsgruppe Handelsblatt GmbH & Co. KG, 17.03.2011, Handelsblatt – online. nachzulesen unter: http://www.handelsblatt.com/unternehmen/versicherungen/ gesundheit-barmer-chefin-fischer-verdoppelt-einkommen/3963558.html; Tag des letzten Zugriffs: 24. Nov. 2013.

101. *Kassen: Fehler in jeder zweiten Klinikrechnung.* **Quadbeck, Eva.** Rheinische Post Düsseldorf, Ausgabe Mönchengladbach/Rheydt, von Montag, 29. Apr. 2013, S. A1 – Titelseite.

102. **Walach, Harald.** *Weg mit den Pillen. Selbstheilung oder warum wir für unsere Gesundheit Verantwortung übernehmen müssen - Eine Streitschrift.* München : Irisiana Verlag, 2011. ISBN 978-3-424-15080-3.

103. *Zitat.* **Grillo, Beppe.** Rheinische Post Düsseldorf, Ausgabe Mönchengladbach/Rheydt, von Donnerstag, 14. Mrz. 2013, S. A1 – Titelseite.

104. **Statista GmbH, Hamburg.** Umsatz der Pharmaindustrie. [Online] http://de.statista.com/statistik/faktenbuch/195/a/branche-industrie-markt/pharmaindustrie/pharmaindustrie-umsatz/; Tag des letzten Zugriffs: 24. Nov. 2013.

105. **Cacciotti, Jerry/Clinton, Patrick.** Pharm Exec 50: Growth from the Bottom Up. [Online] Advanstar Communications Inc., 1.05.2012. http://www.pharmexec.com/pharmexec/article/articleDetail.jsp?id=773562&sk=& date=&%0A%09%09%09&pageID=2; Tag des letzten Zugriffs: 24. Nov. 2013.

106. **Spiegel online - Wissenschaft (mbe/dpa).** Pharmakonzerne: Mehr Geld für Werbung als für Forschung. 3.01.2008. nachzulesen unter: http://www.spiegel.de/ wissenschaft/mensch/pharmakonzerne-mehr-geld-fuer-werbung-als-fuer-forschung-a-526363.html; Tag des letzten Zugriffs: 24. Nov. 2013.

107. **ZDF.** "Das Pharma-Kartell". [Online] http://frontal21.zdf.de/ZDFde/inhalt/ 0/0,1872,7488768,00.html; Tag des letzten Zugriffs: 21. Okt. 2012.

108. *Rekordbusse für den Pharmakonzern Pfizer.* 3.09.2009, Neue Zürcher Zeitung-online. nachzulesen unter: http://www.nzz.ch/aktuell/wirtschaft/uebersicht/ rekordbusse-fuer-den-pharmakonzern-pfizer-1.3477907; Tag des letzten Zugriffs: 1. Dez. 2013.

109. **SL, Jelinek GA/Neate.** The influence of the pharmaceutical industry in medicine. *Journal of Law and Medicine.* Oktober 2009, 17, Nr.2, S. 216-223.

110. **The House of Commons,.** The Influence of the Pharmaceutical Industry. [Online] 5.04.2005. http://www.parliament.the-stationery-office.co.uk/pa/cm200405/ cmselect/cmhealth/42/42.pdf; Tag des letzten Zugriffs: 1. Dez. 2013.

111. **Lo, Bernard.** Serving Two Masters — Conflicts of Interest in Academic Medicine. *The New England Journal of Medicine.* 25.02.2010, S. N Engl J Med 2010; 362:669-671. nachzulesen unter: http://www.nejm.org/doi/full/10.1056/ NEJMp1000213; Tag des letzten Zugriffs: 1. Dez. 2013.

112. **Young, Simon N.** Bias in the research literature and conflict of interest:an issue for publishers, editors, reviewers and authors,and it is not just about the money. *Journal of Psychiatry and Neuroscience.* J Psychiatry Neurosci 2009;34(6):412-7, S. 34(6):412-7. nachzulesen unter: http://www.cma.ca/multimedia/staticContent/ HTML/N0/l2/jpn/vol-34/issue-6/pdf/pg412.pdf; Tag des letzten Zugriffs: 1. Dez. 2013.

113. **Walter, Caroline / Kobylinski, Alexander.** *PATIENT IM VISIER. Die neue Strategie der Pharmakonzerne.* Hamburg : Hoffmann und Campe, 1. Auflage 2010. ISBN 3-455-50151-3.

114. **Osterath, Brigitte.** Branchenreport Pharma-OTC-Markt Wenn Patienten zu Kunden werden. [Online] 3/2011. http://www.pua24.net/pi/index.php?StoryID=41&articleID=185244; Tag des letzten Zugriffs: 1. Dez. 2013.

115. *Geldmacherei mit Patienten.* **Bartens, Werner.** 16. Juli 2011, Süddeutsche.de, Rubrik: Leben. nachzulesen unter: http://www.sueddeutsche.de/leben/ geldmacherei-mit-patienten-die-krankheitserfinder-1.1120684-2; Tag des letzten Zugriffs: 18. Jan. 2014.

116. **Blattmann, Theresia.** Marketing in der Kritik. *Pharmazeutische Zeitung.* Ausgabe 49/2010. nachzulesen unter: http://www.pharmazeutische-zeitung.de/ index.php?id=36197; Tag des letzten Zugriffs: 1. Dez. 2013.

117. **Meyer, Rüdiger.** Interessenkonflikte: US-Hochdruckliga unter Druck. *Deutsches Ärzteblatt.* Dtsch Arztebl 2006; 103(22): A-1489 / B-1273 / C-1225. nachzulesen unter: http://www.aerzteblatt.de/archiv/51596; Tag des letzten Zugriffs: 1. Dez. 2013.

118. **Hannover, Irmela/Gaensel, Jörg, [Aut.].** *Könnes kämpft: Pharmaindustrie.* WDR-Servicezeit, 3.12.2012. nachzuschauen unter: http://www.wdr.de/tv/servicezeit/ sendungsbeitraege/2012/kw49/1203/02_kk_pharmaindustrie.jsp; Tag des letzten Zugriffs: 1. Dez. 2013.

119. **Breitinger, Eric.** Pharmaindustrie: Preise für Medikamentenwirkstoffe – ein gutgehütetes Geheimnis. [Online] 26.05.2009. http://www.ktipp.ch/tests/1037456/ Pharmaindustrie_Preise_fuer_Medikamentenwirkstoffe_; Tag des letzten Zugriffs: 1. Dez.2013.

120. **Wagner, Christian.** Ohne Patentschutz kein Fortschritt? Das Dilemma der Pharmaforschung. [Online] 12.08.2005. http://www.attacmarburg.de/wissensallmende/ Goettingen_12-08-2005.pdf; Tag des letzten Zugriffs: 1. Dez. 2013.

121. **vfa - Die forschenden Pharma-Unternehmen.** Patentschutz - Garant für therapeutischen Fortschritt. [Online] 5.11.2012. http://www.vfa.de/de/arzneimittel-forschung/artikel-arzneimittel-forschung/patentschutz.html; Tag des letzten Zugriffs: 1. Dez. 2013.

122. **Wagner, Christian/Schaaber, Jörg.** *Arzneimittelforschung - Plädoyer für eine Wissenschaft im öffentlichen Interesse.* Frankfurt : BUKO (Bundeskoordination Internationalismus), 2/2005. S. 76-84, Pharma-Brief Spezial. nachzulesen unter: http://www.medico.de/datei/arzneimittelforschung.pdf; Tag des letzten Zugriffs: 1. Dez. 2013.

123. *Der Zufallstreffer.* **Läsker, Kristina.** 17.05.2010, Süddeutsche Zeitung (Süddeutsche.de). nachzulesen unter: http://www.sueddeutsche.de/ wirtschaft/potenzpille-viagra-der-zufallstreffer-1.271521; Tag des letzten Zugriffs: 1. Dez. 2013.

124. **GKV Spitzenverband.** Arzneimittel – Entstehung der Arzneimittelpreise in der EU. [Online] GKV Spitzenverband. http://www.gkv-spitzenverband.de/presse/ zahlen_und_grafiken/gkv_kennzahlen_arzneimittel/arzneimittel.jsp; Tag des letzten Zugriffs: 1. Dez. 2013.

125. **Bundesministerium für Gesundheit.** Um jeden Preis? Wie Arzneimittelpreise entstehen und wie man sie senken kann. [Online] 4.06.2013. http://www.bmg.bund.de/krankenversicherung/arzneimittelversorgung/wie-arzneimittelpreise-entstehen.html; Tag des letzten Zugriffs: 1. Dez. 2013.

126. **Korzilius, Heike und Meißner, Marc.** Interview mit Prof. Dr. med. Peter Sawicki, Leiter des Instituts für Qualität und Wirtschaftlichkeit im Gesundheitswesen: „Wir haben uns immer festgelegt!". *Deutsches Ärzteblatt.* 2010, 107(21): A-1054 / B-928 / C-916. nachzulesen unter: http://www.aerzteblatt.de/archiv/ 75466/Interview-mit-Prof-Dr-med-Peter-Sawicki-Leiter-des-Instituts-fuer-Qualitaet-und-Wirtschaftlichkeit-im-Gesundheitswesen-Wir-haben-uns-immer-festgelegt; Tag des letzten Zugriffs: 1. Dez. 2013.

127. **GKV Spitzenverband.** Anzahl der Krankenkassen - Grafik: Anzahl der Krankenkassen. [Online] Grafik nachzulesen unter: http://www.gkv-spitzenverband.de/presse/zahlen_und_grafiken/zahlen_und_grafiken.jsp#lightbox; Tag des letzten Zugriffs: 1. Dez. 2013.

128. **Statistische Bundesamt, Zweigstelle Bonn.** Gesetzliche Krankenkassen (Anzahl). [Online] Startseite > Rahmenbedingungen > Gesetzliche Krankenversicherung > GKV, sonstiges > Tabelle (gestaltbar): Gesetzliche Krankenkassen (Anzahl). http://www.gbe-bund.de; Tag des letzten Zugriffs: 4. Dez. 2013.

129. **BKK Bundesverband.** Übersicht und Anschriften der einzelnen Betriebskrankenkassen. [Online] http://www.bkk.de/fileadmin/user_upload/PDF/ Liste_Betriebskrankenkassen/2013/BKK_LISTE-02-2013.pdf; Tag des letzten Zugriffs: 1. Dez. 2013.

130. **Statista GmbH in 20355 Hamburg.** Entwicklung der Anzahl gesetzlicher Krankenkassen in Deutschland von 1970 bis 2013. [Online] http://de.statista.com/statistik/daten/studie/74834/umfrage/anzahl-gesetzliche-krankenkassen-seit-1970/; Tag des letzten Zugriffs: 1. Dez. 2013.

131. **Bundesministerium für Gesundheit.** Gesundheitsfonds. [Online] http:// www.bmg.bund.de/krankenversicherung/finanzierung/gesundheitsfonds.html; Tag des letzten Zugriffs: 1. Dez. 2013.

132. **Vereinte Dienstleistungsgewerkschaft (ver.di).** Gesundheitsreform 2006 - Bundesregierung startet Arbeitsplatzvernichtung in den Gesetzlichen Krankenkassen. [Online] http://rlp.verdi.de/branchen-und-berufe/fachbereich-04; Tag des letzten Zugriffs: 1. Dez. 2013.

133. *Verdi und Kassen verschärfen Kritik am Gesundheitsfonds.* **Frankfurter Allgemeine - Wirtschaft.** [Hrsg.] F.A.Z.-Verlag (online). Bde. F.A.Z., 27.07.2006, Nr. 172 / Seite 10. nachzulesen unter: http://m.faz.net/aktuell/ wirtschaft/wirtschaftspolitik/gesundheitsreform-verdi-und-kassen-verschaerfen-kritik-am-gesundheitsfonds-1355508.html; Tag des letzten Zugriffs: 1. Dez. 2013.

134. **Ärzte Zeitung Verlags-GmbH.** Gesundheitsfonds: Verwaltungskosten drastisch gestiegen. *Ärzte Zeitung.* vom 24.08.2011. nachzulesen unter: http://www.aerztezeitung.de/politik_gesellschaft/krankenkassen/article/667004/ gesundheitsfonds-verwaltungskosten-drastisch-gestiegen.html; Tag des letzten Zugriffs: 1. Dez. 2013.

135. **FOCUS-Reporter.** Gesundheitsfonds – Warum die Verwaltungskosten explodieren. *Focus online MONEY.* nachzulesen unter: http://www.focus.de/finanzen/ versicherungen/krankenversicherung/tid-12330/gesundheitsfonds-warum-die-verwaltungskosten-explodieren_aid_344157.html; Tag des letzten Zugriffs: 2. Dez. 2013.

136. *ICD-10 Bd. 1. Systematisches Verzeichnis. Gesamtausgabe Deutschland, Österreich, Schweiz. Version 1.3.* s.l.: Huber Hans, 2001, 2. Auflage. ISBN-10:3-456-83403-9.

137. *Amt: Krankenkassen tricksen mit Versicherten-Daten.* **Quadbeck, Eva.** Rheinische Post Düsseldorf, Ausgabe Mönchengladbach/Rheydt, von Dienstag, 3. Sep. 2013,

138. **ARD-Werbung SALES & SERVICES GmbH - 60320 Frankfurt am Main.** ASS Tarifrechner. [Online] http://www.ard-werbung.de/tarifrechner/ popup.php?kennung=5; Tag des letzten Zugriffs: 2. Dez. 2013.

139. *Helfende Hände für Angehörige.* **Extratipp.** Extratipp Mönchengladbach vom 2.09.2012, S. 2.

140. **Bundesministerium der Justiz.** § 18 Bezugsgröße. SGB IV. nachzulesen unter: http://www.gesetze-im-internet.de/sgb_4/__18.html; Tag des letzten Zugriffs: 2. Dez. 2013.

141. **cecu.de GmbH - 68165 Mannheim.** Bezugsgröße. [Online] http://www.cecu.de/bezugsgroesse.html; Tag des letzten Zugriffs: 2. Dez. 2013.

142. **Bundesärztekammer · letzte Änderung 29.01.2013.** (Muster-)Berufsordnung für die in Deutschland tätigen Ärztinnen und Ärzte (Stand 2011). [Online] http://www.bundesaerztekammer.de/page.asp?his=1.100.1143#_2; Tag des letzten Zugriffs: 2. Dez. 2013.

143. **Korzilius, Heike.** Arzneimittelrabatte: Krankenkassen sparen 1,1 Milliarden Euro. Dtsch Arztebl 2011; 108(15): A-812 / B-664 / C-664. nachzulesen unter: http://www.aerzteblatt.de/archiv/85183/Arzneimittelrabatte-Krankenkassen-sparen-1-1-Milliarden-Euron; Tag des letzten Zugriffs: 2. Dez. 2013.

144. **Bundesministeriumm für Gesundheit.** Aut-idem-Regelung. [Online] http://www.bmg.bund.de/glossarbegriffe/a/aut-idem-regelung.html; Tag des letzten Zugriffs: 2. Dez. 2013.

145. **Statistische Bundesamt, Zweigstelle Bonn.** Einnahmen und Ausgaben der gesetzlichen Krankenversicherung. [Online] Startseite > Rahmenbedingungen > Gesetzliche Krankenversicherung > GKV, Einnahmen, Ausgaben > Tabelle (gestaltbar): GKV, Einnahmen und Ausgaben. http://www.gbe-bund.de/; Tag des letzten Zugriffs: 4. Dez. 2013.

146. **Statistische Bundesamt, Zweigstelle Bonn.** An der vertragsärztlichen Versorgung teilnehmende Ärztinnen und Ärzte (Anzahl). [Online] Startseite > Gesundheitsversorgung > Beschäftigte und Einrichtungen der Gesundheitsversorgung > Ärzte, Ärztliche Praxen, Ärztliche Leistungen > Tabelle (gestaltbar): Ärztinnen und Ärzte der vertragsärztlichen Versorgung, u.a. http://www.gbe-bund.de/; Tag des letzten Zugriffs: 4. Dez. 2013.

147. —. An der vertragsärztlichen Versorgung teilnehmende Ärztinnen und Ärzte (Anzahl). [Online] Startseite > Gesundheitsversorgung > Beschäftigte und Einrichtungen der Gesundheitsversorgung > Ärzte, Ärztliche Praxen, Ärztliche Leistungen > Tabelle (gestaltbar): Ärztinnen und Ärzte der vertragsärztlichen Versorgung, u.a. http://www.gbe-bund.de/; Tag des letzten Zugriffs: 4. Dez. 2013.

148. **vdek-Landesvertretung Bayern.** Verwaltungskosten in der Gesetzlichen Krankenversicherung - Ein Faktenpapier. [Online] 2010. http://www.vdek.com/ LVen/BAY/Politik/Verwaltungskosten/Verwaltungskosten_Stand_November_ 2010_end.pdf; Tag des letzten Zugriffs: 4. Dez. 2013.

149. **Statistische Bundesamt, Zweigstelle Bonn.** Personal der Krankenkassen und Eigenbetriebe der gesetzlichen Krankenversicherung (Anzahl). Gliederungsmerkmale: Jahre, Deutschland, Dienstverhältnis, Art des Personals, Kassenart. [Online] Startseite > Rahmenbedingungen > Gesetzliche Krankenversicherung > GKV, sonstiges > Tabelle (gestaltbar): Personal der GKV . http://www.gbe-bund.de/; Tag des letzten Zugriffs: 6. Dez. 2013.

150. **PVS holding GmbH · Remscheider Str. 16 · 45481 Mülheim an der Ruhr.** Bürokratie im Gesundheitswesen: Einsparpotenzial von 5,3 Mrd. Euro. [Online] 20.01.2012. http://www.pvs-bb.de/uploads/media/pvs_holding_pvs_ recherchiert_2012_03.pdf; Tag des letzten Zugriffs: 4. Dez. 2013.

151. **WIDGE.de GmbH®.** Gesundheitssystem in der Bürokratiefalle. [Online] http://widge.de/news/gesundheitssystem-in-der-buerokratiefalle.htm; Tag des letzten Zugriffs: 4. Dez. 2013.

152. **Statista GmbH - 20355 Hamburg.** Top 10 Krankenkassen in Deutschland nach Höhe der Bezüge ihrer Vorstandsvorsitzenden im Jahr 2012 (in Euro). [Online] http://de.statista.com/statistik/daten/studie/152399/umfrage/vorstandsgehaelter- der-krankenkassen-2009-top-10/; Tag des letzten Zugriffs: 4. Dez. 2013.

153. **Euro-Informationen (GbR) - 10119 Berlin-Mitte.** Vorstandsgehälter 2012 der gesetzlichen Krankenkassen. [Online] http://www.krankenkassen.de/ref/vorstandsgehaelter-2012/; Tag des letzten Zugriffs: 4. Dez. 2013.

154. *Herzinfarkt: Chef der Kassenärzte tritt ab.* **dpa.** Rheinische Post Düsseldorf, Ausgabe Mönchengladbach/Rheydt von Freitag, 17. Jan. 2014, S. B1.

155. **Wikipedia.** Medizinischer Dienst der Krankenversicherung. [Online] http://de.wikipedia.org/wiki/Medizinischer_Dienst_der_Krankenversicherung; Tag des letzten Zugriffs: 4. Dez. 2013.

156. **GKV-Spitzenverband.** Kennzahlen der gesetzlichen Krankenversicherung – Grafik: Mitglieder und Versicherte GKV-PKV. [Online] http://www.gkv-spitzenverband.de/presse/zahlen_und_grafiken/zahlen_und_grafiken.jsp#lightbox; Tag des letzen Zugriffs: 1. Dez. 2013.

157. **Quadbeck, Eva.** Gesundheit: Berlin plant scharfes Gesetz gegen Korruption. *Rheinische Post Düsseldorf, Ausgabe Mönchengladbach/Rheydt* von Freitag, 7. Feb. 2014, S. Titelseite, A1.

158. *Regierung fördert Verkaufstraining für Ärzte.* **Süddeutsche Zeitung Digitale Medien GmbH / Süddeutsche Zeitung GmbH.** 30.07.2012. nachzulesen unter: http://www.sueddeutsche.de/wirtschaft/kostenpflichtige-igel-leistungen-regierung-foerdert-verkaufstraining-fuer-aerzte-1.1425961; Tag des letzten Zugriffs: 6. Dez. 2013.

159. **Reyher, Martin.** Karl Lauterbach und das Versteckspiel mit dem Nebenverdienst (Update). *See more at: http://beta.abgeordnetenwatch.de/2011/01/23/karl-lauterbach-und-das-versteckspiel-mit-dem-nebenverdienst#sthash.bBkfJDQV.dpuf.* [Online] http://beta.abgeordnetenwatch.de/2011/01/23/karl-lauterbach-und-das-versteckspiel-mit-dem-nebenverdienst; Tag des letzten Zugriffs: 8. Feb. 2014.

160. **Wikipedia.** Rhön-Klinikum. [Online] http://de.wikipedia.org/wiki/Rh%C3%B6n-Klinikum; Tag des letzten Zugriffs: 8. Feb. 2014.

161. **Nath, Christoph.** Vorstand Rotary Krefeld. [Online] Rotary Club Krefeld. http://www.rotary-krefeld.de/vorstand.php?site=vorstand&siteID=16&artID=22; Tag des letzten Zugriffs: 6. Dez. 2013.

162. **Ghiselin, Michael.** The Economy of Nature and the Evolution of Sex. [Hrsg.] University of California Press 1974 (Übersetzung R.D.P.). S. 247.

163. **Klauber, Jürgen.** *Krankenhaus-Report 2013: Mehr Menge, mehr Nutzen?* s.l. : Schattauer-Verlag, 2012. nachzulesen unter: http://www.aok-gesundheitspartner.de/rp/krankenhaus/publikationen/khr/index_09279.html; Tag des letzten Zugriffs: 6. Dez. 2013. ISBN-10: 3-7945-2884-0.

164. **Kossow, Klaus Dieter.** Transparenz auf dem Milchmädchenkonto. *Medical Tribune.* 9.12.2011. nachzulesen unter: http://www.medical-tribune.de/home/infotainment/artikeldetail/transparenz-auf-dem-milchmaedchenkonto.html; Tag des letzten Zugriffs: 6. Dez. 2013.

165. **Diel, Franziskal, KBV/Rochell, Bernhard, BÄK/Schaefer, Corinna, ÄZQ.** *Selbst zahlen? Ein Ratgeber zu Individuellen Gesundheitsleistungen (IGeL) für Patientinnen und Patienten sowie Ärztinnen und Ärzte.* [Hrsg.] Bundesärztekammer und Kassenärztliche Bundesvereinigung (Hrsg.). Berlin : s.n., Ratgeber IGeL, 2. Auflage 2012 (pdf). nachzulesen unter: http://www.bundesaerztekammer.de/downloads/IGELcheck2Aufl20121113.pdf; Tag des letzten Zugriffs: 6. Dez. 2013.

166. **Kassenärztliche Bundesvereinigung.** Individuelle Gesundheitsleistungen (IGeL). [Online] letzte Änderung 06.11.2012. http://www.kbv.de/patienteninformation/23739.html; Tag des letzten Zugriffs: 6. Dez. 2013.

167. —. Glossar Gesundheitspolitik > Off-Label-Use. [Online] zuletzt aktualisiert 25.11.2009. http://www.kbv.de/themen/gesundheitslexikon.asp?range=o; Tag des letzten Zugriffs: 6. Dez. 2013.

168. **WIKIPEDIA.** Off-Label-Use. [Online] http://de.wikipedia.org/wiki/Off-Label-Use; Tag des letzten Zugriffs: 6. Dez. 2013.

169. **Kuhrt, Nicola.** BGH-Beschluss: Ärzte dürfen Geschenke von Pharmafirmen annehmen. [Online] 22.06.2012. http://www.spiegel.de/wissenschaft/ medizin/bgh-aerzte-duerfen-geschenke-der-pharmaindustrie-annehmen-a-840406.html; Tag des letzten Zugriffs: 6. Dez. 2013.

170. **Degen, Rolf.** *Das Ende des Bösen. Die Naturwissenschaft entdeckt das Gute im Menschen.* München : Piper Verlag, 2007. ISBN 978-3-492-05031-9.

171. **Fontaine, Jean de la.** *Fabeln von La Fontaine.* [Übers.] Ulla Präkelt. 1. Auflage, Prag : Werner Dausien, 1995. ISBN 3-7684-3546-6.

172. **Barmer GEK.** Deutsche gehen 18 Mal im Jahr zum Arzt. [Online] 19.01.2010. http://www.news.de/gesundheit/855040928/deutsche-gehen-18-mal-im-jahr-zum-arzt/1/; Tag des letzten Zugriffs: 6. Dez. 2013.

173. **Simmel, Georg.** *Philosophie des Geldes.* Köln : Anaconda-Verlag, 2009. ISBN 978-3-86647-362-1.

174. **Jüttner, Julia.** Love-Parade-Debakel in Duisburg: Abwimmeln, wegschauen, sparen. *Spiegel online - Panorama.* 25.07.2010. nachzulesen unter: http://www.spiegel.de/panorama/love-parade-debakel-in-duisburg-abwimmeln-wegschauen-sparen-a-708422.html; Tag des letzten Zugriffs: 6. Dez. 2013.

175. *Bei Partys steigt das Sicherheitsrisiko.* **Lingen, Christian/Peters, Gabi.** Rheinische Post, Ausgabe Mönchengladbach/Rheydt, von Donnerstag, 28. Feb. 2013, S. Titelseite u. C1.

176. **Biermann, Elmar/Schüttler, Jürgen.** *Der Narkosezwischenfall.* 2. Auflage, Stuttgart : Georg Thieme Verlag, 2010. ISBN-10:3-13-125182-4.

177. **Spiegel online - Forum.** Love Parade - welche Lehren müssen aus Duisburg gezogen werden? [Online] 31.07.2010. nachzulesen unter: http://forum.spiegel.de/f8/love-parade-welche-lehren-muessen-aus-duisburg-gezogen-werden-18731.html; Tag des letzten Zugriffs: 6. Dez. 2013.

178. **Fuhr, Eckhard.** "Der Tod ist total demokratisch, er packt jeden". [Hrsg.] Axel Springer Verlag. *Die Welt - online.* 7.09.2012. nachzulesen unter: http://www.welt.de/politik/deutschland/article109074798/Der-Tod-ist-total-demokratisch-er-packt-jeden.html; Tag des letzten Zugriffs: 6. Dez. 2013.

179. *Sachleistungsprinzip der gesetzlichen Krankenversicherung.* **Schimmelpfennig-Schütte, Ruth.** Oktober 2003. nachzulesen unter Punkt: "Kritik" bei: http://www.arztwiki.de/wiki/Sachleistung; Tag des letzten Zugriffs: 6. Dez. 2013.

180. **Montesquieu, Charles de.** *Vom Geist der Gesetze.* 71254 Ditzingen : Reclam Verlag GmbH, 1986. Bde. Buch 26, Kapitel 15, aus: Buch 26, Kapitel 15, »Die verschiedenen Arten der Gesetze«. ISBN-10: 3150089530.

181. **Stiftung für Qualität und Wirtschaftlichkeit im Gesundheitswesen.** Medizin auf dem Prüfstand. [Online] https://www.iqwig.de/; Tag des letzten Zugriffs: 6. Dez. 2013.

182. **Wikipedia.** Subsidiarität. [Online] http://de.wikipedia.org/wiki/Subsidiarit%C3%A4t; Tag des letzten Zugriffs: 6. Dez. 2013.

183. **Statistische Bundesamt, Zweigstelle Bonn.** Krankheitskosten je Einwohner in €. Gliederungsmerkmale: Jahre, Deutschland, Alter, Geschlecht, ICD10, Einrichtungen. [Online] Startseite > Ausgaben, Kosten, Finanzierung > Kosten > Kosten einzelner Krankheiten > Tabelle (gestaltbar): Krankheitskosten je Einwohner. http://www.gbe-bund.de/; Tag des letzten Zugriffs: 6. Dez. 2013.

184. —. Bevölkerung zum Stichtag 31.12. des jeweiligen Jahres. Gliederungsmerkmale: Jahre, Region, Alter, Geschlecht, Nationalität. [Online] Startseite > Rahmenbedingungen > Bevölkerung > Bevölkerungsstand > Tabelle (gestaltbar): Bevölkerung am Jahresende. http://www.gbe-bund.de/; Tag des letzten Zugriffs: 6. Dez. 2013.

185. **Butler, David / Moseley, Lorimer.** *Schmerzen verstehen.* 2. Auflage, Heidelberg : Springer Verlag, 2009. ISBN-10:3-642-01686-3.

186. *Kassen-Studie beklagt Fehlversorgung mit Heil- und Hilfsmitteln.* **Autor n.n., Rheinische Post.** Rheinische Post Düsseldorf, Ausgabe Mönchengladbach/Rheydt von Mittwoch, 19. Sep. 2012, S. B1.

187. **Karp, Thomas.** die story – Gute Zähne nur für Reiche? [Online] WDR – Mediathek Videos. http://www1.wdr.de/mediathek/video/sendungen/die_story/videodiestorygutezaehnenurfuerreiche100.html; Tag des letzten Zugriffs: 21. Jan. 2014.

188. **InEK GmbH, 53721 Siegburg – Institut für das Entgeltsystem im Krankenhaus.** Das deutsche DRG-System. [Online] Register: G-DRG-System 2014. http://www.g-drg.de/cms/; Tag des letzten Zugriffs: 6. Dez. 2013.

189. **Dobzhansky, Theodosius.** Nothing in Biology makes Sense except in the Light of Evolution. *The American Biology Teacher.* 1973, Bd. 35, S. 125 ff.